부동산과 생활법률

LAWS FOR LIVING

개정증보판

부동산과 생활법률

AND THE REAL PROPERTY

박영복

法 부동산과 생활법률

HU:iNE

개정증보판을 내면서

이번 개정증보판 또한 기존의 기본방향에서 크게 벗어나지 아니한다. 법은 우리 모두에게 늘 가까이에서 함께 하고 있는 것이라는 생각을 하면서, 독자가 '생활에 필요한 법'을 이해하고 법에 다가갈 수 있도록 기존의 내용을 가다듬고자 하였다.

특히 2009년 개정판 이후 이 책과 관련된 법령의 제·개정이 있었는데, 이를 이번 개정에 반영하였다.

먼저 현행 민법(시행 2017.6.3. 법률 제14278호)은 기존의 금치산·한정치산 제도를 보완하여 치료, 요양 등 복리에 관한 폭넓은 보호가 가능한 성년후견제로 확대·개편하여 능동적이고 적극적인 사회복지시스템을 구축하였으며, 청소년의 조숙화와 「공직선거법」 등의 법령 및 사회·경제적 현실을 반영하여 성년에 이르는 연령을 만20세에서 만19세로 낮추었다. 또한 보증에 관한 종전 규정은 보증인의 보호에 불충분하고, 「보증인 보호를 위한 특별법」은 그 적용 범위가 호의(好意)로 이루어지는 보증으로 제한되어 있어서, 일반 보증인을 보호하기 위하여 보증 방식 및 근보증(根保證)에 관한 규정 등을 마련하였다. 또 임대차 존속기간에 제한을 둔 민법 제651조는 계약의 자유를 침해하므로 헌법에 위반된다는 헌법재판소의 결정에 따라 폐지되었다(민법전에서 민법 제651조를 삭제).

민법 외에 본서와 관련된 중요 법률 중 주택임대차보호법(시행 2017.5.30. 법률 제14175호) 관련해서는 그 시행령으로 임차인의 보호를 위하여 임차보증금의 범위 및 우선변제금을 현실적인 금액으로 상향하였으며, 상가건물 임대차보호법(시행 2016.12.1. 법률 제14242호)과 관련해서는 상가건물 보증금의 우선변제금의 상향 및 임차인이 투자한 비용이나 영업활동의 결과로 형성된 지명도나 신용 등의 경제적 이익이 임대인의 계약해지 및 갱신거절에 의해 침해되는 것을 방지하고

자 상가건물 임대차계약에 관한 표준계약서와 권리금계약에 관한 표준권리금계약서를 마련하여 사용을 권장하도록 하는 규정을 두었다.

이외에도 이 책에 직접 간접적으로 관련되는 법률의 제·개정이 있었는데, 이 또한 해당 부분에 반영하고 수정하였다. 또한 최신 판례를 일부 보완하여 관련 내용을 수정하였다. 이와 함께 영역별 주요 쟁점의 이해를 돕기 위해 제시된 사례를 가다듬는 등 부분적으로 수정·보완하였다.

이번 개정작업에 많은 도움을 준 심우영 박사에게 깊은 감사의 말을 전하며, 이 책을 가지고 공부하는 독자들에게 '법'을 가까이 하는 계기가 되기를 빌어본다.

2017년 11월
박영복

개정판을 내면서

2007년 초판을 낸 이후 관련 법령이 적지 않게 제·개정되었다.

민법이 규정하고 있는 부부재산제도와 협의이혼제도의 문제점을 개선하고, 남녀의 혼인적령을 일치시키는 등 제도 운영상 나타난 미비점을 개선, 보완하고자 민법 중 혼인 및 이혼에 관한 부분이 개정되었다(2007.12.21 법률 제8720호). 또한 민법상 호주제를 폐지함에 따라 호적 제도를 대체하는 새로운 신분제도(가족관계등록제도)를 마련하였고, 이에 기해 기존의 「호적법」을 폐지하고 국민의 출생·혼인·사망 등 가족관계의 발생 및 변동사항에 관한 등록과 그 증명에 관한 사항 규정함을 목적으로 「가족관계의 등록 등에 관한 법률」이 시행되었다(법률 제8541호).

2008년에는 주거용 건물 및 상가건물 임대차에 관하여 「민법」에 대한 특례를 규정함으로써 국민 주거 및 경제생활의 안정을 보장하고자 하는 「주택임대차보호법」(법률 제8923호)과 「상가건물임대차보호법」(법률 9361호), 그리고 여기서 위임된 사항과 그 시행에 관하여 필요한 사항을 정하는 각 시행령(대통령령 20971호; 대통령령 제20970호) 등도 시대에 맞게 일부내용이 개정되었다.

보증인의 경제적·정신적 피해의 방지 및 보증계약의 합리적 관행의 확립을 목적으로 보증에 관한 민법규정에 대한 특칙으로서 「보증인 보호를 위한 특별법」(법률 제8918호)이 2008.9.22.부터 시행되었다.

이번 개정판은 책의 골격에서는 큰 변화는 없으나, 관련 제·개정된 법령을 반영하여 그 내용을 수정하였고 일부 내용 및 사례를 추가하였다 아무쪼록 이 책이 여러분의 각종 법률문제를 해결하는데, 또 법을 공부하는데 도움이 되기를 바란다.

2009년 2월

박영복

머리말

이 책은 사회생활을 하면서 일어나는 법적 문제들을 보다 더 효과적으로 대처하게 함으로써 불필요한 법적 분쟁을 방지함과 아울러, 법과 제도의 운용에 대한 이해를 증진시켜 개인의 권익을 보장하려는데 그 목표를 둔다.

생활법률에 관한 책이면서 그 주된 대상을 부동산을 중심으로 다루었다. 따라서 다루는 범위는 크게 두 영역이라 하겠다.

1. 법, 계약, 권리 등에 대한 일반적 지식과 사회생활 및 혼인생활에 있어서의 권리 보호를 위한 기본적인 법률지식 습득
2. 부동산과 관련하여 법적 지식 습득

법률 분쟁이 발생하면 당사자들은 경제적·시간적으로 크게 손해를 보게 됨은 물론이고, 해결 과정 속에서 상당한 심적 고통도 뒤따르게 된다. 따라서 법률생활에서 가장 중요한 미덕은 바로 분쟁을 미리 예방하는 삶의 지혜이다. 그러나 법률적 분쟁은 개인의 노력에도 불구하고 발생하기 마련이고, 이때에는 가능한 한 최선의 해결책을 제공받을 수 있는 방법을 찾도록 노력해야 한다. 이를 위한 전제로서 요구되는 기본적인 법률 사항을 설명하고자 하였다.

사회생활을 하는데 있어서 권리를 보호하기 위하여 기본적으로 법률에 관한 지식을 갖추고 있어야 한다. 이 책은 오늘날 자본주의 경제의 법질서 하에서 그 중요성이 더욱 부각되고 있는 부동산을 중심으로 한 법률관계를 다루었다. 부동산이 차지하는 재산적 가치와 국가 경제적 활동의 기반으로서도 중요한 의미를 갖고, 경제생활에서 부동산이 차지하는 비중은 상대적으로 크다. 경제활동을 하게 되면 토지와 건물 등의 부동산에 대한 거래 및 이에 대한 사용관계, 그리고 이와 관련한 법적 문제로 분쟁이 발생하고 있다. 따라서 부동산과 관련하여 법적 지식이 요구 된다.

이 책은 먼저 법학을 전공으로 하지 않는 일반인을 대상으로 하였다. 일반인들이 부동산거래를 함에 있어서 전문적인 법률지식부족으로 거래상 위험에 노출되기도 하고, 거래가 복잡 다양한 형태를 띠면서 복잡한 권리관계가 전개되는바, 이에 관해 법률적 측면에서 유의해야 할 점들에 대해 가능하면 쉽게 설명하고자 하였다. 그러면서도 법학을 전공하지만 기초를 다지거나 혹은 부동산을 중심으로 한 법률관계를, 채권법 혹은 물권법이라는 기존의 틀을 벗어나, 정리하고자 하는 학생들에게도 도움이 될 것이다. 따라서 미래의 법률가에게는 물론이고 법 교양을 쌓으려는 일반인에게도 법의 세계에 대한 의미 있는 입문의 길을 열어줄 것으로 기대한다.

이 책의 큰 특정으로는 먼저 해당 부분에서 기초적인 내용을 설명하고, 이에 대해 사례를 통하여 보다 사실감 있게 접근하고자 하였다는 점이다. 무릇 법학은 실천학문이다. 따라서 법학이 교과서 내에 머물고 있거나 그에 한정된 추상적 이론 설명을 통한 법(내지 법학)의 학습은 그 실천적 기능을 다하지 못한다. 이러한 생각에서 사회에서 발생할 수 있거나 일상생활에서 실제로 부딪히는 법률문제를 사례화하여 해설, 정리함으로써 그 이해를 도왔다.

이 책은 사이버외국어대학교의 교양과정으로 개설된 '생활법률과 부동산'에서 강의한 내용을 정리하여 보완한 것이다. 이러한 뜻 깊었던 화상강의 경험 및 이를 통해 이 분야를 정리하게끔 기회를 주신 최영 학장님과 최종찬 전 학장님, 그리고 도와주신 사이버외국어대학교의 관계자 여러분께도 고맙다는 말을 전한다. 아울러 분주한 법학연구소 일을 하면서 이 책의 교정과 자료정리에 힘써준 한국외국어대학교 대학원 석사과정의 조운희 군에게, 마지막으로 이 책의 초고를 꼼꼼히 읽으면서 내용에 관해 comment해준 한국외국어대학교 박희호 교수에게도 고맙다는 마음을 전한다.

2006년 11월

박영복

차례

Chapter 7 소유자의 권리 _ 165

Chapter 8 부동산의 이용관계 I - 전세권 _ 195

Chapter 10 담보제도 I _ 269

Chapter 11 담보제도 II _ 301

Chapter 12 부부간의 재산 관리 _ 327

Chapter 1

법의 이해

法

부동산과 생활법률

Chapter 1. 법의 이해

法, 어떻게 이해할까?

"법 없이도 살 사람"이라는 말이 있다. 이 말은 "굳이 법으로 강제하지 않아도 인간의 도리를 지키며, 다른 사람과 공동체에 대한 배려를 잊지 않는 사람"을 칭찬하는 말이다. 하지만, 좀 더 생각해 보면 모든 사람이 그와 똑같지는 않기 때문에, 그런 사람일수록 공동체 안에서 법의 보호 없이는 살아가기가 어렵다. 다시 말해, "법 없이도 살 사람"이야말로 법이 가장 필요한 사람 일 수도 있다.

그렇다면 법은 과연 무엇인가? 법은 무엇을 위해 필요한가? 이 장에서는 이러한 문제와 아울러 법제도의 기본적인 원리와 그러한 원리들을 실현하는 여러 제도, 그리고 건전한 법률생활을 위해 갖추어야 할 시민적 소양과 법률생활 영역의 큰 갈래인 민사와 형사를 구별하는 문제 등에 대해 살펴본다.

1. 법이란 무엇인가?

1) 사회가 있는 곳에 법이 있다.

시간과 장소를 초월하여 모든 사회에 적용될 수 있는 법과 관련된 격언을 하나 고른다면, 그것은 이마도 "사회가 있는 곳에 법이 있다."는 격언일 것이다. 물론 각 사회마다 법의 형태는 다르다. 예를 들면, 어떤 사회에서는 일부다처제를 인정하지만 어떤 사회에서는 이를 인정하지 않고, 또 어떤 사회에서는 낙태를 법으로 허용하고 있는 반면, 어떤 사회에서는 법으로 금지하고 있다. 이렇게 형태는 다르지만, 어떤 사회든지, 심지어 원시 사회에도 법은 존재했다. 법을 필요로 하지 않는 사회란 있을 수 없기 때문이다.

만약 법이 없다면, 사람들은 저마다 자신의 이익만을 주장하게 되고 서로의 의견이 조정되지 않아 사회가 큰 혼란에 빠질지도 모른다. 또, 법의 내용이 자신의 가치관이나 취향에 맞지 않는다는 이유로 사람들이 법을 지키지 않는다면, 사회의 질서는 유지될 수 없을 것이다.

영국의 철학자 로크(John Locke, 1632-1704)는 "자신의 권리를 보다 효율적으로 누릴 수 있기 위해서는 법과 정부가 필요하다."라고 하였다. 즉, 사람들 사이의 분쟁을 해결하여 진정한 권리를 보호받기 위해서는, 먼저 분쟁을 해결할 수 있는 기준이 있어야 하고(법의 필요성), 그 기준을 적용하여 진정한 권리자를 가려줄 사람이 있어야 하며(법관의 필요성), 나아가 진정한 권리자의 권리를 보호하고 보장해 줄 권력이 있어야 한다는 것이다(집행력의 필요성). 이를 달리 표현해 보면, 사회는 '법의 지배(rule of law)' 위에서만 유지, 존속될 수 있다고 말할 수 있다.

법의 지배는, 공동체 구성원들이 민주적인 입법 과정에 따라 고안한 규범이 있고, 모든 구성원들이 그 규범을 존중하여 따를 때 이루어진다. 공동체 구성원 중 누구라도 이 틀에서 벗어나려 한다면 법의 지배는 원활히 이루어질 수 없다. 따라서 일반 시민뿐만 아니라 고위 공직자나 대기업을 경영하는 사람도 법 위에 군림하려고 해서는 안 된다.

2) 법제도가 하는 일

(1) 분쟁의 해결

법은 분쟁을 해결한다. 분쟁의 당사자들은 저마다 나름의 논거를 제시하면서 분쟁을 자신에게 유리한 방향으로 해결하고자 할 것이므로, 판단 기준은 객관적이고 공정해야 한다. 그러한 기준으로 '도덕'이나 '관습', '종교' 등을 생각해 볼 수도 있지만, 공동체 구성원들이 일반적으로 공유하는 도덕, 관습, 종교 등의 가치를 확인하는 작업은 그리 수월하지 않을 뿐 아니라, 설령 확인한다 하더라도 오늘날의 복잡 다양한 사회 현상에서 비롯되는 각종 형태의 분쟁을 합리적으로 해결하기란 불가능하다.

왜냐하면, 도덕이나 관습, 종교는 그 내용이 명확하지 않고 상대적인 경우가 많아서 일반적으로 모든 경우에 일관되게 적용되기 힘들기 때문이다. 따라서 객관적인 분쟁 처리 기준으로 이성(理性)에 따라 제정된 법이 필요한 것이다.

(2) 질서의 유지

법은 사회의 평화와 질서를 유지하는 기능을 한다. 넓은 의미에서 보면, 이는 법의 분쟁 해결 기능과도 관련이 있다. 왜냐하면, 구성원들 사이의 분쟁이 원만하게 해결되지 않고서는 그 사회의 평화와 질서가 유지되기를 기대할 수 없기 때문이다. 법을 통한 질서 유지 양상을 보여 주는 단적인 예로는 범죄로부터 시민의 생명과 재산을 보호하는 형법이 있다.

형법은 일차적으로 범죄 행위로 인해 사회의 질서가 흔들리는 것을 막을 뿐 아니라, 나아가 형벌권을 국가가 독점함으로써 범죄의 피해자가 사적으로 보복적 수단을 택할 때 발생할 수 있는 혼란과 무질서를 막는다. 민사법은 「사회의 경제 질서를 유지」하고, 헌법은 「헌정 질서를 유지」하는 등 법의 질서 유지 기능은 법의 기본적인 기능으로 파악될 수 있다.

(3) 공익의 추구

법은 공익과 공공복리를 추구한다. 법치주의 원리는 법제도를 마련하는 것 그 자체가 곧 공익을 달성하기 위한 적합한 수단이라는 생각을 담고 있다. 상식적으로 생각해 보아도, 공동체 구성원의 합의에서 비롯된 법이 아닌 특정 개인이나 소수 집단의 판단에 입각하여 공동체 전반의 이익을 추구한다는 것은 쉽지 않은 일이다. 역사적으로도 권력자가 공적인 힘을 남용해서 권력자 자신의 개인적 이익만을 추구하거나 국민의 뜻과는 다른 국가 정책을 펴서 큰 혼란을 불러일으킨 사례가 적지 않다.

더 큰 문제는 그러한 사회적 손실에 대해 누구도 책임을 지지 않는다는 점이다. 법제도를 통해 공익을 추구하려는 발상은 이러한 문제점들을 극복하고자 했던 과거의 노력과 시행착오의 산물이라고 할 수 있다. 따라서 법이 공익에서 일탈하여 사적인 이익에 봉사하는 것은 일종의 법의 타락으로서 경계하여야 할 것이다.

(4) 정의와 인권의 수호

법은 정의와 인권을 수호하는 기능을 한다. 일찍이 근대 시민 혁명에서 시민들이 정의와 인권을 법의 형식으로 약속받았던 것에서도 볼 수 있듯이, 전통적으로 법의 역사는 인권 보장의 역사이기도 했다. 특히, 법이 정하고 있는 각종 재판 제도와 청원 제도 등은 정의와 인권의 수호를 위한 공식적인 절차라고 할 수 있다. 공권력에 의한 중대한 인권 침해에서부터 일상적인 거래 관계에서 발생할 수 있는 부당한 금전적 손해에 이르기까지, 시민들은 이러한 공식적 절차에 따라 국가 등 권력 기구로부터 정의와 인권을 보장받을 수 있다.

2. 법 기관의 종류

1) 입법 작용을 하는 법 기관

입법 작용이란, 국가의 통치권에 의해 국가와 국민, 그리고 국민 상호 간의 관계에 관한 법률을 제정하는 것이다.

헌법은 법을 제정하는 입법권이 국회에 있음을 밝히고 있다. 국회가 입법권을 가지는 것은, 국민의 재산과 자유에 관한 기본적인 사항은 민주적 정당성이 있는 국민의 대표 기관에서 정하는 것이 바람직하기 때문이다.

하지만, 오늘날의 사회는 복잡하고 빠르게 변화하며 전문성을 요구하기 때문에 국회에서 제정하는 법률만으로는 이러한 사회적 요구를 충족하기 어렵다. 따라서 국회의 입법권 외에 행정부 및 기타 헌법 기관, 그리고 지방 자치 단체도 헌법과 법률이 인정하는 범위 내에서 법규를 정할 수 있다. 국회도 특정 소관 분야를 담당하는 다양한 위원회를 중심으로 활동하면서 전문성의 제고를 꾀하고 있다.

국회 입법 절차

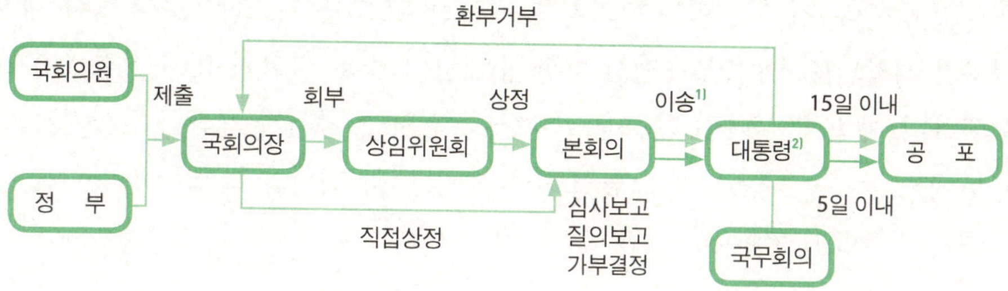

2) 행정 작용을 하는 법 기관

행정 작용에 대해 정확한 정의를 내리기 위해서는 학술적인 접근이 필요하지만, 생활 법률 차원에서는 국가가 행하는 법률 작용 중에서 사법 작용과 입법 작용을 제외한 나머지 법률 작용을 뜻하는 것으로 이해하면 충분하다.

실제로, 일반 시민들이 거의 매일 만나게 되는 사람인 경찰관이나, 1년에 단 몇 번씩이라도 꼭 들르게 되는 장소인 관공서 등을 떠올려 보면, 행정 작용이 시민들의 일상에 얼마나 직접적으로 관여하고 있는지를 느낄 수 있다. 이런 경우에 대비해서 우리 법은 각종 보상 및 배상 제도를 포함하여 행정 심판, 행정 소송, 헌법 소원 등 침해에 대한 구제 절차를 잘 정해 놓고 있다.

3) 사법 작용을 하는 법 기관

사법 작용이란, 구체적인 분쟁 해결 절차에서 법관이 법적인 내용을 선언하는 것을 말한다. 쉽게 말해, 사법 작용은 재판을 의미하고, 재판을 담당하는 기관은 법원이다. 법원에서 재판을 할 때 관여하는 법률 전문가로는 판사, 검사, 변호사 등이 있는데, 이들을 흔히 '법조삼륜(法曹三輪)'이라고 부른다.

판사는 재판의 모든 절차를 주재하며, 최종적으로 사건에 관한 법적 판단을

---

1) 국회에서 의결된 법률안 정부에 이송.
2) 국회를 통과하고 정부에 이송된 법률안에 이의가 있으면, 대통령은 15일 이내에 이의서를 첨부하여 국회로 환부하고 그 재의를 요구할 수 있다(헌법 제53조 제1항, 제2항).

내리는 역할을 한다. 변호사는 소송 당사자의 의뢰를 받아 변론 등 소송 과정을 대신 진행한다. 검사는 범죄 혐의자를 수사한 뒤 그를 기소함으로써 형사 재판 절차가 시작되도록 이끌고, 형사 재판 중에는 스스로 원고가 되어 직접 소송을 수행하며, 재판이 끝나면 판결을 집행한다. 검사는 국가가 재판의 당사자가 될 경우에는 국가를 대표하여 소송을 수행하며, 기타 인권을 보호하고 공익을 대표하는 역할을 수행한다.

법원의 조직

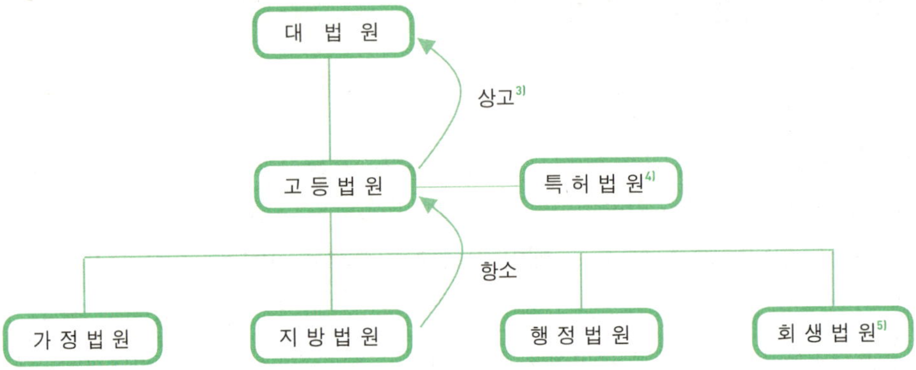

---

3) 하급법원의 판결에 불복한다면, 상소할 수 있다. 상소에는 항소·상고가 인정되고 있다.
1. 항소 : 제1심 판결에 대한 제2심법원에의 상소를 말한다.
2. 상고 : 제2심 판결에 대한 대법원에의 상소를 말한다.

4) 실용신안·의장·상표를 포함한 특허와 관련된 분쟁은 해당 분야의 특수한 전문 지식이 있어야 해결할 수 있다는 특징이 있다. 이에 따라, 일반적인 재판 절차와는 다르게 진행되는데. 특허 분쟁은 특허청(특허심판원)에 의한 1차 심판(1심) 후 이에 불복하는 경우에 전속 관할인 특허법원에서 2차 심판(2심)을 담당한다. 보통 특허권 침해에 따른 민사·형사 사건은 통상적인 민사 사건 혹은 형사 사건과 같이 처리하므로 특허법원이 관할이 아니며, 특허심판원의 심결 또는 결정에 대한 불복의 소와 특허권 등의 침해사건 1심 판결에 대한 불복의 소를 관할한다.

5) 가정법원, 특허법원, 행정법원 및 특허법원을 전문법원이하 칭한다.
외한위기 이후 다량으로 발생한 국내 중고기업의 도산 사태와 대외적인 국제 도산 분쟁이 빈번하게 발생하면서 회생, 파산 사건의 전문성과 신속성을 높이기 위해 2017년 3월 2일부로 개원하였다. 이 법원은 개인 회생, 개인 파산, 일반 회생 및 법인 회생, 법인 파산의 분쟁을 해결한다.

그 밖에 사법 작용과 관련하여 관심을 가져야 할 법기관으로는 헌법재판소가 있다. 헌법재판소는 대법원을 정점으로 하는 법원 조직과는 별개로 존재하는 기관이지만, 실질적인 임무는 헌법에 관한 재판을 하는 것이다. 특히, 최근에 와서는 국민의 기본권을 보호하기 위한 여러 가지 의미 있는 결정을 내리면서 헌법재판소의 중요성이 더욱 강조되고 있다.

법의 구조

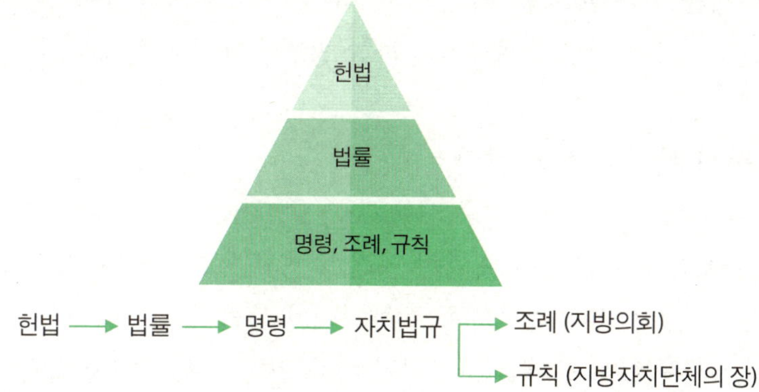

The Application of A law

개개의 법은 특유한 문제를 해결하려고 제정되었고, 그 법적 근원이나 구속력이 서로 다르기 때문에 법 상호 간에 내용이 다르거나 효력이 충돌하기도 한다. 이러한 경우에 실정법상 상위의 법규는 하위의 법규에 우월하며, 상위의 법규에 위배되는 하위의 법규는 정상적인 효력이 발생하지 않는다(상위법 우선의 원칙).

3. 법의 기본 원리

일반 시민들이 맞닥뜨리게 되는 법률문제는 민사 관계와 형사 관계로 나뉜다. 이러한 민사 관계와 형사 관계 위에 헌법 재판 제도의 활성화와 함께 부쩍 시민들의 삶에 영향을 미치고 있는 헌법적 관계를 더하면, 우리의 법제도가 어떤 기본 방향에 따라 마련된 것인지 이해할 수 있다.

아래에서는 이와 같은 문제들을 처리하는 원칙, 즉 법의 기본 원리들을 살펴보고, 민사 관계와 형사 관계를 구별하는 방법에 대하여 알아보기로 한다.

1) 헌법적 관계의 기본 원리

오늘날 공법과 사법 전반에 걸쳐 널리 통용되는 법의 일반 원칙으로 비례 원칙[6]을 들 수 있다. 비례 원칙은 두 이해관계가 충돌할 경우에 어느 한쪽에 치우치지 않고 균형 있게 양자를 보장하기 위한 원칙으로, 특히 헌법재판소에서 국민의 기본권을 제한할 가능성이 있다는 이유로 법률의 위헌성을 판단할 때 중요한 기준으로 사용된다. 헌법재판소는 비례 원칙의 내용을 다음과 같이 정하고 있다.

먼저, 국가가 정책 등의 달성을 위해 국민의 기본권을 법률로 제한할 경우에는 목적이 정당해야 하고, 그 방법이 적절해야 하며, 국민의 피해를 최소화하는 수단을 사용해야 한다. 또, 이러한 요건을 모두 지킨다고 하더라도, 국민의 권리침해로 인한 마이너스 효과와 정책 달성으로 인한 플러스 효과를 최종적으로 저울질하여 국민의 권리침해의 비중이 더 크다면 비례 원칙에 위배되는 것이다.

---

6) 비례 원칙(과잉 금지 원칙)
과잉 금지 원칙이란, 헌법 제37조 제2항에 "국민의 모든 자유와 권리는 국가 안전 보장, 질서 유지 또는 공공복리를 위하여 필요한 경우에 한하여 법률로써 제한할 수 있으며, 제한하는 경우에도 자유와 권리의 본질적인 내용을 침해할 수 없다."라고 명시된 원칙이다. 이에 비해, 비례 원칙은 주로 판례를 통해 형성된 원칙으로, 헌법상에 명시되어 있지는 않다. 하지만 국민의 기본권 제한이 법적 정당성을 가질 수 있는 요건들을 제시한다는 점에서 요즘에는 두 원칙이 거의 같은 의미로 쓰이고 있다.

사례

1 제대 군인에 대한 군복무 가산점제도 및

2 국가유공자와 그 유족 등 취업보호대상자가 국가기관이 시행하는 채용시험에 응시하는 경우에 10%의 가점을 주도록 한 가산점제도는 평등권을 침해하는가?

- **비례 원칙에 위배되는 군복무 가산점제도는 위헌이다. – 제대군인지원에 관한 법률 제8조 제1항 등 위헌 확인-**

  "가산점제도의 주된 목적은 제대 군인이 군복무를 마친 후 빠른 기간 내에 일반사회로 복귀할 수 있도록 해주는 데에 있다. 이는 입법 정책적으로 얼마든지 가능하고, 또 매우 필요하다고 할 수 있으므로 입법 목적은 정당하다.

  그런데 제대 군인에 대하여 여러 가지 사회 정책적 지원을 강구할 필요성이 있다할지라도, 그것이 공동체 내의 다른 집단에게 동등하게 보장되어야 할 균등한 기회 자체를 박탈하는 것이어서는 안 되는데, 가산점제도는 공직 수행 능력과는 아무런 합리적 관련성을 인정할 수 없는 성별 등을 기준으로 여성과 장애인 등의 사회 진출기회를 박탈하는 것이므로, 정책 수단으로서의 적합성과 합리성을 상실한 것이다.

  또한, 가산점제도가 추구하는 공익은 입법정책적 법익에 불과한 반면, 그로 인하여 침해되는 것은 헌법이 강력히 보호하고자 하는 고용 상의 남녀평등, 장애인에 대한 차별금지라는 헌법적 가치이다. 그러므로 가산점제도는 법익 균형성을 현저히 상실한 제도라는 결론에 이르게 된다."(헌법재판소 1999.12.23. 98헌마363 결정)

- **국가유공자와 그 유족 등 취업보호대상자가 국가기관이 시행하는 채용시험에 응시하는 경우에 10%의 가점을 주도록 한 가산점제도가 평등권을 침해하는지 여부를 심사함에 있어 적용되는 심사의 기준에 대해,**

  "비교집단이 일정한 생활영역에서 경쟁관계에 있는 경우로서 국가유공자와 그 유족 등에게 가산점의 혜택을 부여하는 것은 그 이외의 자들에게는 공무담임권 또는 직업

선택의 자유에 대한 중대한 침해를 의미하게 되므로, 헌법재판소가 1999.12.23. 선고한 98헌마363 사건의 결정에서 비례의 원칙에 따른 심사를 하여야 할 경우의 하나로 들고 있는 차별적 취급으로 인하여 관련 기본권에 대한 중대한 제한을 초래하게 되는 경우에 해당하여 원칙적으로 비례심사를 하여야 할 것인데, 이 사건 가산점제도의 입법목적은 국가유공자와 그 유족 등에게 가산점의 부여를 통해 헌법 제32조 제6항이 규정하고 있는 우선적 근로의 기회를 제공함으로써 이들의 생활안정을 도모하고, 다시 한번 국가사회에 봉사할 수 있는 기회를 부여하기 위한 것으로서 그 목적의 정당성이 인정되고, 이 사건 가산점제도는 위와 같은 입법목적을 달성함에 있어 정책수단으로서의 적합성을 가지고 있으며, 헌법 제32조 제6항에서 국가유공자 등의 근로의 기회를 우선적으로 보호한다고 규정함으로써 그 이외의 자의 근로의 기회는 그러한 범위 내에서 제한될 것이 헌법적으로 예정되어 있는 이상 차별대우의 필요성의 요건을 엄격하게 볼 것은 아니므로, 차별대우의 필요성의 요건도 충족되었다고 할 것이다.

공무원 채용시험에 있어 전체 합격자 중 취업보호대상자가 차지하는 비율 등에 비추어 볼 때 전체적으로 입법목적의 비중과 차별대우의 정도가 균형을 이루고 있다고 할 것이므로, 개별적 시험에 있어서 일부 소수직렬의 경우 채용인원이나 시험의 난이도 등에 따라 취업보호대상자 이외의 자가 합격하기 매우 어렵게 되거나 합격 자체가 불가능하게 되는 일이 발생할 수 있다고 하여 이러한 점만으로 그 균형이 깨졌다고 볼 것은 못된다. 무엇보다도 헌법재판소가 위헌으로 선언한 제대군인가산점제도는 헌법이 특히 금지하고 있는 여성차별적인 성격을 띠고 있는데 반하여, 이 사건 가산점제도는 국가유공자 등에게 우선적으로 근로의 기회를 제공할 것을 규정하고 있는 헌법 제32조 제6항에 근거를 두고 있는 제도라는 점을 고려하면, 위와 같은 일부 문제점에도 불구하고 이 사건 가산점제도가 법익균형성을 상실한 제도라고는 볼 수 없다.

따라서 이 사건 가산점제도는 국가유공자와 그 유족 등에 비하여 그 이외의 자를 비례의 원칙에 반하여 차별하는 것으로는 볼 수 없으므로, 청구인의 평등권을 침해하지 아니한다." (헌법재판소 2001.2.22. 2000헌마25 결정)

2) 민사 관계의 기본 원리

(1) 신의성실의 원칙

권리 행사와 의무 이행은 신의에 좇아 성실하게 해야 한다는 것이 신의성실의 원칙이다. 신의성실이란, 사회의 거래 관계는 상호 간의 신뢰에 맞추어 형성되고 성립되는 것이므로, 사회 구성원으로서 상대방의 신뢰를 헛되이 하지 않도록 권리 행사와 의무 이행을 신의에 좇아 성의 있게 하는 것을 말한다. 즉 신의성실의 원칙이란, 법률관계에 참여한 모든 자는 상대방의 정당한 이익을 고려하여 행위 할 의무를 부담한다는 뜻이다.

민법은 권리의 행사와 의무의 이행은 신의에 따라 성실하게 할 것을 규정하고 있다. 예를 들면, 채무자가 채권자를 골탕 먹일 의도로 일부러 수십 개의 동전자루로 빚을 갚는 경우처럼 일반적인 상식이나 거래 관념에 비추어 납득하기 어려운 행동은 허용할 수 없다는 것이다. 따라서 신의성실의 원칙은 법을 공유하는 법 공동체 구성원들이 가져야 할 공동체 의식을 강조하는 원리라고 할 수 있다.

(2) 권리 남용 금지의 원칙

권리 남용 금지의 원칙은 겉으로 보기에는 권리를 행사하는 것 같지만 실제로는 타인에게 고통을 주기 위한 행위를 막기 위한 원칙이다.

이 경우 권리가 인정되는 본래의 목적이나 권리의 사회성, 공공성에 반하여 정당한 권리의 행사로 인정되지 않는다. 헌법에서도 권리의 행사는 공공복리에 어긋나지 않도록 해야 한다고 정하고 있다. 이 원칙을 지키지 않는 권리 행사는 법이 보장하지 않으며, 따라서 그 권리의 행사에 따른 법적인 효과가 발생하지 않는다. 경우에 따라서는 권리행사 자체를 불법행위로 보고 상대방에게 손해배상을 하도록 한다.

사례

어떤 토지에 그 소유자와 그 위에 건물 소유자가 달라 분쟁이 생겼다. 토지 소유자는 토지에 대한 소유권을 행사하려고 건물주에게 건물 철거를 요구하였다. 이에 건물주는 토지 소유자에게 적정한 가격에 토지를 매수하겠다고 하였다. 그러나 토지 소유자는 그 토지를 시가의 10배의 가격을 달라고 하면서 건물주의 성의 있는 매수 협의를 전혀 받아들이지 않고 있다. 토지 소유자의 행위는 정당한가?

3) 형사 관계의 기본 원리

(1) 죄형법정주의

죄형법정주의란, 아무리 사회적으로 비난받을 만한 행위라 할지라도 국회에서 제정한 법률이 그러한 행위를 범죄로 규정하고 있지 않는 한 처벌할 수 없고, 범죄에 대해 법률이 규정한 형벌 이외에는 부과할 수 없다는 원칙으로, 법치 국가 형법의 기본 원리이다. 이에 따라 국가는 형벌권을 자의적으로 행사할 수 없고, 국민은 자유와 권리를 보호받을 수 있다.

죄형법정주의에 따르면, 법이 만들어지기 이전의 사건을 법이 만들어진 뒤에 소급하여 처벌할 수 없다. 선고 할 때에는 반드시 형의 기간을 정해 피고인에게 기약 없는 수감 조치를 내려서는 안 되며, 법률에 있는 명확한 내용으로 처벌하고, 비슷한 내용을 유추 해석해서는 안 된다. 다만, 이 원리는 국가에 대해 개인의 인권과 권익을 보장하기 위한 것이므로, 피고인에게 유리한 소급 적용이나 유추 해석은 허용될 수 있다.

(2) 적법절차원칙

적법절차원칙이란, 법령의 내용은 물론 그 집행 절차도 정당하고 합리적이어야 한다는 원칙으로, 헌법에 명시되어 있다. 본래 이 원칙은 국가의 형벌권으로부터 국민의 신체의 자유를 보장하기 위한 목적에서 출발한 것이지만, 오늘날에는 공권력과 관련된 모든 행위에서 꼭 지켜져야 할 기본 원리로 인정되고 있다.

- 민사 소송과 형사 소송의 관계

똑같은 행위에 의해 생긴 문제일지라도 경우에 따라서 민사 관계가 되기도 하고 형사 관계가 되기도 하므로, 일반 시민들에게는 혼란스러운 문제일 수 있다. 시민들이 민사 관계와 형사 관계를 혼동함으로써 가지게 되는 의문들은 대체로 다음과 같다.

① 판사가 민사 재판에서 내게 돈을 갚지 않아도 된다고 했는데, 검사는 왜 나를 교도소에 보내려고 하는가?
② 내가 상대방보다 우수한 변호사를 선임하여 민사 재판에서 이겼는데, 왜 상대방은 교도소에 가지 않고 버젓이 돌아다니고 있는가?
③ 남의 돈을 빌려 간 후 갚지 않는 자들은 당연히 교도소에 보내서 정신을 차리게 해야 하지 않은가?
④ 상대방이 상해죄로 기소되어 유죄 판결까지 받았으니 곧 검찰에서 나의 치료비를 받아 주겠지?
⑤ 내가 빌린 돈을 갚지 못하여 교도소에 다녀왔으니, 빌린 돈은 갚지 않아도 된다.

민사 관계는 기본적으로 개인과 개인의 사적인 관계이다. 따라서 해결 절차는 누군가로부터 부당하게 손해를 입은 사람이 법원에 민사소송을 제기하면, 법원이 그의 정신적·금전적 손해에 대하여 배상 등을 명하는 형태로 진행된다.

하지만, 형사 관계는 범죄를 저지른 개인과 형벌권을 지니고 있는 국가 사이의 관계이다. 그러므로 검사가 국가 기관을 대표하여 범죄 혐의자를 대상으로 형사 소송을 제기하면, 법원은 그에게 잘못이 있는지, 잘못이 있다면 형벌을 부과할 것인지, 형벌을 부과한다면 어떤 형태의 형벌을 얼마나 부과할 것인지를 결정하는 형태로 진행된다. 다시 말해, 민사 소송과 형사 소송은 별개의 문제를 다루는 서로 독립적인 절차이다.

위의 ①에서 판사는 민사에 관한 판결을 내린 것이다. 그러나 민사 소송에서 승리했다고 형사적인 책임이 없는 것은 아니다. 따라서 형사 소송에서 검사는 민사 소송과 상관없이 수사하여 범죄의 혐의가 있다고 판단되면 기소할 수 있다. ②에서도 마찬가지이다. 교도소에 가도록 판결을 내리는 것은 형사 소송이므로, 이 경우 '나'는 민사 소송에서만 이긴 것이다. 따라서 형사 처벌까지 받게 하려면 별도의 고소를 제기하는 등 형사 절차를 거쳐야 한다. ③에서 남의 돈을 빌리고 갚지 않는 것만으로 교도소에 보낼 수는 없다. 돈을 안 갚는 것이 단순히 상대방에게 손해를 끼치는 것을 넘어 사회 질서를 해치는 행동이 될 때 비로소 형법의 규율 대상이 된다. ④는 반대의 사례로, 상해죄와 관련된 형사 재판은 피고인에게 형벌을 주는 것으로 끝나고, '내'가 입은 손해는 손해와 관련된 민사 소송을 따로 제기하여 이를 배상받아야 한다.

이 과정을 실생활 속에서 발생할 수 있는 다음 사례를 통하여 이해해보자.

사례

A는 급한 사정이 생겨 아파트를 처분하려 한다는 B로부터 아파트를 사기로 하고, 함께 아파트를 둘러본 뒤 B의 주민등록증과 B가 떼어 온 등기부 등본을 확인하고 매매계약을 맺었다. A는 B에게 계약금과 중도금을 지급했고, 마지막으로 잔금을 지급하고 등기 명의를 이전받기로 한 날 B의 아파트로 찾아갔다. 그런데 갑자기 C가 나타나 자신이 아파트의 주인이며, 외국 출장을 마치고 돌아오는 길이라고 했다. 확인해보니 C의 말은 사실이었고, B는 A를 상대로 사기를 친 것이었다. 이 경우 A는 B를 상대로 어떤 법적 대응책을 취할 수 있을까?

먼저, A는 B로부터 금전적인 손해를 입었기 때문에 계약이행이나 손해 배상 등을 목적으로 민사소송을 제기할 수 있다. 또, B는 A에게 범죄 행위를 저질렀으므로, A는 B를 상대로 사기죄 등의 명목으로 고소하여 형사 소송 절차를 밟을 수 있다. 그렇지만 민사소송과 형사 소송은 서로 별개의 절차이므로 민사소송에서 판사가 A에 대한 손해 배상을 인정하지 않았다고 해서 형사 소송에서 B가 당연히 형사 처벌을 면제 받게 되는 것은 아니며, 형사 소송에서 B의 유죄가 확정되었다고 해서 반드시 민사소송에서 A에 대한 손해 배상이 인정되는 것은 아니다. 다만, A가 B를 상대로 고소하여 B가 형사 처벌을 받게 되면 A는 B를 상대로 민사소송을 제기하였을 경우에 승소할 가능성이 높다고 할 것이다.

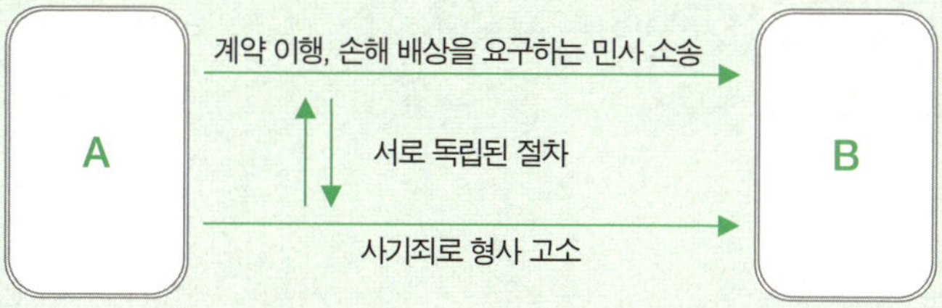

위와 같이 절차적인 면에서만 본다면 민사 관계와 형사 관계가 구별되어 별개의 절차로 진행되지만 양자는 밀접한 관련이 있다.

먼저, 위의 사례의 경우 A가 B를 상대로 사기죄로 고소하여 B가 형사재판에서 유죄가 인정되면 A는 B를 상대로 제기한 민사소송절차에서 승소할 가능성이 높다고 할 것이다. 따라서 이런 경우 실제 소송을 보면, 일단은 사기죄 등으로 형사 고소를 먼저 해놓고 그다음에 민사소송을 제기하는 경우가 많다. 이는 민사소송을 하는 데에는 시간과 비용이 만만치 않을 뿐만 아니라 승소하였다고 하더라도 B와 같은 사람들이 재산을 빼돌려 놓았을 경우에는 그 피해금을 실제로 배상받기 어려우므로 형사 고소를 먼저 하면 상대방이 형사 처벌을 피하기 위해 신속하게 피해를 배상하리라고 기대하기 때문이다. 그리고 형사 사건의 수사기록이나 재판 기록은 민사소송에서 유력한 증거 자료가 된다는 점을 들 수 있다.

- 동일한 사안에서 민사 소송과 형사 소송에서 다른 결론이 나오는 경우

미국의 유명한 전직 미식축구 스타 선수였던 O. J. 심슨이 자신의 아내와 그녀의 남자 친구의 죽음과 관련하여 살인죄로 기소된 형사 사건에서는 무죄 평결을 받았으나, 남자 친구의 가족들이 심슨을 상대로 제기한 불법 행위로 인한 손해 배상 청구 소송에서는 남자 친구의 가족들이 승소하게 된다. 이는 형사 소송에서는 합리적 의심의 여지가 없을 정도로 유죄를 증명하여야 하는 채증 법칙이 요구되는 데 반하여, 민사 소송에서는 그보다는 완화된 다른 기준, 즉 심슨의 행위와 죽음 간에 상당한 인과 관계가 있다고 확신하게 하면 승소하게 되기 때문이다. 이와 같이 소송의 성격에 따라 채증 법칙의 기준이 다른 이유는, 민사 소송에서 패소하면 피고는 금전적인 부담만을 지게 되지만, 형사 소송에서는 유죄 확정에 따라 장기간의 구금, 심지어는 사형에 처할 수도 있기 때문이다.

4. 분쟁을 해결하는 방식

법에 따라 분쟁을 해결하는 방법에는 당사자들 사이에 중립적 제3자인 판사가 개입하여 해결책을 결정하고 이를 강제적으로 집행하는 소송과, 소송의 단점들을 극복하기 위해 고안된 대안적 분쟁 해결 방식들이 있다.

1) 소송 방식

소송은 재판 절차를 모두 밟는 정식 절차와 그렇지 않은 간이 절차로 나뉜다. 간이 절차는 간단하고 편의적인 판결 절차로, 형사 소송의 약식 절차와 즉결 심판절차, 민사 소송의 소액 사건 심판 절차와 독촉 절차를 들 수 있다.

(1) 정식 절차

민사 소송의 정식 재판 절차를 살펴보면, 원고와 피고 성명 및 소송의 목적

등이 밝혀진 소장이 법원에 제출됨으로써 재판이 개시되고, 공개 법정에서 양측 당사자가 출석한 가운데 변론 절차를 거쳐 법원이 판결을 내리면 재판은 마무리된다. 형사 소송에서는 정식 재판 절차를 공판 절차라고 부르는데, 이 경우에는 검사가 법원에 피고인 성명, 죄명, 범죄 일시·장소·방법, 그에 적용할 법조항 등을 밝힌 공소장을 제출함으로써 재판이 시작된다.

이러한 정식 절차는 재판의 기본이 되는 방식이다. 정식 절차에서는 재판 당사자가 증거를 제시하고 자신의 의견을 주장할 충분한 기회를 제공하기 때문에 진실을 찾고 진정한 권리자를 가리는 데 가장 좋은 형태이다. 그러나 복잡하고 빨리 변화하는 현대 사회에서 정식 절차는 당사자에게 오히려 불편하고 손해가 될 수도 있다. 그래서 경미한 사건에서는 정식 절차 대신 약식 절차가 선호되는 경우가 많다.

(2) 간이 절차

가. 약식 절차

약식 절차는 경미한 사건의 경우에 피고인을 불러 심리를 하는 번거로운 절차를 생략하고, 검사가 제출한 서류만으로 판사가 벌금이나 과료 또는 몰수의 형을 내리는 절차이다. 약식 절차에 따라 판사가 형을 선고하는 것을 약식 명령이라고 부르는데, 만약 피고인이 약식 명령에 이의가 있으면 정식 재판을 청구할 수 있다. 따라서 약식 절차가 헌법상 보장된 신속, 공정한 공개 재판을 받을 권리[7]를 침해한다고 볼 수는 없다.

나. 즉결 심판 절차

20만 원 이하의 벌금형, 구류형, 과료 등이 예상되는 경미한 범죄에 대하여 정식 재판 절차를 거치지 않고 판사가 그 자리에서 바로 형을 선고하는 절차로, 즉결 심판, 또는 줄여서 '즉심'이라고 한다.

즉결 심판 절차는 약식 절차와 달리 꼭 검사가 청구하지 않아도 되고, 경찰서

---

7) 신속, 공정한 공개 재판을 받을 권리
모든 국민은 신속한 재판을 받을 권리를 가진다. 형사 피고인은 상당한 이유가 없는 한 지체 없이 공개 재판을 받을 권리를 가진다(헌법 제27조 제3항)

장의 청구에 의해 이루어질 수도 있다. 이 경우에도 피고인이 즉결 심판 결과에 이의가 있다면 정식 재판을 청구할 수 있다.

즉결 심판의 대상 사건

- 행정법규 위반 사건
  도로교통법상 자동차 주·정차 금지 위반, 향토예비군설치법상 예비군 훈련불참자 등
- 형법 위반 사건
  폭행죄, 단순 도박죄 등
- 경범죄 처벌법 위반 사범
  허위 신고, 무임승차 등

다. 소액 사건 심판 절차

소액 사건 심판 절차는 소송 목적(소송의 대상이 되는 물건이나 권리)의 값이 3,000만 원 이하인 소액 사건에 한하여 소송 절차를 저렴한 비용으로 쉽고 빠르게 진행할 수 있도록 하는 절차이다. 소액 사건 심판에서는 변호사가 아니라도 당사자와 관련된 인물이 법원의 허가 없이도 소송 대리인이 될 수 있고, 소장을 제출하지 않고 말로써 소를 제기할 수도 있으며, 빠른 진행을 위해 심리는 한 번만 하는 것을 원칙으로 한다.

라. 독촉 절차

민사 분쟁에서 채권자에게 금전, 유가 증권을 지급하라는 청구에 대해 변론이나 판결 없이 곧장 지급 명령을 내리는 절차를 독촉 절차라고 한다. 분쟁 당사자를 소환하지 않고 별다른 소명 절차도 없어서 소송비용이 아주 저렴하다. 채권자는 이러한 독촉 절차와 통상의 소송 절차 중 어느 것이나 자유롭게 선택할 수 있는데, 지급 명령을 받은 채무자가 이의를 제기하면 통상의 소송 절차로 이어지게 된다.

2) 대안적 분쟁 해결 방식

일반적으로 소송은 복잡하고, 비용이 많이 들며, 시일이 오래 걸리는 단점을 가지고 있다. 또, 소송은 국가 기관의 일방적이고 강제적인 결정에 의해 분쟁을 해결한다는 점과 엄격한 법적용에 의해 실제 사례에서는 구체적 타당성을 가지지 못할 수 있다는 점도 문제로 지적되고 있다. 따라서, 이러한 소송의 문제점을 극복하기 위하여 국제적으로 협상(negotiation), 알선(conciliation), 조정(mediation), 중재(arbitration) 등의 대안적 분쟁 해결 방식(alternative dispute resolution : ADR)들이 제도화 되고 있다.

(1) 협상

협상이란, 분쟁이 발생했을 때 제3자의 개입 없이 당사자끼리 합의에 의해 해결하는 것을 말한다.

(2) 알선

알선은 당사자끼리 합의에 의해 분쟁을 해결하는 점에서 협상과 같지만, 제3자가 당사자들이 합의할 수 있도록 자리를 마련해 주는 등의 방식으로 도와준다는 점이 다르다.

(3) 중재

당사자끼리 분쟁이 해결되지 않을 때, 중립적인 제3자의 결정에 따르기로 당사자들이 합의하고 제3자가 중재안을 내놓는 것을 중재라고 한다.

중재는 사적으로도 행해지지만, 특히 법원이 아닌 중재위원회 등 다른 공공기관의 판정에 의해 해결하는 경우도 많다. 공적 기관에 의한 중재의 예로는 국가 간의 분쟁에 대해 제3의 판단 기관이 나서는 국제법상의 중재, 상거래 분쟁에 대한 중재법상의 중재, 노사 분규 등에 대한 노동법상의 중재 등이 있다

(4) 조정

중립적인 제3자가 개입하여 적극적으로 설득하고 양보하게 하는 방식으로, 당

사자끼리 합의하도록 도와주는 것을 조정이라고 한다. 조정은 제3자가 적극적으로 개입하기는 하지만 중재와는 달리 제3자가 합의안을 결정할 권한은 없다.

특히, 우리나라에서는 1990년도부터 민사 소송으로 가기 전에 당사자의 선택에 의하여 민사 조정을 거칠 수 있도록 하고 있는데, 이 민사 조정 제도는 법관이나 법원에 설치된 조정위원회에서 당사자들의 사정을 참작하여 서로 양보하고 타협하도록 주선함으로써 융통성 있는 결론을 맺도록 하는 절차이다. 판사의 조정에 대해 분쟁 당사자가 합의를 하거나 판사가 직권으로 결정한 조정안에 당사자가 이의가 없을 경우에 조정이 이루어진다. 이와 같은 조정은 소송 도중에도 할 수 있다.

또, 가사 소송의 경우, 일정한 경우에는 반드시 소송으로 가기 전에 조정을 거쳐야 하는 조정 전치주의를 채택하고 있어 곧바로 소송을 신청할 경우에도 가사 조정을 받게 하고 있다.

이러한 대안적 분쟁 해결 방식들은 정식 소송 절차와 비교하여 저렴한 비용으로 빠르게 분쟁을 해결하고, 당사자들의 타협과 양보에 의하여 해결책을 마련할 수 있다는 점 등의 장점을 갖추고 있기 때문에 시민들이 널리 활용하는 것이 바람직하다.

5. 법의 의의와 구조[6)]

1) 사회규범과 사회생활

(1) 사회규범

"인간은 사회적 동물이다."라는 말은, 인간에게는 사회를 구성하고 사회 속에서 살아가야 하는 본성, 즉 사회성(社會性)이 있다는 것을 표현하는 것이다. 그런데 사람들은 사회생활을 하면서 반사회적인 이기심이나 이해관계의 차이로 서로 다투기도 한다.

이러한 다툼이 평화적으로 해결될 때, 인간 사회는 평온하게 유지될 수 있다. 사회의 질서를 바르게 유지하고, 사회 공동생활을 온전하게 영위하기 위해 사회 구성원의 동의에 의해 마련된 것이 사회규범이다.

사회규범은 선(善)하거나 유익하다고 생각되는 행위를 '하도록'하고, 악(惡)하거나 유해하다고 생각되는 행위를 '하지 못하도록'하는 「당위의 법칙」이다.

(2) 사회규범의 종류

사회규범에는 관습(慣習), 도덕(道德), 종교규범(宗教規範) 및 법(法)이 있다.

관습은, 일정한 행위가 사회 구성원 사이에서 오랜 세월 반복됨에 따라, 점차 사회적 행위의 기준으로 인정된 것이다.

도덕은 생명에 대한 존중이나 어른에 대한 공경, 또는 폭력의 금지 등과 같이 선(善)의 구현과 사회의 존속과 평화를 위하여 필요한 가치의 기준 또는 규범으로, 인간의 양심에 바탕을 두고 있다.

종교규범은 종교상의 계율(戒律)이 사회 구성원의 행위규범으로 인정된 것이다.

이러한 관습이나 도덕 및 종교규범에 비하여, 법은 그 내용과 집행 및 제재의 방법을 명확하게 제도화시켜 놓은 규범이다. 특히 법은 국가에 의해 강제되어, 주로 인간의 외적인 행위를 규율한다.

---

8) 이 장에서의 설명은 많은 부분을 법무부, 「한국인의 생활법률」, 2005, p.21-31에 의존하였음.

법은 사회생활을 하는 데 있어서 개인이나 집단의 권리와 의무의 내용과 한계 및 그 행사의 절차를 알려 준다. 따라서 법은 어떤 행위의 합법성과 정당성의 판단 기준이 되어 개인이나 집단 간에 대립하는 이해관계를 조정하는데 기여한다. 인구가 급증함으로써 사회가 복잡해지고 국가의 역할이 확대된 현대사회에서는, 강제성을 지닌 법의 역할이 강조되고 있다.

법과 도덕의 비교

- 목적하는 바는 무엇인가? 정의의 실현/선(善)의 실현
- 인간의 어떤 측면을 규율하는가? 인간의 외면적 행위 규율/내면적 양심, 동기 중시
- 강제성 여부? 강제성/비강제성
- 권리와 의무, 어느 쪽을 규율하는가? 양면성(권리와 의무 규율)/일면성(주로 의무 규율)
- 자율성이 있는지 여부? 타율성/자율성

2) 법의 이념

법은 한번 만들어지면, 사회 구성원 모두가 지켜야 하는 강제 규범이다. 그런데, 법은 왜 존재하는가? 법은 무엇을 실현하고자 하는가?

이러한 물음에 대한 해답을 법의 이념(목적)이라 한다. 일반적으로 법의 이념을 말할 때, 정의, 합목적성, 법적 안정성을 중심으로 설명한다.

(1) 정의

정의는 법이 추구하는 궁극적인 이념이다(법의 근본 목적의 하나).

그래서 법이란, 정의를 실현하기 위한 사회규범이라고 말한다. 정의는 진·선·미와 같이 인간생활의 궁극적, 절대적 가치를 뜻한다. 그러나 정의가 무엇인지에 대해서는 시대와 상황에 따라 다소 다르게 표현되고 있다.

고대 로마 시대의 법학자 울피아누스(Ulpianus)는, '정의란 각자에게 그의 몫을 돌려주려는 항구적인 의지'라고 하였다. 또 오늘날 보편적으로 인용되는 아리스토텔레스(Aristoteles)의 정의론에 의하면, 정의의 본질은 평등이라고 하면서,

모든 인간을 동등하게 취급하는 평균적 정의와 능력과 공헌도에 따라 차등 대우하는 배분적 정의로 구분하였다.

그렇지만 정의의 본질이 평등이라는 점에 대해 쉽게 동의하더라도 구체적, 개별적 상황에서 평등의 의미를 파악하는 것은 쉬운 일이 아니다. 평등을 말할 때, '같은 것은 같게, 다른 것은 다르게'라고 할 때의 기준은 합리적 차별인가 아닌가의 문제로 귀결되는데, 평균적 정의는 절대적 평등을 요구하고, 배분적 정의는 상대적 평등을 요구하기 때문이다. 이처럼, 정의의 구체적 내용은 시대와 민족, 국가에 따라 다를 수 있다. 정의와 관련하여, 현대 법치국가에서는 기본적 인권의 보장에 중점을 두되, 합리적 차별의 기준을 공정하게 설정하는 것이 법적 과제이다.

(2) 합목적성

정의가 공허하지 않고 바르게 존재하기 위해서는 합목적성이라는 기준이 필요하다. 합목적성이란, '목적에 맞도록 방향을 설정하는 것'을 의미하는데, 법이 그 기능에 알맞게 그리고 그 목적에 적합하게 설정되고 적용되는 것을 말한다. 정의가 법의 내용을 일반화하는데 반하여 합목적성은 법을 구체화하고 개별화하는 기능이 있다.

합목적성은 시대와 사회의 지배적 가치관에 따라 다르다. 예를 들면, 근대 초기의 자유방임주의 시대에는 개인의 자유 보장에 보다 높은 가치를 부여했으며, 독일의 히틀러 시대에는 개인보다 국가와 민족을 더욱 강조하였다. 그러나 현대 복지 국가에 이르러서 법은, 개인의 이익과 사회(국가)의 공공복리를 동시에 증진하는 것을 목적으로 삼고 있다.

(3) 법적 안정성

법적 안정성이란, 법에 따라 안심하고 생활할 수 있는 상태, 즉 사회생활이 법에 의하여 보호 또는 보장되어 안정되게 이루어지고 있음을 의미한다. 법적 안정성이 높다는 것은 현행 법질서가 동요됨이 없이 어느 행위가 옳은 것이며, 어떠한 권리가 보호되고, 책임 추궁은 어떻게 되느냐가 사회 구성원에게 확실히 알려져 있어서, 사람들이 법의 권위를 믿고 안심하고 행동할 수 있는 상태이다.

법적 안정성이 유지되려면, 법의 내용이 명확해야 하고, 법이 쉽게 변동되는 일이 없어야 하며, 실제로 실행되어야 하며, 국민의 의식과 합치할 것이 요청된다.

법이념의 상호관계

법에 있어서 정의·합목적성·법적 안정성은 서로 연관되면서 다른 한편 서로 긴장관계를 유지하고 있다. 정의는 일반화하는 경향이 있는 데 대하여 합목적성은 개별화하는 경향이 있다. 정의와 합목적성은 이념적이고 법의 실체에 관한 것인데 대하여, 법적 안정성은 실정적이며 법의 형식에 중점을 두고 있다. 따라서 법에 의하여 형성된 기존 질서를 유지하기 위하여 법적 안정성은 법의 내용이 정의나 합목적성에 어긋나더라도 강제성을 띠어 그 실효성을 지키고자 하므로 법적 안정성은 정의, 합목적성과 모순관계가 생길 수 있다. 정의와 합목적성의 관계에서도 다같이 법의 내용에 관한 것이라고는 하나 합목적성이 공공복리에 이바지한다는 공리성의 경향이 있는데 대해, 정의는 윤리성의 경향이 있으므로 양자 사이에 모순이 생길 수 있다.

법 목적의 세 이념인 정의, 합목적성과 법적 안정성은 상호협력·보완해 나가는 것이 이상적이다. 그러나 상호 모순되는 경우에는 무엇을 우선시해야 할 것인가?

보충 1

현대 법철학자 구스타브 라드브루흐(G. Radbruch)는 법의 이념인 정의·합목적성·법적 안정성은 서로 연관되면서 또 서로 모순된다고 보았다. 즉, ① 정의가 일반화하는 경향이 있는데 대하여, 합목적성은 개별화하는 경향이 있고, ② 정의나 합목적성이 이념적인 것인데 대해, 법적 안정성은 실정성(實定性)을 요구하고, 이 실정성은 사실로부터 나오는 것이다. 실정성은 법을 제정하는 힘(Macht)을 전제로 한다. ③ 법적 안정성은 법질서의 정립이라는 법의 기능에 관한 이념인데 대하여, 정의나 합목적성은 법의 내용에 관한 법이념이다. ④ 법적 안정성은 법의 형식에 중점을 두고 있으나, 정의나 합목적성은 주로 법의 실체에 중점을 두고 있다. 따라서 법적 안정성은 사회질서의 유지를 위해 법의 내용이 비록 정의나 합목적성에 부합하지 않더라도 강제성을 띠어 그 실효성을 지키고자하므로 법적 안정성과 정의·합목적성의 사이에 모순·갈등이 생긴다. ⑤ 정의와 합목적성이 다같이 법의 내용에 관한 것이라고는 하나 합목적성이 인간의 공통된 목적(공공복리)에 이바지 한다는 공리성을 띠는데 대하여, 정의는 윤리성이라는 각기 다른 가치이념을 바탕으로 하기 때문에 양자 사이에도 모순이 생길 수 있다. 정의와 법적 안정성은 보편타당한 요소이지만, 합목적성은 상대주의적 요소이다. 뿐만 아니라 이들 세 요소 상호 간의 순위관계도 또한 상대주의적인 것이다. 그런데 이들 각 이념은 상호모순 속에서 대립적 관계를 필연적으로 이루어 '악법도 법인가'라는 문제가 제기된다.

라드브루흐는 본래 법이념 가운데 사회질서 유지가 중요하다는 이유로 법적 안정성이 정의나 합목적성보다 중요하다고 한다. 그리하여 상호모순 될 때에는 법적 안정성, 정의, 합목적성의 서열을 통해 갈등을 해결하려 하였다. 그러나 나치시대의 '법률은 법률이다'라는 극단적인 법실증주의(法實證主義)를 배경으로 한 '法律的不法(Unrechtgesetz)'의 고통을 겪고 난 뒤 2차 대전 후에는 정의를 법적 안정성과 합목적성보다 우위에 두고자 하였다.[7] 라드브루흐는 1946년 발표한 논문「실정법적 불법과 초실정법적 법」(Gesetzliches Unrecht und uebergesetzliches Recht)[8]에서 "실증주의는 사실상 〈법률은 법률이다〉 라는 확신을 가지고 독일의 법조계로 하여금 자의적이고 범죄적인 내용의 법률에 대해서 저항할 수 없게 만들었다.

---

9) 라드브루흐는 상대주의 이론에 입각하여 이러한 모순은 학문적인 보편타당성의 원리로 해결할 수 없고, 실천적·주관적으로 해결할 수밖에 없다고 한다. 즉, 자연법을 중시하는 시대에는 정의의 이념이 최고의 가치 기준이 되고, 경찰국가 시대에는 합목적성의 이념이, 그리고 법실증주의 시대에는 법적 안정성의 이념이 특히 강조되었다고 한다. 라드브루흐(최종고 역), 법철학, 1981, 115면 참조.

10) 이 논문의 원문 번역은 라드브루흐(최종고 역), 법철학의 부록으로 게재(285면 이하).

법률의 효력은 법률이 스스로를 실현시킬 수 있는 힘(Macht)을 가졌을 때 증명된다고 실증주의는 믿고 있다. 그러나 힘이란 필연이라면 몰라도, 결코 당위(Sollen)나 효력(Gelten)을 근거지울 수는 없다"고 하였다, 그리하여 법률 안에서의 힘과 법의 동일성은 지양되었다. 법률은 더 이상 그것이 단순히 법률이기 때문에 효력을 가지는 것은 아니었다. 법률은 이 효력을 다른 규준(이를테면 자연법)에서 증명하지 않으면 안되었다.[9] 여기서 일정한 조건하에서 법률에 대해 복종을 거절할 가능성, 실로 법률적 필연성이 추론되지 않으면 안되었다. 그러면서도 라드브루흐는 여전히 법에 있어서의 법률의 가치와 그의 불가결한 기능을 통찰했고, 정의사상을 위해 법적 안정성을 포기하지 않았다. 즉 "정의와 법적 안정성 사이의 충돌은, 실정법과 정의와의 모순이 참을 수 없을 정도에 이르러서 법률이 '不正當한 法'(unrichtiges Recht)으로서 정의에 물러서야 할 경우가 아닌 한, 제정과 힘에 의한 실정법(positives Recht)은, 그것이 내용적으로 정당하지 않고 합리적이 아니더라도 우위에 서게 함으로써 해결하여야 할 것이다."라고 피력하였다.[10] 결론적으로 법의 이념인 정의와 합목적성, 법적 안정성은 상호협력·보완해 나가는 것이 이상적이라 할 것이다. 그러나 상호모순하는 경우에는, 국민의 지배적인 정의 관념에 '견딜 수 없을 정도'로 모순되는 '법률적 불법'에 해당하는 경우가 아닌 한, 원칙적으로 법적 안정성을 앞순위로 두고, 그 다음 정의, 그리고 합목적성의 서열 순위로 해결하는 것이 타당하다고 생각한다. 이는 어쩌면 민사법적 사고가 바탕에 놓여있는 것이 아닌가 한다. 즉 라드브루흐의 사고에 기댄다면, 법체계에 있어서 형법에서는 정의의 이념이, 행정법에서는 합목적성의 이념이, 그리고 민법이나 소송법에서는 법적 안정성의 이념이 강하게 작용한다고 할 것이다.

11) 그러나 라드브루흐의 사후에 그의 사상에 대한 평가를 참고하면(에릭 볼프, 라드브루흐의 생애와 사상, 라드브루흐(최종고 역), 법철학의 부록편 296면 이하, 특히 347면 참조), (가치면에서 정의가 법적 안정성에 대해 우월하다고 하면서도,) 라드브루흐는 그 정당화의 근거로 「실질적인 정의론」에서 찾을 것을 지시하지는 않았다. 왜냐하면 정의, 안정성 및 합목적성이라는 최고법가치에 관한 3요소는 같은 하나의 이념에 세 작용 방향으로 전개된 것에 지나지 않는 사실로 인식하게 되었고, 각각 사이의 충돌은 그에게는 정의의 자기대화로서, 또 모든 법의 존재에 고유한, 해소될 수 없는 현실적 긴장관계로서 생각되었다. 그 때문에 그는 구체적인 해결을 더 이상 원리의 문제로 생각하지 아니하고 정도의 문제, 즉 유동적인 한계의 문제로 보았다. 따라서 법적 효력이 없는 「실정법의 불법」, 그 부정의에도 불구하고 법적 안정성을 위하여 인내하지 않으면 아니 되는 「불공정한 실정법」과의 사이에 명확한 한계를 그을 수는 없다. 물론 형식적으로 적법한 실정법에 대하여 실정법을 초월한 법을 근거로 하여 그 법적 효력을 박탈하는 경우는 매우 드문 예외의 경우이며, 실정법과 정의가 극단적으로 모순되는 경우라고 말할 수 있을 것이다.

12) 이에 대해서는 카우프만/하스머(심헌섭 역), 현대법철학의 근본문제, 1980, 36면 이하 참조.

3) 법의 분류

(1) 공법, 사법

공법은 국가 또는 공공 단체 등을 법적 주체의 한 당사자로 하여 공권력 관계를 다루는 법이다. 이에는 헌법, 행정법, 형법, 형사 소송법 등이 이에 속한다. 사법은 자연인, 사법인(私法人) 등 사인(私人)을 주체로 하여 대등한 법률관계를 다루는 법으로서, 민법과 상법 등이 이에 속한다.

(2) 실체법과 절차법

법이 규정하는 내용에 따라 구분되는 개념이다. 실체법은 법률관계 자체, 즉 권리와 의무의 내용, 종류, 주체, 발생, 변경, 소멸 등을 규정한 것으로, 민법, 상법, 형법 등이 이에 해당한다.

절차법은 실체법에 의해 규정된 권리와 의무를 실현하기 위한 수단과 방법을 규율하는 법이다. 이에는 민사소송법, 형사 소송법, 행정소송법 등이 해당한다.

(3) 일반법과 특별법

법의 효력이 미치는 범위를 기준으로 한 분류개념이다. 일반법은 사람, 장소, 사물에 대하여 보편적으로 적용되는 법으로, 민법과 형법 등이 이에 해당한다. 특별법은 특수한 사람, 장소, 사물에 대해 제한적으로 적용되는 법으로, 상법, 교육공무원법, 군형법 등이 이에 해당한다. 이러한 구별은 상대적인 것이다. 예를 들어, 상법은 민법에 대해서는 특별법이지만, 은행법이나 보험업법 등에 대해서는 일반법이다.

4) 자연법론과 실정법

실정법(實定法)은 입법 절차에 의하여 제정된 성문법이 보통이지만, 불문법인 관습법, 조리와 같이 현실적으로 행해지고 있는 법도 포함된다. 성문법 중심의 법체계를 가지고 있는 우리나라에서, 일반인이 인식하는 법의 형식은 주로 실정법이다. 그러나 실정법의 체계가 아무리 빈틈없이 정비되어 있다 하더라도 그 모두가 정당한 법인가 하는 질문이 제기될 수 있다. 이러한 의문을 해결하기 위해서는 실정법의 정당성에 대한 평가 기준이 필요하게 된다.

실정법이 지향하는 보편적 기준을 찾으려는 사상적 흐름을 자연법론(自然法論)이라 한다. 여기서 말하는 자연법은 「자연의 질서 또는 인간의 이성에 바탕을 둔 보편적이고 항구적인 질서」이다. 즉, 시대와 민족, 국가와 사회를 초월하여 타당하게 적용되는 객관적인 질서이다.

자연법은 실정법을 제정하는 기준이 되는 동시에, 부당한 실정법을 개정하는 기준이 되기도 한다. 따라서 실정법의 가치나 이념 등은 자연법에 근거를 두고 설정된다고 한다.

그런데 자연법과 실정법은 상호 대립 관계에 있는 것이 아니라, 상호 보완 관계에 있다. 자연법은 실정법을 통해서 그 이념과 정신을 구체화하고, 실정법의 내용은 자연법에 근거하여 그 타당성을 인정받을 수 있기 때문이다.

악법도 법인가?

⇨ 주장 1 : "자연법에 합치되지 않는 실정법, 즉 정의의 원리에 반하는 법은 악법이다. 특히 헌법에서 보장하는 기본적 인권을 침해하는 법은 악법이다. 이는 무효이고, 따라서 악법은 법이 아니며 악법에 대해서는 국민은 저항권을 행사하여야 한다."

⇨ 주장 2 : "적법한 절차를 밟아 공포된 법이라면, 그것이 정의에 반한다고 하더라도 지켜야 한다. 따라서 악법도 법이다"

어느 주장이 타당하다고 생각되는가?

6. 시민사회의 법

법은 사회규범으로서 사람과 사람사이의 사회생활을 규율한다. 법은 개인이 지켜야 할 규범이고(행위규범), 법원 판결의 기준으로 법관에게 주어진 규범이 된다(재판규범).

1) 사법(私法)으로서의 민법(民法)

(1) 민법의 성립

봉건제가 붕괴되고 근대 국가가 성립하는 과정에서 봉건적인 제약으로부터 해방된 자들의 자유로운 경제 활동을 제도적으로 보장하는 것이 강하게 요구되었다. 그런데 국가는 개개인의 자유로운 경제활동의 장(場)을 보장하고, 또 그 활동을 용이하게 하기 위해서만 권력을 행사하지만, 그 이상으로 개인의 자유를 제한하는 활동을 해야 하는 것은 아니라는 사상이 생겼다. 이것이 넓은 의미에서의 자유주의이다. 이러한 사상에 기하여 자유로운 인간들 사이의 국가의 개입을 받지 않는 관계(주로 경제적인 관계이지만, 그 전제를 이루는 가족관계도 포함한, 사적인 관계)에 대하여 준칙(rule)을 확실하게 정하는 것이 요구되었다. 이러한 룰의 집합으로서 민법이라는 개념이 성립한 것이다.

(2) 민법의 역할

민법은 일상적인 재산관계와 가족관계를 규율하는 법으로, 모든 법 중에서 우리에게 가장 가까운 법이라 말할 수 있을 것이다.

사람은 출생하면서 친자(親子), 형제와 같은 가족관계를 맺게 된다. 살아가면서 생활용품 등을 구입하고(매매), 여유가 있으면 예금을 한다. 결혼을 하고(혼인), 새로운 가정을 꾸려나가기 위해 집을 얻게 된다(전세, 임대차). 은행으로부터 돈을 빌려(소비대차), 주택을 구입하게 된다(부동산소유권 취득). 이 경우 은행 융자를 얻기 위해서 그 주택에 저당을 잡히기도 하고 또는 보증인을 세우기도 한다. 한편 부부 사이가 좋지 않아서 이혼(離婚)을 하는 경우가 있을 수 있을 것이다.

나이가 들어 유언장을 작성해 두는 경우도 있을 수 있고, 최후로 사망하면 그 사람의 재산은 가족에게 상속된다.

이와 같이 사람이 살면서 생기는 많은 문제에 있어서 법적 다툼이 생길 수 있는데, 이와 관련된 법이 바로 민법이다.

2) 사법의 일반법으로서의 민법

국가의 개입을 받지 않는 경제적 사회영역이라는 것을, 헤겔이나 마르크스에 의하면, 시민사회라고 부르는 것이다. 여기서 말하는 시민사회란, 정치적인 세계인 국가와는 단절된 비정치적 사회로, 국가의 개입을 받지 않는 인간들이 자유로이 사회관계를 형성하는 것이 인정된 영역이다. 민법은 이 시민사회의 법이다.

시민사회의 법률관계로서는, 혼인 등의 신분관계도 있지만, 가장 중요한 것은 경제적 거래관계이다. 그 중 상인(商人)간의 거래에 대해서는, 거래의 신속화나 복잡화에 의하여, 보통의 사람(人)들 사이의 거래와는 다른 규제가 필요하게 된다. 그래서 상법전이 제정되었다. 이렇게 민법이 규율하는 법률관계 중 특정의 관계를 특별히 규율하기 위하여 만들어진 법률은, 민법에 대한 관계에서 「특별법(特別法)」이라고 하며, 이에 대하여 민법은 그 법의 효력이 특별한 제한 없이 두루 미친다고 하여 「일반법(一般法)」이라고 한다.

민법은 사람(人), 장소, 사항 등에 아무런 제한 없이 사인(개인)의 일상적인 생활관계에 적용되는 법이다. 이러한 점에서 민법을 사법질서(私法秩序)의 기초법이라고 말할 수 있을 것이다. 민법은 사법관계의 일반원칙을 정한 법으로 사법관계라는 제한은 별개로 하고 그 밖에 적용대상에는 제한이 없이 넓게 사법관계 일반에 적용된다는 것을 의미한다. 이에 대하여 상법(商法)은 사법관계 중 오직 상사관계(商事關係)에만 적용된다. 상법은 사법관계 중 특정한 범위를 규율대상으로 하고 있기 때문에 일반법인 민법에 대하여 상법은 특별법이 된다.

일반법과 특별법을 구별하는 실익은 법률의 적용순위를 명백하게 하는데 있으므로 이것은 중요한 의미를 지닌다. 즉 특별법이 일반법에 우선한다(우선하여 적용된다). 따라서 동일한 사항에 대하여 특별법과 일반법의 규정이 존재하고 양자의 규정이 서로 대립할 때에는 특별법의 규정이 우선하여 적용되어야 한다. 바꿔 말하면, 일반법은 특별법에 규정이 없는 사항에 대해서 보충적으로 적용된다.

3) 민사특별법

그런데 민법 중에도 일반법과 특별법을 구별할 수 있는 경우가 있다. 즉 「민법전」(1958.2.22 공포; 1960.1.1 시행)은 민법 가운데서 큰 부분을 차지하고 있지만 그 전체를 규율할 수 없기 때문에 다수의 민사특별법이 존재하게 된다. 부동산등기법, 주택임대차보호법 등이 그 예이다. 이런 경우에도 「특별법은 일반법에 우선한다」는 원칙이 적용되므로, 예컨대 주택임대차에는 그것을 특히 적용대상으로 하고 있는 주택임대차보호법이 우선적으로 적용되고, 넓게 임대차 일반을 적용 대상으로 하고 있는 민법전의 규정은 주택임대차보호법에 규정이 없는 사항에 대해서 적용되는 것이다.

본 강의와 관련하여 다루는 민사특별법으로는 다음과 같은 법률을 들 수 있다.

부동산등기법

이 법은 부동산등기에 관한 사항을 규정함을 목적으로 한다. 등기제도에 관한 법률로서 가장 기본이 되는 것은 민법과 부동산등기법이다. 실체적 등기법이라고 할 수 있는 민법이 제정되면서, 이에 따른 형식적·절차적 등기법의 제정이 필요하게 되어, 1960년 1월 1일 법률 제536호로 공포되어 시행되었다.

Chapter 5. 부동산 등기 참조

부동산등기특별조치법

종래 우리나라의 부동산 거래상, 등기를 하는 경우에 부과되는 여러 세금을 면세하여 폭리를 얻을 목적으로, 등기를 하지 않고서 부동산을 전전양도하거나 제때에 등기를 하지 않는 등의 바람직하지 못한 경우를 많이 볼 수 있다. 이러한 부당행위를 억제하고, 되도록 실체관계에 부합하는 등기를 신청하게 함으로써, 부동산 거래 질서를 확립할 목적으로 이 법이 제정되어 시행되고 있다(1990.8.1. 법률 제4244호).

Chapter 6. 진실한 권리관계와 부합하지 않는 부실등기 참조

부동산실권리자명의등기에 관한 법률

이 법(1995.3.30. 법률 제4944호)은 부동산에 관한 소유권 기타물권을 실체적 권리관계에 부합하도록 실권리자 명의로 등기하게 함으로써 부동산등기제도를 악용한 투기·탈세·탈법행위 등 반사회적 행위를 방지하고 부동산 거래의 정상화와 부동산가격의 안정을 도모하여 국민경제의 건전한 발전에 이바지함을 목적으로 한다. 이 법은 부동산의 명의신탁을 무효라고 명문으로 선언하고, 명의신탁을 한 자에게 형사 처벌과 과징금을 부과한다.

종래 명의신탁은 투기와 탈세의 목적으로 흔히 이용되어 부동산등기를 허명화하는 사례가 많았다. 판례는 명의신탁을 유효라고 판사함으로써 이러한 탈법행위를 조장하는 결과를 가져왔다. 명의신탁은 몇몇 투기꾼의 소행에 그치지 않고 부동산 거래에 만연되어 관행화됨으로써 탈법행위가 공공연히 행해지는 무질서를 초래하였다. 이러한 명의신탁을 근절하고자 이 법은 사법적 무효를 명확히 규정하는 데에 중점을 두고 있다. 이 법에 의하면 부동산의 명의신탁계약이 무효로 될 뿐만 아니라 이에 기해 이미 경료된 등기도 무효로 되고, 따라서 물권변동(소유권의 이전)도 일어나지 않게 된다.

Chapter 6. 진실한 권리관계와 부합하지 않는 부실등기 참조

집합건물의 소유 및 관리에 관한 법률

아파트나 연립주택과 같은 공동주택이 일반화함에 따라 그에 관한 문제점을 규율하고자 제정되었다. 민법에 건물의 구분소유에 관한 규정이 있기는 하지만, 그것을 가지고 고층건물, 아파트기타 연립식 건물의 구분소유를 규율하기에는 적절치 못하다.
건물을 가로와 세로로 구분하여 그 구분된 일부를 독립된 부동산으로 취급하고, 공용부분을 관리하고, 나아가서 건물소유권과 대지소유권의 관련성을 부여하는 집합건물의 법리를 규정할 필요가 있어서 집합건물의 소유 및 관리에 관한 법률이 제정되었다(1984년. 법률 제8725호) 이 법의 제정과 더불어 관련된 부동산등기법의 규정이 개정됨으로써 집합건물의 등기 문제도 합리적으로 개선되었다.

Chapter 7. 소유자의 권리 참조

주택임대차보호법

민법의 임대차 규정의 미비점은 특히 주택의 임대차에서 두드러지게 나타났다. 1970년대에 들어 대도시에의 인구집중이 심각하게 되자, 대도시에서 주택난이 극심하게 되고 그에 따라 임대인의 횡포도 빈번하였다. 가장 큰 문제로는, 임차주택이 양도됨에 따라 임차인이 그의 전 재산인 보증금을 돌려받지도 못하고 거리로 내쫓긴다는 문제였다. 민법에서 임대인에게 등기협력의무를 부과함에도 불구하고, 실제로 임차인이 민법이 요구하는 등기라는 대항요건을 갖추는 것은 매우 어려웠다. 그러므로 임차인에게 등기 없이 부동산 양수인에 대하여 임차권을 갖고 대항할 수 있으며, 또한 전임대인에게 지급했던 보증금·전세금의 반환을 보장받을 수 있는 길을 열어 주는 것이 시급했다. 이와 같은 서민의 요망에 따라 1981년 주택임대차보호법(법률 제3379호)이 제정되었고, 그 후 수차례에 걸쳐 개정되었다. 이 법은 주거용건물의 임대차에 관하여 민법에 대한 특례를 규정함으로써 국민의 주거 생활의 안정을 보장함을 목적으로 한다.

Chapter 9. 부동산의 이용관계 II - 임대차 참조

상가건물임대차보호법

이 법은 상가건물 임대차에 관하여 민법에 대한 특례를 규정하기 위해 제정되었다(2001년 법률 제6542호 2002년 11월 1일부터 시행). 대체로 주택임대차보호법과 유사한 내용을 정하고 있다.

Chapter 9. 부동산의 이용관계 II - 임대차 참조

가등기담보등에 관한 법률

가등기담보는 채권담보의 목적으로 가등기를 해두었다가 채무불이행이 있으면 본등기를 하여 채권자가 담보부동산의 소유권을 취득하는 담보방법이다. 가등기 담보에 따르는 문제 중 대표적인 것은 채권자가 피담보채권액에 훨씬 초과하는 담보부동산의 소유권을 취득하는 점이었다. 특히 사채업자들이 거래 경험이 부족한 시민들의 부동산을 소액의 채권액을 빌미로 빼앗는 사례가 늘자 가등기담보에 대한 규제가 절실하게 요청되었다. 이러한 사회적 배경 하에 사채업자들의 부동산탈취를 막고 채무자의 이익을 보호하는 기능을 담당하기 위하여 가등기담보법이 제정되기에 이르렀다. 이 법은 차용물의 반환에 관하여 차주가 차용물에 갈음하여 다른 재산권을 이전할 것을 예약함에 있어서 그 재산의 예약 당시의 가액이 차용액 및 이에 붙인 이자의 합산액을 초과하는 경우에 이에 따른 담보계약과 그 담보의 목적으로 경료된 가등기 또는 소유권이전등기의 효력을 정함을 목적으로 1983년 12월 30일 제정되어, 1984년 1월 1일부터 시행되고 있다(법률 제3681호).

Chapter 11. 담보제도 II 참조

4) 실체법과 절차법

실체법이란 권리·의무의 실제, 즉 권리·의무의 종류·변동·효과·내용 등에 관하여 규정하는 법을 말하고, 절차법이란 권리·의무의 실질적 내용을 실현하기 위한 절차에 관하여 규정하는 법을 말한다. 헌법, 형법, 민법 등은 실체법에 속하고, 형사 소송법, 민사소송법 등은 절차법에 속한다. 절차법 가운데는 직접 소

송에 관한 것과 그렇지 않은 것이 있는데, 민사소송법, 형사 소송법 등은 전자에 속하고 부동산등기법, 가족관계의 등록 등에 관한 법률(구 호적법) 등은 후자에 속한다.

본 강의와 관련된 절차법으로는 「민사집행법」이 있는데, 이 법은 강제집행, 담보권 실행을 위한 경매, 민법·상법, 그 밖의 법률의 규정에 의한 경매(이를 "민사집행"이라 한다.) 및 보전처분의 절차를 규정함을 목적으로 한다.

1990년에 민사소송법을 개정하면서 경매법을 폐지하고 그에 관한 규정이 민사소송법 내로 편입·신설(제5장 담보권의 실행 등을 위한 경매: 제724조 이하)되면서 '민사소송법'으로 바뀌었다. 그런데 그 후 민사소송법의 강제집행과 담보권실행경매 등을 묶어 따로 '민사집행법' (2002년 법률 제6627호)을 제정하였다.

Chapter 10. 담보제도 I 참조

SUMMARY

1. 법은 그 내용과 집행 및 제재의 방법을 명확하게 제도화시켜놓은 규범이다. 법은 사회생활을 하는데 있어서 개인이나 집단의 권리와 의무의 내용과 한계 및 그 행사의 절차를 알려 준다. 따라서 법은 어떤 행위의 합법성과 정당성의 판단 기준이 되어 개인이나 집단 간에 대립되는 이해관계를 조정하는데 기여한다.

2. 법은 분쟁을 해결하며, 공익과 공공복리를 추구한다. 법은 사회의 평화와 질서를 유지하는 기능과 정의와 인권을 수호하는 기능을 한다.

3. 법은 정의, 합목적성, 법적 안정성을 실현하기 위해 존재한다.

4. 두 이해관계가 충돌할 경우에 어느 한 쪽에 치우치지 않고 균형 있게 양자를 보장하기 위한 비례 원칙은 국민의 기본권을 제한할 가능성이 있다는 이유로 법률의 위헌성을 판단할 때 중요한 기준으로 사용된다.

5. 권리의 행사는 신의에 좇아 성실하게 해야 한다. 그리고 겉으로 보기에는 권리를 행사하는 것 같지만 실제로는 타인에게 고통을 주기 위한 행위는 금지된다.

6. 아무리 사회적으로 비난받을 만한 행위라 할지라도 국회에서 제정한 법률이 그러한 행위를 범죄로 규정하고 있지 않으면 처벌할 수 없고 범죄에 대해 법률이 규정한 형벌 이외에는 부과할 수 없다.

7. 민사 소송과 형사 소송은 별개의 문제를 다루는 서로 독립적인 절차이다.

8. 법에 따라 분쟁을 해결하는 방법에는 당사자들 사이에 중립적 제3자인 판사가 개입하여 해결책을 결정하고 이를 강제적으로 집행하는 「소송」과 소송의 단점들을 극복하기 위해 고안된 「대인적 분쟁 해결 방식」(ADR)이 있다. 소송은 재판 절차를 모두 밟는 정식 절차 외에 그렇지 않은 간이 절차가 있다. 간이 절차는 간단하고 편의적인 판결 절차로, 형사 소송의 약식 절차와 즉결 심판절차, 민사 소송의 소액 사건 심판 절차와 독촉 절차를 들 수 있다.

9. 소송은 복잡하고 비용·시간이 많이 요구된다는 단점 및 국가기관의 일방적이고 강제적인 결정에 의해 분쟁을 해결한다는 점과 엄격한 법 적용에 의해 실제 사례에서는 구체적 타당성을 가지지 못할 수 있다는 점 등이 문제점으로 지적된다.

YOUR OPINION

1. 법이란 무엇인가?

(다른 사람에게 설명하듯이) 법의 개념, 기능 그리고 이념 등을 포함하여 5줄 정도로 정리하시오

2. 법과 도덕을 다음 사항을 중심으로 비교해 보자.

① 목적하는 바는 무엇인가?

② 인간의 어떤 측면을 규율하는가?

③ 강제성 여부?

④ 권리와 의무, 어느 쪽을 규율하는가?

⑤ 자율성이 있는지?

3. 甲은 乙에게 1,000만 원을 빌려주었는데 갚을 능력이 있는 乙은 이를 갚지 않고 차일피일 미루고 있다. 甲은 乙을 상대로 어떤 법적 대응책을 취할 수 있을까? 즉 甲은 어떠한 권리를 가지며, 이 권리는 어떠한 절차에 의하여 보호될 수 있는가?

4. 안마사의 자격을 시각장애인으로 제한하고 있는 보건복지부령(안마사에 관한 규칙)에 대한 헌법적 견해는?

* 아래의 두 상반된 태도를 기초로 생각해 보자.

① 시각장애인에 한하여 안마사 자격 인정을 받을 수 있도록 하는, 이른바 비맹제외기준(非盲除外基準)을 설정하고 있는 안마사에 관한 규칙 제3조 제1항 중 "앞을 보지 못하

는" 부분이 법률유보원칙이나 과잉금지원칙에 위배하여 일반인의 직업선택의 자유를 침해하는지 여부에 대해 헌법재판소 전원재판부는 2006년 5월 25일 시각장애인만 안마사 자격 인정을 받을 수 있도록 한 안마사에 관한 규칙이 과잉금지원칙과 법률유보원칙에 위배돼 직업 선택의 자유를 침해했다며 위헌 결정을 내렸다.

"이 사건 규칙조항은 안마사의 자격인정을 받을 수 있는 자를 일정한 범위의 "앞을 보지 못하는" 사람으로 한정하는, 이른바 비맹제외기준을 설정함으로써 시각장애인이 아닌 일반인으로 하여금 안마사 자격을 받을 수 없도록 규정하고 있다. 이는 시각장애인이 아닌 일반인이 안마사 직업을 선택할 수 있는 자유를 원천적으로 제한하는 것으로서, 기본권 제한에 관한 법률유보원칙이나 과잉금지원칙에 위배하여 일반인의 직업선택의 자유를 침해하고 있으므로 헌법에 위반된다."고 하였다(헌법재판소 2006.5.25. 2003헌마715, 2006헌마368).

② 한편, 2004년 9월 서울행정법원 행정11부는 시각장애인이 아니라는 이유로 안마사 자격신청이 반려된 송모(64)씨 등 4명이 "시각장애인만 안마사가 될 수 있는 규정은 위헌적"이라며 서울시를 상대로 낸 안마사 자격 인정신청서 반려처분 취소소송에서 원고패소판결했다.

재판부는 판결문에서 "시각장애인에게만 안마사 자격을 인정하는 것은 장애인에 대한 국가의 보호의무를 규정한 헌법에 따른 것이며 국가가 시작장애인에 대해 실질적 생계 보장을 하지 못하고 있는 현실을 감안하면 이 같은 제도가 부당하다고는 볼 수 없다."고 밝혔다. 재판부는 "비장애인에게도 안마사 자격을 줄 경우 결국 안마영업에 있어서 시각장애인의 경쟁력이 떨어져 이들을 보호할 수 없게 될 것"이라며 "비장애인의 '직업선택의 자유'도 중요하지만 시각장애인의 '생존권'보다 더 중요할 수는 없다"고 덧붙였다.

송씨 등은 중국·일본 등에서 스포츠마사지 교육을 받고 2003년 서울시에 안마사 자격을 신청했다. 시각장애인이 아니고 시각장애인만 교육받을 수 있는 안마시술 교육을 이수하지 않았다는 이유로 신청서가 반려되자 "현행 제도 하에서는 비장애인은 아무리 노력해도 안마사가 될 수 없어 헌법상 평등원리에 어긋난다."며 소송을 냈다.

Chapter 2

권리와 의무, 계약

法

부동산과 생활법률

Chapter 2. 권리와 의무, 계약

1. 권리와 의무

1) 법률관계와 권리, 의무

(1) 법률관계

인간의 사회생활은 매우 복잡 다양하며, 각종 사회규범에 의해 규제되고 있다. 그 중에서 법의 규율 대상이 되는 생활관계를 법률관계(法律關係)라 한다.

전근대 사회에서는 도덕이나 관습 등의 규범에 의해 사회생활이 규율되었으나, 점차 사회의 조직이 정비되고 이해관계의 대립이 증가하면서 법의 규율을 받는 생활관계, 즉 법률관계가 증가하게 되었다.

법률관계는 당사자 상호 간의 권리와 의무 관계로 구성된다. 법률관계란 권리자가 의무자에 대하여 자신의 권리를 행사하고 의무자가 권리자에 대하여 그에 따른 의무를 이행하여야 하는 관계라고 정의된다.

> 권리 : 특정인에게 일정한 이익을 누릴 수 있게 하려고 법이 인정하는 힘
>
> 의무 : 본인의 의사와 관계없이 일정한 행위를 요구하거나 금지시키는 법적인 구속

(2) 권리, 의무의 주체

권리를 가지는 자를 권리의 주체라 하는데, 통상적으로 권리의 주체가 될 수 있는 자는 의무의 주체가 될 수 있다. 법률상 권리와 의무의 주체가 될 수 있는

것은 자연인과 법인(法人) 에 한한다. 자연인은 출생하면서부터 누구나 권리, 의무의 주체가 될 수 있지만, 법인은 관청의 허가를 얻고 설립등기를 하여 법인격(法人格)을 가질 때에 비로소 권리, 의무의 주체가 될 수 있다.

(3) 법률관계의 성립

사람과 사람 사이의 법률관계는 당사자의 의사에 의하여 성립하는 경우가 있고, 법률의 규정에 의하여 성립하는 경우가 있다. 당사자 의사에 의하여 법률관계가 성립한다는 것은 당사자의 합의에 의하여 일방이 상대방에 대하여 권리를 가지고 상대방이 그에 따른 의무를 부담하는 경우를 말한다. 그 합의를 계약이라고 한다. 그렇다면, 우리 주변에서 흔히 볼 수 있는 부동산 매매계약이나 임대차계약에 의해서 어떠한 법률관계가 형성되는가?

2) 행위능력

계약을 체결하기 위해서는 자신이 하는 계약의 의미와 내용을 이해할 수 있어야 한다. 혼자서 유효한 계약을 할 수 있는 능력을 행위능력(行爲能力)이라고 하는데, 이러한 행위능력은 개인의 실질적인 정신능력과 관계없이 객관적인 기준에 따라 획일적으로 정하여진다.

행위능력의 인정기준에 대해서는 민법에서 정하고 있는데, 이에 의하면 19세가 되지 않은 사람(미성년자), 법원의 심판에 의하여 행위능력이 제한된 사람(제한능력자)을 제외하고는 모두 행위능력을 가지고 있는 것으로 인정된다.

사례

16세의 고등학생인 아들이 3개월 전에 휴대전화기를 파는 사람에게 현혹되어 20,000원씩 10개월 동안에 납입하기로 하고 휴대전화기를 구입하였다. 이를 가지고 집에 온 아들은 이 사실을 부모가 알면 혼이 날것이 걱정되어 그 다음날 구매한 곳을 찾아가 계약을 취소하고자 한다. 미성년자가 직접 계약을 취소할 수 있는가?
이에 응해주지 않자, 아들은 어머니에게 사실을 말하였다. 그 어머니는 상대방에게 찾아가, 매매계약을 취소할 것을 통고하였다. 이 행위는 유효한가?

3) 미성년자의 권리 보호

(1) 미성년자의 민사법상 보호

19세에 이르지 아니한 미성년자라도 권리의 주제가 될 수 있으므로 권리를 취득하거나 의무를 부담할 수 있다. 그러나 권리의 취득이나 의무의 이행을 위한 계약을 체결하려면 원칙적으로 법정대리인의 동의가 필요하다. 미성년자의 법정대리인은 1차적으로 친권자(親權者)이고, 2차적으로는 후견인(後見人)이다. 법정대리인은 미성년자에 대한 감독의 권한을 가지며, 아울러 동의권과 대리권 및 취소권을 가진다. 즉 미성년자가 체결하는 계약은, 원칙적으로 법정대리인(친권자)의 동의를 얻어야 한다. 법정대리인이 미성년자를 대리하여 재산상의 계약을 할 수도 있다. 단독으로 행해진 미성년자의 계약은 미성년자 본인이나 법정대리인이 취소할 수 있다.

(2) 미성년자의 형사상 보호

형법에서는 "14세가 되지 아니한 자의 행위는 벌하지 아니한다."고 규정하고 있다. 14세 미만의 자는 정신적, 육체적으로 미숙하므로 형사 미성년자로 분류한 것이다.

사례

13세인 아들이 동네 아이들과 장난을 치던 중, 갑자기 심하게 부딪치고 도망가는 甲에게 돌을 던져 머리에 전치 5주의 상해를 입혔다.

1. 아이들 장난으로 인한 것이므로 형사책임은 물론이고, 민사상으로도 책임을 지지 않는다고 주장할 수 있는가?
2. 아들이 잘못한 일이므로 甲의 부모에게 사과하고 치료비를 부담하려고 한다. 甲의 부모는 터무니없이 많은 돈을 요구하면서 이를 지급하지 않으면 아들을 형사 고소하겠다고 한다. 甲의 부모가 고소하면, 형사 처벌을 받게 되는가?

(3) 미성년자의 근로기준법 보호

근로기준법에서는 고용할 수 있는 노동자의 최저 연령을 15세로 정하고 있다. 이는 연소자의 건강과 정상적인 성장 및 교육에 지장이 없도록 하기 위해서이다. 이 경우, 미성년자의 의사와 관계없이 부모나 타인이 대리 계약을 체결하거나 임금을 가로채는 것을 막기 위해, 미성년자가 법정대리인의 동의하에 직접 근로 계약을 체결할 수 있고, 단독으로 임금을 청구할 수 있다.

4) 제한능력자 상대방 보호

사례

가출이 잦은 17세의 甲은 아버지의 집문서와 인감도장을 갖고 나가 집을 乙에게 팔아버렸다. 乙은 甲이 아버지가 병원에 입원하여 치료비 등으로 돈이 급하여 아버지의 승낙을 얻었다는 말을 믿었다. 甲의 아버지 재산의 처분행위를 아버지가 취소할 수 있는가?

미성년자의 계약은 법정대리인(부모)이 취소할 수 있다. 그러나 미성년자가 상대방에게 성년자라고 속였거나 법정대리인의 동의가 있다고 속인 경우에는 미성년자와 거래한 상대방을 보호하기 위해 법정대리인의 취소권이 인정되지 않는다. 그러나 단순히 말로만 속인 경우는 사술행위라고 할 수 없고, 나이를 속이기 위해 주민등록증이나 가족관계증명서를 위조해서 제시하거나, 부모의 동의서를 위조해서 제시하는 적극적인 경우만을 사술행위라고 본다.
위 예에서 甲이 아버지의 재산을 처분하는 과정에서 아버지의 동의가 있었다는 말만 가지고는 적극적인 사술행위를 한 것이라 볼 수 없다. 따라서 아버지는 아들 甲의 계약을 취소해서 집을 되찾을 수 있다. 그렇다면 상대방 乙의 입장이 너무 안타깝지 않은가?

2. 계약의 성립과 효력

1) 청약과 승낙

계약은 당사자 간의 의사표시의 합치로 성립한다. 청약은 일정한 내용의 계약을 성립시킬 것을 목적으로 하는 의사표시이다. 승낙은 청약과 결합하여 계약을 성립시킬 것을 목적으로 하는 의사표시이다. 승낙으로 계약이 성립하기 위해서는 청약의 내용과 일치하는 의사표시를 승낙기간 내에 발송하여야 할 뿐만 아니라 그 기간 내에 승낙의 표시가 청약자에게 도달하여야 한다.

사례

丙은 甲에게 토지를 팔면서 甲의 대리인이라고 칭하는 甲의 아들인 乙과 매매계약을 체결하였다. 丙은 乙이 재산이 많은 사람이므로 안심하고 계약을 체결하였는데 나중에 알고 보니 乙에게는 대리권이 없었다. 이 경우 乙에게 책임을 지울 수 있는가?

乙에게 대리권이 없는 이상 원칙적으로 丙과 乙사이에는 아무런 법률적 효과가 발생하지 않는다. 그러나 비록 乙이 대리권이 없는 무권대리인이라도 甲이 이를 승인하면 효력이 생긴다(민법 제131조). 丙은 乙에게 대리권이 없음을 몰랐을 때는 계약의 철회권이 인정된다(민법 제134조). 만약 甲이 乙의 행위를 인정하지 않고 丙도 매매계약을 철회하지 않는다면, 丙은 乙을 계약의 당사자로 하여 계약내용대로의 이행이나 손해배상 중 어느 하나를 요구할 수 있다(민법 제135조).

2) 계약서와 계약금

사례

미스터 박은 돈을 모아 마음에 드는 작은 아파트를 사게 되어 너무나 기뻤다. 5월 1일 중개소에서 대금에 합의하고(2억 원). 매매계약서를 작성하고 각자 도장을 찍게 되었는데, 파는 사람인 김 여사가 도장을 갖고 있지 않아서, 매매계약서는 중도금(1억 원)을 주는 한 달 후인 6월 1일 작성하기로 하고 이 날은 우선 계약금(2천만 원)만 주고 판 사람으로부터 영수증에 사인만을 받았다. 그런데 그 사이 옆 지역에 도로가 난다는 소식에 아파트 시세가 갑자기 2배로 올랐다. 그러자 김 여사는 아파트를 넘기고 싶지 않았다. 미스터 박이 중도금을 치르려 하는데 김 여사는 아직 매매계약서에 도장을 찍지 않았으니 계약이 성립된 것이 아니라면서 계약을 없었던 걸로 하자고 한다. 매매계약서에 도장을 안 찍었다면 매매계약은 무효가 되는가?

(1) 계약서

일반적으로 계약은 당사자의 의사표시만으로 성립한다. 따라서 계약서를 작성하지 않은 경우에도 유효하게 성립한다. 다만 계약의 체결이나 그 내용을 증명할 필요가 있는 경우에는 계약서가 중요한 역할을 하게 된다. 따라서 현실매매와 같이 계약의 체결과 이행이 동시에 완료되거나 이루어지는 경우가 아니라면 계약서를 작성하여 계약의 이행이 완료되거나 또는 계약상의 책임 기간(담보책임 혹은 애프터 서비스 기간)이 만료될 때까지 보관할 필요가 있다. 계약서의 작성에 있어서는 특별한 방식을 요구하지 않으며, 계약의 당사자를 확인할 수 있는 사항과 계약을 통하여 달성하려고 하는 목적 및 계약의 이행에 있어서 조건으로 삼은 내용 등을 기재하면 된다.

위의 예에서, 계약은 계약서 작성 여부와 관계없이 성립된 것이다. 물론 중요한 계약은 문서로 작성되는 것이 보통이다. 그러나 엄밀히 말하면 법률상으로는 합의만으로도 계약은 이미 성립되는 것이다. 위의 예에서 아파트를 팔고 산다는 당사자 간의 의사표시의 합치는 이미 존재하므로 계약은 계약서 작성 유무와 관계없이 성립된 것이다. 그렇다면 미스터 박은 상대방의 억지 주장에 구애될 필요 없이 중도금과 잔금을 제 날짜에 주고, 등기 이전과 아파트의 인도를 요구하면 된다. 만일 상대방(김 여사)이 매매대금을 받지 않는다면? 「공탁(供託)」하면 된다.

(2) 약관

계약을 체결하는데 있어서 약관(約款)이 제공되기도 한다. 약관이란 기업 또는 개인이 고객과의 사이에 그의 업종에 속하는 다수의 계약을 체결하는 때에 사용하기 위하여 미리 계약의 내용이 될 사항들을 정하여 놓은 것을 말한다. 약관은 계약의 체결을 간편하게 하기 위한 것이기는 하지만, 계약을 체결하는 고객이 약관의 내용을 충분히 파악할 수 있는 기회를 갖지 못함으로써 불리한 내용의 계약을 체결할 수도 있다는 점이 문제가 된다. 그래서 「약관의 규제에 관한 법률」(줄여서 약관규제법 또는 약관법이라 부른다.)에서는 사업자가 고객에게 약관을 명시하거나 교부할 것을 요구하고 있으며 나아가 약관의 중요한 내용에 대해서는 설명할 것을 규정하고 있다. 그리고 이러한 의무를 다하지 아니한 경우에는 약관을 계약의 내용으로 주장할 수 없도록 하고 있다. 약관의 내용이 불분명한 경우에는 고객에게 유리하게 해석하여야 하고, 약관의 내용과 다른 내용의 약정을 하는 경우에는 개별약정이 약관에 우선하여 적용된다.

(3) 계약금

사례

위의 예에서, 생각이 달라진 김 여사는 계약금을 돌려주고 계약을 무르고 싶은데, 미스터 박은 무슨 소리냐고 펄펄 뛰면서 계약을 해제할 수 없다고 한다. 김 여사는 계약을 해제할 수 있는가?

매매는 낙성계약이므로 매매계약 체결 당시에 대금을 지급할 것을 필요로 하지 않는 것이 원칙이지만, 일반적으로 계약 체결 시에 매도인과 매수인 사이에 파는 사람(매도인)과 사는 사람(매수인)사이에 매매대금의 일부에 해당하는 금전을 건네주는 경우가 있는데, 이때 건네주는 금전을 계약금(契約金)이라 한다.
계약금은 세 가지 의미를 가지는 것으로 이해된다 : ① 당사자 사이에 계약이 체결되었다는 증거인 증약금, ② 계약을 이행하지 않는 경우에 부과되는 위약금 또는 손해배상액의 예정으로서의 작용을 한다. ③ 일정기간 동안 계약을 해제할 수 있는 권한을 계약 당사자에게 부여하는 해약금으로서의 작용도 한다. 민법은 계약금을 계약의 해제권을 보류하기 위해 수수되는 금전인 해약금으로 추정하고 있으며, 이 경우 상대방이 이행에 착수할 때까지 계약금을 교부한 당사자는 계약금의 반환을 포기하고 계약을 해제할 수 있고, 계약금을 교부받은 당사자는 계약금의 2배를 반환하고 계약을 해제할 수 있다(민법 제565조).

위의 문제는 계약 시에 받은 2천만 원의 성질을 무엇으로 볼 것인가에 달려있다. 보통 계약서에는 「매도인은 계약금의 배액을 상환하고, 매수자는 계약금을 포기함으로써 계약을 해제할 수 있다」고 인쇄·기재되어 있다. 또한 민법 제565조 제1항의 규정도 그렇게 되어 있다.

따라서 계약 시에 주고받은 계약금은 대개 계약이 이행되면 당연히 매매대금의 일부가 되어 대금 중에 포함되지만, 해약금으로 될 수도 있다. 즉 계약금을 준 사람(매수인)은 이를 포기하고, 받은 사람(매도인)은 받은 계약금의 배액을 돌려주고 계약을 해제할 수 있는 것이다.

따라서 위의 예에서 계약금 2천만 원은 다른 사정이 없는 한 해약금의 성질을 가졌으므로 배액, 즉 4천만 원을 돌려주고 해약할 수 있다고 보인다.

사례

위의 예에서, 만일 중도금 1억 원까지 지급한 후의 사정이라면 어떠한가?

매매계약은 계약 후라도 매도인은 계약금의 배액을 물어주고 계약을 해제할 수 있다. 그러나 이 해제는 일정한 시기적 제한이 있다. 즉 상대방이 「이행에 착수하기 전까지」이다. 통상 매수인이 매도인에게 계약금 외에 중도금까지 지급하였다면 그는 이미 이행에 착수한 것으로 평가되어, 매수인의 권리 보호를 위하여 계약금 배액을 물어주고, 즉 해약금 지급으로는 계약을 해제할 수 없다.

사례

만일 계약금의 배액 4,000만 원이 공짜로 들어온다고 생각한 미스터 박은 이 금액에 가지고 있던 돈을 더하면 인근에 더 큰 아파트를 살 수 있다고 생각하니 김 여사의 해제에 동의하였다. 가능한가?

미스터 박이 동의하면 이는 계약을 해제하기로 합의한 것으로, 합의해제라고 한다. 이 합의해제는 또 하나의 계약이 성립한 것으로 본다.

3) 계약의 효력

(1) 권리·의무의 발생

계약이 체결되면 양 당사자는 계약의 내용에 따른 권리와 의무를 취득한다. 예컨대 매매의 경우 매도인에게는 목적물을 이전할 의무와 대금을 청구할 권리가 발생하고, 매수인에게는 대금을 지급할 의무와 목적물의 이전을 청구할 권리가 발생한다. 이와 같이 양 당사자가 서로 대가적 의미를 지니는 채무를 부담하는 계약을 쌍무계약이라고 한다. 쌍무계약은 양 당사자의 채권과 채무는 서로 동시에 이행되어야 하는 긴밀한 의존관계를 갖는다. 따라서 이러한 계약의 당사자는 상대방이 채무를 이행할 때까지 자기의 채무이행을 거절할 수 있다(동시이행의 항변권). 그리고 일방의 채무가 당사자 쌍방의 책임 없는 사유로 소멸한 경우에는 상대방의 채무이행도 요구하지 못하도록 하고 있다(위험부담).

(2) 동시이행의 항변권

쌍무계약에서 당사자 일방이 자신의 채무를 이행하지 않고서 상대방에 대해 의무의 이행을 청구한 경우, 상대방은 이행의 청구를 한 자에 대해 그 자의 의무이행이 있기까지는 자기 채무의 이행을 거절할 수 있는 항변권이 있는데, 이를 「동시이행의 항변권」이라 한다(민법 제536조). 동시이행의 항변권을 가진 채무자는 상대방이 이행의 제공을 할 때까지 자기의 채무이행을 거절할 수 있으며, 동시이행관계에 있는 금전채무(예: 매매대금)에 대해서는 상대방의 반대급부의 이행이 있을 때까지 이자를 지급할 필요가 없다.

사례

위의 예에서, 미스터 박은 중도금도 지급하였다. 잔금(8천만 원)을 치르기로 한 날 며칠 전에 김 여사에게 잔금으로 5천만 원을 치르면서, 나머지 잔금은 마련이 여의치 않으니 그 아파트를 은행에 담보로 제공해서 3천만 원의 융자를 받게 해달라고 제안하였다. 김 여사가 거절하였더니, 그러면 먼저 등기를 넘겨주면 융자를 받아 잔금을 치르겠다고 협조해 달라고 한다. 김 여사는 나머지 잔금을 받기 전이라도 요구대로 등기를 넘겨주어야 하는가?

이렇게 부동산 매매계약의 체결로, 한쪽은 대금을 지급할 의무를 지고, 또 한쪽은 등기를 넘겨주어야 할 의무를 진다. 따라서 부동산 매매계약은 매도인과 매수인이 서로 반대되는 계약상의 의무를 부담하는 계약으로 쌍무계약이다. 그런데 쌍무계약에서 각자의 의무는 "특별히 어느 한 쪽이 그 의무를 먼저 이행한다는 약정"(특약)이 없는 한, 동시에 이행하면 된다. 여기서 각자의 의무가 동시이행관계에 있다는 것은, 상대방이 이행하지 않는 한, 자기도 그 의무를 이행하지 않아도 된다는 뜻이다. 위의 예에서 매수인이 잔금을 치르지 않으면서 등기 이전을 요구할 때 매도인은 잔금을 받기 전까지는 등기 이전을 거절할 수 있는 것이다. 이러한 권리를 「동시이행의 항변권」이라고 한다. 위 예에서 김 여사는 이 권리를 행사할 수 있다.

(3) 위험부담

쌍무계약이 체결된 후 어느 한쪽 당사자의 책임이 없는 사유로 말미암아 의무의 이행이 불능 상태가 되어 버린 경우, 그에 대응하는 상대방의 의무는 어떻게 되는가? 즉 계약 체결 후 양 당사자의 책임 없는 화재 등의 사유로 인하여 물품이 멸실 또는 훼손되면 매수인은 물품을 수령하지 못했기 때문에 대금을 지급할 필요가 없다. 즉 물품을 받지 못하는 불이익은 매수인이 지지만, 그에 대한 대가를 매수인은 지급할 필요가 없으니, 대금을 받지 못하는 불이익(위험)은 매도인(대금에 있어서는 채권자)이 진다. 우리 민법은 채무자가 위험을 부담하도록 규정하고 있다. 따라서 매도인은 물품을 인도하여야 하는 자신의 의무를 면하지만, 상대방에 대하여 매매대금을 지급하라고 청구할 수 있는 권리도 잃는다.

사례

위의 예에서, 계약금을 치르고 이사에 대비하여 생활을 정리하던 중 김 여사의 아파트가 방화범에 의해 전부 타버렸다. 이 경우 미스터 박은 부동산 매매대금을 여전히 지급하여야 하는가?

이때 집이 소실되어 이행할 수 없으므로 김 여사는 목적물 인도의무를 면한다. 집이 방화범에 의하여 소실됨으로써, 양 당사자의 책임 없는 사유로 인하여 목적물이 멸실된 것이다. 따라서 매수인 미스터 박은 채무(대금을 지급할 의무)를 면한다.

4) 계약의 해제

(1) 해제의 방법

계약해제라 함은 계약이 성립되어 그 효력이 발생한 후에 계약의 위반(채무불이행) 등을 이유로 계약의 효력을 해소하고, 당초부터 계약이 체결되지 않았던 것과 마찬가지의 상태로 회복시키는 일방적 의사표시를 말한다. 해제하려는 자에게 해제권이 있어야 한다. 계약해제는 상대방에게 통지하여야 효력이 발생한다. 즉 당사자 일방이 그 채무를 이행하지 아니하는 때에는 상대방은 상당한 기간을 정하여 그 이행을 최고하고 그 기간 내에 이행하지 않은 때에 해제의 의사표시를 함으로써 계약을 해제할 수 있다.

사례

乙은 땅주인 甲의 땅을 사는 계약을 체결하고 1년 내에 대금을 지급하기로 하였다. 그런데 계약한 토지 부근에 택지가 조성되어 땅값이 오른다는 소문이 있자 甲은 乙과의 계약을 해제하려 한다. 가능한가?

해제를 하려면 일정한 해제 원인이 있어야 한다. 즉 민법은 이미 성립한 계약관계의 청산은 일정한 해제원인이 없으면 인정하지 않고 있다. 해제권을 유보한다고 약정하였거나, 상대방의 채무불이행이 있어야 해제할 수 있다(민법 제544조, 제546조).

사례

결혼식에 입어야 할 웨딩드레스가 결혼식 당일 약속한 12시를 넘어 도착하지 않자 다른 드레스를 조달하여 결혼식을 하였다. 결혼식이 끝나고 2시 경 주문한 드레스가 도착하였는데, 늦게 도착한 이유는 교통난 때문이라고 한다. 화가 난 신부 측은 그 대금을 줄 수 없다고 하였고, 양장점 측은 고의가 아니고 교통 사정이므로 최소한 재료값은 달라고 한다.

이러한 경우, 아무리 교통난 때문이라고 하더라도 약속한 시각에 배달되지 않은 경우, 주문자는 계약을 해제할 수 있다. 해제하면 대금의 지급의무는 없다.

이처럼 「계약의 성질 또는 당사자의 약정에 의하여 일정한 시일 또는 기간 내에 이행하기로 한 계약」을 법률상 정기행위라 하고. 정기행위의 계약에서 채무자가 약정한 시일이나 기간 내에 계약을 이행하지 않아 채권자(주문자)가 계약의 목적을 달성할 수 없는 경우에는 최고, 즉 이행 요구라는 절차 없이도 일방적으로 계약을 해제할 수 있다. 위의 경우 교통난 때문이라거나 자기에게 고의나 과실이 없었다는 항변은 인정되지 않는다. 다만 위의 경우 2시까지 결혼식을 하지 못하고 있다가 뒤늦게 도착한 예복을 입고 결혼식을 하였다면 해제권 행사는 인정될 수 있는가?

사례

甲은 이직으로 서울 생활을 정리하고자 아파트 매매계약을 체결하면서 잔금을 1달 후에 받기로 하였다. 그런데 이사 가는 집에도 잔금을 지급하여야 하므로 그 잔금은 정확하게 지급해 달라고 부탁하였다. 그러나 상대방 乙은 이 약속을 어겼고, 이에 화가 난 甲은 그 이튿날 계약을 해제 한다고 통고하였다. 해제된 것인가?

매도인은 등기이전의무를, 그리고 매수인은 대금지급의무를 지고 있다(쌍무계약). 이 의무 사이에는 특별한 약정이 없는 한 서로 동시이행 관계에 놓이게 된다, 부동산 매매계약에서는 대체로 잔금지급의무와 등기이전에 필요한 서류제공의무가 동시이행관계에 있다. 이렇게 동시이행관계에 있는 쌍무계약에서 계약당사자 일방의 채무불이행이 있다고 하더라도 즉시 계약을 해제할 수 있는 것은 아니다. 즉 먼저 상대방에게 자기 채무의 이행을 제공하고, 동시에 상대방에게는 상당한 기간을 정하여 그 기간까지 의무이행을 요구(이를 「최고」라고 한다.)하여야 하고, 다음 정해준 기간까지도 역시 채무의 이행이 없다면 그때 가서야 계약을 해제할 수 있다. 다만 상대방이 미리 이행기에도 이행하지 않을 의사를 표시한 경우에는 최고 절차 없이 계약을 해제할 수 있다.
위의 예에서 乙에게 상당한 기간(통상 1주일 내지 2주일정도)까지 잔금을 지급 할 것을 최고하면서 동시에 소유권이전등기용 인감증명을 발급받아 두면 된다.

(2) 해제의 효과

계약이 해제되면 양 당사자는 계약상의 의무를 면한다. 즉 매도인은 재산권의 이전의무를 면하고, 매수인은 대금지급의무를 면한다. 특히 목적물의 하자를 이유로 계약을 해제한 매수인은 그 하자있는 물건의 수령을 거절할 수 있다. 그런데 계약의 해제는 양 당사자에게 모든 의무를 면하게 하지는 않는다. 즉 계약해제의 결과를 정리하여야 한다. 즉 계약이 맺어져서 계약 내용대로 일부라도 이행이 된 상태에서 계약이 해제되면 계약의 당사자는 서로 계약이 없었던 상태로 만들 의무를 진다. 이를 원상회복의무라고 한다. 예를 들어 부동산 매매계약이 해제되면 매도인은 받은 금전을, 매수인은 부동산 그 자체를 돌려주고 등기도 이루어졌다면 그 등기도 말소해 주어야 한다. 이렇게 계약의 이행으로서 물건이 제공된 경우에 그것이 그대로 남아 있다면 그 물건자체를 반환하여야 한다. 그러나 받은 물건이 멸실되어 없어지거나, 파손되었거나 또는 소비한 탓으로 원물반환이 불가능하게 되었다면 가격으로 반환하여야 한다. 또 해제로 말미암아 손해를 입은 당사자는 상대방에 대하여 손해배상을 청구할 수 있다.

사례

위의 예에서, 미스터 박은 중도금까지는 지급하였으나 잔금 8천만 원의 마련이 여의치 않아 김 여사의 양해를 얻어 미리 등기이전을 받아, 잘 아는 신용 금고에서 이 집을 담보(저당권)로 5천만 원을 융자받아 잔금을 일부를 지급하였다. 그러나 미스터 박은 잔금을 다 치르지 못해 이 계약은 해제되고 말았다, 그리고 김 여사는 신용 금고에서 저당권 등기를 말소하라고 요구하였다. 금고 측은 등기를 말소해 주어야 하는가?

계약이 일단 적법하게 해제되면 계약당사자는 원상회복의무를 진다. 따라서 매도인은 매수인에게 대금을 돌려주어야하고, 매수인이 등기를 이미 마친 경우라면 이 등기를 말소해 주어야 한다. 그리고 아직 이행하지 않고 있는 계약상의 의무는 이행할 필요가 없게 된다.

그러나 이러한 원칙은 계약당사자 간에만 적용되고, 그 계약을 기초로 제3자가 이해관계를 맺은 경우라면 사정은 다르다.

이에 대해 민법은 계약이 해제되더라도 선의의 제3자의 권리는 해하지 못한다고 규정하여 해결하고 있다. 즉 계약해제 이전에 그 계약목적물에 대하여 이해관계를 갖고 있던 선의의 제3자에게는 계약 당사자가 해제의 효과를 주장하지 못한다는 뜻이다.

위의 예에서 미스터 박의 잔금지급의무 불이행으로 계약이 해제되었는데, 그 해제 이전에 목적물에 대해 저당권을 취득한 제3자인 신용 금고의 권리는 보호되는 것이다.

따라서 신용 금고로서는 대출금을 회수하기 전에는 자기의 저당권설정등기를 말소해줄 의무가 없다.

김 여사는 집을 되찾으려면 5천만 원을 물어주고 저당권설정등기를 말소한 다음, 손해 본 금액은 미스터 박에게 청구하는 수밖에 없다.

SUMMARY

1. 미성년자는 혼자서 유효한 계약을 체결할 수 없고(제한능력자), 친권자 등의 법정대리인의 동의하에서만 가능하다.

2. 계약은 당사자 간의 의사표시의 합치에 의하여 성립한다. 따라서 계약서를 작성하지 않은 경우에도 유효하게 성립한다.

3. 계약금은 계약의 해제권을 보류하기 위해 수수되는 금전인 해약금으로 추정되고 있다.

4. 계약이 체결되면 양 당사자는 계약의 내용에 따른 권리와 의무를 취득한다.

5. 당사자가 서로 대가적 의미를 지니는 채무를 부담하는 계약을 쌍무계약이라고 한다. 쌍무계약은 당사자의 채권과 채무는 서로 동시에 이행되어야 하는 긴밀한 의존관계를 갖는다. 따라서 이러한 계약당사자는 상대방이 채무를 이행할 때까지 자신의 채무이행을 거절할 수 있다(동시이행의 항변권). 그리고 일방의 채무가 당사자 쌍방의 책임 없는 사유로 소멸한 경우에는 상대방의 채무이행도 요구하지 못한다(위험부담).

6. 당사자 일방이 그 채무를 이행하지 아니하는 때에는 상대방은 상당한 기간을 정하여 그 이행을 최고하고 그 기간 내에 이행하지 않은 때에 해제의 의사표시를 함으로써 계약관계를 소멸시킬 수 있다.

7. 계약이 해제되면 양 당사자는 계약상의 의무를 면한다. 계약이 맺어져서 계약 내용대로 일부라도 이행이 된 상태에서 계약이 해제되면 계약의 당사자는 서로 계약이 없었던 상태로 만들 의무를 진다(원상회복의무).

YOUR OPINION

9월 1일 乙은 甲으로부터 대지 70평을 5,000만 원에 매수키로 하는 계약을 체결하고 계약금 500만 원을 지급하였다. 1개월 후인 10월 1일 매매대금의 40%를 중도금으로, 그리고 잔금은 11월 1일에 지불하기로 하였다.

1. 乙과 甲은 각각 어떠한 권리와 의무가 있는가?

매도인과 매수인의 관계 민법 : 제563조, 568조 참조

2. 하지만 남편의 반대로 다음 날인 9월 2일 오전 甲에게 계약해제를 통고하고 계약금의 반환을 요구하였지만 거절당하였다. 24시간 이내에 계약을 해제하면 계약금을 돌려받을 수 있는 것은 아닌가?

계약은 성립 시로부터 계약 당사자에게 구속력이 미친다, 즉, 일단 성립된 계약은 지켜져야 하므로, 계약내용대로 이행하여야 한다. 다만 계약 시 당사자 사이에 계약금의 수수가 있는 경우 당사자 간에 다른 약정이 없는 한 당사자의 일방이 이행에 착수하기 전까지는 계약금을 교부한 측에서는 교부액을 포기함으로써 계약을 해제할 수 있다(민법 제565조).

3. 주위에서 대지를 너무 싼값에 매매계약을 체결하였다는 말을 듣고 9월 20일 甲은 계약을 해제하겠다고 하면서 계약금을 반환하겠다고 한다. 계약서에 매도인이 위약하였을 경우에는 계약금의 배액을 상환한다는 등의 약정이 전혀 없었다. 이러한 경우 甲의 주장이 옳은지, 아니면 乙은 甲으로부터 계약금의 배액을 받을 수는 없는가?

계약금은 ① 단순한 계약 성립 증거인 증약금, ② 해제권 유보로서의 해약금, ③ 채무불이행시 교부자는 그것을 몰수당하고, 교부받은 자는 그 배액을 상환하여야 하는 것처럼 손해배상액 예정인 위약금(민법 제398조 4항은 위약금약정은 손해배상액의 예정으로 추정)으

로서의 성질을 가지는 경우 등이 있다.

그런데 민법은 해약금에 관하여 매매 당사자 일방이 계약당시 금전 기타물건을 계약금 등의 명목으로 상대방에게 교부한 때에는 "당사자 간에 다른 약정이 없는 한", 당사자 일방이 이행에 착수할 때까지 교부자는 계약을 포기하고, 수령자는 그 배액을 상환하여 매매계약을 해제할 수 있다고 하면서, 이 경우 별도의 손해배상청구권은 발생하지 않도록 규정하고 있다(민법 제565조 1항, 2항). 여기서 계약 시에 계약금이 수수되고, 계약금 교부자가 위약하였을 경우에는 계약금을 포기하고, 계약금을 교부받은 자가 위약하였을 경우에는 그 배액을 상환한다는 특약이 있는 경우와 없는 경우를 비교해볼 필요가 있다.

특약이 있는 경우와 없는 경우를 비교해보고, 위 사례와 같이 특약이 없는 경우에는 어떻게 하여야 계약을 해제 할 수 있는지, 계약금 배액을 상환하지 않는 경우에 과연 乙은 어떠한 대처(무엇을 주장)를 할 수 있는지를 살펴보시오.

[용어설명]

공탁(供託)

변제나 보관 등의 목적으로 금전이나 유가증권을 공탁소에 맡기는 것을 말한다. 즉 민법 제487조의 공탁에 의하여 변제자가 변제의 목적물을 채무의 이행에 갈음하여 공탁소에 임치하고 채무를 면할 수 있다. 변제공탁제도는 채무의 이행에 채권자의 협력을 필요로 하는 경우에 채권자의 협력 없이 채무를 면할 수 있다는 점에서 큰 의미를 가진다.

의사표시(意思表示)

일정한 법률효과를 발생시키고자 하는(내적) 의사를 외부에 나타내는 행위를 말한다. 계약의 경우 두 개의 의사표시가 필요하다.

급부(給付)

채권관계에 있어서 채권자의 청구에 의해 행하는 채무자의 행위를 말한다. 특정인(채권자)이 다른 특정인(채무자)에 대하여 일정한 급부를 청구하는 것을 내용으로 하는 권리를 채권이라 한다. 채권의 발생은 여러 원인에 의하는데, 계약이 대표적이다. 계약에 의하여 계약관계라는 채권관계가 성립하고, 계약당사자는 채권자 및 채무자가 된다. 즉 계약은 그 효과로서 채권관계 내지 채권을 발생시키며, 또한 의사표시를 요소로 하는 법률행위에 속한다.

계약의 무효(無效)

성립한 계약이 어떤 원인으로 인하여 처음부터 그 본래적 효과를 발생하지 못하는 것으로 확정되어 있는 경우를 말한다. 무효인 계약은 그 본래의 효과는 발생하지 않으나, 그로인하여 다른 부수적 효과를 발생시키기도 하므로 법률상의 無는 아니다.

계약의 취소(取消)

일방적 의사표시에 의하여 계약의 효력을 소급적으로 소멸시키는 것을 말한다. 취소할 수 있는 계약은 일단 유효한 것으로 다루어지지만, 취소권자의 취소로 소급적으로 그 효력을 상실하게 되는 것이다.

추정(推定)

법적으로 불명확한 사실을 일단 존재하는 것으로 정하여 법률효과를 발생시키는 것을 말한다. 예를 들어 '2인 이상이 동일한 위난으로 사망한 경우에는 동시에 사망한 것으로 추정한다.'고 규정하고 있는데(민법 제30조), 동일한 위난으로 사망한 사람 가운데 누가 먼저 사망하였음을 증명하지 못하는 한 동일한 위난으로 동시에 사망한 것으로 처리한다는 의미이다(동시에 사망한 사람 사이에는 상속의 법률관계가 발생하지 않는 것으로 함으로써 상속과 관련하여 발생하는 문제를 해결하기 위한 것이다.).

소급효(遡及效)

법률의 효력이나 계약의 효력이 법률 시행 전 또는 계약 성립 이전으로 되돌아가 효력이 생기는 것을 말한다. 법률의 효력은 그 시행 전의 사항에 대하여 미치지 않는 것, 즉 불소급을 원칙으로 한다. 계약의 효력도 그 성립 시 이전으로 소급하지 않는 것이 원칙이며, 소급효가 인정되는 것은 특별한 규정이 있는 경우에 한한다. 예를 들어 계약의 취소, 계약의 해제의 경우가 그것이다.

선의와 악의

법률 용어로 사용되는 선의(善意)는 어떤 사정을 알지 못한다는 뜻이다. 예를 들어 실종선고의 경우에 남편이 생존하고 있으나 그 사실을 알지 못하고 죽었다고 믿는 부인은 선의의 상속인이 된다. 이와 반대로 어떤 사실을 알고 있는 것을 악의(惡意)라고 한다.

당사자와 제3자

당사자는 상대방에 대하여 법률행위(계약)를 하거나 상대방의 법률행위를 받는 사람을 말한다. 따라서 당사자는 자신이 의사표시를 하거나 받은 계약으로 인하여 발생한 법률효과에 따른 권리와 의무를 갖게 된다. 이러한 당사자 이 외의 모든 자를 제3자라 하며, 제3자는 원칙적으로 당사자의 계약에 의하여 영향을 받지 않는다.

Chapter 3

부동산 거래

法

부동산과 생활법률

Chapter 3. 부동산 거래

1. 증여

1) 의의 및 성질

당사자의 일방(증여자)이 재산을 무상으로 상대방(수증자)에게 주는 의사표시를 하고, 상대방이 이를 승낙함으로써 성립하는 낙성, 편무, 무상, 불요식의 계약이다(민법 제554조). 오늘날 유상계약이 일반적이므로, 증여는 경제적으로는 큰 기능을 담당하고 있지 않다. 그러나 사회적으로 증여가 많이 이루어지고 있고, 그 나름대로의 기능도 담당하고 있다.

2) 성립 - 계약

재산을 대가없이 준다고 해서 받는 사람의 의사를 무시하면서 강요할 수 없다. → 계약으로 편성

3) 증여에 특유한 해제

(1) 해제원인

가. 서면에 의하지 않은 증여의 해제(민법 제555조)

서면에 의하지 아니한 증여는 구속력이 약하며, 따라서 이행이 있기 전에는 각 당사자는 해제할 수 있다(민법 제555조).

여기서 이행이라 함은 증여자가 약속대로 재산을 수증자에게 수여하는 것을 말한다. 부동산의 증여에 있어서는 소유권이전등기를 한 때에 이행을 한 것이 된다(동산의 경우에는 인도가 이행이 된다).

나. 망은행위(忘恩行爲)로 인한 증여의 해제(민법 제556조)

증여자 또는 그의 배우자, 직계혈족에 대하여 범죄 행위를 한 때와 증여자에 대해 부양의무가 있는 수증자가 그 의무를 이행하지 않은 경우에 해제권이 인정된다. 해제권은 해제원인이 있음을 안 날로부터 6개월이 경과하거나, 또는 증여자가 수증자에 대하여 용서의 표시를 한 때에는 소멸한다.

다. 재산상태의 악화로 인한 증여의 해제

증여계약 후 재산상태가 현저히 악화되어 그 증여계약 이행으로 인하여 생계에 중대한 영향을 미칠 경우에 증여자는 증여를 해제할 수 있다(민법 제557조).

그 이행으로 인하여 생계에 중대한 영향을 미치는 경우이냐의 여부는 증여자가 속하는 계급·지위 등을 고려하여 객관적으로 결정하여야 한다.

(2) 해제의 효력 제한

위의 세 가지 해제원인에 의한 해제는 이미 이행한 부분에 대하여는 영향을 미치지 않는다(민법 제558조).

사례

甲은 소유하고 있던 집을 3년 전에 아들 명의로 아무런 조건 없이 소유권이전등기를 해주었다. 그런데 아들 내외의 태도가 옛날 같지 않더니 지금에 와서는 집을 매도하고 서울에 아파트를 구입하여 이사를 가고, 아버지에게는 시집 간 누이 집에 잠시 거처를 옮기라고 한다. 甲은 이 집을 되돌려 받고 싶은데 가능한가?

甲이 자식에게 소유권이전등기를 해주었다면, 이미 증여계약은 이행된 것이므로 해제가 불가능하다.

2. 매매

1) 매매의 의의

매매(賣買)는 당사자 일방(매도인)이 상대방에게 재산권을 이전할 것을 약정하고 상대방(매수인)이 대금을 지급할 것을 약정함으로써 성립하는 계약이다(민법 제563조). 즉 목적물의 소유권 또는 재산권을 당사자 한쪽이 상대방에게 옮길 것을 약속하고, 상대방은 이에 대하여 대금을 지급할 것을 약속하는 행위를 말하며, 이러한 내용의 약속을 매매계약이라고 부르는 것이다. 따라서 매매는 재화(재화는 물건과 권리를 포함한다)와 금전의 교환이므로, 재화와 재화의 교환은 매매가 아니다(하지만 금전과 금전의 교환인 환전은 매매이다).

매매는 우리의 일상생활에서 가장 많이 발생하는 법률관계이다. 다만 민법이 규정하고 있는 매매는 당사자의 의사표시만으로 성립하며 실제로 매매계약과 동시에 물건이나 권리를 상대방에게 이전할 것을 요구하지 않는다. 즉 계약당사자 간에 이에 대한 합치된 의사만 있으면 유효하게 성립하는 것이고, 합치된 의사표시는 어떠한 방법으로 하여도 무방하다. 구두로 그러한 의사표시를 하든 아니면 서면에 의해 또는 기타 계약당사자 간에 약속한 방법으로 그 의사를 표시했다 하더라도 유효한 것이다. 또 매매목적물은 반드시 매도인의 소유에 속하는 것일 필요가 없다. 만약 매도인이 타인의 소유물을 매도한 경우에는 이행기가 될 때까지 그 물건을 취득하여 매수인에게 이전하면 된다.

2) 매매의 성립

매매 또는 매매계약은 낙성계약(諾成契約)이므로,[1] 재산권과 매매대금지급에 관한 당사자 간의 의사의 합치가 있으면 성립한다. 매매의 목적물은, 계약체결 당시에 이미 소멸한 것이 아니라면, 현존하는 것인지 장래 생성될 것인지가 문제되지 않는다. 이미 소멸한 물건을 목적으로 하는 계약을 체결한 경우 그 계약 자체에 따른 효력은 인정되지 않지만, 매도인이 목적물이 소멸하였다는 사실을 알고서 매매계약을 체결한 경우에는 상대방이 계약이 유효하다고 믿었기 때문에 입은 손해를 배상할 책임이 있다(계약 체결상의 과실, 민법 제535조).

3) 매매의 효력

매매계약이 성립하면 매도인은 매수인에 대해 매매의 목적인 재산권을 이전할 의무를 지고, 매수인은 매도인에게 매매대금을 지급할 의무를 부담하며(민법 제568조), 다른 한편으로 민법은 매매의 목적인 재산권이나 물건에 하자가 있는 경우에는 매도인에게 담보책임을 지우고 있다(제570조 내지 제584조). 그렇지만 이러한 의무 이외에도 당사자는 여러 가지 부수적인 의무를 부담한다.

(1) 매수인의 대금지급의무

매매계약이 체결되면 매수인은 매도인의 재산권이전의무와 상환으로 대금지급의무를 부담한다. 그렇지만 예외적으로 동시이행의 항변권이 있는 경우이거나, 매매목적물에 대해 권리를 주장하는 자가 있어서 매수인이 매수한 권리의 전부나 일부를 잃을 염려가 있는 경우에는 매수인은 그 위험의 한도에서 대금의 전부나 일부의 지급을 거절할 수 있다(민법 제588조).

---

1) 낙성계약(諾成契約)이란 당사자의 의사표시만으로 성립하는 계약이며, 계약의 성립을 위하여 목적물을 양도하거나 계약서를 작성하는 등의 행위를 필요로 하지 않는다. 민법이 규정하고 있는 계약은 대부분 낙성계약에 해당한다. 이에 비하여 요물계약(要物契約)은 계약을 체결하기 위하여 반드시 계약의 목적물을 상대방에게 양도하여야 하는 경우를 말하며(예: 계약금의 지급), 요식계약(要式契約)은 계약서의 작성과 같이 일정한 방식을 통하여 계약이 체결되어야 하는 경우를 말한다(예: 건설공사의 도급계약, 국가를 당사자로 하는 계약). 계약을 체결하면서 계약금을 지급하기로 하는 계약은 요물계약에 해당한다.

(2) 매도인의 의무

가. 재산권이전의무

재산권이전의무는 매도인의 가장 중요한 의무로서, 재산권을 이전하는 방법으로서 매매목적물이 물건이면 그 소유권 및 점유를 이전해야 하고, 권리이면 권리 그 자체를 이전하도록 한다.[2] 이 경우 매도인의 재산권 이전의무는 원칙적으로 매수인의 대금지급의무와 동시이행의 관계에 있다.[3]

그리고 매도인은, 계약 체결할 때에 특약이 없었다면, 아무런 부담이 없는 완전한 권리를 매수인에게 이전하여야 한다. 따라서 예컨대 부동산 매매의 경우 부동산에 저당권과 같은 제한물권이 설정되어 있는 경우에는 그 제한물권을 소멸시켜서 완전한 소유권을 이전해야 한다.

나. 매도인의 담보책임

매매계약의 체결로 매도인은 매수인에게 재산권을 이전해 주어야 할 의무를 지는데, 이때 매도인이 매수인에게 이전해야 할 권리나 물건은 흠 없는 완전한 것이어야 하며, 흠 있는 권리를 이전하였거나 흠 있는 물건을 급부한 경우에는 매수인에 대해 책임을 져야 한다. 이처럼 매매계약을 근거로 해 매수인이 매도인으로부터 취득하는 권리나 권리의 객체인 물건에 흠이 있는 경우 매도인이 매수인에 대해 지는 책임을 담보책임(擔保責任)이라 한다.

매도인의 담보책임은 매도인의 귀책사유를 묻지 않고 인정되는 무과실책임으로 과실책임의 원칙에 대한 예외에 해당한다. 이처럼 매도인에게 무과실의 담보책임을 부담시키는 근거로는 매매계약의 유상성에 비추어 매수인을 보호한다거나, 매매계약의 등가성을 유지한다거나 또는 거래의 안전을 보장한다는 것 등을 들 수 있다.

매매와 관련하여 매도인이 부담하는 담보책임은 목적물의 권리관계에 관한 담보책임과 물건 자체의 하자에 관한 담보책임으로 나눌 수 있다.

---

2) 그리하여 매매의 목적물이 부동산인 경우, 소유권을 매수인에게 이전하기 위해서는 소유권이전등기를 해야 하며(민법 제186조), 목적물이 동산인 경우에는 그 물건을 매수인에게 인도하여야 한다(민법 제188조).

3) 판례에 의하면 부동산 매매의 경우 매도인의 부동산에 대한 인도의무와 매수인의 매매대금지급의무에 대해서도 동시이행관계를 인정하기도 한다.

① 권리의 하자에 대한 담보책임

권리의 하자에 대한 담보책임이란 매매의 목적인 재산권의 전부 또는 일부가 매도인의 소유에 속하지 않거나 또는 매도인에게 속하기는 하지만 타인의 권리에 의하여 제한되어 있기 때문에 매수인이 완전한 권리를 취득할 수 없는 경우에 매도인이 부담하는 담보책임을 말한다. 매매목적물에 대한 권리에 관하여 매도인이 부담하는 담보책임은 목적물의 전부 또는 일부가 타인에게 속하는 경우와 목적물에 대한 권리가 다른 권리에 의하여 제한을 받는 경우로 나눌 수 있으며, 민법은 각각의 경우에 관하여 자세히 규정하고 있다.

㉠ 먼저 매매목적물의 전부 또는 일부가 타인에게 속하는 경우에 관하여 살펴보면, 민법은 타인의 권리를 매매하는 것도 허용하고 있으므로 매도인은 자신이 소유하고 있지 않은 물건도 매매의 목적으로 할 수 있지만, 타인의 소유에 속하는 물건을 매도한 경우, 그 물건을 취득하여 매수인에게 이전하지 못한다면 거래의 안전이 문제된다. 이러한 점을 고려하여 권리의 전부가 타인에게 속하는 경우에 있어서 매수인이 선의인 경우에는 계약해제와 손해배상을 인정하며, 악의인 경우에도 계약해제를 인정하고 있다. 한편 권리의 일부가 타인에게 속하는 경우에 있어서 매수인이 선의라면 그 모자라는 일부로 말미암아 계약의 목적을 달성할 수 없는 경우(예를 들어 주택을 신축하기 위하여 토지를 매수하였으나, 그 면적이 건축허가의 요건에 미달하는 경우)에는 계약을 해제하거나 손해배상을 청구할 수 있고, 목적을 달성할 수 있는 경우에는 대금의 감액을 청구할 수 있다. 그렇지만 악의의 매수인에게는 대금감액만 인정된다.

㉡ 나아가 매매의 목적에 대한 권리가 부족하거나 제한을 받고 있는 경우에도 담보책임이 성립하는데, 첫째 목적물의 수량이 부족하거나 일부가 멸실한 경우, 매수인이 선의라면 계약을 해제하거나 손해배상을 청구할 수 있으며, 대금의 감액도 청구할 수 있다. 다만 수량부족의 경우와 관련하여 판례는 토지를 매매함에 있어 등기부상의 면적을 기준으로 하여 매매가액을 산정한 경우에는 실제 면적에 따라 대금감액을 청구할 수 없다고 한다.

㉢ 그리고 용익적 권리에 의하여 제한을 받는 경우(예를 들어 매도인이 점유한 것으로 알고 매입하였는데, 제3자가 그 토지상에 지상권을 가지고 있는 경우)에도 그로 말미암아 계약의 목적을 달성할 수 없는 경우에는 선의의 매수인은 계약을 해제하고 손해배상을 청구할 수 있다. 다만 저당권이나 전세권에 의해 제한받고 있는 경우에는 그로 말미암아 계약의 목적을 달성할 수 없다면 매수인은 악의인 경우에도 계약을 해제하거나 손해배상을 청구할 수 있다.

사례

A는 B로부터 가옥을 매수하는 계약을 체결하였다. 그런데 실은 B가 A에게 매도한 가옥은 B의 소유가 아니라 C의 소유였다. B가 타인의 가옥을 A에게 매도한 행위는 법률상 유효한가? 만일 유효하다면 B로부터 A에게 소유권이 이전될 수 있는가? 만일 이전이 되지 않는다면 그 책임을 물을 수 있는가? 만일 B와 매매계약을 체결할 당시 그 가옥이 B의 소유가 아님을 알고 있었다면 어떠한가?

• 참고조문 - 민법 제569조, 제572조

민법상 소유권이 없는 자가 타인의 물건을 매매하는 것도 유효하다. 매매는 매도인이 어떤 재산권을 매수인에게 이전해 줄 의무를 발생시키는 계약이기 때문에 현재는 자기의 소유물이 아니더라도 장차 그 소유권을 매수인에게 이전을 해 주기만 하면 그 계약의 목적을 달성할 수 있다. 즉 민법 제569조에 "매매의 목적이 된 권리가 타인에게 속한 경우에는 매도인은 그 권리를 취득하여 매수인에게 이전하여야 한다."고 규정한 것은 바로 이를 의미하는 것이다. 다만 매도인이 이와 같은 의무를 이행할 수 있는지가 문제가 되지만, 이것은 매매계약이 유효한가 어떤가와는 관계가 없다. 위 예에서 A는 B에 대하여 소유권이전 및 명도청구를 할 수 있지만 실제로 B가 A에게 소유권을 이전해 주기 위해서는 먼저 B가 C로부터 목적물의 소유권을 취득하지 않으면 실현될 수 없다. 만일 계약 내용대로 매수인 A에게 권리를 이전해 주지 못하는 경우 B는 일정한 책임을 진다(민법 제572조): ① 계약해제와 손해배상, ② 손해배상의 범위는? - 이행이익(판례)

• **참고판결례**

- 타인의 권리를 매매한 자가 권리이전을 할 수 없게 된 때에는 매도인은 선의의 매수인에 대하여 불능 당시의 시가를 표준으로 그 계약이 완전히 이행된 것과 동일한 경제적 이익을 배상할 의무가 있다(대법원 1967.5.18. 선고 66다2618 판결).
- 채무가 이행불능으로 되거나, 타인의 권리매매에 있어 매도인이 그 권리를 매수인에게 이전할 수 없게 된 경우의 손해배상은 이행불능 당시의 목적물의 시가를 기준으로 그 손해를 산정한다(대법원 1980.3.11. 선고 80다78 판결).

② 물건의 하자에 대한 담보책임(하자담보책임)

하자담보책임이 성립하기 위해서는 매매의 목적물에 하자가 있어야 하는데, 매매목적물에 하자가 있다는 것은 목적물에 물리적 흠이 있다는 것이며, 흠이란 그 종류의 물건이 일반적으로 갖고 있어야 할 품질, 성능, 성질, 형태 등에 미달하는 것을 말한다. 그리고 하자담보책임에서의 하자에는 물건이 본래 가지고 있어야 할 객관적 성질이 결여된 경우(객관적 하자)뿐만 아니라, 매매 당사자가 합의한 성질을 결여한 경우(주관적 하자)도 포함된다. 예를 들어 견본품을 제시하였으나 실제로 매매한 물건은 그 기준에 미달한 때 주관적 하자가 있는 것이고, 이때 하자담보책임이 인정된다.

매수인은 하자가 있음을 알지 못하고 알지 못하는데 과실이 없어야 한다(민법 제580조 제1항 단서). 담보책임을 주장하는 매수인은 하자의 존재만을 주장하면 되고, 매수인의 악의나 과실은 담보책임을 면하려는 매도인이 주장, 입증해야 한다.

하자담보책임으로서 매수인이 주장할 수 있는 담보책임의 내용은 특정물매매의 경우에는 해제권, 손해배상청구권, 불특정물매매의 경우에는 해제권, 손해배상청구권 외에도 완전물급부청구권이 있다.

사례

A는 건물을 신축할 목적으로 B소유 대지 50평에 대하여 매매계약을 체결하고 소유권 이전등기까지 경료하였다. 그런데 그 후 건물 신축을 하려고 알아보았더니 이 대지 중 10여 평이 도시계획상 도로에 저촉되어 건축허가가 안 된다고 한다. 이 경우 A는 계약을 해제하고 매매대금을 돌려받을 수 있는가?

매매 당시에 건축허가에 대한 특약이 있었다면 별 문제가 없겠지만, 그런 특약이 없었다면 복잡한 문제가 발생한다. 먼저 이에 관련된 민법 규정을 살펴보면 매매 목적된 권리 일부가 타인에게 속함으로 인하여 잔존부분만이면 매수인이 이를 매수하지 아니하였을 때에는 선의의 매수인은 계약 전부를 해제할 수 있다고 규정하고 있다(민법 제572조 제2항).

여기서 문제되는 것은 과연 매수인이 선의인가 여부이다. 이에 관련된 판례를 살펴보면, 매매계약 체결 당시 매수인이 매매대상인 부동산의 시가지계획선 저촉 여부를 염려하자 매도인은 저촉되지 않음을 확인하면서 계약서에 시가지계획선 저촉 운운을 기재할 필요가 없다고 설명하여 매수인이 매도인의 말을 믿고 안심하고 계약을 체결한 경우에는 매수인이 매매목적물인 토지가 시가지계획선에 저촉되었음을 몰랐고, 그것을 모르는데 있어 과실이 없었다고 할 것이므로 이를 이유로 매수인은 계약을 해제할 수 있다(대법원 1957.12.5. 선고 4290민상160, 카4677 판결)고 한 바 있다.

반면, 대지를 매수하는 자는 부동산 등기부의 열람뿐만 아니라, 동 대지가 도시계획상 도로에 저촉하는지의 여부 정도는 미리 조사하여 보는 것이 상례라 할 것인 바, 원고(매수인)가 부동산 매매계약을 체결함에 있어 현장을 답사하였음에도 불구하고, 30평의 대지 중 10평이나 도로로 사용되고 있는 사실을 간과하였다면, 원고에게는 위 하자 있음을 알지 못한데 대하여 과실이 있다(대법원 1979.7.24. 선고 79다827 판결).

따라서 위의 경우 A가 10여 평이 도로에 저촉되는 것을 알지 못한데 대한 과실 여부에 의하여 그 계약의 해제 여부가 결정될 것이다.

사례

甲은 乙로부터 등기부상 100평의 대지를 평당 100만원으로 정하여 구입하였는데, 대금을 지급한 후 측량해보니 90평 정도임을 알고 乙에게 부족한 10평의 값을 돌려 달라고 하였으나 불응하고 있다. 10평의 값을 돌려받을 권리가 있는가?

일반적으로 매매목적물의 수량이 부족한 경우에는 그 비율에 따른 대금감액의 청구가 가능하다(민법 제574조).

그런데 토지의 매매에 있어서 면적 및 대금 결정과 관련하여 두 유형이 있다. ① 1필지의 총 대금을 결정하기 위한 방법으로 평당 가격을 결정하는 유형(필지매매), ② 평당 가격을 정하고 실평수에 따라서 대금을 결정하는 유형(수량매매). 실평수에 따른 대금 정산의 의사가 있는지의 여부에 그 차이가 있다. 구체적인 토지거래에 있어서 어느 유형에 속하는가는 계약 내용의 해석의 문제이고, 특별한 의사표시가 없는 한 ① 유형(필지매매)으로 보아 대금감액을 인정하지 않는 것이 판례의 입장이다. 이것은 단지 계약서에 평당 가격을 기재했다고 하여 달라지지 않는 것으로 보인다.

"민법 제574조에서 규정하는 "수량을 지정한 매매"라 함은 당사자가 매매의 목적인 특정물이 일정한 수량을 가지고 있다는 데 주안을 두고 대금도 그 수량을 기준으로 하여 정한 경우를 말하는 것이므로, 토지의 매매에 있어서 목적물을 공부상의 평수에 따라 특정하고 단위 면적당 가액을 결정하여 단위 면적당 가액에 공부상의 면적을 곱하는 방법으로 매매대금을 결정하였다고 하더라도 이러한 사정만으로 곧바로 그 토지의 매매를 "수량을 지정한 매매"라고 할 수는 없는 것이고, 만일 당사자가 그 지정된 구획을 전체로서 평가하였고 평수에 의한 계산이 하나의 표준에 지나지 아니하여 그것이 당사자들 사이에 대상 토지를 특정하고 대금을 결정하기 위한 방편이었다고 보일 때에는 "수량을 지정한 매매"가 아니라고 할 것이며, 반면 매수인이 일정한 면적이 있는 것으로 믿고 매도인도 그 면적이 있는 것을 명시적 또는 묵시적으로 표시하고, 나아가 당사자들이 면적을 가격 결정 요소 중 가장 중요한 요소로 파악하고 그 객관적인 수치를 기준으로 가격을 정하였다면 그 매매는 "수량을 지정한 매매"라고 하여야 할 것이다."(대법원 1998.6.26. 선고 98다13914 판결; 대법원 1993.6.25. 선고 92다56674 판결).

위 질문의 경우 그 거래가 실평수에 따른 대금정산을 하기로 상대방과 합의된 바가 있다면 10평에 대한 대금반환청구가 가능하나, 그러한 합의 없이 등기부상 100평인 대지를 평당 100만원으로 따져 대금을 결정했다면 이는 위 대지 자체를 하나의 거래 대상으로 보아 매수한 것으로 보이므로 대금감액청구를 할 수 없다.

3. 부동산 매매

부동산을 사고파는 행위도 매매계약에 해당한다. 따라서 매매계약에 관한 설명이 부동산의 매매에 대해서도 그대로 적용된다. 다만 거래의 목적물이 부동산이라는 점에서 동산의 매매에 비하여 조금 더 복잡한 법률관계가 형성된다.

1) 부동산

민법은 유체물 및 전기 기타 관리할 수 있는 자연력(예: 산소통에 들어있는 산소)을 물건이라고 정의하고 있다. 그 물건은 다시 동산과 부동산으로 나누고 있다. 이 경우의 부동산은 토지 및 그 정착물을 말하며, 부동산 이외의 물건은 동산이라고 한다. 다만 외국의 경우와는 달리 건물을 토지와 독립한 부동산으로 다루고 있다.

(1) 토지와 건물은 별개의 부동산이다.

일반적으로 부동산 거래에 있어서 토지와 건물은 거의 일괄적으로 거래를 하지만, 토지 건물이 지니는 경제적 특수성의 차이로 별개의 부동산으로 취급한다.

부동산 등기부는 편의상 하나의 부동산에 관해 하나의 등기용지에 그 부동산에 관한 모든 법률관계를 기재하도록 한다. 이를 「일부동산 일등기용지주의」(一不動産 一登記用紙主義)라고 한다. 민법에서 토지와 건물은 등기부 자체가 다르고 매매나 소유권·저당권·용익권 등과 같이 부동산에 관련된 권리를 설정할 때에도 각각 다르게 취급된다.

일반적으로 부동산을 매매할 때에는 토지와 건물이 지니는 이러한 법적·경제적 특수성 때문에 토지 위에 세워진 건물은 반드시 건물이 서있는 토지와 같이 매매되어야 하는 것은 아니다. 그러나 편의상 토지와 건물을 하나의 계약으로 매매하는 것은 가능하다. 건물을 매입했을 경우에 있어 별다른 약정이 없다면 토지에 대한 권리는 따로 양수 받아야 한다.

(2) 토지의 정착물

거래관념상 계속적으로 토지에 고정되어 사용되는 물건에는 대표적으로 건물이 있다.

토지의 정착물 중에는 토지와는 독립한 부동산으로 취급되는 것들이 있는데 건물, 수목, 미분리 과실, 농작물 등이 있다.

2) 계약의 체결

부동산에 대한 매매계약을 체결함에 있어서도 당사자의 합의만으로 계약이 성립한다. 그렇지만 대부분의 경우 계약의 체결을 확실하게 하기 위하여 계약서를 작성하고 매수인이 매도인에게 계약금을 교부한다. 이처럼 계약을 체결한 후에는 계약서에 기재된 내용대로 계약을 이행하여야 하며, 그렇지 않은 경우에는 상대방이 채무불이행을 이유로 계약을 해제할 수 있다. 한편 매수인에 의하여 계약금만 교부된 상태에서는 매수인은 계약금을 포기하고 계약을 해제할 수 있으며 매도인은 계약금의 배액을 상환하고 계약을 해제할 수 있다.

3) 계약의 이행

부동산에 대한 매매계약을 이행한다는 것은 부동산에 대한 소유권을 이전하는 것을 말하는데, 부동산에 대한 소유권이 이전되기 위해서는 소유권이전등기가 행해져야 하며, 이는 부동산의 점유를 이전하는 것과 전혀 별개의 것이다. 소유권이전등기를 위해서는 매도인과 매수인이 함께 등기소에 출석하여 등기를 신청하는 것이 원칙이지만 대부분의 경우 당사자 쌍방이 법무사에게 등기를 위임함으로써 법무사에 의하여 등기가 행하여진다. 그리고 대부분의 경우 매도인은 매매계약의 이행으로서 등기서류를 교부하는 것과 함께 매매목적물의 점유도 이전하며, 이에 대하여 매수인은 잔금을 지급하게 되는데, 등기서류의 교부와 잔금의 지급은 동시이행의 관계에 있다.

4. 부동산 권리관계의 발생 변경

1) 물권변동의 요건으로서 등기

법률행위(계약)를 통하여 부동산에 관한 소유권 등의 권리관계가 발생하거나 그 권리가 이전 또는 변경되기 위해서는 부동산 물권변동에 대한 합의와 함께 그에 관한 등기를 하여야 한다. 예컨대 甲이 자신의 부동산을 乙에게 매도하고 잔금을 모두 받은 후 甲이 그 부동산을 다시 丙에게 매도하고 이전등기를 해 주었다면, 乙이 아니라 丙이 그 부동산에 대한 소유권을 취득하게 된다. 한편 乙 또는 丙이 그 부동산에 대한 소유권을 취득하기 전에 甲의 채권자 丁이 아직도 甲명의로 되어 있는 그 부동산을 압류한다면, 그 이후에 소유권이전등기를 마친 乙은 채권자 丁의 압류등기에 우선할 수 없게 된다. 이러한 결과가 생기는 것은 우리 민법이 부동산에 관한 법률행위(매매, 증여 등)로 인한 권리의 득실변경은 등기를 하여야만 그 효력이 생긴다고 규정하고 있기 때문이다(민법 제186조).

사례

甲과 乙은 한마을에서 같이 태어난 죽마고우로 甲은 乙에게서 땅 100평을 사서 집을 신축하였다. 서로 믿는 사이라 땅을 분할해서 등기하지는 않았다. 그런데 乙이 사망하자 일찍이 도시에 나가 자리를 잡은 乙의 후손들은 그 사실을 모르고 甲에게 "이 땅을 매수하거나, 매수할 의사가 없으면 땅을 반환하시오"라고 한다. 甲은 소유권을 취득하였다고 주장한다.

부동산을 샀다고 하더라도(매매) 등기(소유권이전등기)를 하지 않은 이상, 소유권자라 할 수 없다. 민법은 "부동산에 관한 법률행위로 인한 물권의 득실변경은 등기하여야 효력이 생긴다."라고 정하고 있기 때문이다. 따라서 부동산의 매매는 등기를 해야 소유권 변동의 효력이 생긴다. 그러므로 부동산을 매수하고 잔금을 모두 치르고, 이를 인도받아 점유하고 있다고 하더라도, 그 매수를 증명할 수 있는 계약서, 대금을 지급하였다는 영수증이 있어도 등기를 하지 않았다면 그 부동산의 소유권자가 된 것은 아니다. 甲은 乙(의 후손)에게 어떠한 권리를 가지는가? 소유권이전등기를 청구할 수 있다.

사례

위의 예를 조금 변경시켜 乙이 甲에게 토지를 판 것은 12년 전일로, 그 해 12월 30일 잔금을 받기로 하였으나 그 전에 친구 甲에게 토지를 건네주었다. 그런데 그해 12월 20일 을이 사망하자 잔금을 지급하지 않고 오늘에 이르고 있다. 이 경우 乙의 子는 甲에게 매매대금을 청구할 수 있는가?

권리자가 권리를 행사할 수 있는데도 불구하고 일정 기간 동안 이를 행사하지 않으면 권리 자체가 소멸된다(소멸시효). 채권은 10년간 행사하지 아니하면 소멸시효가 완성되며, 채권 및 소유권 이외의 재산권은 20년간 행사하지 아니하면 소멸시효가 완성한다고 규정하고 있다(민법 제162조).
토지의 매매대금청구권은 채권으로서 지급기일로부터 10년의 소멸시효기간이 적용된다. 토지에 대한 매매대금채권이 소유권이전등기청구권과 동시이행관계에 있다고 할지라도 판 사람은 매매대금의 지급기일 이후 언제라도 그 대금의 지급을 청구할 수 있는 것이며, 다만 산 사람은 판 사람으로부터 그 이전등기에 관한 이행의 제공을 받기까지 그 지급을 거절할 수 있는데 지나지 아니하므로, 매매대금청구권은 그 지급기일 이후 시효가 진행된다고 보는 것이 판례의 입장(대법원 1991.3.22. 선고 90다9797 판결)이다. 따라서 乙의 子는 잔금 지급기일로부터 10년이 경과되도록 시효중단 조치를 취하지 않은 이상 시효소멸로 매매대금을 청구할 수 없다.

시효중단 조치

시효 만료일이 임박하였을 때 소멸시효를 중단시키는 것이 필요한데, 중단 사유로는 소송을 제기하는 것과 같은 재판상 청구, 압류와 같은 강제집행의 개시, 가압류, 가처분 등의 절차가 있다. 이러한 법적 절차를 밟기 어렵다면 먼저 내용증명 우편으로 채권의 지급을 청구하는 내용의 통지(최고-채무의 이행을 독촉)를 하여야한다. 다만 이때는 내용증명 우편이 상대방에게 도달된 때로부터 6개월 내에 소송을 제기하는 등의 재판상 청구나, 압류, 가압류, 가처분 등 강력한 시효중단 절차를 실행하여야만 시효중단의 효력이 지속된다. 갚을 사람이 채권의 존재를 승인하거나 변제의사를 밝히면 소멸시효의 진행이 일시 중단된다. 이러한 중단조치로 시효가 중단되면 그때까지의 기간은 계산하지 않고 중단된 이후부터 다시 시효기간이 진행된다.

2) 법률의 규정에 의한 변동

매매 등 법률행위에 의한 부동산 물권변동의 경우와는 달리 법률의 규정에 의한 부동산 물권변동에 있어서는 등기를 하지 않더라도 부동산의 소유권이 이전된다(민법 제187조). 즉 상속, 공용징수, 판결, 경매와 기타 법률의 규정에 의한 것에 의할 때 그러하다. 상속의 경우에는, 피상속인이 사망한 때, 공용징수의 경우에는 협의수용에서 정한 때, 판결의 경우에는 판결이 확정된 때, 경매의 경우에는 경락인이 경락대금을 완납한 때에 소유권이 이전된다. 위와 같은 경우에는 등기를 하지 않더라도 소유권을 취득하지만, 취득한 소유권을 다른 사람에게 처분하기 위해서는 등기를 하여야 한다.

사례

서울에서 직장생활을 하는 甲은 5대 독자인데, 그의 고향에 조상 대대로 내려오는 선산 1만여 평이 있다. 집을 넓히기 위하여 이 선산을 팔고자 하는데, 이 땅은 아직 5대조 할아버지 명의로 되어 있다. 甲은 이 산을 자기 앞으로 등기하지 않았어도 소유권자라고 할 수 있는가?

앞의 사례에서 부동산에 관한 법률행위는 등기를 해야 소유권 취득의 효력이 생긴다고 설명하였다. 이러한 원칙에 대한 예외가 '상속'의 경우이다.

상속은 사망과 동시에 개시된다. 가령 아버지가 돌아가시면 돌아가신 순간 아버지의 재산은 상속권자(처와 자식들)에게 이전되는 것이다. 다시 말하면 사망과 동시에 돌아가신 아버지('피상속인'이라고 부른다)의 부동산 소유권은 상속권자에게 이전되는 것으로 보게 되고, 후에 상속등기를 함으로써 상속등기 시에 상속 재산의 소유권을 취득하는 것은 아니다.

이와 같이 상속이나 공용징수, 판결, 경매의 경우에는 등기하지 않더라도 소유권을 취득한 것으로 보는데, 이것을 '법률의 규정에 의한 물권변동' 사유라고 한다. 또 상속은 대개 상속등기를 하게 되지만 언제까지 해야만 한다는 법규는 없다. 따라서 상속등기는 언제라도 할 수 있다. 다만 상속으로 취득한 재산도 제3자에게 처분하려면 이때는 상속등기를 해야만 한다.

조상 대대로 물려받은 땅은 상속 재산이라 할 수 있고, 그렇다면 상속등기를 아직 하지 않았더라도 소유권자는 상속인 甲인 것이다.

3) 소유권 이전을 위한 요건 분석

소유권이 이전되기 위한 요건 - 매매계약만으로는 안 된다.

(부동산)소유권이전을 위해서는 = 매매계약 + 등기

부동산에 대한 매매계약을 이행한다는 것은 부동산에 대한 소유권을 이전하는 것을 말하는데, 부동산에 대한 소유권이 이전되기 위해서는 소유권이전등기가 행해져야 하며, 이는 부동산의 점유를 이전하는 것과 전혀 별개의 것이다.

- 소유권은 물권이다.
- 매매계약에 의해서는 채권관계가 성립한다.
  - 성립하는 법률관계(권리·의무)
    - 매도인의 매수인에 대한 대금지급청구권
    - 매수인의 매도인에 대한 소유권이전청구권

※ 권리를 효력(작용)에 의해 분류하면, 지배권·청구권으로 나눌 수 있다.

- 특정인에 대해서만 주장할 수 있는 권리, 즉 특정인이 다른 특정인에 대하여 일정한 행위를 요구하는 권리가 청구권이다. 채권(債權)을 대표적인 청구권이라 한다.
- 반면에 물권(物權)은 특정의 상대방이 없고, 일반인을 의무자로 모든 사람에게 주장할 수 있는 支配權이다. 소유권은 타인의 협력을 필요로 하지 않고 일정한 객체를 직접 지배할 수 있는 권리로서 가장 전형적인 지배권이다.
- 물권 : 특정인(권리주체)이 일정한 물건을 직접 지배하여 이익을 향유할 수 있는 배타적 지배권
- 채권 : 특정인이 특정인에 대하여 일정한 행위를 요구하고 채무자가 이행한 후에는 그 결과를 적법하게 보유할 수 있는 급부청구권

SUMMARY

1. 재산을 무상으로 주는 증여는 일정한 사유(서면에 의하지 않았거나, 망은행위, 재산상태의 악화)가 있는 경우 해제가 가능하다.

2. 부동산에 대한 매매계약을 체결함에 있어서도 당사자의 합의만으로 계약이 성립한다.

3. 매매계약의 체결로 매도인은 매수인에게 재산권을 이전해 주어야 할 의무를 지는데, 이때 매도인이 매수인에게 이전해야 할 권리나 물건은 흠 없는 완전한 것이어야 하며, 흠 있는 권리를 이전하였거나 흠 있는 물건을 급부한 경우에는 매수인에 대해 책임을 져야 한다.

4. 부동산의 매매는 등기를 해야 소유권 변동의 효력이 생긴다.

5. 매매계약에 의해 채권이 성립하나, 소유권은 물권이다.

YOUR OPINION

1. 사람 좋은 甲은 어느 날 고향에 살고 있던 먼 친척 乙이 도와달라고 하자 선뜻 2,000만 원을 한 달 후에 주겠다고 약속하였다.
   그러나 이 사실을 알게 된 甲의 부인은 이 사실에 매우 부정적인 반응을 보이면서 만일 그렇게 돈을 준다면 자신이 집을 나가겠다고 한다. 이에 甲은 자신의 약속을 취소하였으면 하는데, 이미 약속을 한 것이므로 그 약속대로 이행하여야 하는 것은 아닌가?
   ※ 여기서 甲과 먼 친척 乙 사이의 약속의 의미에 대해 법률적으로 생각해 보고, 이를 일방적으로 해제할 수 있는지를 검토하시오.

2. 민법상 소유권이 없는 자가 타인의 물건을 매매하는 것도 유효한가? 유효하다면 무권리자로부터도 소유권을 취득할 수 있는가?

Chapter 4

부동산 거래 시 주의사항

法

부동산과 생활법률

Chapter 4. 부동산 거래 시 주의사항

1. 부동산 매매계약을 맺기 전에 살필 점

1) 유의사항

부동산을 사고 팔 때에는 먼저 부동산의 권리관계를 명확히 알아보고, 부동산이 사용 목적에 적합한지를 알아보아야 한다.

(1) 계약체결 전에 확인해야 할 사항으로는 다음과 같은 것이 있다.

- 등기부 등본(토지대장 또는 임야대장)
- 부동산의 현황
- 토지의 경우에는 도시계획이나 거래제한 등 각종 제한사항

(2) 등기부 등본[1] 확인

부동산을 계약할 때 가장 중요한 것은 등기부 등본을 확인하는 것이다. 등기부 등본을 보면서 건물이나 땅의 주인이 정말 본인이 맞는지, 주소가 정확한지 확인해야 한다. 그 다음으로는 사려는 부동산이 다른 사람에게 저당 잡힌 물건은 아닌지, 가압류되어 있는 것은 아닌지 살펴보아야 한다. 그리고 구청에서 건축물 관리 대장과 토지 대장, 토지 이용 계획 확인원을 발급받아 보면, 그 부동

---

1) 부동산 등기부-부동산 등기부는 토지등기부와 건물등기부로 구성되어 있다. 통상 부동산등기부는 특별시, 광역시, 시, 읍, 면 등을 각각 별책으로 구성하고 있지만, 거래가 활발하여 등기부가 복잡한 지역에서는 리·동별로 별책으로 구성하기도 한다. 등기부는 표제부, 갑구, 을구로 나뉘어 있다.

산으로 아파트 시행이나 주택 건축 등 하려는 일을 정말로 할 수 있는지 알 수 있다.

(3) 현장조사

서류를 모두 확인한 다음에 할 일은 사려는 건물이나 땅이 있는 현장에 가서 부동산의 상황을 잘 조사하는 것이다. 물건을 직접 보아 두지 않아 서류로는 알 수 없었던 일로 손해를 보는 경우가 많으므로 반드시 눈으로 확인하도록 한다. 부동산의 위치나 형상이 사용 목적에 적합한지를 알기 위해서는 등기만으로는 부족하고 그 부동산 소재지의 시·구·읍·면사무소에 비치된 지적도 도면을 살펴볼 필요가 있다. 또한 토지는 도시계획법과 건축물에 의한 지정이나 제한이 있으므로 토지를 구입할 때에는 이를 참고해서 목적한 건물을 짓는데 제한이 있는지를 알아두어야 한다. 그리고 건물의 경우에는 화장실, 상수도, 하수도, 전기시설 및 건물의 내부구조 등을 알아둘 필요가 있다.

2) 등기부의 구조와 등기부를 보는 방법

(1) 등기부의 구성

등기부에는 그 작성 당시 효력이 없는 과거의 권리 관계는 기재하지 않고 있으므로 오래된 권리 관계까지 알아보려면 폐쇄된 등기부를 열람하거나 그 등본을 떼어 보아야 한다. 토지등기부와 건물등기부는 따로 있으므로 집을 산다면 양쪽을 다 보아야 한다.

등기부는 등기 번호란, 표제부(아파트 등 집합 건물의 경우에는 동 건물의 표제부와 전유부분의 표제부의 2개로 구성되어 있음.), 갑구, 을구의 4부분으로 되어 있다. 등기 번호란에는 토지나 건물 대지의 지번이 기재되어 있다.

표제부에는 토지와 건물의 내용, 즉 소재지(예 : 서울특별시 중구 서소문1), 면적(예 : 100㎡), 용도(예 : 대지, 임야, 주택, 창고), 구조(예 : 2층, 목조건물)등이 순서대로 적혀있다. 다만, 집합건물의 경우에는 대지권이 있는지 살펴보아야 하고, 별도 등기 표시가 있는 경우에는 토지등기부도 확인해야 한다.

갑구에는 소유권에 관한 사항이 접수된 날짜 순으로 적혀 있다. 맨 처음 기재된 것이 소유권보존등기(최초의 소유자)이고, 소유권이전등기가 계속된다. 각 등기사항 중 변경사항이 있으면(예컨대 소유자의 주소 변경) 변경등기(부기등기)를 한다.

소유권이전등기가 무효라고 하여 제3자가 소송을 제기한 경우[2]에, 그 소송 결과 무효가 확정되어 소유권이전등기의 말소등기를 하면 이전등기를 하기 전의 상태로 돌아간다. 그 외에 가압류등기, 가처분등기, 강제경매 등이 있으며, 이러한 등기 후에 소유권이전등기를 하면 경매되거나 가처분권자의 권리 행사에 따라 소유권을 잃을 수 있다. 가등기는 순위 보전의 효력이 있으므로 나중에 본등기를 하면 가등기보다 늦게 된 등기가 원칙적으로 무효가 되므로 주의해야 한다.

채권자가 채권 확보를 위하여 채무자의 재산을 압류·가압류한 경우에 채무자(소유자)가 채무를 변제하지 못 한다면 결국 그 부동산은 경매가 진행된다. 그 부동산에 경매 절차가 진행되고 있다면 경매개시결정등기가 되어 있다. 또 그 부동산에 대한 소유권이전등기청구권을 확보하기 위해서나 또는 말소하기 위하여 처분금지가처분을 한 경우에는 그 소송의 원고가 승소 판결을 얻는다면 가처분 이후의 모든 등기는 말소될 가능성이 크다는 것을 유의해야 한다.

갑구에 있어서의 유의사항

1. 소유권에 대한 압류·가압류·경매개시결정·가처분 등 처분제한등기가 있는지 살펴보아야 한다.
2. (과거에) 예고등기가 되어 있는가?
3. 가등기는 되어 있지 않은가?

2) 종전에는 이러한 경우에 법원은 등기부에 예고등기를 해두었다. 예고등기란 등기 원인이 전혀 없는데도 인감증명 등을 위조하여 소유권을 이전했거나 저당권을 설정 또는 말소한 경우 그 등기를 말소 또는 회복해 줄 것을 소송으로 청구하는 때에 그러한 소송이 제기되었음을 제3자에게 알려 불의의 피해를 입지 않도록 법원이 촉탁하여 등기가 된 경고적 의미의 등기이다.
그러나 예고등기제도는 본래의 취지와는 다르게 등기명의인의 권리 행사를 제약하고 집행 방해의 목적으로 악용된다는 지적이 많았으며, 결국 2010년 6월, 예고등기를 폐지하고 전산 등기사무처리를 원칙화하는 부동산등기법 전부개정안이 국무회의를 통과하게 되었다. 따라서 현재는 폐지되기 전에 등기상에 기재된 예고등기를 제외하고는 더 이상 행해지지 않고 있다.

을구는 소유권 이외의 권리, 즉 저당권, 지상권 같은 제한물권에 관한 사항을 기재한다. 특히 주의할 점은, 근저당권 설정등기인데 채권최고액이라는 것이 있어서 부동산의 가격에서 등기부에 기재된 최고액을 한도로 담보책임을 지게 되므로 실제 채무액이 얼마인지를 따로 파악하여야한다.

(2) 가등기

가등기는 본등기를 할 수 있는 요건이 갖춰지지 않았을 때 장래에 할 본등기의 준비로서 하는 등기이다. 이는 물권변동에는 직접 관계가 없고 나중에 본등기(등기 본래의 효력을 발생시키는 종국등기를 말하며 보통의 등기는 이에 속한다.)를 할 수 있는 요건이 구비되었을 때를 예상하여 미리 「청구권 순위를 보전」하여 두는 효력을 갖는다.

가등기를 한 후 그에 의거하여 본등기가 이뤄지면 그 본등기 순위는 가등기 순위에 따른다. 그러므로 부동산을 거래할 경우에 가등기가 있었다. 나중에 그 가등기에 의한 본등기가 행해질 경우 그로 인해 자기 권리를 잃게 된다. 그러나 가등기의 효력은 본등기의 순위를 보전하고자 하는데 있기 때문에 가등기가 본등기로 되지 않는 한, 가등기 자체로서는 실체법상 아무런 효력이 없다.

(3) 등기된 권리의 순위

각 등기는 등기한 순서대로 순위번호를 기재하고, 같은 구에서는 그 순위번호에 의하여 등기의 우열이 가려지며, 부기등기의 순위는 주등기의 순위에 의한다. 따라서 등기부를 볼 때, 가장 중요한 것은 갑구와 을구에 기재된 가등기, 소유권이전등기, 저당권 설정 등기 등의 등기의 전후와 접수일자(접수번호)를 잘 살펴보는 것이다. 등기된 권리의 우선순위는 같은 갑구나 을구에서는 등기의 전후(순위번호)에 의하며, 갑구와 을구 간에서는 접수번호에 의하여 결정되기 때문이다. 다만 가등기가 있는 경우에 본등기를 하면 그 본등기의 순위는 가등기의 순위에 의한다.

사례

B는 A가 소유하는 가옥을 매수하여 대금을 지급하고 그 집을 넘겨받았는데(인도), 아직 등기를 하지 않았다. 그런데 A로부터 이 가옥을 양수하고 이전 등기를 하였다는 C가 찾아와서 B에게 퇴거를 요구한다. B는 이에 응할 수밖에 없는가? B의 구제책은?

부동산에 관한 물권(소유권, 저당권)의 득실변경은 등기를 하지 아니하면 그 효력이 생기지 아니한다. B가 가옥의 대금을 지급하고 인도를 받아 실제로 주인 행세를 하고 있더라도 등기부에 명의변경(이전등기)을 하지 않으면 권리변동이 일어나지 않는다. 따라서 A가 그 뒤 C에게 이중매매를 하고 C가 먼저 이전등기를 하면 가옥의 소유권은 C에게 이전되고, 결국 B는 C의 집에 살고 있는 것이 되므로 B는 C에게 가옥을 명도하여야 한다. 이중매매를 행한 A는 형법상 배임죄로 처벌될 수 있고, B에 대하여 손해배상책임을 진다.

사례

甲은 서울로 이사를 하려고 갖고 있던 논을 팔기 위해 내놓았다. 이 소식에 乙이 계약금을 지급하고 먼저 계약을 한 뒤 우선 가등기를 해놓고 잔금을 마련하고 있다. 그러는 사이 丙이 뒤늦게 한꺼번에 잔금까지 치르고 먼저 등기를 하였다

1 소유권자는?

2 乙이 소유권자가 될 수는 없는가?

乙은 丙보다 잔금을 늦게 치렀으나, 계약금을 준 후 「가등기」라는 것을 하였으므로, 언제고 이 가등기에 기초해서 본등기를 하게 되면, 이 가등기 이후 乙의 본등기 이전의 중간 시기에 설령 丙이 본등기를 먼저 했다고 하더라도 乙의 본등기가 우선하게 된다. 등기 실무상으로는 乙이 가등기에 기해서 본등기를 하게 되면 등기소에서는 그 중간

의 丙의 본등기는 직권으로 말소해 버린다.

부동산이 이중으로 매매된 경우에, 계약일자의 선후에 관계없이 먼저 본등기를 한 사람이 소유자가 되지만, 가등기를 먼저 한 사람이 있으면 설령 본등기를 먼저 했다고 하더라도 대항할 수 없다. 따라서 가등기를 해두면 본등기를 할 때 순위가 앞서게 되므로, 부동산을 사는 사람(매수인)은 반드시 등기부를 열람하거나 등기부 등본을 발급받아 파는 사람(매도인)이 아닌 제3자의 가등기가 되어 있는지를 확인하여야 한다.

실제 예

① 표제부 – 토지 또는 건물의 표시와 그 변경에 관한 사항 기재(토지, 소재지, 지번, 지목, 면적) 해당 집합 건물 소재지와 건물 내역을 표시

등기부 등본 (말소사항 포함) - 건물 [제출용]

경기도 화성군 ○○○ 고유번호 1348-1996-0○○○

[표 제 부] (건물의 표시)[3]

표시번호	접수	소재지번 및 건물번호	건물내역	등기원인 및 기타사항
1 (전1)[4]	1996년 1월20일[5]	경기도 화성군 ○○○[6]	철근콘크리트 슬라브지붕[7] 1층 주택 81.96㎡	부동산등기법 제177조의 6 제1항의 규정에 의하여 2000년 12월 07일 전산이기

3) 해당 집합 건물 소재지와 건물 내역을 표시
4) 전산화 이전의 구등기에서 1번 등기였음을 표시함.
5) 처음 등기를 신청한 날짜임.
6) 해당 건물이 소재하는 위치를 나타냄.
7) 해당 집합건물의 구조와 규모, 각 층의 면적을 나타냄.

② 갑구 – 소유권에 관한 사항(변동 및 변경사항, 압류, 가압류, 경매 신청, 가등기, 가처분, 환매등기, (구)예고등기 등의 사항)

[갑　구]　　(소유권에 관한 사항)

순위번호	등기목적	접　수	등기원인	권리자 및 기타사항
1 (전 3)	소유권 이전	1996년9월20일	1996년8월 28일 매매	소유자 ○○○ 123456-1111111 경기도 화성군....[8] 부동산등기법 제177조의 6 제1항의 규정에 의하여 2000년 12월 07일 전산이기
2	~~임의경매 신청~~[9]	~~2001년6월21일 제48296호~~	~~2001년6월16일 수원지방법원의 경매개시 결정 (2001타경39540)~~	~~채권자　　농업협동조합중앙회~~
3	소유권 이전	2002년3월28일	2002년2월27일	소유자 ○○○ 654321-2222222

[인터넷 발급] 문서 하단의 바코드를 스캐너로 확인하거나, 대법원 인터넷등기소 홈페이지(http://iros.go.kr)의 발급확인 메뉴에서 발급확인번호를 통하여 위·변조 여부를 확인해 주십시오. 발급확인번호를 통한 확인은 발급일로부터 3개월까지 5회에 한하여 가능합니다.

발행번호 1234567890ab0987654321cd123　1/3　발급확인번호 AABBCC-DDEEFF-1234　　발행일 2005/12/14

8) 소유자의 이름과 거주지 표시.

9) 실선으로 그어진 내용은 없어졌다는 뜻임. 구체적으로 경매 절차의 진행상황이나, 누가 어떤 원인을 들어 예고등기를 하였는지 알고 싶으면 등기부에 기재된 사건번호를 당해 법원에 가서 제시하고 이해관계를 소명하여 기록을 열람하면 이를 자세히 알 수 있다. 기재된 사건번호는 그 등기가 어떤 사건에 관련되어 있음을 알려주는 것이며 취급하는 부서는 다음과 같다.
○○법원 99타경 ○○○호 … 경매사건(집행과 또는 신청과)
○○법원 93카합 ○○○호 … 가압류 또는 가처분 사건(신청과)
○○법원 98카단 ○○○호 … 가압류 또는 가처분 사건(신청과)

③ 을구 - 소유권 이외의 권리(지상권, 전세권, 저당권, 임차권)에 관한 변동 및 변경 사항

[을 구] (소유권에 관한 사항)				
순위번호	등기목적	접 수	등기원인	권리자 및 기타사항
~~1~~ ~~(전 1)~~[10]	~~근저당권~~ ~~설정~~[11]	~~1996년3월2일~~ ~~제10355호~~[12]	~~1996년2월27일~~ ~~설정계약~~[13]	~~채권최고액 금42,000,000원~~[14] ~~채무자 ○○○~~[15] ~~경기도 화성군....~~ ~~근저당권자 농업협동조합중앙회~~ ~~110136 000018~~[16] ~~공동담보 동소 854 46 토지, 건물~~
~~1 1~~[17] ~~(전 1 1)~~	~~1번근저당~~ ~~권변경~~	~~1996년10월1일~~ ~~제58628호~~	~~1996년9월30일~~ ~~면책적~~ ~~채무인수~~	~~채무자 ○○○~~ ~~경기도 성남시 수정구......~~
2[18] (전 8)	근저당권 설정	1999년7월8일 제46162호		채권최고액 금사천오백만원정 채무자 ○○○ 경기도 화성군.... 근저당권자 ○○○ 987654-1111111

발행번호 1234567890ab0987654321cd123 2/3 발급확인번호 AABBCC-DDEEFF-1234 발행일 2005/12/14

---

10) 각 권리가 설정된 순위를 나타냄 을구의 설정된 권리는 이 순위에 따라 권리 주장을 할 수 있음.
11) 등기의 제목임. 갑구에 기재되는 제목에는 소유권보존, 소유권이전, 가압류, 가등기, 가처분 등이 있음.
12) 등기 신청의 접수 일자로서, 법률적 효력 발생 일자이며. '제○○○호'는 접수한 등기소의 연간 일련번호임.
13) 1996년 2월 27일 근저당 설정 계약을 원인으로 이 근저당권을 등기하였다는 뜻임.
14) 이 근저당권등기로 권리를 주장할 수 있는 최고액수임. 실제 채무액은 은행에서 확인할 수 있음.
15) 돈을 빌린 채무자에 관한 사항을 표시, 등기의 건물 소유와 돈을 빌린 사람이 다를 수도 있음.
16) 돈을 빌려준 채권자에 대한 사항임.
17) 변경등기, 부기등기.
18) 현재 을구에 효력이 남아 있는 부분임.

2. 부동산 매매계약을 체결할 때 유의할 점

1) 매매계약서 작성 시 주의사항

서류나 토지·건물의 상황을 살펴보았다면 이제 매매계약서를 작성하여야 한다. 매매계약은 그 건물·토지를 처분할 수 있는 자와 사려고 하는 자 사이에 행해지는 것이 원칙이나, 대리인이나 피용자를 통해서도 가능하다. 계약을 체결할 때에 상대방과 협의한 사항을 계약서에 정확히 기재하여 그 내용을 확인한 후 기명·날인하여야 한다.

계약을 체결하는 과정에서는 인쇄된 매매계약서의 문구를 꼼꼼히 읽어보고, 당사자 사이에 특약을 한 경우에는 반드시 그 내용을 기재하여야 한다.

계약금을 지급한 경우에는 반드시 그에 대한 영수증을 받아두어야 한다(중도금이나 잔금을 지급한 경우에도 마찬가지이다).

2) 집이나 땅의 진짜 주인인지 살펴보자

- 매도인의 처분 권한(소유자 본인인지 또는 대리권 있는 대리인인지 여부) 확인
- 계약은 등기부상의 소유자와 직접 맺어야 한다. 만약 대리인과 매매계약을 할 경우에는 대리인의 대리권(위임장)을 확인해야 하고, 그 경우에도 본인에게 직접 연락하여 확인하는 것이 안전하다. 또, 소유자와 직접 계약할 때에도 소유자가 미성년자나 제한능력자가 아닌지를 확인해야 한다.
  ① 본인이 나온 경우 : 주민등록증으로 대조 확인
  ② 대리인이 나온 경우 : 주민등록증, 인감증명서 확인
  ③ 미성년자는 법정대리인의 동의서 확인

(1) 매도인에게 처분권이 있어야 한다.

유효한 매매계약을 체결하기 위해서는 계약을 하는 상대방, 즉 부동산을 팔려는 사람에게 그 부동산을 처분할 수 있는 처분권이 있어야 한다. 진실한 소유

권자와 등기명의인이 다른 상황이라면 계약을 체결하는 것은 위험하다. 【① 공신의 원칙 불인정, ② 명의신탁의 원칙적 무효】

(2) 대리인과의 계약

가. 처분권을 소유하고 있는 자로부터 그 권한을 위임받을 수 있다(임의대리인).

대리란 본인과 일정한 관계에 있는 자(대리인)가 본인을 위하여 의사표시를 하거나 그것을 받음으로써 그 행위의 법적 효과가 직접적으로 본인에 대하여 발생하는 것을 인정하는 제도이다. 법률행위의 효과는 그 행위를 한 자에 대하여 발생하는 것이 원칙인데, 대리는 법률행위를 한 자와 그 효과를 받는 자가 분리된다는 예외적인 경우의 하나이다. 이와 같은 대리제도는 현대와 같이 고도로 발달한 자본주의 경제하에서는 거래관계가 기술화되고 조직화되며 또한 광범위하게 전개되는 과정에서 개인이 스스로 모든 관계를 처리한다는 것은 불가능하므로 이를 가능하게 할 수 있다는 점에 제도적 의의가 있다고 볼 수 있다. 또한 의사능력이 없는 자는 스스로 거래행위(법률행위)를 할 수 없기 때문에 대리인이 이러한 자의 거래행위를 대신하여 줄 수 있다는 장점도 있다.

나. 대리의 요건

i) 대리인의 의사표시가 대리행위로써 행해져야 한다. 즉 행위효과를 대리인 이외의 자(본인)에게 직접적으로 귀속시킨다는 것을 내용으로 의사표시가 행해져야 한다는 것을 의미한다.

ii) 대리인으로 행위하는 자가 본인에 대한 관계에 있어서 그 대리행위에 관하여 대리권을 가져야 한다. 이러한 대리권을 주는 행위를 「수권행위」라 하는데 수권행위는 일반적인 의사표시의 경우와 같이 명시적으로나 묵시적으로 할 수 있으며 이러한 대리권 수여를 위하여 특별한 방식을 필요로 하지 않는다. 그러나 대리권을 수여하였다는 것을 증명하기 위한 자료로써 「위임장」이나 그 외의 문서로 작성하는 것이 보통이다.

iii) 본인으로 되는 자는 자신이 행위의 효과를 받기 위한 주체가 될 수 있어야 한다. 이는 사람이든 법인이든 상관없으며 미성년자나 제한능력자라도 상관없다.

다. 대리의 효과

대리인의 의사표시 효과는 직접적으로 본인에게 귀속한다. 여기서 본인에게 귀속하는 효과란 대리행위로부터 발생하는 모든 법률행위의 효과는 물론 그 밖의 비법률행위적 효과로 불려지는 것도 포함한다. 예컨대 매매계약의 경우라면 목적물을 인도하라는 청구권, 그 대금의 청구권, 목적물의 담보책임에 관한 권리·의무, 사기를 당한 경우에 계약의 취소권, 계약 무효인 경우의 부당이득반환청구권 등을 말한다.

라. 대리인과 계약 시 주의사항

대리인이 위임장을 가지고 있을 때에는 일단 안심하고 계약을 할 수 있지만 백지위임장과 같이 대리인이 마음대로 기입해서 행사할 수 있게 되는 경우 이를 남용할 우려가 있다. 예를 들면 토지를 담보로 하여 돈을 빌려달라고 부탁하였는데 이를 이용하여 다른 제3자에게 그 토지를 파는 경우가 많이 생긴다.

따라서 토지를 팔려는 의사가 있는 지는 가능한 직접 확인하는 것이 필요하고, 이것이 곤란하면 위임장에 본인과 대리인의 성명과 기명·날인 및 위임한 사항이 확실히 기재된 위임장인가를 확인하고 거래해야 안전하다.

마. 무권대리

무권대리는 대리권 없이 행해진 대리행위를 말한다. 무권대리인이 행한 대리행위의 법률효과는 본인에게 귀속되지 않는다.

대리권이란 타인(대리인)이 본인의 이름으로 의사표시하거나 의사표시를 받음으로써 직접 본인에게 법률효과를 취득시킬 수 있는 타인(대리인)의 본인에 대한 법률상 지위나 자격을 말한다. 그런데 무권대리란 대리권 없이 행한 대리행위, 즉 대리행위의 다른 요건을 갖추고 있으나 대리권만이 없는 행위를 말한다. 따라서 무권대리는 대리권이 전혀 없는 경우와 대리권의 범위를 넘은 경우가 있다. 그리고 대리권이 전혀 없는 경우 처음부터 전혀 대리권이 없는 경우와 일단 주어졌던 대리권이 소멸해 버리고 없는 경우가 포함된다. 무권대리는 대리권 없이 행해진 행위이므로 그 행위의 법률효과를 본인에게 귀속시킬 수 없고 한편 대리의사를 가지고 행해진 것이기 때문에 행위의 법률 효과를 대리인에 관하여 발생시키게 할 수 없다. 결국 무권대리 행위는 법률효과를 발생시킬 수는 없고, 다만 무권대리인과 그 상대방과의 사이에 불법행위 문제만 남길 뿐이다.

위에서 말한 것은 이론적으로 타당한 결과이지만, 만일 이 이론을 관철하게 되면 대리제도를 통한 거래는 위험한 것이 되고 말기 때문에 본인의 이익을 부당히 침해하지 않으면서도 대리제도에 따르는 위험을 최소한도로 막기 위해 민법은 아래의 2가지를 인정하고 있다.

i) 대리인이 무권대리를 한 때에 본인에게도 책임의 일부가 있다고 생각되는 특별한 사정이 있는 경우에는 본인이 책임지게 함으로써 본인의 이익보다도 상대방을 보호하고 거래안전을 꾀하려는 [표현대리].

ii) 무권대리행위를 당연히 무효가 되는 것으로 하지 않고 본인에 의한 추인(追認)의 여지를 인정하여, 그러한 추인이 없는 경우에 대리인에게 특별한 책임을 묻는 「협의의 무권대리」를 인정하고 있다.

따라서 표현대리가 성립하려면 무엇보다도 마치 대리인에게 대리권이 있는 것과 같이 보이는 특별한 사정 내지 외관이 있어야만 하는데 그러한 특별한 사정이 인정되는 세 경우가 있다. 표현대리의 선의의 제3자는 본인에 대하여 그 법률효과의 발생을 주장할 수 있다.

민법이 인정하는 표현대리(表見代理)

① 대리권을 수여하였다는 뜻을 본인이 상대방에게 표시하였으나 실은 대리권을 주고 있지 않는 때(민법 제125조)

② 대리인이 권한 밖의 행위를 한 때(민법 제126조)

③ 대리권이 소멸한 때(민법 제129조)

바. 일상가사대리권

사례

B가 매매를 하고자 하는 부동산을 소유하고 있는 사람 A의 아내와 매매계약을 체결한 경우 이 계약이 유효한가? 막상 계약을 하려고 하니 아파트소유권자인 A의 부인이 A의 인감도장과 위임장까지 가지고와서 계약하자고 하기에 B는 그렇게 했는데, B는 A에 대해서도 이 계약을 주장할 수 있는 것인가?

이러한 경우 법원에서는 일상가사대리권을 인정하는 경우에는 소유자의 아내와 맺은 매매계약도 유효하다고 보고 있다. 가정생활을 함께 영위하는 부부라 해도 서로 독립된 별개의 인격체로서 재산에 관해서도 서로 간의 재산은 엄격히 구별될 뿐만 아니라 법률행위(계약)도 각자가 그 스스로의 자유로운 의사에 따라 행하며 이 의사에 따라 한 행위에 대해서도 각자 책임을 지게 된다. 그러한 부부간에는 기본적인 신뢰관계로 가정생활을 영위하고 있고 이런 가정이란 면에서 보면 부부는 각자라기보다는 하나의 인격체로 생각되어 질 수 있다. 따라서 일상적인 가사에 대해서 부부는 각자 이를 행해야 하는 것은 아니고 서로가 대리하여 행할 일상가사대리권이 있고 이러한 일상가사 대리행위에 대해서는 연대하여 책임을 지도록 하고 있다. 그러나 일상가사가 무엇인가는 구체적으로 어느 것이라고 하나씩 열거할 수는 없으므로 각각의 경우에 객관적으로 판단하여 사회통념상 일상적인 가사활동이라고 인정되어야 한다.

※ 일상가사로 인정되는 경우
일상적인 식품구입이나 작은 전자제품의 구입, 소액의 차용 등에는 보통 일상가사로서의 인정에 어려움이 없다. 그러나 남의 돈을 빌어서 자가용을 구입하거나 임의로 주택을 매매하거나 필요없이 많은 액수의 돈을 이웃에게 높은 이자로 차용하는 경우 등은 일상가사라고 하기에는 무리가 있다. 또한 주택을 구입하거나 팔아버리는 것과 같은 경우에 보통은 남편이 직접 하는 것이 일반적인 기대라고는 할 것이나 부인이 남편

의 인감도장과 위임장까지 가지고와서 이를 보이면서 매매한 경우에는 표현대리의 규정을 원용하여야 한다. 따라서 이러한 아내의 행위는 취소할 수 없게 되므로 이와 같은 경우에 그 계약은 그대로 유효하게 된다. 그러나 아내의 매매행위가 권한이 없는 것이라는 사실에 대해 알고 있었거나 아무리 보아도 남편의 뜻에 따르는 내용이 아니라는 것이 객관적으로 명백한 경우에는 비록 남편 이름으로 매매계약을 했어도 그 계약의 성립 자체의 문제가 되며 남편에게는 하등의 책임을 부담시킬 수 없게 된다. 이와 같이 부부간의 일상가사대리권이 있느냐의 여부는 일률적인 것이 아니므로 이 경우 한 번 더 생각하는 것이 좋다.

이에 관련된 판례를 보면, 부부간의 일상가사대리권은 그 동거생활을 유지하기 위하여 각각 필요한 범위내의 법률행위에 국한되어야 할 것이고 아내가 남편 소유의 부동산을 매각하는 것과 같은 처분행위는 일상가사의 대리권에는 속하지 아니한다(대법원 1966.7.19. 선고 66다863 판결)고 한다.

주택 및 아파트 구입비용 명목으로 차용한 경우 그와 같은 비용의 지출이 부부공동체를 유지하기 위하여 필수적인 주거 공간을 마련하기 위한 것이라면 일상의 가사에 속한다고 볼 여지가 있을 수 있으나 그 주택 및 아파트의 매매대금이 거액에 이르는 대규모의 주택이나 아파트라면 그 구입 또한 일상의 가사에 속하는 것이라고 보기는 어렵다(대법원 1997.11.28. 선고 97다31229 판결)고 하였다.

그러나 민법 제126조에 의하면, "대리인이 그 권한 외의 법률행위를 한 경우에는 제3자가 그 권한이 있다고 믿을 만한 정당한 이유가 있는 때에는 본인은 그 행위에 대하여 책임이 있다."라고 하고 있다. 이에 관련된 판례는, "남편이 정신병으로 장기간 병원에 입원함에 있어서, 입원비, 생활비, 자녀교육비 등을 준비하여 두지 않은 경우에 그 아내에게 가사대리권이 있었고 남편 소유의 가대를 적정가격으로 매도하여 그로써 위 비용에 충당하고 나머지로써 대신 들어가 살 집을 매수하였다면 매수인이 이러한 사유를 알았건 몰랐건 간에 객관적으로 보아서 그 아내에게 남편의 대리권이 있다고 믿을 만한 정당한 사유가 된다고 보아야 할 것이다(대법원 1970.10.30. 선고 70다1812 판결).

사. 제한능력자를 상대로 한 매매계약의 효력

어떤 사람이 부득이한 사정에 의해 이사를 가게 되어 가옥을 팔기로 하였다고 하자. 이때 가옥의 소유자가 부재중인 관계로 그의 아내가 A와 토지·건물매매계약을 체결하였는데, 나중에 A가 미성년자라는 것을 알게 되었다. 이 경우에도 가옥 매매계약의 효력이 있을까? 이러한 경우에는 미성년자의 법정대리인의 동의 없이 가옥 매매계약을 체결한 것이므로 미성년자 본인이나 법정대리인은 이를 취소할 수 있다.

미성년자의 행위능력

미성년자가 법률행위를 하려면 원칙적으로 법정대리인의 동의를 얻어야 한다. 이를 위반하여 한 법률행위는 미성년자나 법정대리인이 취소할 수 있다. 한편, 법정대리인의 동의가 있었다는 입증책임은 그 동의가 있었음을 이유로 법률행위의 유효를 주장하는 자에게 있다. 그러나 다음의 경우에는 법정대리인의 동의 없이 미성년자가 단독으로 유효한 행위를 할 수 있으나 이때에도 의사능력이 있어야 함은 물론이다.

① 단순히 권리만을 얻거나 의무만을 면하는 행위(민법 제5조 제1항)

② 처분이 허락된 재산의 처분행위(민법 제6조)

③ 영업이 허락된 미성년자의 그 영업에 관한 행위(민법 제8조)

④ 혼인을 한 미성년자의 행위

⑤ 대리행위(민법 제117조)

⑥ 유언행위(민법 제1061조)

⑦ 법정대리인의 허락을 얻어 회사의 무한책임사원이 된 미성년자가 그 사원 자격에 기하여 행하는 행위(상법 제7조)

⑧ 근로계약과 임금의 청구(근로기준법 제53조, 제54조)

제한능력자 행위의 취소

제한능력자의 행위는 취소할 수 있으며 그 취소권은 제한능력자 측에만 가지고 있다. 그 행사 또한 자유이므로 무능력자와 거래한 상대방은 스스로 거래의 구속으로부터 벗어날 수 없게 되며, 상대방은 불이익한 지위에 놓이게 된다. 그러므로 거래의 안전을 위하여 민법은 상대방을 보호하고자 상대방의 최고권과 철회권, 거절권을 인정하고 있고 또한 일정한 경우에 제한능력자 측의 취소권을 상실케 하고 있다.

3) 반드시 확인해야 할 내용

- 대금의 액수와 지불 시기
- 파는 사람(매도인)과 사는 사람(매수인)의 이름, 주소, 주민등록번호
- 부동산을 넘겨줄 시기
- 물건을 제대로 넘겨주지 못할 경우에 파는 사람의 책임
- 그 외에 여러 가지 해 두고 싶은 약속, 즉 특약
- 계약을 할 때 증인으로 있었던 사람(입회인)의 이름과 주소, 주민등록번호

【무권리자로부터의 부동산 매수】

사례

甲은 A로부터 집을 사고 대금의 반액을 지급하였는데, 등기부를 열람해 보니 뜻밖에도 B의 소유로 되어 있다. 甲은 B의 소유물을 A로부터 매수할 수 있는가?

토지나 가옥이 B의 것이라도 A와 매매계약을 하는 것은 유효하다. 다만 A는 실제 소유자인 B로부터 그 권리를 취득하여 甲에게 이전해 줄 의무를 지게 된다. 그러나 A가 B의 양해 없이 멋대로 甲과 매매계약을 체결하였다면, 甲은 매매의 이행, 결국 소유권의 이전을 받지 못하게 될 것이다. 이때 甲은 A와의 매매계약을 해제하고, 이미 지급한 대금

의 반환과 이 계약으로 인하여 입은 손해의 배상을 청구할 수 밖에 없다. 그러나 甲이 계약체결 당시부터 A의 소유가 아님을 알고 있었을 경우에는 손해배상을 청구할 수 없다.

【대리권이 없는 자와의 계약체결】

사례

A는 甲의 토지를 그의 대리인인 숙부 乙로부터 사고 등기이전 절차도 하면서 그와 교환하여 대금의 전액을 지급하였다. 토지의 인도가 늦어져 甲에게 독촉하였더니, 그것은 숙부가 한 일이지 甲자신과는 아무런 관계가 없다고 하면서 등기도 말소해달라고 한다. 甲의 주장은 타당한가?

甲의 토지를 숙부인 乙이 팔기 위해서는 토지를 매각하는데 있어 대리권이 있어야 한다. 만약 甲이 주장하는 것처럼 乙에게 대리권도 없이 甲의 토지를 팔았다면 A는 甲의 요구대로 등기를 말소하여야 한다. 따라서 乙에게 甲의 토지를 매각할 대리권이 있었는지 여부를 조사하여야 한다.
대리권 없는 자가 타인의 대리인으로 한 계약은 본인이 이를 추인하지 아니하면 본인에 대하여 효력이 없다(민법 제130조). 乙이 甲의 토지를 매각하면서 대리권이 없었을 때 이것을 무권대리라고 한다. 무권대리라고 해서 무조건 A와 乙의 토지 매매가 무효가 되는 것은 아니다. 乙이 甲과 법률상 일정한 관계가 있는 경우 A와 乙의 토지 매매는 유효하다. 이를 표현대리라고 한다. 즉 甲이 A에 대하여 乙에게 대리권을 부여한 취지를 표시한 경우, 甲의 대리인 乙이 월권을 하여 토지를 매각한 경우, 乙의 대리권이 소멸한 다음에 토지를 매각한 경우 A가 乙에게 토지 매각의 대리권이 없다는 사실을 모르고 또 모르고 있었음에 과실이 없는 것, 말하자면 모를 수 밖에 없었던 상태가 인정될 경우에는 대리권이 없어도 그 토지는 A의 소유가 될 수 있다. 乙이 甲의 대리인이라는 것을 증명하지 못하고 본인이 추인도 하지 않을 경우, 또 표현대리의 행위로도 인정되지 않는 경우, A는 乙에 대하여 乙 자신을 계약의 당사자로 하여 계약내용의 이행이나 손해배상 중 어느 한 쪽을 요구할 수 있다.

4) 계약서에 기재해야 할 사항

- 목적토지의 표시
- 등기부의 표시와 일치하도록 기재하여야 하며, 실제로 측량한 바와 다를 때에는 실측면적을 분명히 밝힌다. 또 분필을 요할 때에는 정확한 도면을 첨부한다.
- 대금액
- 계약금액과 지급시기
- 목적토지의 소유권이전등기 및 인도의 시기
- 토지에 있는 수목, 정원석 또는 공작물의 처리방법
- 수익 또는 부담금에 대한 분담시기(예: 전기·수도료, 공과금 등)
- 계약을 해제할 경우의 계약금 배상에 관한 규정
- 계약을 위반하였을 때의 책임 또는 상대방이 취할 수 있는 조치
- 기타 특약사항

3. 법인과 계약체결

부동산을 매매하는 경우 개인과의 거래도 있지만 법인과 거래를 하는 경우도 생길 것이다. 이러한 경우에는 그 법인을 대표할 수 있는 이사, 기타의 대표기관과 계약을 체결하여야 한다.

1) 법인이란?

법인이란 사람 또는 재산의 결합체로서 자연인과 같이 권리·의무의 주체가 될 수 있는 것을 말한다. 오늘날 법률이 자연인 이외에 법인의 존재를 인정하는 것은 자연인만을 사법상 권리의무의 주체로 하게 된다면 단체가 권리의무나 재산을 취득한다 하여도 그 구성원이 복수의 다수인 전원의 병렬적·병존적인 권리의무나 재산으로서 처리하거나, 어느 특정 자연인을 대표자로 함으로써 직접적으로 그 자연인의 권리의무나 재산으로 처리하여 대표자 개인의 배신행위나 사망 등으로 인해 자연인 개인의 재산과 혼동이 일어날 수 있기 때문이다. 더욱이 명의상 대표자 개인의 것으로 되어 있는 단체재산이 대표자 개인이 부담하고 있는 채무로 인하여 채권자에 의한 집행의 객체가 되는 것을 방지할 수 없는 부당성을 가지게 되므로 자연인 이외에도 일정한 단체로 하여금 단체 자체의 명의로 소송 당사자가 될 수 있는 지위, 자격을 갖추도록 하여 사법상의 법률관계를 명확화·단순화 할 필요성이 있어 법률은 법인이라는 제도를 인정한다.

따라서 단체는 직접 법률행위를 할 수 있고 이에 의하여 취득한 권리와 의무는 그 구성원에게 일단 귀속되었다가 단체에게 귀속되는 것이 아니라 직접적으로 단체의 것으로 되며 그 단체를 구성하는 자연인의 재산과는 분리·독립된 단체의 재산이 인정될 수 있다.

법인은 사단법인과 재단법인으로 나누어진다.

2) 법인과의 관계

법인과의 매매계약을 할 때에는 법인의 성격상 법인의 대표자, 즉 이사나 기타의 대표기관과 계약을 체결하게 된다. 따라서 실제로 법인의 의사를 결정하여 그 의사를 실행하는 자가 법인의 대표자로서 계약체결 장소에 나오게 된다. 여기서 문제는 토지 매매가 주주총회나 이사회 등의 회사방침을 결정하는 기관에 의하여 인정된 것이냐 하는 것이다. 만약 회사 경영을 위하여 토지 매도가 필요하다는 주주총회 결의가 있거나 이사회가 업무집행의 일환으로 토지를 매도할 것을 결정하였다면 경리부장을 상대로 거래해도 아무런 염려가 없을 것이다.

그런데 이러한 결정이 없는데도 불구하고 법인 소속의 한 개인이 자기 임의대로 회사재산을 처분하려는 것이라면 본래 대리할 권한이 없는 사항에 관하여 그 개인이 회사를 대신하여 매매한 것이 되어 회사로서는 알지 못하는 일이라고 항변할 가능성이 크다. 따라서 그러한 경우에는 먼저 그 법인이 부동산을 진정으로 매각하려는지의 여부와 그 개인의 사안에 관하여 대리권이 있는지의 여부를 조사·확인하여야 한다.[19]

4. 잔금을 지급할 때 유의할 점

1) 등기부 확인 및 등기서류 수령

한편 계약체결 이전에 등기부를 확인하여야 하지만, 중도금이나 잔금을 지급할 때 다시 한번 확인하여 그동안 목적물의 권리관계에 변동이 생겼는지를 확인할 필요가 있다. 잔금 지급 시 등기 이전에 필요한 서류를 함께 받아 소유권 이전등기를 하는데 불편이 없도록 한다. 즉 잔금을 지급함과 동시에 매도인으로부터 등기권리증, 인감증명서 등 권리이전 서류를 받아 60일 이내에 관할 등기소에 등기이전 절차를 마치도록 한다. 만약 이 기간 내에 등기 신청을 하지 않았을 경우에는 등기 신청 해태에 따른 과태료가 부과된다.

2) 잔금기일이 장기인 경우

중도금과 잔금 지급전에 등기부 등본을 재확인하여 계약 후 중요한 권리 변동이 있는지 확인한다.

---

19) 대한법률연구회, 부동산 생활법률의 기본지식, 96·97면 참조.

3) 등기부 등본을 이용한 사기를 주의하자

등기부 등본을 이용한 사기 피해를 방지하기 위해서는 돈을 지불할 때마다 등기부 등본을 확인해야 하며, 문제가 생기면 손해 배상을 하여야 한다는 내용을 계약서에 써 두는 것이 좋다. 등기부는 중도금, 잔금 지급시마다 그 직전에 확인하고 영수증도 받아야 한다. 마지막으로 잔금 지급과 동시에 매도인으로부터 등기 권리증, 인감증명 등 등기에 필요한 서류를 넘겨받아 이를 토대로 소유권이전등기 절차를 밟아야한다.

4) 부동산 이전 등기에 필요한 서류

- 매도인(판 사람) : 등기필증(등기권리증), 매도인 인감도장이 찍힌 위임장, 부동산 매도용 인감증명서(매수인의 성명, 주소, 주민번호 기재), 주민등록초(등)본(주소이력 포함)
- 매수인(산 사람) : 매매계약서(원본 및 사본), 주민등록등(초)본, 주민등록증, 도장 등
- 중개소(공인중개사) : 부동산 거래 신고필증, 매매계약서(원본), 부동산등기부 등본
- 관할 구청 : 토지대장, 건축물대장

5) 부동산 거래 신고

(1) 부동산 거래 신고제도

부동산 거래 신고제도란 부동산 또는 부동산을 취득할 수 있는 권리의 매매계약을 체결한 경우 실거래가격 보다 낮게 계약서를 작성하는 이중계약의 관행을 없애고 부동산 거래를 투명하게 하기 위해 실제 거래가격 등 일정한 사항을 신고하게 하는 제도를 말한다.

이에 따라 매수인 및 매도인은 거래계약의 체결일부터 60일 이내에 매매의 대상이 되는 부동산(권리에 관한 매매계약의 경우에는 그 권리의 대상인 부동산) 소재지의 관할 시·군·구청에 공동으로 신고하거나 국토교통부 부동산 거래관리시스템을 통해 신고해야 한다(부동산 거래 신고에 관한 법률 제3조 제1항).

만약 이를 행하지 않는다면 과태료가 부과된다(부동산 거래 신고에 관한 법률 제28조 제2항).

(2) 부동산 거래 신고 내용

- 매수인 및 매도인의 인적사항
- 계약일, 중도금 지급일 및 잔금 지급일
- 거래대상 부동산(부동산을 취득할 수 있는 권리에 관한 매매계약의 경우에는 그 권리의 종류 및 그 권리의 대상인 부동산을 말함)의 소재지·지번 및 지목
- 거래대상 부동산의 종류 및 계약 대상 면적
- 실제 거래가격
- 계약의 조건이나 기한이 있는 경우에는 그 조건 또는 기한
- 부동산 중개업자의 인적 사항 및 중개사무소 개설등록에 관한 사항(부동산 중개업자가 거래계약서를 작성·교부한 경우에만 해당함)

SUMMARY

1. 부동산을 사고 팔 때에는 먼저 부동산의 권리관계를 명확히 알아보고, 부동산이 사용 목적에 적합한지를 알아보아야 한다. 그러기 위해서는, 먼저 등기부 등본(토지대장 또는 임야대장)을 열람하고, 토지의 경우에는 도시계획이나 거래제한 등 각종 제한 사항을 확인하여야 한다.

2. 계약을 체결할 때에는, 매도인의 처분권한 즉 소유자 본인인지 또는 대리권 있는 대리인인지 여부를 확인하여야 한다. 처분권한이 없는 자와 계약을 체결한 경우 소유권을 넘겨받지 못할 수 있다.

3. 대리권이 없는 자와 계약을 체결하는 경우 원칙적으로 본인에게 그 효력이 귀속되지 않는다. 예외로 표현대리 요건을 충족하는 경우나, 그것도 아닌 협의의 무권대리인 경우 본인이 추인하는 경우에는 의도대로 계약이 성립한다.

4. 일상적 가사의 범위 내라고 인정되는 경우에는 부인이 남편의 소유 재산을 매매한 경우에도 표현대리의 규정이 원용될 수 있다.

5. 등기부는 중도금, 잔금 지급 시마다 그 직전에 확인하고 영수증도 받아야 한다. 마지막으로 잔금 지급과 동시에 매도인으로부터 등기 권리증, 인감증명 등 등기에 필요한 서류를 넘겨받아 이들 토대로 소유권이전등기 절차를 밟는다.

YOUR OPINION

1. 乙은 잘 아는 甲으로부터 집을 샀는데 등기부를 열람하여 보니 계약 이전부터 A앞으로 가등기가 되어 있었다. 매도인 甲은 결코 乙에게 손해를 끼치지 않을 것이라고 하면서, 또 본등기가 우선이니 안심하라고 한다. 乙이 소유권을 취득하는데 문제가 없는가?

2. 잘 아는 사람이 법원으로부터 양도를 금지하는 내용의 가처분을 받고 그것이 등기되어 있는 토지를 매수하지 않겠느냐고 한다.
   1 가처분이란 무엇인가?
   2 이러한 토지라도 매매할 수 있는가?
   3 매수인은 소유권을 넘겨받는데 문제는 없는가?

Chapter 5

부동산 등기

法

부동산과 생활법률

Chapter 5. 부동산 등기

1. 소유권의 양도

1) 부동산 매도인의 의무

A는 자기가 살던 집을 B에게 파는 부동산 매매계약을 체결하였다. 매도인 A는 매수인 B에 대하여 목적물인 주택과 그 대지의 각 소유권과 점유를 이전해 주어야 할 채무를 부담하게 된다. 즉 매도인은 매매의 목적이 된 권리를 이전해 주어야 한다(민법 제568조 1항).

그러면 A가 주택과 그 대지의 소유권을 B에게 이전하여 주기 위해서는 구체적으로 어떻게 해야 하는가? 즉 그 주택 등의 소유권의 이전은 어떻게 해야 일어나는가? 이에 대하여 민법 제186조는 "부동산에 관한 법률행위로 인한 물권의 득실변경은 등기하여야 그 효력이 생긴다."라고 정하고 있다. 소유권은 여러 가지의 물권 중에서도 가장 대표적인 물권이다. 그리고 어떤 사람이 가지고 있는 소유권을 다른 사람에게 넘겨주는 것은 여기서 말하는 '득실', 즉 취득·상실에 해당한다. 그로써 전에 소유권을 가지고 있던 사람은 이를 상실하고, 넘겨받는 사람은 이를 취득하기 때문이다. 결국 A는 B에게 주택에 관한 소유권이전등기를 경료 해주어야만 자신의 채무를 제대로 이행하는 것이 된다.

2) 민법이 정하는 물권

민법 제185조는 "물권은 법률 또는 관습법에 의하는 외에는 임의로 창설하지 못한다."라고 정하고 있다(물권법정주의). 계약은 당사자가 그 내용을 마음대로 정할 수 있는 것이 원칙이므로, 채권의 내용과 종류는 그 합의에 따라 자유로이 형성될 수 있다. 이에 반하여 물권은 법률(그리고 관습법)이 인정하는 종류와 내용으로서만 존재할 수 있는 것이다.

민법이 정하는 물권은 다음의 표와 같이 분류될 수 있다.

민법이 정하는 물권 분류

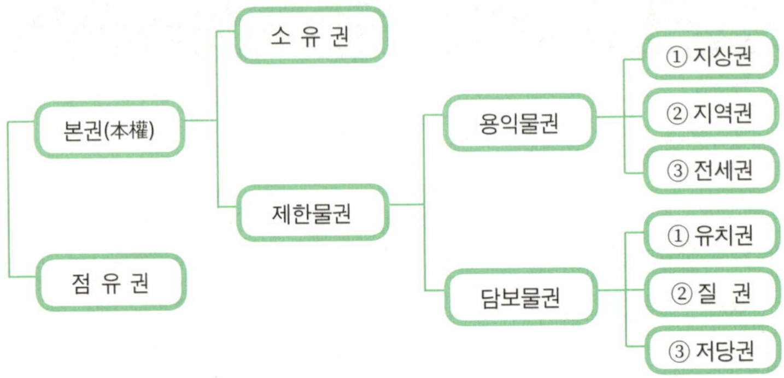

이 중 제한물권은 소유권의 권능 중 일부를 독립적인 물권으로 파악한 결과로 인정된 것이다. 소유권이 영구적이고 전면적으로 물건을 지배하는 권리인데 대하여, 이들은 모두 성질상 일시적으로만 존재하고 또 그 권능이 부분적인 것이다. 그러므로 제한물권이 설정되면 소유권은 그 한도에서 일시적이고 부분적으로 그 힘이 정지되고, 이들이 소멸하면 소유권은 그 원래의 상태를 되찾게 된다(소유권의 탄력성).

제한물권은 다시 용익물권과 담보물권으로 나누어진다. 용익물권은 소유권의 권능 중에서 물건의 사용가치를 일시적으로 차지하는 것이고, 담보물권은 채권의 담보를 위하여 물건의 교환가치만을 지배하는 것이다.

3) 물권거래에 있어서 공시(公示)

이상과 같이 소유권을 비롯한 물권은 객체에 대한 배타적인 지배를 내용으로 하는 권리이다. 그러므로 동일한 내용의 물권이 하나의 물건에 여러 개 있을 수 없다(이를 "일물일권주의"라고 한다.). 그렇지 않다면 그것은 '배타적인' 지배라고 할 수 없기 때문이다.

일반적으로 물권에 관하여 거래관계를 맺으려는 사람들은 실제로 거래에 들어가기 전에 그 권리의 존재와 내용을 정확하게 알게 되기를 희망한다. 만일 물권의 취득을 위한 계약을 체결하고 그 대가를 지급하였으나, 거래상대방이 권리자가 아니었거나 그 권리의 내용이 계약과는 다르다는 사실이 밝혀지게 되면, 예상하는 대로의 물건을 취득하지 못하게 되어 그 지출은 결실을 맺지 못하거나 또는 불필요한 분쟁에 말려들 우려가 있는 것이다. 그러므로 이러한 불안을 없애서 거래가 원만하고 활발하게 전개되도록 하기 위해서는 그 권리의 존재와 내용을 공개적으로 보여 줄 필요가 있다. 그러므로 공시(公示)할 필요가 있게 되는데, 이 공시의 필요성은 특히 소유권의 변동이나 저당권 등의 담보권의 설정 등의 경우에 현저하게 나타난다. 그렇다면 물권에 대하여 권리의 존재와 내용을 외부에 알리기 위한 방법, 즉 공시방법이 필요하게 된다. 부동산에 대하여는 긴 역사적 발전의 결과로 우리나라에서도 등기부라는 공적인 장부를 마련하여 기재하는 즉 등기가 그 공시방법으로 채택되기에 이르렀다. 그러나 동산(動産)은 그 숫자와 종류가 너무 많고 이동성과 가변성이 있어서 이에 대한 공적인 장부를 마련한다는 것은 사실상 불가능하므로, 그에 대한 여러 가지 형태의 사실적 지배, 즉 점유(占有)를 통하여 그것이 공시된다는 태도를 취하고 있다(선박·항공기·자동차 등은 예외). 그러나 이러한 제도가 마련되어 있더라도, 거래 당사자들이 실제로 물권의 변동이 있을 때마다 그 공시방법을 취하지 않는다면, 물권의 현재의 상태를 정확하게 공시하는 것은 불가능하다. 그러므로 민법은 거래 당사자들이 공시방법을 취하지 않으면 물권의 변동은 일어나지 않는다는 원칙을 채택함으로써 그 실현을 간접적으로 강제하고 있다. 즉, '부동산에 관한 물권의 득실변경'은 등기하여야(민법 제186조), 그리고 '동산에 관한 물권의 양도'는 그 동산을 인도하여야(제188조 1항) 각기 효력이 생긴다고 정하고 있는 것이다.[1]

---

1) 「양도」는 계약에 의하여 물권의 귀속 주체를 변경하는 것을 말하고 「설정」이란 저당권 기타 제한물권을 계약에 의하여 새로이 창설하는 것을 말한다. 그리고 「득실」이란 '취득과 상실'을 줄인 말이다.

물권변동이라 함은 물권의 발생·변경·소멸을 통틀어 일컫는 말이다. 물권변동은 물권의 득실변경이라고도 한다. 물권변동은 변동하는 물권의 종류에 따라 부동산물권의 변동과 동산물권의 변동으로 나눌 수 있다. 물권에는 배타성이 있으며, 또한 소유권과 저당권은 현실적 지배를 요소로 하지 않는 관념적인 권리로 되어 있기 때문에 물권의 귀속과 그 내용을 외부에서 알 수 있는 일정한 표시·표식에 의한 공시가 필요하게 된다. 이러한 요청에서 근대법이 정하고 있는 일정한 표상을 공시제도라고 한다. 일반적으로 부동산물권에 관하여는 등기, 동산물권에 대하여는 인도(점유의 이전)를 각각 공시방법으로 인정하고 있다.

4) 공시(公示)의 원칙과 공신(公信)의 원칙

(1) 공시(公示)의 원칙

물권의 변동은 언제나 외부에서 인식할 수 있도록 어떤 표시, 즉 공시방법을 수반하여야 한다는 원칙이다. 바꾸어 말하면 공시방법을 갖추지 않으면 물권변동의 효과는 인정되지 않는다는 원칙이다. 배타성을 가지는 물건은 제3자에게 손해를 끼칠 염려가 있으므로 거래의 안전을 위하여 이 원칙을 인정하는 것이다. 이러한 공시의 원칙을 실현하기 위하여 우리 민법은 이를 강제하는 방법으로 성립요건주의를 취한다. 공시방법을 갖추지 않으면 제3자에 대한 관계에 있어서는 물론 당사자 사이에서도 물권변동은 생기지 않는 것으로 한다. 따라서 부동산 또는 동산의 물권변동은 당사자 사이에서뿐만 아니라 제3자에 대한 관계에 있어서도 등기나 인도라는 공시방법을 갖추어야만 그 효력이 발생하게 된다.

(2) 공신(公信)의 원칙

물권의 존재를 추측케 하는 공시방법을 신뢰하고 거래한 자는 그 공시가 설혹 실체적 권리관계와 일치하지 않는 것이라도 거래자의 신뢰를 보호하고 신뢰에 부합되는 실체상의 권리를 취득시킨다는 원칙을 물권변동의 공신의 원칙이라고 한다. 이와 같이 외부적 표상을 신뢰하고 거래한 자에 대하여 그가 신뢰한 대로의 효력을 발생시키는 힘을 공신력(公信力)이라 한다. 공신의 원칙을 인정하면 거래의 안전을 보호하게 되지만 진정한 권리자의 이익은 희생시키게 된다. 우리나라에서는 동산에 관해서만 공신의 원칙을 인정하고 있으며(민법 제249조-제251조), 부동산 등기에 관해서는 인정하지 않고 있다. 따라서 부동산등기부에 소유자로 등기되어 있는 사람을 소유자라고 믿고 그로부터 부동산을 매수하고 소유권등기를 이전받았더라도, 그가 실제로는 소유자가 아니었다고 하면(즉 그 등기가 실제의 권리관계를 반영하지 못하고 있는 부실등기인 것이다.), 매수인은 소유권을 취득하지 못한다.

사례

甲은 고시원을 신축할 목적으로 경기도 소재 乙의 대지에 관하여 등기부를 열람하여 본 결과 아무런 이상이 없자 이를 매수하여 등기이전을 하였다. 그런데 몇 달이 지난 후 실제 소유자 A가 나타나서 자기에게 대지를 돌려달라고 하였다. 자세히 알아보니 乙은 토지사기꾼으로 구속·수감 중이었다. 결국 甲은 토지 사기꾼으로부터 대지를 매수한 것이었다. 이 경우에 甲은 대지를 반환하여야 하는가? 즉 A는 乙이 서류를 위조하여 甲에게 팔아먹은 것이므로 등기를 말소하라는 소송을 하였다면?

부동산을 파는 사람이 소유자인가 여부를 확인하는 방법은 해당 등기소에 가서 등기부 등본을 열람하거나 발급 받아보는 것이다. 그런데 우리 민법은 등기에 공신력을 인정하지 않고 있다. 그러므로 등기가 되어 있다고 해도 그것이 진실에 부합되지 않는 경우가 있을 수 있다. 이 경우에는 실제 소유자는 토지 사기꾼에게 대지를 매도하지 않은 것이므로 등기는 이전되어 있어도 대지의 소유권은 전혀 이전되지 않았으며, 사기꾼이라는 권리 없는 자로부터 매수한 부동산이므로 비록 소유권이전등기를 하였다고 하더라도 대지의 소유권을 취득한 것은 아니다. 이 사건처럼 乙이 서류를 위조하여 자기 명의로 등기 한 뒤 甲에게 팔아넘긴 것이라면(물론 이런 사실은 A가 입증할 책임이 있다.), 甲이 아무리 등기를 확인하고 乙 소유로 믿었더라도 소유권을 취득하지 못한다.

따라서 사기꾼으로부터 이전한 등기는 무효이므로 실제의 소유자에게 반환해야하고, 乙에게 손해배상을 청구하는 방법과 형사 고소하는 구제방법밖에는 없다.

2. 부동산 등기(不動産 登記)

1) 등기의 의의

등기란 등기공무원이 법정절차에 따라 등기라고 불리는 공적장부에 부동산에 관한 권리관계를 기재하는 것, 또는 그러한 기재 자체를 말한다.

2) 등기의 종류

등기는 여러 가지 표준에 따라 여러 종류로 나누어진다.

(1) 보존등기·권리변동의 등기

미등기 부동산에 관하여 그 소유자의 신청으로 처음으로 행해지는 소유권등기가 보존등기이고 이를 기초로 하여 그 후에 행해지는 것이 권리변동의 등기이다.

(2) 등기 내용에 의한 분류

등기의 내용에 따라 ① 새로이 어떤 사항을 등기부에 기입하는 기입등기, ② 기존 등기의 절차에 착오 또는 누락이 있어서 원시적으로 등기와 실체관계 사이에 불일치가 생긴 때, 이를 고쳐서 바로잡는 경정등기, ③ 기존 등기 사항에 변경이 생겨 후발적으로 등기와 실체관계가 일치하지 않을 때 이를 시정 하는 변경등기, ④ 기존등기의 전부를 말소하는 말소등기, ⑤ 기존의 등기가 부당하게 소멸한 경우에 이를 회복하는 회복등기로서의 말소회복등기·멸실회복등기, ⑥ 부동산의 전부가 멸실한 때 하는 멸실등기로 나누어진다.

(3) 등기의 방법 내지 형식에 의한 분류

주등기와 부기등기로 나누어진다. 주등기는 기존 등기의 표시번호나 순위번호에 이어지는 독립한 번호를 붙여서 하는 등기로 독립등기라고도 한다. 부기등기는 기존의 어떤 특정등기의 번호를 그대로 사용하고 다만 이 번호의 아래에 부기 몇 호라는 번호기재를 붙여서 행해지는 등기이다.

(4) 등기의 효력에 의한 분류

등기의 본래의 효력인 물권변동의 효력을 발생케 하는 등기로 보통의 등기 또는 본등기라고 일컬어지는 종국등기와 물권변동에는 직접관계가 없고 다만 간접적으로 이에 대비하는 가등기로 나누어진다.

가등기는 본등기를 할 수 있는 실체법상 또는 절차법상의 요건이 갖추어지지 못한 때, 장래 그 요건이 갖추어지면 할 수 있는 본등기의 순위를 보전하기 위하여 미리 하는 등기이다.

3) 부동산 등기 절차

사례

A는 건설회사가 준공한 아파트를 분양받아서 분양대금을 완납하고 아파트 취득에 따른 취득세도 납부했다. 자기 앞으로 등기를 하려고 하는데 직접 할 수 있는가, 그리고 그 절차는 어떻게 되는가?

등기는 원칙적으로 당사자의 신청 또는 관공서의 촉탁으로 할 수 있으며, 예외적으로 등기공무원의 직권이나 법원의 명령으로 할 수도 있다.

당사자에 의한 신청에는 공동신청주의와 단독신청주의가 있는데, 현행법은 전자를 원칙으로 하고 후자를 예외로 하고 있다. 공동신청의 경우에는 등기권리자와 등기의무자가 공동으로 신청해야 한다.

등기권리자는 매수인과 같이 등기함으로써 직접 권리취득 기타 이익을 얻는 자이며, 등기의무자는 매도인과 같이 등기로 인하여 권리를 상실하거나 불이익을 받게 되는 자이다. 단독신청의 경우는 상속에 의한 등기, 가등기 등과 같이 공동신청에 의하지 않더라도 등기의 진정(眞正)을 보장할 수 있거나 등기의 성질상 등기의무자가 없는 경우에 등기권리자나 등기명의인이 단독으로 신청하는 것이다. 등기는 등기권리자와 등기의무자는 물론이며 대리인도 신청할 수 있다.

등기를 신청하려면 일정한 서류를 제출해야 하는데 주요한 것으로는 신청서·등기원인을 증명하는 서면·행정관청의 허가를 증명하는 서면·등기의무자의 권리에 관한 등기필증·대리권한을 증명하는 서면·신청인의 주소를 증명하는 서면·인감증명서 등이다.

A가 아파트를 분양받고 그 대금을 완납했다고 하더라도 등기를 해야만 완전한 소유권을 얻게 된다.

등기는 등기를 해주어야 하는 사람, 즉 아파트공급업자와 등기를 받아야 하는 사람, 즉 A가 함께 신청하는 것이 원칙이다. 그런데 같이 가서 등기를 하려면 만날 약속을 해야 하는 등 서로 번거롭기 때문에 일반적으로 등기를 넘겨받는 사람이 등기를 해주어야 하는 사람으로부터 등기에 필요한 서류만 받아서 혼자서 등기를 신청하는 것이 보통이다. 등기 신청은 부동산이 있는 지역을 관할하는 법원의 등기과에서 하는데, 만일 그 지역에 법원이 없는 경우에는 등기소에 가서 하면 된다.

(1) 공동신청주의

① 등기는 원칙적으로 부동산을 산 사람과 판 사람이 같이 신청해야 한다. 그러나 법무사가 두 사람 모두의 위임장을 받아서 처리해 주기도 한다.

② 판결에 의한 등기·승소한 등기 권리자나 등기 의무자가 단독으로 신청 가능

③ 상속등기 : 등기 권리자 단독으로 신청

(2) 필요한 서류

가. 소유권보존등기 신청 시 필요한 서류

① 주민등록등본 1통, 신청서 부본 3통, 등록세 납부 영수필 통지서 1통, 등록세 납부 영수필 확인서 1통

② 미등기 토지의 토지대장 등본이나 미등기 건물의 건축물 관리대장 등본과 동일한 대지상에 여러 채의 건물이 있거나 구분건물인 경우에는 건물 도면 1통씩 필요

나. 소유권이전등기 신청 시 필요한 서류

① 등기필증

② 등기 의무자, 즉 매도인의 발급일로부터 6개월 이내의 인감 증명서

③ 등기 원인을 증명하는 매매계약서, 증여계약서 등의 서면

④ 등록세 납부 영수필 확인서 1통, 신청서 부본 2통, 등기의무자(매도인)와 등기권리자(매수인) 각각의 주민등록등(초)본, 토지대장 등본(건물의 경우에는 건축물관리대장 등본) 필요

⑤ 매매·증여·교환 등의 계약을 원인으로 하여 소유권이전등기를 신청할 때 : 계약서에 부동산의 소재지를 관할하는 시장이나 구청장의 검인을 받아 제출

⑥ 상속등기를 할 때 : 호적 등본이나 제적 등본 제출

⑦ 시가표준액이 2천만 원 이상인 주택, 개별 공시지가가 5백만 원 이상인 토지 : 국민주택채권 매입

⑧ 등기 원인에 대하여 제3자가 허가 동의나 승낙을 받을 것이 요구 되는 경우 : 토지 등 거래 계약 허가증, 농지 매매 증명 택지 취득 허가증 등 이를

증명하는 서면 첨부

⑨ 종전에 제출하던 매도 증서, 즉 교환 증서는 제출할 필요가 없다.

다. 지상권, 저당권 등의 설정 등기 신청 시 필요한 서류

① 소유권이전등기 시에 필요한 서류와 같고, 다만 원인 관계를 증명하는 서류로 지상권 설정 계약서, 저당권 설정 계약서 등이 필요하다.

② 신청서 부본과 등기 의무자와 같은 설정자의 주민 등록 등본은 필요하지 않다.

사례

부동산을 매수하고 매매대금을 모두 지급하였으나, 매도인이 등기이전에 필요한 서류를 넘겨주지 않을 경우, 매수인은 어떻게 하여야 하는가?

원래 소유권이전 등기는 매도인과 매수인이 공동으로 신청할 수 있도록 되어 있어서 매도인이 이전에 필요한 모든 서류를 해주지 않을 때에는 매수인 혼자서 등기를 신청할 수 없게 된다. 그러나 부동산을 판 경우, 매도인은 매수인이 등기를 이전받을 수 있도록 협력해야 할 의무가 있으며, 만일 이 의무를 이행하지 않을 때에는 매도인을 상대로 소유권이전등기 절차를 이행하라는 소송을 제기할 수 있다. 이 소송에서 매수인이 매도인에게서 부동산을 산 사실을 인정받게 되면 소유권이전등기 절차를 이행하도록 명하는 법원으로부터 판결을 받아서, 그 판결로써 매수인은 단독으로 등기를 신청할 수 있다.

(3) 등기필증을 잃어버린 경우

사례

순박한 A는 도시로 나가 살게 되었다. 내 집 마련을 위해 부모님이 물려주신 농토를 팔려고 하는데 땅 문서를 잃어 버렸다. 이 경우 농토를 팔수 없는가?
현재의 주택을 매도하려는 B는 등기필증(등기권리증)이 있어야 한다고 하는데, 등기필증을 잃어버렸다면 주택을 매도할 수 없는가?

매매를 원인으로 하는 부동산 소유권이전등기 신청을 할 때에는 신청서 등과 함께 등기필증을 등기소에 제출하여야 하는데, 등기필증이라 함은 등기 완료후 등기공무원이 매매계약서 등과 같이 등기원인을 증명하는 서면이나 신청서의 부본에 소정의 절차를 밟아 등기를 마쳤다는 뜻을 기재하고 등기소인을 찍어 등기권리자에게 교부하는 서면을 말한다.
한번 교부된 등기필증은 다시 교부하지 않는다. 그렇다면 분실하였을 경우 자기 소유 부동산을 처분하는 방법이 없는가? 부동산등기법은 이에 대해 예외적인 구제방법을 인정하고 있다.
위의 사례와 같이 등기필증을 멸실한 경우 등기의무자 또는 그 법정대리인이 등기소에 출석하여 등기공무원으로부터 등기의무자 본인임을 확인받아 신청을 할 수 있다. 본인출석 없이도 신청할 수 있는데, 변호사·법무사에 위임하여 대리인이 위임확인 서면을 신청서에 첨부하면 본인이 출석하지 않아도 등기 신청할 수 있다.

(4) 등기부상 소유자의 주소나 성명이 잘못되었을 때

등기부상 소유자의 주소가 틀리거나 변경된 때에 변경 등기를 하려면 이를 증명하는 시·구·읍·면장의 서면(예 : 주민등록 등·초본)과 신청서 부본 2통이 필요하다. 등기부상 소유자의 성명이 잘못 기재되어 이를 정정하려면 등기부의 기재가 잘

못되었음을 증명하는 시·구·읍·면장의 서면(예: 호적등본, 주민 등록표 등본 등)이나 이를 증명할 수 있는 서면(예 : 동일인 보증서)과 신청서 부본 2통이 필요하다.

(5) 등기관의 권한

등기관은 등기 신청이 있으면 순서대로 이를 접수하여 순서대로 등기부에 기재하여야 하고, 일단 접수된 신청서류 등에 형식적인 결함이 있으면 신청을 각하할 수 있으나 실질적 심사권(예컨대, 매매계약이 무효인지 여부 등)은 없다.

4) 등기청구권

등기는 등기권리자와 등기의무자가 공동으로 신청하는 것이 원칙이다. 이와 같이 등기를 당사자의 공동신청으로 하여야 하는 경우에, 당사자 일방(등기의무자)이 등기 신청에 협력하지 않으면 다른 당사자(등기권리자)가 혼자서는 등기를 신청할 수 없게 된다. 여기서 등기를 원하는 당사자(등기권리자)로 하여금 상대방(등기의무자)에 대하여 등기 신청에 협력할 것을 청구할 수 있도록 할 필요가 있다. 그러한 권리, 즉 등기권리자가 등기의무자에 대하여 등기 신청에 협력할 것을 청구할 수 있는 권리가 등기청구권이다. 공동신청이 등기 당사자 일방의 비협조로 이루어질 수 없을 경우 등기권리자가 등기청구권(등기 신청에 협력할 것을 청구하는 권리)을 행사하여 판결을 받아 단독으로 등기 신청할 수 있음은 당연하다.

부동산 매수인은 매도인에 대하여 등기청구권을 가진다. 그런데 A가 그의 토지를 B에게 매도하였는데 B의 명의로 소유권이전등기를 하지 않은 경우에, B의 등기 신청 지연으로 인하여 A에게 세금부담 기타의 불이익이 생길 수 있다. 이때 A가 B에게 등기를 넘겨가라고 요구할 수 있는가? 즉 등기의무자(등기명의자)도 등기권리자인 매수인을 상대로 등기이전청구를 할 수 있는가?

판례는 부동산등기법 제29조를 근거로 등기의 인수를 구할 수 있다고 한다: "부동산등기법은 등기는 등기권리자와 등기의무자가 공동으로 신청하여야 함을 원칙으로 하면서도(제28조), 제29조에서 '판결에 의한 등기는 승소한 등기권리자 또는 등기의무자만으로' 신청할 수 있도록 규정하고 있는바, 위 법조에서 승소한 등기권리자 외에 등기의무자도 단독으로 등기를 신청할 수 있게 한 것은, 통상의 채권채무 관계에서는 채권자가 수령을 지체하는 경우 채무자는 공탁 등에 의한 방법으로 채무 부담에서 벗어날 수 있으나 등기에 관한 채권채무 관계에 있어서는 이러한 방법을 사용할 수 없으므로, 등기의무자가 자기 명의로 있어서는 안 될 등기가 자기 명의로 있음으로 인하여 사회생활상 또는 법상 불이익을 입을 우려가 있는 경우에는 소의 방법으로 등기권리자를 상대로 등기를 인수받아 갈 것을 구하고 그 판결을 받아 등기를 강제로 실현할 수 있도록 한 것이다."(대법원 2001.2.9. 선고 2000다60708 판결)

이렇게 등기 의무자에게 인정되는 등기청구권을 등기권리자에게 인정되는 등기청구권과 구별하기 위하여 「등기인수청구권」, 「등기수취권」 등으로 부르기도 한다.

5) 등기의 효력

(1) 일반등기(一般登記)의 효력

등기를 하면 다음과 같은 효력을 가지게 된다.

첫째, 등기는 물권행위를 완성하여 권리변동을 일으키는 효력을 갖는다(민법 제186조). 이를 등기의 권리변동적 효력이라고 한다.

둘째, 지상권·지역권·전세권·저당권의 변동에 관하여 등기할 수 있는데, 이를 등기함으로서 제3자에게 대항할 수 있는 대항적 효력을 가진다.

셋째, 동일한 부동산에 관하여 설정된 여러 개의 권리의 순위는 법률에 다른 규정이 없으면 등기의 전후에 의하여 순위가 정하여지는데, 이를 순위확정적 효력이라고 한다.

넷째, 등기가 있으면 이에 대응하는 실체적 권리관계가 있는 것으로 추정된다. 이를 등기의 추정적 효력이라고 한다.

등기의 일반적인 효력으로 등기의 공신력이 있으나 우리 민법에서는 이를 인정하지 아니하므로 무권리자의 등기는 무효일 뿐만 아니라 이를 기점으로 하는 이후의 모든 등기는 무효이다.

추정(推定) : 반대의 증거가 제출되면 규정(추정규정)의 적용을 면할 수 있는 것
어떤 부동산에 관하여 甲과 乙이 서로 자신이 소유자라고 다투고 있는 경우에 등기부에는 甲이 소유자로 등기된 경우에는 乙이 자신이 소유자임을 입증하여야 하고 그러한 사실을 입증하지 못하면 甲이 진정한 소유자로 인정된다. 등기는 제도상 그 절차에 있어서 유효한 실체적 권리관계에 기초하도록 제도적으로 상당히 보장되어 있으며 또한 국가기관에 의하여 관리되므로 등기가 실제에 부합할 개연성이 크기 때문이다

(2) 가등기(假登記)의 효력

가등기를 한 후에 이에 기초하여 본등기를 하면 본등기의 순위는 가등기의 순위에 의한다(부동산등기법 제91조). 따라서 가등기는 나중에 하게 될 본등기를 위한 순위보전의 효력을 가진다. 예컨대 甲으로부터 乙에 대한 소유권이전의 가등기가 있은 후 甲으로부터 丙에 대한 소유권이전의 본등기가 있더라도, 그 후 乙이 본등기를 하면 乙의 본등기가 丙의 그것보다 우선하게 된다. 그리고 가등기 후에 본등기가 없으면 가등기만으로는 실체법상 아무런 효력이 없으므로 등기의무자인 본등기명의인은 부동산을 처분할 권리를 잃지 않는다. 가등기에 기한 본등기가 행하여질 수 있다는 공시적 효력이 있으므로 가등기가 불법으로 말소된 때에는 가등기명의인은 그 회복을 청구할 수 있다.

사례

1 甲은 서울로 이사를 하려고 갖고 있던 선산을 팔기 위해 내놓았다. A가 매매계약을 체결한 뒤, 과수원을 만들려고 철조망을 쳐두었다. 그런데 얼마 있지 않아 땅값이 오르자 여전히 등기부에 소유자로 되어 있는 甲은 B에게 두 배의 값을 받고 이중으로 매도하고 등기도 이전해 주었다. 이 산의 소유권자는?

2 乙이 甲에게 계약금을 지급하고 먼저 계약을 한 뒤 우선 가등기를 해놓고 잔금을 마련하고 있다. 그러는 사이 丙이 뒤늦게 한꺼번에 잔금까지 치르고 먼저 등기를 하였다. 丙은 자기가 비록 뒤늦게 사기는 했지만 잔금까지 한꺼번에 치르고 등기를 먼저 했기 때문에 자기가 논의 임자라고 생각한다. 그런데 뒤에 乙이 잔금을 치르고 이 논의 소유를 주장한다. 누가 소유권자인가?

1 부동산의 소유권은 매매계약만으로 취득하는 것이 아니고, 등기를 함으로써 취득한다. 소유자가 하나의 물건을 각각 다른 사람에게 판 경우(이중매매), 누가 먼저 샀는지를 묻지 않고 먼저 등기를 한 사람이 소유권자가 된다. 부동산을 사고도 등기를 이전받지 못한 사람은 판 사람(매도인)에게 손해배상청구권만 갖게 된다. 다만 이 사건의 경우 B가 가령 A가 먼저 산 것을 알고도 소유자 甲을 꼬드겨서 자기에게 팔게 한 경우라면 비록 먼저 등기를 했어도 무효가 되는 경우도 있다.

2 乙은 丙보다 잔금을 늦게 치렀으나, 계약금을 준 후 가등기를 하였으므로, 언제고 이 가등기에 기초해서 본등기를 하게 되면, 이 가등기 이후 乙의 본등기 이전에 설령 丙이 본등기를 먼저 했다고 하더라도 乙의 본등기가 우선하게 된다. 등기 실무상으로는 乙이 가등기에 기초해서 본등기를 하게 되면 등기소에서는 그 중간의 丙의 본등기를 직권으로 말소한다. 부동산이 이중으로 매매된 경우에는 계약 날짜의 선, 후에 관계없이 먼저 본등기를 한 사람이 소유권을 갖지만, 가등기를 먼저 한 사람이 있으면 설령 본등기를 먼저 했다고 하더라도 대항할 수 없다.

2. 취득시효(取得時效)

1) 취득시효의 의의

취득시효는 어떤 자가 권리자인 것처럼 권리를 행사하고 있는 사실상태가 일정한 기간 동안 계속된 경우에 그가 진실한 권리자인가를 묻지 않고서 처음부터 권리자였던 것으로 인정하는 제도이다. 민법은 제245조에서 부동산소유권의 취득시효에 두 종류를 인정하고 있다.

2) 점유취득시효

20년간 소유의 의사로 평온·공연하게 부동산을 점유하고 있는 자는 등기함으로써 그 소유권을 취득한다. 「평온·공연」이란 폭력·은비(隱庇)에 의한 점유가 아니어야 한다는 것이며, 그것이 불분명한 경우에는 평온·공연은 추정된다(민법 제197조). 민법 제245조 소정의 '평온'의 점유라 함은 점유자가 그 점유를 취득 또는 보유하는 데 법이 허용하지 아니하는 강폭 행위를 쓰지 않는 것을 의미하고, 그 점유가 불법이라고 주장하는 자로부터 이의를 받거나 소유권을 위요하여 분쟁이 있었다는 사실만으로 그 점유가 평온하지 않다고는 할 수 없다(대법원 1982.3.9. 선고 81다172 판결).

민법 제245조에 규정된 소위 평온한 점유란 점유자가 그 점유를 취득 또는 보유하는데 법률상 용인할 수 없는 강폭행위를 쓰지 아니하는 점유이고, 공연한 점유라 함은 은비의 점유가 아닌 점유를 말하는 것이므로 그 점유가 불법이라고 주장하는 자로부터 이의를 받은 사실이 있거나 점유물의 소유권을 위요하여 당사자 사이에 분쟁이 있었다 하더라도 그러한 사실만으로 곧 점유의 평온, 공연성이 상실된다고 할 수는 없다(대법원 1982.9.28. 선고 81사9 판결).

자주점유란 소유의 의사, 즉 소유자와 동일한 지배를 사실상 행사하려는 의사를 가지고 하는 점유를 의미하는 것이지 그러한 지배를 할 수 있는 법률상의 권원을 가지거나 소유권이 있다고 믿고서 하는 점유만을 의미하는 것이 아니다(대법원 1992.6.23. 선고 92다12698, 92다12704 판결).

3) 등기부 취득시효

부동산의 소유자로 등기한 자가 10년간 소유의 의사로 평온·공연하게 선의이며 과실없이 그 부동산을 점유한 때에는 소유권을 취득한다. 여기서 선의란 점유를 취득함에 있어서 자기가 소유자라고 믿고 있는 것을 말한다. 그리고 그렇게 믿는 데 과실이 없어야 한다.

사례

A는 약 20년 전 지금 살고 있는 집과 땅을 샀다. 옆집과 담장이 쳐 있었기 때문에 A는 아무 생각 없이 담장 안의 땅이 모두 A 자신의 소유인 것으로 생각했다. 그런데 최근 옆집으로 이사 온 B가 새 집을 지으려고 측량을 해 보니, A의 집 중 일부가 사실은 등기부와 지적도상 B의 소유로 되어 있는 땅을 침범하고 있다는 사실을 알게 되었다.
A는 이 땅을 돌려주어야 하는가?

A는 취득시효에 의하여 보호받을 수 있다. 취득시효는 남의 땅을 자신의 땅으로 믿고 그 땅을 20년 이상의 기간 동안 산(점유한) 경우에 그 땅이 남의 땅이기는 하지만, 자기의 땅으로 믿은 사람의 소유로 인정해 주는 제도이다. 따라서 A는 취득시효를 주장해서 옆집주인 B에 대하여 이 땅이 자기 땅이 되었다고 주장할 수 있다. 즉 A는 B를 상대로 취득시효를 원인으로 한 소유권이전등기를 해달라고 소(訴)를 제기할 수 있는데, 이 경우 법원은 A가 문제가 된 땅을 정말 20년 이상 자기 땅으로 믿고 살았는지를 조사해 본 후, 그것이 사실이라면 A에게 그 땅의 등기를 넘겨주라는 판결을 내리게 될 것이다.

• 추가 사례

A는 원소유자인 甲으로부터 토지를 매수하였다는 乙에게서 30년 전에 토지를 취득하

여 미등기 상태로 경작하고 있었다. 그런데 최근 丙이 나타나 甲으로부터 그 토지를 매수하고 그 소유권이전등기를 완료하였으니 토지를 인도하라고 한다. A가 경위를 알아보니, 甲은 토지를 乙에게 매도한 사실이 없고, 최근 丙에게 이 토지를 매도하고 등기를 이전해 주었다고 한다. 하지만 A는 乙로부터 이 토지를 매수하였고, 그렇지 않더라도 20년이 경과하였으니 토지를 취득할 수 있는 것은 아닌가?

A는 민법 제245조 1항에 의거 취득시효를 주장하여(제3자인 丙에게 소유권이 이전되기 전에) 甲을 상대로 소유권이전등기를 청구할 수 있었다. 그런데 취득시효 기간 만료 후 토지 소유자가 변경된 경우 :
부동산에 대한 점유취득시효가 완성되었다고 하더라도 이를 등기하지 아니하고 있는 사이에 그 부동산에 관하여 제3자에게 소유권이전등기가 마쳐지면 점유자는 그 제3자에게 대항할 수 없다(대법원 1998. 4.10. 선고 97다56495 판결).
취득시효 기간이 만료된 토지의 점유자는 만료 당시의 토지 소유자에 대하여 시효취득을 원인으로 하는 소유권이전등기청구권을 가짐에 그치고, 취득시효 기간만료 후에 새로이 토지의 소유권을 취득한 사람에 대해서 시효취득으로 대항할 수 없다(대법원 1992.12.11. 선고 92다9968, 9975 (반소) 판결).
따라서 점유취득시효의 완성을 원인으로 한 소유권이전등기청구소송을 제기하기 전에 「처분금지 가처분」 신청을 해 두는 것이 바람직하다.

부동산 소유자인 甲에 대한 손해배상청구가 가능한가?

취득시효가 완성된 후 점유자가 그 취득시효를 주장하거나 이로 인한 소유권이전등기청구를 하기 이전에는, 특별한 사정이 없는 한 그 등기명의인인 부동산 소유자로서는 그 시효취득 사실을 알 수 없는 것이므로, 이를 제3자에게 처분하였다고 하더라도 불법행위가 성립하는 것은 아니다(대법원 1995.7.11. 선고 94다4509 판결).
취득시효가 완성된 토지에 관한 소유자의 처분행위가 불법행위가 되기 위하여는 소유자가 시효취득 사실을 알았거나 알 수 있어야 할 것인바, 특별한 사정이 없는 한 부동산에 관한 시효취득이 완성된 후에 그 시효취득을 주장하거나 이로 인한 소유권이전 등기청구를 하기 이전에는 부동산 소유자로서는 그 시효취득 사실을 알 수 없는 것이라고 보아야 한다(대법원 1994.4.12. 선고 93다60779 판결)

사례

A는 2005년 5월 甲으로부터 임야를 매수하고 바로 소유권이전등기를 한 후, 이 임야를 개간하여 지금까지 계속 경작하고 있다. 그런데 2005년 11월 乙이 나타나 A가 매수하여 경작하고 있는 이 토지는 자기의 것이라며 토지를 자기에게 인도하라고 한다. 그래서 등기부를 열람해 보니 그 토지는 乙이 1980년부터 1991년까지 소유자로 되어 있고, 1991년 乙로부터 丙이 매수하였고 1993년 丙으로부터 甲이 매수하여 소유권이전등기를 한 것으로 되어 있었다. 그러나 乙은 丙에게 토지를 매도한 사실이 없으며, 丙의 등기는 서류를 위조하여 한 원인무효의 등기라고 주장을 한다.
A는 甲으로부터 토지를 매수 할 당시 등기부를 확인해 보았고, 이전등기를 마치고 지금까지 아무 일 없이 점유하고 있었는데, 과연 乙의 주장대로 위 토지를 넘겨주어야 하는가?

A가 (甲이 아닌) 乙에게 주장할 수 있는 것은 취득시효이다. 부동산의 소유자로 등기한 자가 10년간 소유의 의사로 평온·공연하게 선의이며 과실 없이 그 부동산을 점유 한 때에는 소유권을 취득한다(민법 제245조 제2항). A에게 취득시효가 인정되기 위해서는 점유가 10년간 계속되어야 한다. 종래의 판례는 등기부취득시효의 경우 소유자로 등기된 기간과 점유기간이 다같이 10년이어야 한다고 하여 본인의 명의로 등기되어 있는 기간이 10년에 미달하면 시효취득이 인정되지 않는 결과가 되었었다. 그러나 전원합의체판결로 이를 변경하여 "등기부 취득시효에 관한 민법 제245조 제2항의 규정

에 의하여 소유권을 취득하는 자는 10년간 반드시 그 명의로 등기되어 있어야 하는 것은 아니고, 앞사람의 등기까지 아울러 그 기간 동안 부동산 소유자로 등기되어 있으면 된다."라고 하여 전 소유자 명의의 등기 기간까지 포함해서 10년이면 충분하다고 한다. 따라서 A의 경우 위 토지가 乙의 주장대로 丙의 등기가 원인무효의 등기라 하더라도 A와 甲의 점유 및 소유자로 등기된 기간을 합하여 10년이 넘는다는 점과 토지를 취득할 당시 과실이 없었다는 점을 입증하면 乙의 주장을 배척할 수 있다. 민법 제245조 제2항은 "부동산의 소유자로 등기한 자가 10년간 소유의 의사로 평온·공연하게 선의이며 과실없이 그 부동산을 점유한 때에는 소유권을 취득한다."라고 규정하고 있다. 점유자는 소유의 사로 선의·평온하게 점유한 것으로 추정을 받으므로(민법 제199조 제1항), 乙이 이 추정을 깨뜨리지 못하는 한 A는 위의 두 가지 점을 입증함으로써 위 토지를 민법 제245조 제2항의 규정에 의해 시효취득 할 수 있고 따라서 乙에게 위 토지를 넘겨주지 않아도 된다.

사례

A는 5년 전 甲으로부터 대지와 그 지상의 주택을 매수하였다. 계약 당시 甲은 1978년 10월경 그 대지를 매수하였고, 그 지상의 주택은 1980년 1월경 신축하였다. 그 무렵 소유자를 알 수 없는 인접지에 담장 및 대문을 설치하고, 그 안쪽에는 창고를 만들었으며, 빈 공간은 마당으로 사용해 왔다고 한다. 이 경우 취득시효제도에 의거하여 A가 위 창고 등이 건축된 소유자 미상의 땅에 대한 소유권을 주장할 수 있는가?

민법은 20년간 소유의 의사로 평온·공연하게 부동산을 점유하는 자는 등기함으로써 그 소유권을 취득하고, 점유자는 소유의 의사로 선의 및 평온·공연하게 점유한 것으로 추정하며, 점유자의 승계인은 자기의 점유만을 주장하거나 자기의 점유와 전점유자의 점유를 아울러 주장 할 수 있고, 전점유자의 점유를 아울러 주장하는 경우에는 그 하자도 승계한다고 규정하고 있다(민법 제245조 제1항, 제197조, 제199조 참조).

그러나 판례는 "점유자가 점유개시 당시에 소유권 취득의 원인이 될 수 있는 법률행위 기타 법률요건이 없이 그와 같은 법률요건이 없다는 사실을 잘 알면서 타인소유의 부동산을 무단 점유한 것임이 입증된 경우에는 특별한 사정이 없는 한 점유자는 타인의 소유권을 배척하고 점유할 의사를 갖고 있지 않다고 보아야 할 것이므로 이로써 소유의 의사가 있는 점유라는 추정은 깨어졌다고 할 것이다."라고 하였으며(대법원 2000.1.14. 선고 99다41893 판결),[2] 점유자의 점유가 소유의 의사가 있는 자주점유인지 아니면 소유의 의사가 없는 타주점유인지의 여부는 점유자의 내심의 의사에 의하여 결정되는 것이 아니라 점유취득의 원인이 된 권원의 성질이나 점유와 관계가 있는 모든 사정에 의하여 외형적·객관적으로 결정되어야 하는 것이기 때문에 점유자가 성질상 소유의 의사가 없는 것으로 보이는 권원에 바탕을 두고 점유를 취득한 사실이 증명되었거나, 점유자가 타인의 소유권을 배제하여 자기의 소유물처럼 배타적 지배를 행사하는 의사를 가지고 점유하는 것으로 볼 수 없는 객관적 사정, 즉 점유자가 진정한 소유자라면 통상 취하지 않을 태도를 나타내거나 소유자라면 당연히 취했을 것으로 보이는 행동을 취하지 않은 경우 등 외형적 객관적으로 보아 점유자가 타인의 소유권을 배척하고 점유할 의사를 갖고 있지 않았던 것이라고 볼만한 사정이 증명된 경우에도 그 추정은 깨어진다(대법원 1997.8.21. 선고 95다28625 전원합의체 판결).

"취득시효에 있어서 자주점유의 요건인 소유의 의사는 객관적으로 점유권원의 성질에 의하여 그 존부를 결정하는 것이나, 다만 그 점유권원의 성질이 분명하지 않을 때에

---

2) 민법 제197조 제1항에 의하면 물건의 점유자는 소유의 의사로 점유한 것으로 추정되므로 점유자가 취득시효를 주장하는 경우에 있어서 스스로 소유의 의사를 입증할 책임은 없고, 오히려 그 점유자의 점유가 소유의 의사가 없는 점유임을 주장하여 점유자의 취득시효의 성립을 부정하는 자에게 그 입증책임이 있는 것이고, 부동산 점유취득시효에 있어서 점유자의 점유가 소유의 의사 있는 자주점유인지 아니면 소유의 의사 없는 타주점유인지 여부는 점유자의 내심의 의사에 의하여 결정되는 것이 아니라 점유 취득의 원인이 된 권원의 성질이나 점유와 관계가 있는 모든 사정에 의하여 외형적·객관적으로 결정되어야 하는 것이기 때문에 점유자가 성질상 소유의 의사가 없는 것으로 보이는 권원에 바탕을 두고 점유를 취득한 사실이 증명되었거나, 점유자가 타인의 소유권을 배제하여 자가의 소유물처럼 배타적 지배를 행사하는 의사를 가지고 점유하는 것으로 볼 수 없는 객관적 사정, '즉 점유자가 진정한 소유자라면 통상 취하지 아니할 태도를 나타내거나 소유자라면 당연히 취했을 것으로 보이는 행동을 취하지 아니한 경우 등 외형적·객관적으로 보아 점유자가 타인의 소유권을 배척하고 점유할 의사를 갖고 있지 아니하였던 것이라고 볼 만한 사정이 증명된 경우에도 그 추정은 깨어지는 것이므로, 점유자가 점유 개시 당시에 소유권 취득의 원인이 될 수 있는 법률행위 기타 법률요건이 없이 그와 같은 법률요건이 없다는 사실을 잘 알면서 타인 소유의 부동산을 무단점유한 것임이 입증된 경우에도 특별한 사정이 없는 한 점유자는 타인의 소유권을 배척하고 점유할 의사를 갖고 있지 않다고 보아야 할 것이어서 이로써 소유의 의사가 있는 점유라는 추정은 깨어진다(대법원 2000.3.16. 선고 97다37661 전원합의체 판결).

는 민법 제197조 제1항에 의하여 소유의 의사로 점유한 것으로 추정된다고 하더라도, 처분권한이 없는 자로부터 그 사실을 알면서 부동산을 취득하거나 어떠한 법률행위가 무효임을 알면서 그 법률행위에 의하여 부동산을 취득하여 점유하게 된 때에는 그 점유의 개시에 있어 이미 자신이 그 부동산의 진정한 소유자의 소유권을 배제하고 마치 자기의 소유물처럼 배타적 지배를 할 수 없다는 것을 알면서 점유하는 자이므로 점유 개시 당시에 소유의 의사로 점유한 것으로 볼 수 없다."고 한다(대법원 2000.6.9. 선고 99다36778 판결; 대법원 2000.9.29. 선고 99다50705 판결).

그러므로 (이러한 판례의 취지에 비추어 볼 때) 타인소유의 부동산을 무단점유한 사람은 특별한 사정이 없는 한, 진정한 소유자의 소유권을 배척하는 「소유의 의사」를 가지고 있지 않다고 볼 것이다. 따라서 위 사안의 경우 A가 부동산취득시효를 주장하기 위해서는 A의 점유와 전점유자 甲의 점유를 아울러 주장하여야 하나, 전점유자의 점유는 무단점유의 전형적인 모습이라 할 것이므로, 위 대지에 대한 취득시효가 인정되지 않는다.

SUMMARY

1. 부동산에 관한 법률행위로 인한 물권의 득실변경은 등기하여야 그 효력이 생긴다.
2. 부동산 등기부에는 공신력이 인정되지 않는다.
3. 등기의 신청은 등기권리자와 등기의무자가 공동으로 하는 것이 원칙이다.
4. 등기관은 실질적 심사권은 없다.
5. 본등기는 권리변동적 효력 대항적 효력, 순위확정적 효력, 추정적 효력을 지니며 가등기는 순위보전의 효력이 있다.
6. 20년간 소유의 의사로 평온·공연하게 부동산을 점유하고 있는 자는 등기함으로써 그 소유권을 취득한다.
7. 부동산의 소유자로 등기한 자가 10년간 소유의 의사로 평온·공연하게 선의이며 과실없이 그 부동산을 점유한 때에는 소유권을 취득한다.

YOUR OPINION

각 문제에 대해 짧게 정리하시오.

1. 가등기에는 본등기의 순위보전의 효력이 있다. 따라서 물권변동의 시기가 가등기 시에 소급하는가?

2. 甲은 1995년부터 B의 명의로 소유권이전등기가 되어 있는 집을 B에게서 사면서 등기부 등본을 떼어 보고 B명의로 등기가 되어 있음을 확인하였다. 그리고 등기소에 무사히 등기를 마쳤다. 그런데 갑자기 A가 나타나 이 집을 B가 서류를 위조하여 甲에게 팔아먹은 것이므로 말소하라는 소송을 걸어왔다. 확인해 보니 A는 1970년 3월부터 1995년까지 소유자로 되어 있으며, 그 후 B에게 이전등기된 것으로 되어 있었다. 등기부 등본까지 확인하고 산 것인데 이럴 수가 있는가?
   1 이렇게 소유자 몰래 다른 사람이 소유자로 등기할 수 있는가? 등기공무원은 무엇을 하고 있는가?
   2 등기가 있으면 이에 대응하는 실체적 권리관계가 있는 것으로 추정된다고 하지 않았는가?
   3 국가에서 관리하는 등기를 믿을 수 없는가?
   4 여기서 과연 甲은 소유권을 취득하지 못하는가?

3. A는 B에게 대지를 매도하고 그 매매대금을 모두 지급받고 그 대지를 인도하였으며, 등기이전에 필요한 서류도 모두 건네주었다. 그런데 B는 자기 개인적인 사정으로 이 대지의 소유권이전등기를 신청하지 않고 방치하여 대지에 대한 각종 세금이 A명의로 부과되었다. A가 B에게 소유권을 이전시킬 수 있는 방법은 없는가?

Chapter 6

진실한 권리관계와 부합하지 않는 부실등기

Chapter 6. 진실한 권리관계와 부합하지 않는 부실등기

1. 부실등기

1) 등기의 유효요건

등기가 유효하려면 그 등기 자체가 부동산등기법 등이 정하는 절차상의 요건을 갖추어 적법하게 이루어져야 할 뿐 아니라, 현재의 권리상태 또는 물권변동에 부합하는 것이어야 한다. 전자를 형식적 또는 절차적 유효요건, 후자를 실질적 또는 실체적 유효요건이라 한다.

2) 2중 등기의 문제

우리 등기법상 하나의 부동산에 대하여는 하나의 등기 용지만을 둔다. 따라서 어떤 부동산에 관하여 등기가 행하여지면 비록 그 등기가 부적법한 것일지라도 그것을 말소하지 않는 한 다시 등기하지 못한다. 그런데 동일한 부동산에 관하여 절차상의 잘못으로 2중으로 등기가 행해지는 경우가 있다. 그 경우에 2중등기의 효력이 어떻게 되는지가 문제된다.

사례

甲은 국가로부터 농지개혁법에 의해 분배를 받아 1965년 9월 15일 소유권이전을 받았다. 이 토지를 甲으로부터 1979년 A가 매수하여 소유권이전등기 절차를 완료하였다. 그런데 이 토지는 1965년 1월 10일 소유자를 대한민국으로 보존등기가 된 것인데, 같은 토지에 대하여 역시 대한민국을 소유자로 하여 1964년 8월 10일 같은 등기소에 다른 접수번호로 소유권보존등기가 경료되어 있다. 실질적으로 중복등기 상태이므로 A는 국가를 상대로 보존등기의 말소를 구할 수 있는가?

판례에 의하면,

① 동일인 명의로 소유권보존등기가 2중으로 된 경우에는 언제나 제2등기는 무효이다.

② 등기명의인을 달리하여 2중의 보존등기가 된 경우에는 원칙적으로 제2등기가 무효이지만, 제1등기가 원인무효인 경우 예외적으로 제2등기는 유효하다.

동일 부동산에 관하여 등기명의인을 달리하여 중복된 소유권보존등기가 경료된 경우에는 먼저 된 소유권보존등기가 원인무효가 되지 아니하는 한 나중 된 소유권보존등기는 1부동산 1용지주의를 채택하고 있는 현행 부동산등기법 아래에서는 무효라고 해석함이 상당하고, 동일 부동산에 관하여 중복된 소유권보존등기에 터잡아 등기명의인을 달리하는 각 소유권이전등기가 경료된 경우에 등기의 효력은 소유권이전등기의 선후에 의하여 판단할 것이 아니고 각 소유권이전등기의 바탕이 된 소유권보존등기의 선후를 기준으로 판단하여야 한다(대법원 2001.2.15. 선고 99다66915 전원합의체 판결).

- 동일 부동산에 관하여 등기명의인을 달리하여 중복하여 보존등기가 이루어진 경우와는 달리 동일인 명의로 소유권보존등기가 중복되어 있는 경우에

는 먼저 경료된 등기가 유효하고 뒤에 경료된 중복등기는 그것이 실체관계에 부합하는 여부를 가릴 것 없이 무효이다(대법원 1981.11.18. 선고 81다1340 판결).

- 부동산에 관하여 등기용지를 달리하여 동일인 명의로 소유권보존등기가 중복되어 있는 경우에는 시간적으로 뒤에 경료된 중복등기는 그것이 실체권리관계에 부합하는 여부를 가릴 것 없이 무효이므로 뒤에 된 등기에 터잡아 소유권이전등기를 한 자가 먼저 된 소유권보존등기의 말소를 구할 수 없다(대법원 1981.8.25. 선고 80다3259 판결).

위 사례처럼 동일인 명의(국가)로 중복 소유권보존등기가 경료된 경우 시간적으로 뒤에 경료된 소유권보존등기는 그것이 실체관계에 부합하는지 여부를 가릴 것 없이 무효이고, 뒤의 소유권보존등기를 기점으로 제3자 명의로 등기가 경료된 경우에도 마찬가지라는 것이 판례의 입장이므로, A는 선보존등기권리자인 국가를 상대로 중복등기의 말소를 구할 수 없다.

2. 중간생략등기(中間省略登記)

1) 등기의 실질적 유효요건

등기가 유효하려면 절차가 적법한 것 외에 물권행위와 내용에 있어서 일치하여야 하는 등 실질적(실체적) 유효요건도 갖추어야 한다. 즉 등기가 유효하기 위해서는 그 실질적 유효요건으로 물권 및 그 변동원인 내지는 과정이 그대로 등기에 반영되어야 한다. 특히 등기원인이 존재하여야 하고 등기가 등기원인에 부합하여야 한다. 따라서 권리변동의 원인이 존재하지 않거나 존재하여도 그것이 실체법상 무효이거나 취소 또는 해제되어 소급적으로 효력을 잃게 된 경우라든가, 당초에는 등기원인이 존재하였으나 등기 시 실효된 경우, 또는 그 등기가 원인행위에 의하여 당사자가 이루려고 하였거나 성립한 물권 상태나 물권변동에 부합하지 않으면 원칙적으로 무효이며, 그 등기에 대하여 이해관계를 가지는 자는 언제든지 그 말소를 청구할 수 있다.

2) 실체관계에 부합하는 등기

(1) 실체관계이론

이렇게 등기의 유효요건 중 하나에 하자 또는 흠결이 있는 경우 그 등기는 원칙적으로 무효라 할 것이다. 그러나 부동산 등기제도의 근본 목적이 부동산에 관한 권리관계를 공시하여 그 거래의 안전을 도모하는데 있는 이상, 어떠한 등기가 그 유효요건에 어느 정도의 하자나 흠이 있더라도 경우에 따라서는 그 등기로서의 효력을 인정함으로써 이에 터잡아 이루어진 물권 거래에 영향을 미치지 않게 함이 오히려 부동산 거래 제도의 목적에 이바지한다고 할 것이다. 여기에서 판례도 이른바 실체관계이론을 들어 등기의 유효요건에 약간의 하자나 흠이 있는 경우에는 그 등기의 유효성을 인정하고 있다.

(2) 중간생략등기

부동산 물권이 최초의 양도인으로부터 중간 취득자에게, 중간 취득자로부터 최종 취득자에게 이전되어야 할 경우에 그 중간 취득자의 등기를 생략해서 최초의 양도인으로부터 직접 최후의 취득자에게 등기하였을 때 중간 취득자의 등기를 생략하였으므로 이를 중간생략등기라고 한다. 예컨대 甲이 그의 부동산을 乙에게 매도하고 乙은 자기 앞으로 이전등기를 하지 않고 다시 그 부동산을 丙에게 매각한 경우에 甲으로부터 직접 丙에게 이전했다면 이 등기가 바로 중간생략등기인 것이다.

이러한 중간생략등기가 행해지면 물권변동의 과정이 등기부에 제대로 나타나지 않게 된다. 중간생략등기와 관련하여 문제가 되는 것은 이미 경료된 최종 양수인 명의의 등기의 효력이 어떻게 되는가, 丙은 甲을 상대로 직접 소유권이전등기를 청구할 수 있는가이다.

중간생략등기가 이용되는 이유는 등록세 등 조세부담을 적게 하고 그 밖에 번거로운 등기절차를 간편히 하여 시간과 비용을 절약할 수 있기 때문이다. 우리나라와 같이 부동산 물권변동에 있어서 등기를 요건으로 하는 법제하에서는 등기가 없으면 그 효력이 발생하지 않으므로 중간생략등기는 무효라고 해야 할 것이다. 그러나 이 등기를 무효라고 한다면 부동산 거래의 안전을 기할 수 없을 것이며 또한 이를 무효로 한다고 하여도 오래전부터 관행되어온 중간생략등기가 완전히 없어질 가능성도 없다는 점을 감안하여 다수설과 판례에서는 중간생략등기의 유효성을 인정하고 있다.

과거에 부동산 투기의 수단으로 중간생략등기가 널리 이용되어 왔다. 그리하여 근래 부동산등기특별조치법을 제정하여 중간생략등기를 원칙적으로 금지하고 있다(부동산등기특별조치법 제2조). 계약을 원인으로 소유권이전등기를 신청할 때에는 일정한 사항이 기재된 계약서에 검인을 받아 제출하도록 하고, 일정한 기간 내에 등기 신청을 하도록 강제할 뿐만 아니라 그것에 위반하는 경우에 제재를 가하고 있다. 문제는 이러한 규정에 위반하여 행하여진 중간생략등기의 효력이다. 이 규정이 효력규정이라고 인정되면 중간생략등기는 당연히 무효라고 할 것이다. 그런데 판례는 이를 단속규정으로 이해하고 이에 위반하여 행하여진 중간생략등기의 효력을 인정하고 있다. 따라서 그에 위반하더라도 벌칙의 제재는 별도로 하고 사법상 효력이 당연히 없어지는 것은 아니다. 그렇게 새기지 않으면 거래의 안전을 보호 할 수 없기 때문이다.

판례는, 중간자(乙)의 동의 또는 3자의 합의가 있는 상태에서 경료된 중간생략등기의 효력을 인정한다. 등기는 권리의 현상을 공시함을 목적으로 하므로, 비록 중간생략등기를 인정함으로써 권리변동의 과정이 공시되지 않더라도 현재의 권리상태는 공시되므로 이를 무효로 할 것은 아니다. 다만 등기청구권이 인정되려면 관계당사자 전원의 합의가 있어야 한다고 한다. 즉 중간자의 동의 외에 최초의 양도인과 최종 양수인의 동의도 필요하다고 한다.

최종 양수인이 중간생략등기의 합의를 이유로 최초 양도인에게 직접 중간생략등기를 청구하기 위하여는 관계 당사자 전원의 의사합치가 필요하지만, 당사자 사이에 적법한 원인행위가 성립되어 일단 중간생략등기가 이루어진 이상 중간생략등기에 관한 합의가 없었다는 이유만으로는 중간생략등기가 무효라고 할 수는 없다(대법원 2005.9.29. 선고 2003다40651 판결).

부동산이 전전 양도된 경우에 중간생략등기의 합의가 없는 한 그 최종 양수인은 최초 양도인에 대하여 직접 자기 명의로의 소유권이전등기를 청구할 수 없고, 부동산의 양도계약이 순차 이루어져 최종 양수인이 중간생략등기의 합의를 이유로 최초 양도인에게 직접 그 소유권이전등기 청구권을 행사하기 위하여는 관계 당사자 전원의 의사합치, 즉 중간생략등기에 대한 최초양도인과 중간자의 동의가 있는 외에 최초 양도인과 최종 양수인 사이에도 그 중간등기 생략의 합의가 있었음이 요구되므로, 비록 최종 양수인이 중간자로부터 소유권이전등기 청구권을 양도받았다고 하더라도 최초 양도인이 그 양도에 대하여 동의하지 않고 있다면 최종 양수인은 최초 양도인에 대하여 채권양도를 원인으로 하여 소유권이전등기 절차 이행을 청구할 수 없다(대법원 1995.8.22. 선고 95다15575).

그 밖에도 미등기 부동산의 양수인이 보존등기를 하는 경우와 상속인이 상속재산을 매도하고서 등기는 상속인에의 이전등기를 거치지 않고 바로 피상속인으로부터 양수인에게 이전등기를 하는 경우 등도 중간생략등기와 유사한데, 이들도 유효하다고 할 것이다.

사례

丙은 乙소유의 가옥을 매수하였는데 乙에게 소유권이전등기를 요구하자 乙은 그 자신이 전소유자 甲으로부터 등기이전에 필요한 서류 일체를 받아가지고 있으니 전소유자 甲으로부터 직접 매수한 것으로 등기하여 달라고 종용하고 있다. 丙은 甲으로부터 직접 이전등기를 하여도 유효한가?

중간생략등기에 관한 무효설을 취하면 등기가 없으므로 乙은 물권을 취득한 적이 없고 甲에서 丙으로 이전하는 원인행위가 없으므로 현재의 권리상태도 공시할 수 없게 된다. 그러나 비용 절약·등기 절차의 간편 및 거래안전의 보호를 위하여 판례는 중간생략등기에 관한 합의가 없더라도 유효한 것으로 인정하고 있다.
원래는 甲, 乙, 丙 3자간에 또는 甲과 乙, 乙과 丙 간에 乙의 등기를 생략한다는 합의가 있어야 하는데, 그렇지만 이미 丙에게 등기가 되어 있으면 이 합의가 없더라도 유효하다고 본다.
따라서 丙은 전(前)소유자 甲으로부터 직접 등기를 이전하여도 유효하다. 그러나 1990.8.1. 제정된 부동산등기특별조치법은 중간생략등기를 악용하는 경우에 3년 이하의 징역이나 1억 원 이하의 벌금에 처하도록 규정하고 있다.

사례

A는 甲의 가옥을 매수하면서 계약 체결일로부터 2개월 후 잔금 지급과 동시에 소유권 이전에 필요한 서류 일체를 받도록 약정하였으나, 계약 후 A는 불가피한 사정이 발생하여 잔금 지급 전에 이 가옥을 乙에게 전매하였으면 한다. 가능한가?

부동산 투기 억제와 등기를 둘러싼 각종 탈법행위 등을 근절하고 건전한 부동산 거래 질서를 확립하기 위하여 부동산 거래에 대한 실체적 권리관계에 부합하는 등기를 신청하도록 부동산등기특별조치법이 1990년 8월 1일 제정(1990.9.1. 시행)되었다.
부동산등기특별조치법은 미등기전매 등을 통한 부동산투기를 억제하고자 하는 목적이 있으나, 계약 자유의 원칙을 최대한 보장하는 범위 내에서 부동산 거래 질서를 바로잡고자하는 취지에서 제정된 만큼 전매가 금지된 것은 아니다. 그러나 전매에 의하여 소유권을 이전하려면 법이 정한 절차에 의하여야 한다.
부동산을 산 사람(매수인)이 부동산을 전매하려고하는 경우는 두 가지로 나누어 볼 수 있다.
첫째, 매수인이 잔금을 지급하고 이전등기 신청 서류를 받은 이 후 그 부동산에 대하여 다시 제3자와 소유권이전을 내용으로 하는 계약을 체결하고자 할 때에는 그 제3자와 계약을 체결하기 전에 먼저 체결된 계약에 따라 소유권이전등기를 신청하여야 한다. 이때에는 원계약에 따른 이전등기 신청을 한 후라야 제3자와 전매계약을 체결할 수 있다.
둘째, 잔금 지급 및 이전등기 신청 서류를 받기 전에 제3자에게 전매할 경우, 이때에는 원계약서에 시장, 군수, 구청장의 검인을 받은 후에 제3자와 전매계약을 체결하여야 하고, 후에 원계약에 대한 등기 신청을 할 수 있게 되면(잔금 지급 및 이전등기 서류를 받은 때), 이 날로부터 60일 이내에 이전등기를 신청하여야 한다.
위의 사례는 둘째에 해당하는 경우로 乙과 전매계약을 체결하기 전에 먼저 원계약서에 검인을 받아야하며, 후에 甲에게 잔금을 주고 이전등기 신청 서류를 넘겨받으면 이 날로부터 60일 이내에 이전등기 신청을 하고 전매계약에 따른 이전등기 신청 서류를 乙에게 넘겨주어야한다. 만약, A가 시가차액을 취득할 목적으로 등기 절차를 무시하고 전매하거나 검인을 받지 않고 전매하면 형사 처벌을 받게 되며, 또한 상당한 사유 없이 등기 신청기일을 해태하면 과태료 부과 처분을 받게 됨을 유의하여야 한다.

3) 부동산등기 특별조치법

(1) 법의 제정 목적

부동산 등기 제도는 등기라고 일컬어지는 특수한 방법으로 부동산에 관한 물권을 공시하는 제도이다. 따라서 등기는 그것에 의하여 부동산 위에 현재 어떠한 권리 관계가 있는지를 알리기 위한 것이므로 등기된 권리 관계와 실제의 권리 관계를 일치시킬 필요가 있다. 특히, 등기 제도의 근본 목적이 부동산에 관한 권리 관계의 공시에 있으므로 등기는 언제나 진실한 권리 관계를 그대로 공시하여야만 한다. 그런데 근년 들어 우리 사회에는 등기가 원칙적으로 당사자의 신청에 의하여 이루어지도록 되어 있는 점을 악용하여 등기 신청을 아예 하지 않거나, 부실하게 하거나, 허위로 하는 방법 등을 통하여 부동산 투기 행위를 자행하고 있는 경우가 만연하고 있어 심각한 사회 문제를 야기하게 되었다. 이에, 등기된 권리 관계와 실제의 권리 관계를 일치시킴으로써 등기 제도 본래의 목적을 살리는 것을 법 제정의 기본 방향으로 정하여, 부동산 거래 시에는 반드시 등기 신청을 하도록 하고 등기 신청을 둘러싼 탈법 행위 등을 규제하는 것을 내용으로 하는 부동산등기특별조치법을 제정, 1990.9.1. 부터 시행하게 되었다.

(2) 부동산등기특별조치법의 주요 내용

가. 소유권이전등기 신청 의무

부동산 이전 거래 시에는 반드시 등기를 신청하여야 한다(부동산등기특별조치법 제2조 제1항). 부동산의 소유권 이전을 내용으로 하는 계약을 체결한 자는 그 계약의 종류에 관계없이 반드시 등기 신청을 할 수 있는 때로부터 60일 이내에 소유권이전등기를 신청하여야 한다. 따라서 매매와 같은 쌍무 계약의 경우에는 상대방으로부터 이전 등기 관계 서류를 넘겨받은 때와 같이 반대급부의 이행이 완료된 날, 증여와 같은 편무 계약의 경우에는 그 계약의 효력이 발생한 날로부터 각 60일 이내에 소유권이전등기를 신청해야 한다.

부동산의 소유권을 이전받을 것을 내용으로 하는 계약을 체결한 자가 대금을 지급하는 등 이행을 한 이후 그 부동산에 대하여 다시 제3자와 소유권이전을 내용으로 하는 계약을 체결하고자 할 때에는 그 제3자와 계약을 체결하기 전에 먼저 체결된 계약에 따라 소유권이전등기를 신청해야 한다(부동산등기특별조치법 제2조 제2항).

나. 소유권보존등기 신청 의무

일정한 경우 소유권보존등기 신청 의무가 부과되는 경우도 있다(부동산등기특별조치법 제2조 제5항). 소유권보존등기가 되어 있지 아니한 부동산에 대하여 소유권 이전을 내용으로 하는 계약을 체결한 자는 다음에 정한 날부터 60일 이내에 소유권보존등기부터 먼저 신청하여야 한다.

① 부동산등기법에 의하여(제65조) 소유권보존등기를 신청할 수 있었음에도 이를 하지 아니한 채 소유권 이전 계약을 체결한 경우에는 그 계약을 체결

한 날

② 소유권 이전 계약을 체결한 후에 부동산등기법에 의한 소유권보존등기를 신청할 수 있게 된 경우에는 소유권보존등기를 신청할 수 있게 된 그 날

다. 등기 신청 의무 위반에 대한 제재

등기 신청 의무를 상당한 사유 없이 이행하지 아니하면 과태료를 부과하게 된다(부동산등기특별조치법 제11조).[1)]

과태료는 원칙적으로 등기를 함으로써 이익을 얻게 되는 등기 권리자에게 부과하되, 등기를 제때에 신청하지 못한 원인이 등기 의무자의 책임 있는 사유에 의한 때에는 등기 의무자에게 과태료가 부과된다.

라. 부실한 등기 신청 행위 등에 대한 형사 처벌

등기 원인 등을 허위로 기재해서는 안 된다(부동산등기특별조치법 제8조 제2호, 제6조). 부동산의 소유권을 넘겨주고 넘겨받는 것을 목적으로 하는 계약을 체결한 사람이 그 원인을 허위로 기재하거나 소유권이전등기 외에 다른 등기를 신청하여서는 아니되며, 이를 위반하면 3년 이하의 징역 또는 1억 원 이하의 벌금형에 처하여진다. 따라서 토지를 매수한 자가 증여를 받은 것으로 하여 등기를 신청하거나 저당권 설정 등기를 신청하면 위와 같은 처벌을 받게 된다.

마. 투기 목적 등에 의한 미등기 전매 행위에 대한 형사 처벌

투기 목적 등을 가지고 미등기 전매를 하면 형사 처벌을 받게 된다(부동산등기특별조치법 제8조 제1호, 제2조 제2항, 제3항). 부동산의 소유권을 넘겨받을 것을 목적으로 하는 계약을 체결한 사람이 조세부과를 면하려 하거나, 다른 시점 간의 가

---

1) 부동산등기특별조치법 제11조(과태료) ① 등기권리자가 상당한 사유없이 제2조 각항의 규정에 의한 등기 신청을 해태한 때에는 그 해태한 날 당시의 부동산에 대하여 「지방세법」 제10조의 과세표준에 같은 법 제11조 제1항의 표준세율(같은 법 제14조에 따라 조례로 세율을 달리 정하는 경우에는 그 세율을 말한다)에서 1천분의 20을 뺀 세율(같은 법 제11조 제1항 제8호의 경우에는 1천분의 20의 세율)을 적용하여 산출한 금액(같은 법 제13조 제2항·제3항·제6항 또는 제7항에 해당하는 경우에는 그 금액의 100분의 300)의 5배 이하에 상당하는 금액의 과태료에 처한다. 다만, 부동산실권리자명의등기에관한법률 제10조 제1항의 규정에 의하여 과징금을 부과한 경우에는 그러하지 아니하다.

격 변동에 따른 이득을 얻으려 하거나, 소유권 등 권리 변동을 규제하는 법령의 제한을 회피할 목적을 가지고 다음과 같은 기간 내에 전매계약을 체결하면 3년 이하의 징역이나 1억 원 이하의 벌금형을 받게 된다.

① 전매계약을 체결하기 전에 이미 원계약에 따른 등기 신청을 할 수 있었던 경우 : 원계약에 따른 소유권이전등기를 신청하지 아니하고 전매한 때
② 전매계약을 체결한 후 원계약에 따른 등기 신청을 할 수 있게 된 경우 : 전매계약 체결 후 원계약에 따른 등기 신청을 할 수 있게 된 날로부터 60 일 이내에 소유권이전등기를 신청하지 아니한 때

바. 미검인 전매 행위에 대한 형사 처벌(부동산등기특별조치법 제9조 제1호, 제4조)

상대방과 계약을 맺어 그로부터 부동산에 대한 소유권을 넘겨받게 되어 있는 사람이 그 계약서에 검인을 받지 아니한 상태에서 다시 제3자와 그 부동산의 소유권을 넘겨주는 것을 내용으로 하는 계약이나 당사자의 지위를 이전하는 계약을 체결할 때에는 1년 이하의 징역 또는 3,000만 원 이하의 벌금형에 처한다.

사. 탈법 행위 방지를 위한 제도 보완

계약서에 검인을 받아야만 소유권이전등기를 신청할 수 있다. 계약을 원인으로 소유권이전등기를 신청할 때에는 반드시 검인을 받은 계약서를 제출하여야 하며, 확정 판결 등에 의하여 소유권이전등기를 하려고 하는 경우에도 그 판결서 등에 검인을 받아 제출하여야 한다.

허가서 등도 반드시 제출하여야 한다(부동산등기특별조치법 제5조). 부동산을 취득하기 위하여 행정 관청으로부터 허가를 받아야 하거나 신고를 하여야 하는 경우에는 등기 신청 시에 반드시 그 허가(신고)를 증명하는 서면을 함께 제출하여야 등기가 가능하며, 확정 판결이나 그와 같은 효력이 있는 조서 등에 의하여 등기를 하려고 하는 경우에도 마찬가지이다.

3. 명의신탁

1) 명의신탁약정

사례

甲은 공무원으로 공직 생활을 마친 후 이용하고자 지방에 땅을 구입하고 등기는 편의상 먼 친척 A명의로 해두고 A가 관리하도록 했다. 그 후 주변이 개발되면서 땅 값이 폭등하자 개발업자 B는 등기부상 소유자로 되어 있는 A와 계약을 하고 잔금을 치르고 등기까지 마쳤다. 그런데 사실 개발 회사의 계약 담당자는 이 땅의 실제 소유지가 甲이라는 사실은 어느 정도 알고 있었다. 甲은 이 계약을 무효라고 주장할 수 있는가? B의 등기는 무효인가?

甲은 법이 금지하고 있는 명의신탁을 한 것이다. 우리 법은 명의신탁을 보호하지 않으므로, 설령 땅을 산사람이 그 땅 주인이 A가 아니라는 것을 알았다고 하더라도 甲자신의 권리를 주장할 수 없게 된다. 즉, 땅을 산 사람의 이름(B)으로 등록된 등기가 유효한 것이다.

부동산의 실제 소유자와 등기 명의자가 다르고, 이 부동산의 등기명의가 어떤 이유에서든 실제 소유자로부터 위탁된 경우를 「명의신탁」이라고 한다. 위 예에서 실제로 땅을 매수한 사람은 甲으로서 실질적 소유자는 甲이지만, 신분 노출을 꺼려 등기를 친척 A명의로 해 둔 경우 甲과 A사이에는 명의신탁계약이 성립한 것이며, 이때의 甲을 「신탁자」 A를 「수탁자」라고 한다.

(1) 부동산 실명 제도란?

부동산 실명 제도란 부동산에 관한 물권(소유권, 전세권, 지상권 등)은 반드시 실제 권리자의 이름으로만 등기하도록 하는 제도이다. 부동산 실권리자명의 등기에 관한 법률(부동산실명법)이 규제하는 대상은 '명의신탁(名義信託)'과 '장기 미등기(長期未登記)'이다.

'명의신탁'은 실질적으로는 자신이 보유하고 있는 부동산을 다른 사람의 이름을 빌려 등기하는 것을 말한다.[2)]

'장기 미등기'는 매매나 증여에 의하여 부동산을 취득하고도 등기를 이전하지 않은 채로 원소유자 앞으로 장기간(3년 이상) 방치하여 두는 것을 말한다.

(2) 부동산 실명 제도의 도입 배경

명의신탁은 부동산을 남의 이름을 빌려 등기함으로써 부동산 투기, 세금 탈루, 또는 재산을 감추는 수단으로 이용되어 각종 부정과 부조리의 원인이 되어 왔다. 부동산 실명제는 부동산에 관한 권리는 반드시 자신의 이름으로 등기하도록 함으로써 명의신탁을 이용한 부동산 투기를 없애 부동산 거래 질서를 바로 잡는 한편, 각종 부정·부조리를 제거하고 부동산 가격의 안정을 기하기 위해 도입된 제도이다.

(3) 실권리자 명의 등기 의무

가. 주요 내용

부동산실명법 시행일인 1995.7.1 이후에는 모든 부동산에 관한 물권은 명의신탁을 이용하여 다른 사람의 이름으로 등기할 수 없고 반드시 실권리자(實權利者)의 명의로만 등기하도록 의무화되었다. 다만, 다음의 경우는 명의신탁에 해당되지 않는다.

① 채무의 변제를 담보하기 위해서 채무자의 부동산에 가등기를 설정하거나,

2) 명의신탁약정이라 함은 부동산에 관한 소유권 기타 물권을 보유한 자 또는 사실상 취득하거나 취득하려고 하는 자(실권리자)가 타인과의 사이에서 대내적으로는 실권리자가 부동산에 관한 물권을 보유하거나 보유하기로 하고 그에 관한 등기는 그 타인의 명의로 하기로 하는 약정을 말한다(부동산실명법 제2조 1호).

부동산에 관한 물권을 채권자가 이전받는 양도담보(讓渡擔保)의 경우

② 부동산의 위치와 면적을 특정하여 2인 이상이 구분 소유하기로 하는 약정을 하고 그 구분 소유자의 공유로 등기하는 경우

③ 신탁법과 신탁업법에 의해 신탁 재산인 사실을 등기하는 경우

④ 종중 부동산의 명의신탁 또는 부부간의 명의신탁에 의해 등기를 한 경우에는 조세를 포탈하거나 강제 집행 또는 법령상 제한을 회피하기 위한 목적이 아닌 경우

나. 실명 등기 의무 위반 시의 벌칙

다른 사람의 이름을 빌려 등기한 실권리자인 명의신탁자에 대하여는 과징금(부동산 가액의 30% 범위 내에서 부동산 가액, 의무 위반 기간, 위반 동기 등을 고려하여 구체적인 부과 액수를 결정)이 부과된다.

명의신탁자 및 이름을 빌려 준 명의수탁자에게 징역 또는 벌금이 부과된다. 명의신탁 행위를 교사(敎唆)하거나 방조(傍助)한 자에 대해서도 형사 처벌이 부과된다.

(4) 명의신탁 약정의 효력

가. 명의신탁

명의신탁을 하는 경우, 명의신탁자와 명의수탁자 간에 명의신탁을 하기로 한 약정은 무효가 되고, 명의신탁 약정에 의해 이루어진 등기도 무효가 된다. 다만, 부동산을 매도한 사람이 명의수탁자를 진정한 매수인으로 알고 계약을 체결한 경우(계약 명의신탁)는 등기가 유효한 것으로 인정된다.

또, 명의수탁자가 부동산을 제3자에게 양도하였다면 제3자가 명의신탁이 있었던 사실을 알았든 몰랐든 관계없이 명의신탁자는 자신의 권리를 주장할 수 없게 된다. 즉, 종전에 판례로 인정되어 오던 명의신탁은 부동산실명법 시행 후에는 무효화되기 때문에 명의신탁자의 재산권은 보호받기 어렵게 된다.

나. 명의신탁 종류별 효력

① 등기 명의신탁(제3자 간)

부동산을 매도하는 사람이 명의신탁자가 원소유자임을 알고 있지만 등기는

명의수탁자 앞으로 이전해 준 경우이다. 이때는 신탁 약정과 등기가 모두 무효가 되므로, 명의신탁자는 명의수탁자에게 자신의 권리를 주장할 수 없다.

부동산은 원소유자(매도인)에게 귀속되며, 명의신탁자는 형사 처벌과 과징금을 부과 받고 매도인에게 소유권이전등기를 청구할 수 있다. 명의신탁자가 부동산을 되찾을 수 있을지 여부는 최종적으로 법원의 판결에 의하여 결정된다.

② 등기 명의신탁(제2자 간)

명의신탁자가 소유하던 부동산을 매매 또는 증여를 가장하여 명의수탁자 이름으로 등기한 경우이다. 이때도 명의신탁 약정과 등기가 모두 무효가 되므로, 명의신탁자는 형사 처벌과 과징금을 부과 받고 명의수탁자에 대하여 소유권이전등기 말소를 청구할 수 있다.

명의신탁자가 부동산을 되찾을 수 있을지 여부는 최종적으로 법원의 판결에 의하여 결정된다.

③ 계약 명의신탁(제3자 간)

부동산을 매도한 사람이 명의수탁자를 진정한 매수인으로 알고 계약을 체결하여 등기를 이전해 주었으나 실권리자는 다른 사람인 경우이다. 이때는 명의신탁 약정이 무효가 되어 명의신탁자가 명의수탁자에게 자신의 권리를 주장할 수 없게 된다. 등기는 유효한 것으로 인정되기 때문에 부동산은 명의수탁자에게 귀속된다.

(5) 기존 명의신탁의 실명화

가. 1995.6.30. 이전에 부동산을 다른 사람의 이름을 빌려 등기해 놓은 명의신탁의 경우는 유예 기간(1995.7.1.~1996.6.30.) 내에 실권리자 명의로 실명 전환하여야 한다. 또, 명의신탁자가 부동산 명의를 명의수탁자 앞으로 둔 상태로 유예 기간 내에 다른 사람에게 매각하여 직접 등기를 이전하여도 된다.

나. 유예 기간 이후 적발된 실명 미전환 부동산 처리: 부동산 가액의 30% 범위 내에서 과징금 및 이행 강제금이 부과된다.

(6) 장기(長期) 미등기자에 대한 벌칙

현재 부동산을 취득하고 매도인으로부터 등기를 이전하지 않는 경우 60일이 지나면 등록세액의 5배까지 과태료가 부과되도록 규정되어 있다. 부동산실명법은 이에 추가하여 취득일로부터 3년 내에 등기를 이전해 오지 않을 경우(장기 미등기)는 명의신탁의 경우와 같이 과징금, 이행강제금, 형사 처벌을 부과하도록 하고 있다.

가. 종전에 누락된 세금의 처리

명의신탁한 부동산을 실명으로 전환하는 과정에서 누락된 세금이 밝혀지는 경우 원칙적으로 모두 추징한다.

사례

A는 지방의 임야를 구입하면서 자신의 자식들과의 재산 다툼도 염려되어 재혼한 처 B의 이름으로 등기를 해두었다. 후에 B가 지방에 내려가 올라오지 않는 등 가정생활을 돌보지 않자 A는 B에게 재산의 반환을 청구할 수 있는가? 이렇게 신탁 재산의 반환을 요구하자 B는 제3자 C에게 이 임야를 매도하고 소유권이전등기를 하였다. C는 소유자가 되는가?

명의신탁이란 부동산에 관한 소유권 기타 물권을 보유한 자 또는 사실상 취득하거나 취득하려고 하는 자(실권리자)가 타인과의 사이에서 대내적으로는 실권리자가 부동산에 관한 물건을 보유하기로 하고, 그에 관한 등기는 그 타인 명의로 하기로 하는 약정과 등기를 말한다. 그런데 부동산실권리자명의등기에 관한 법률이 시행된 1995년 7월 1일 이후에는 모든 부동산에 관한 물권은 명의신탁을 이용하여 다른 사람의 이름으로 등기할 수 없고, 반드시 실권리자의 명의로만 등기하도록 의무화되었다. 다만 ① 채무의 변제를 담보하기 위하여 채권자가 부동산에 관한 물권을 이전받거나 가등기하는 경우, ② 부동산의 위치와 면적을 특정하여 2인 이상이 구분소유하기로 하는 약정을 하고 그 구분소유자의 공유로 등기하는 경우, ③ 신탁법 또는 신탁업법에 의한 신탁재산인 사실을 등기한 경우에는 예외가 인정되며(부동산실명법 제2조), 또한 제8조는 종중 및 배우자, 종교 단체에 대한 특례를 두고 있다: 즉 ① 종중이 보유한 부동산에 관한 물권을 종중 외의 자의 명의로 등기한 경우 또는 ② 배우자 명의로 부동산에 관한 물권을 등기한 경우 또는 ③ 종교재단의 명의로 그 산하 조직이 보유한 부동산에 관한 물권을 등기한 경우로서 조세포탈, 강제집행의 면탈 또는 법령상 제한의 회피를 목적으로 하지 아니하는 경우에는 부동산실명법 규정을 적용하지 아니한다. 따라서 종래의 판례에 의하여 규율된다.

판례에 의하면, 명의신탁의 경우 신탁자와 수탁자 사이에서는 수탁자 명의로 소유권이전등기가 되었더라도 내부적으로 소유권은 신탁자가 그대로 보유하며 계속하여 신탁재산을 관리·수익하게 된다. 수탁자는 신탁계약 해지 시에 신탁자에게 신탁 재산을 반환할 의무가 있다. 이에 비해 대외적인 관계에서는 수탁자에게 완전한 소유권의 이전이 있게 되고, 따라서 수탁자는 완전한 소유자로 취급된다. 이처럼 대외관계에서는 수탁자만이 소유자로 다루어지기 때문에 수탁자의 일반 채권자는 신탁 재산에 대하여 강제집행 내지 경매를 할 수 있다. 그리고 수탁자가 수탁 재산에 대하여 한 처분행위 등은 완전히 유효하게 된다. 그리하여 제3취득자가 선의이든 악의이든 그는 권리를 취득한다.

명의신탁에 있어서 신탁자는 특별한 사정이 없는 한 언제든지 명의신탁 계약을 해지하고 신탁 재산의 반환을 청구할 수 있다. 그 때 소유권이전등기의 회복이 없어도 소유권이 복귀하는지가 문제되는데, 판례는 대외적인 관계에 관하여는 명의신탁이 해지되더라도 부동산의 소유권이 당연히 신탁자에게 복귀하지 않으며, 등기명의를 회복할 때까지는 소유권을 가지고 제3자에게 대항할 수 없다고 한다. 다만 대내적인 관계에 관하여는 신탁해지에 의하여 소유권이 당연히 복귀한다는 태도를 취하고 있다.

사례

A는 5년 전 지방의 임야 5,000평을 매수하면서 당시 A의 명의로 등기할 수 없는 사정이 있어서 친구 甲에게 부탁하여 甲명의로 등기를 하였다. 최근 A는 이 임야를 매매하기 위하여 甲에게 이전등기에 필요한 서류를 요청하였더니, 甲은 명의신탁관계를 부인하며 자신의 소유라고 주장한다. A는 구제수단이 없는가?

부동산실명법에 의한 명의신탁 약정의 효력은 다음과 같다.

명의신탁을 하는 경우 명의신탁자와 명의수탁자 간에 명의신탁하기로 한 약정은 무효가 되고, 명의신탁약정에 의해 이루어진 등기도 무효가 된다. 다만 부동산을 매도한 사람이 명의수탁자를 진정한 매수인으로 알고 계약을 체결한 경우(계약명의신탁[3])는 등기가 유효한 것으로 인정된다. 또한 명의수탁자가 부동산을 제3자에게 양도하였다면 제3자가 명의신탁이 있었던 사실을 알았든 몰랐든 관계없이 명의신탁자는 자신의 권리를 주장할 수 없게 된다.

A는 부동산의 소유권을 회복할 수 있는가?(명의신탁의 사법상 효력)

부동산 매도인이 명의수탁자를 진정한 매수인으로 알고 계약을 체결하여 등기를 이전하여 주었으나 실권리자는 다른 사람인 경우에는, 명의수탁자와 실권리자(명의신탁자)간의 명의신탁약정은 무효로 되나, 소유권이전등기는 유효하므로 명의수탁자는 완전히 소유권을 취득하게 된다. 다만, 명의신탁자는 수탁자를 상대로 부당이득반환

3) 수탁자가 신탁자와의 계약에 의하여 자신이 계약의 일방 당사자가 되고 그의 명의로 등기를 하기로 하는 계약명의신탁은 본래 명의신탁이 아니지만 부동산실명법은 이것도 명의신탁이라고 하여 동일하게 규율하고 있다. 이 경우에는 수탁자가 매수 행위를 한다는 위임과 등기명의는 수탁자로 한다는 명의신탁의 약정이 있는 것으로 해석되고, 따라서 그때의 명의신탁의 약정은 무효로 되고, 위임도 무효로 된다. 따라서 신탁자는 계약에 기하여 수탁자에게 이전등기를 청구할 수는 없다. 물권변동의 유효 여부는 수탁자와 계약을 체결한 상대방(가령 매도인)이 명의신탁이 있다는 사실을 알았는지에 달려 있다. 즉 그 상대방이 악의인 때에는 등기 및 물권변동도 무효로 되나, 그가 선의인 때에는 등기 및 물권변동은 유효하다(부동산실명법 제4조 2항). 그리하여 상대방이 선의인 때에는 수탁자는 완전한 물권을 취득하게 된다. 이 때 신탁자는 수탁자의 상대방에 대하여 아무런 청구도 하지 못한다. 법률관계가 없기 때문이다. 다만, 그는 수탁자를 상대로 부당이득의 반환을 청구할 수 있다. 그런데 신탁자가 제공한 금전만을 부당이득으로 청구할 수 있을 뿐 부동산 자체의 반환은 청구할 수 없다, 수탁자의 소유권은 법률상 원인이 있을 뿐 아니라, 다르게 해석하면 부동산실명법의 취지를 살릴 수 없기 때문이다.

청구를 할 수 있다.

부동산 매도인이 명의신탁자가 원소유자임을 알고 있지만 등기는 명의수탁자 앞으로 이전해 준 경우에는, 명의신탁약정과 등기 모두 무효이므로 명의신탁자는 명의수탁자에게 자신의 권리를 주장할 수 없고, 명의신탁약정이 무효로 됨에 따라 소유권은 형식상 매도인에게 귀속된다. 따라서 명의신탁자는 명의수탁자 명의의 소유권이전등기를 말소하고 매도인을 상대로 소유권이전등기를 청구하여야 할 것이다.[4]

즉 신탁자와 상대방 사이의 매매는 여전히 유효하므로(상대방이 악의여도) 신탁자는 상대방에 대하여 소유권이전등기청구권을 가지고, 신탁자는 자신의 상대방에 대한 등기청구권을 보전하기 위하여 상대방이 수탁자에 대하여 가지고 있는 등기말소청구권을 대위 행사할 수 있다.

사례

2003년 5월 3일 甲은 丙 소유 부동산을 매수하기로 하는 매매계약을 체결하였다. 그러나 甲은 과도한 과세를 염려하여 이러한 A사정을 잘 알고 있는 乙과 위 부동산에 관하여 乙 명의로 신탁하여 등기하기로 합의했다. 甲은 이에 관하여 丙의 동의를 얻어 소유권이전등기를 위해 乙을 매수인으로 하는 매매계약서를 작성하였다. 그 후 甲은 丙에게 매매대금을 완납하고 丙은 乙 명의로 소유권이전등기를 완료했다.

1 위 사실관계 아래서 위 부동산의 소유권은 누구에게 귀속하는가?

2 乙이 임의로 甲에게 소유권이전등기를 했다면 甲이 소유자로 인정될 수 있는가?

4) 법원에서 명의신탁의 위법성이 크다고 인정하여 불법원인급여로 판단되는 경우에는 소유권 회복이 어려울 것이다.

부동산실권리자명의등기에 관한 법률

제4조(명의신탁약정의 효력) ① 명의신탁약정은 무효로 한다.

② 명의신탁약정에 따른 등기로 이루어진 부동산에 관한 물권변동은 무효로 한다. 다만, 부동산에 관한 물권을 취득하기 위한 계약에서 명의수탁자가 어느 한쪽 당사자가 되고 상대방 당사자는 명의신탁약정이 있다는 사실을 알지 못한 경우에는 그러하지 아니하다.

③ 제1항 및 제2항의 무효는 제3자에게 대항하지 못한다.

제12조(실명등기의무 위반의 효력 등) ① 제11조에 규정된 기간 이내에 실명등기 또는 매각처분 등을 하지 아니한 경우 그 기간이 지난 날 이후의 명의신탁약정 등의 효력에 관하여는 제4조를 적용한다.

1 부동산의 소유권은 매도인인 丙에게 귀속한다.

2 명의신탁자가 소유자로부터 부동산을 양도받으면서 명의수탁자와의 사이에 명의신탁약정을 하여 소유자로부터 바로 명의수탁자 명의로 소유권이전등기를 하는 이른바 3자 간 등기명의신탁에 있어서, 명의수탁자가 부동산실권리자명의등기에 관한 법률에서 정한 유예기간 경과 후에 자의로 명의신탁자에게 바로 소유권이전등기를 경료해 준 경우, 같은 법에서 정한 유예기간의 경과로 기존 명의신탁약정과 그에 의한 명의수탁자 명의의 등기가 모두 무효로 되고, 명의신탁자는 명의신탁약정의 당사자로서 같은 법 제4조 제3항의 제3자에 해당하지 아니하므로 명의신탁자 명의의 소유권이전등기도 무효가 된다 할 것이지만, 한편 같은 법은 매도인과 명의신탁자 사이의 매매계약의 효력을 부정하는 규정을 두고 있지 아니하여 유예기간 경과 후에도 매도인과 명의신탁자 사이의 매매계약은 여전히 유효하므로, 명의신탁자는 매도인에 대하여 매매계약에 기한 소유권이전등기를 청구할 수 있고, 그 소유권이전등기청구권을 보전하기 위하여 매도인을 대위하여 명의수탁자에게 무효인 그 명의 등기의 말소를 구할 수도 있으므로, 명의수탁자가 명의신탁자 앞으로 바로 경료해 준 소유권이전등기는 결국 실체관계에 부합하는 등기로서 유효하다(대법원 2004.6.25 선고 2004다6764 판결).

SUMMARY

1. 등기를 갖추지 않으면 부동산 물권의 변동은 일어나지 않는다. 그 등기가 유효하려면 그 등기 자체가 부동산등기법이 정하는 절차상의 요건을 갖추어 적법하게 이루어져야 할 뿐만 아니라, 그 등기가 현재의 권리변동 또는 물권변동에 부합하는 것이어야 한다.

2. 동일인 명의로 소유권보존등기가 2중으로 된 경우에는 언제나 제2등기는 무효이다. 등기명의인을 달리하여 2중의 보존등기가 된 경우에는 원칙적으로 제2등기가 무효이지만 제1등기가 원인무효인 때에는 예외적으로 제2등기가 유효하다.

3. 중간생략등기는 3자(양도인·양수인·중간자) 합의가 있을 때 유효함은 물론이고 3자 합의가 없더라도 합의가 없었음을 이유로 그 무효를 주장하지 못하고 그 말소를 청구하지 못한다. 다만 등기청구권이 인정되려면 관계 당사자 전원의 합의가 있어야 한다.

4. 명의신탁을 하는 경우, 명의신탁자와 명의수탁자 간에 명의신탁을 하기로 한 약정은 무효가 되고, 명의신탁 약정에 의해 이루어진 등기도 무효가 된다. 다만, 부동산을 매도한 사람이 명의수탁자를 진정한 매수인으로 알고 계약을 체결한 경우(계약 명의신탁)는 등기가 유효한 것으로 인정된다.

YOUR OPINION

1. 복부인 B는 땅 값이 오른다는 소문을 듣고 A로부터 토지를 샀고, 이 토지를 C에게 매도하였다. C가 등기하려고 하는데 복부인 B 자신은 빠지고 직접 A로부터 C 앞으로 등기를 하라고 한다. 이 등기는 유효한가?

2. 甲은 세금을 조금이라도 덜 내기 위해 자기의 아파트 중 한 채를 먼 친척 乙의 명의로 등기했다. 그런데 乙이 이 아파트를 팔아 버렸고, 아파트를 매수한 丙은 등기를 완료했다. 甲은 乙에게 아파트를 돌려 달라고 할 수 있을까?

Chapter 7
소유자의 권리

法

부동산과 생활법률

Chapter 7. 소유자의 권리

1. 소유권

1) 소유권의 의의

소유자는 법률의 범위 내에서 그 소유물을 사용·수익[1]·처분할 권리가 있다(민법 제211조).

헌법에 의해 「모든 국민의 재산권은 보장된다」(헌법 제22조 1항). 민법에서도 소유자는 그 소유물을 사용·수익·처분할 권리가 있지만, 그것은 「법률」의 범위 내에서만 가능하다(민법 제211조). 다시 말하면 법률에 의하여 소유권의 내용을 제한할 수 있다는 뜻이 된다. 법률로써 제한한다고 하더라도 사유재산제도를 부정하거나 소유권의 본질적인 내용을 침해하는 것은 허용되지 않으며, 또 설사 공공필요에 의하여 소유권을 침해하게 되더라도 그때에는 반드시 손실보상을 하여야만 한다.

2) 소유권에 기한 물권적 청구권

물권에 관한 내용의 완전한 실현이 방해받는 경우 물권자는 물권의 일반적 효력으로서 그 방해의 제거를 청구할 수 있다. 민법은 소유권에 기한 물권적 청구권으로 소유물 반환청구권, 소유물 방해제거청구권, 소유물 방해예방청구

1) '사용·수익'이라 함은 목적물을 사용하거나 또는 목적물로부터 생기는 과실을 수취하는 것을 말한다.

권의 3가지를 인정한다.

즉, 소유자는 그 소유에 속한 물건을 점유한 자에 대하여 반환을 청구할 수 있다. 그러나 점유자가 그 물건을 점유할 권리가 있을 때에는 반환을 거부할 수 있다(민법 제213조). 소유자는 소유권을 방해하는 자에 대하여 방해의 제거를 청구할 수 있고 소유권을 방해할 염려가 있는 행위를 하는 자에 대하여 그 예방이나 손해배상의 담보를 청구할 수 있다(민법 제214조). 예를 들어, 타인 소유의 토지 위에 무단으로 건물을 지은 경우에는 먼저 토지를 점유하고 있고 나아가 건물로 인해 토지 소유권을 방해하고 있으므로, 토지 소유자는 반환청구로서 「토지의 반환」을, 방해제거청구로서 「건물의 철거」를 청구할 수 있다.

사례

태풍으로 A의 정원의 나무가 이웃인 B의 정원으로 쓰러져 들어 왔다. 여기서 A는 B에게 그 나무의 반환을 청구하고, B는 A에게 나무를 그의 정원에서 치워 줄 것을 요구하였다. 누구의 청구가 인정될 수 있는가?

먼저 A가 B에게 나무의 반환을 청구할 수 있는지를 살펴본다.
소유권에 기초하여 「나무의 반환」을 청구하기 위해서는 B가 그 나무를 불법으로 점유한 것이어야 하는데, 사례에서는 B가 그 나무를 불법으로 점유하고 있다고 볼 수 없다. 결국 A는 B를 상대로 나무의 반환을 청구할 수 없다.
다음, B가 A에 「나무의 철거」를 청구할 수 있는지를 살펴본다.
소유권에 기초한 방해제거청구(민법 제214조)는 객관적으로 방해 상태를 형성하고 있는 자에게 그 제거를 청구할 수 있는 것이다. 따라서 설사 태풍으로 나무가 쓰러져 들어 왔다하더라도 그로 인해 토지 소유권의 행사에 방해를 주고 있는 것이므로, B는 A를 상대로 그 나무의 철거를 청구할 수 있고, 그에 따른 비용은 A가 부담하여야 한다.

3) 소유권과 부합(附合)

민법 제256조는 "부동산의 소유자가 그 부동산에 부합한 물건의 소유권을 취득한다."라고 규정한다. 「부합」은 동산 간의 부합에 관하여 "훼손하지 아니하면 분리 할 수 없거나 그 분리에 과다한 비용을 요할 경우"라고 규정하고 있지만(민법 제257조), 부동산의 경우에도 여기서 정하는 부합의 정도를 요구한다.

유류저장탱크를 토지로부터 분리하는 데는 과다한 비용이 들고 지하에 매설된 유류저장탱크를 분리하여 발굴할 경우 그 경제적 가치가 현저히 감소할 것임은 경험칙상 분명하므로 이 사건의 유류저장탱크는 이 사건 토지에 부합된 것이라고 할 것이다(대법원 1995.6.29. 선고 94다6345 판결).

그러나 타인의 권원(權原)에 의하여 부속된 것은 그러하지 않다. 즉 부동산에 물건이 부합하더라도 그것이 타인의 「권원」에 의하여 부속된 것인 경우에는 부합이 성립하지 않고 그 타인의 소유가 된다. 여기서 「권원」이란 타인의 부동산에 지상물을 부착시킬 권능을 가지는 권리로서, 지상권·전세권·임차권 등이 이에 해당한다.

사례

A가 소유 토지를 B에게 임대를 해주었는데, C는 토지임차인인 B의 승낙을 받아 그 토지 위에 사철나무 1그루를 심었다. 그 후에 토지를 A로부터 매수한 D는 그 나무를 베어 버렸다. 이에 C가 D를 상대로 나무의 소유권을 침해한 것을 이유로 한 손해배상을 청구하였다. 이 청구는 인용될 수 있는가?

C의 소유권 침해? - 수목이 토지 소유자 C의 소유?

타인의 토지에 수목을 심은 경우, 그 수목에 대해 소유권을 취득하기 위해서는 그 수목을 심어서 그 토지를 이용할 「권원」이 있어야 한다(민법 제256조 단서). 그렇지 않은 경우에는 그 수목은 토지에 부합하여 토지 소유자의 소유로 귀속한다.

사례에서 C는 토지 소유자의 승낙을 받지 않고 임차인 B의 승낙만을 받은 자로서, 위와 같은 권원이 없다. 따라서 그 수목은 토지에 부합하고, 그 결과 수목의 소유권은 토지 소유자에게 귀속한다. 그러므로 그 수목의 소유권이 C에게 있는 것을 전제로 하는 C의 손해배상청구는 인용될 수 없다.

2. 부동산 소유권의 범위

1) 토지 소유권의 범위

토지의 소유권은 「정당한 이익이 있는 범위 내에서 토지의 상하(上下)」에 미친다(민법 제212조). 토지를 완전히 이용하기 위하여 지표뿐만 아니라 지상의 공간이나 지하에도 소유권의 효력이 미치게 한 것이다. 이때 그 범위는 정당한 이익 있는 범위 내에서만 미치므로 소유자의 이익을 침해하지 않는 한도에서는 타인도 그 토지의 상공과 지하를 이용할 수 있으며, 토지 소유자라고 하여 이를 금할 수 없다.

2) 상린관계(相隣關係)

인접하고 있는(서로 이웃한) 토지의 소유자가 서로 각자의 소유권을 주장하고 이를 행사하는 경우에는 서로 간에 충돌이 생길 수 있다. 여기서 인접하고 있는 부동산 소유자 상호 간의 이용을 제한하고 토지이용을 조절하기 위해 민법은 그들 사이의 권리관계를 규정하고 있다. 이를 '상린관계' 라고 한다.

(1) 상린관계에 관한 민법의 규정(민법 제216조~제244조)

이 규정은 토지의 이용을 조절하기 위하여 토지소유권의 내용인 물권적 청구권을 축소하거나 확장하는 것에 불과하므로(임의규정), 그와 다른 내용의 당사자 사이의 특약은 유효하다(판례).

(2) 인지사용청구권

토지 소유자는 경계나 그 근방에서 담 또는 건물을 축조하거나 수선하기 위하여 필요한 범위 내에서 이웃 토지의 사용을 청구할 수 있다. 그러나 그 주거에 들어가려면 이웃 사람의 승낙이 있어야 한다. 이 경우 이웃 사람이 손해를 받은 때에는 보상을 청구할 수 있다(민법 제216조).

인지 = 이웃 토지

(3) 생활방해의 금지와 인용

토지 소유자는 매연, 열기체, 액체, 음향, 진동 기타 이에 유사한 것으로 이웃 토지의 사용을 방해하거나 이웃거주자의 생활에 고통을 주지 아니하도록 적당한 조치를 할 의무가 있다.

한편 이웃거주자는 그 사태가 이웃 토지의 통상의 용도에 적당한 것인 때에는 이를 인용할 의무가 있다(민법 제217조).

사례

A가 거주하는 곳 옆에는 낮은 담장을 사이에 두고 B의 돈사가 위치해 있어 악취뿐만 아니라 기르는 돼지 소리 등으로 생활에 큰 지장을 받고 있다. 구제 방법은?

민법 제217조는, 토지 소유자는 매연, 열기체, 액체, 음향, 진동 기타 이에 유사한 것으로 이웃 토지의 사용을 방해하거나 이웃거주자의 생활에 고통을 주지 아니하도록 적당한 조치를 할 의무가 있다고 규정한다.

돈사의 설치로 그 인접지 거주자가 받을 피해와 고통이 사회관념상 일반적으로 수인하여야할 정도의 것일 때에는 거주자가 이를 수인하여야 하나 그 정도를 초과할 때에는 수인의무가 없고 오히려 방해 사유의 제거 내지 예방 조치를 청구 할 수 있다.

민법 제217조의 규정은 토지 자체의 지배 내지 이용과는 별도로 그 토지 위에 영위하는 인간의 건강하고 쾌적한 생활이익이 매연, 소음, 진동 등으로 인하여 적극적으로 침해되었을 때에는 생활이익의 침해를 토지 소유권의 침해와 동일시하여 토지 소유권에 기초해 이러한 생활이익의 침해행위에 대한 방해배제청구권을 인정한 것이다.

따라서 A는 B에 대하여 방해요인의 제거 내지 예방을 청구할 수 있다.

비교

"의료법인이 운영하는 종합병원의 부지와 인근 주민들이 거주하는 연립주택의 부지는 모두 도시계획법에 의하여 일반상업지역으로 지정된 지역 내에 위치하고 있기는 하지만 그 지역의 현황은 상가 등 근린생활시설과 주택이 혼재하여 있고, 그 연립주택의 전면이 그 병원의 부지 쪽을 향하여 건축된 다음 상당한 기간이 지난 후에 그 병원이 건축되었으며 그 연립주택 부지와 병원 부지 사이의 경계로부터 그 병원의 3층 산부인과 입원실의 연립주택 쪽 창문까지의 직선거리는 차면시설의무가 있는 법정 거리인 2m에 미치지 못하는 경우, 비록 그 병원이 그 부지의 도시계획상 용도에 적합한 시설이고 그 병원과 같은 종합병원이 공익시설이며 이를 운영함에 있어서 응급실과 영안실의 설치가 필수적이라고 하더라도 그 병원 및 연립주택의 현황과 그 위치한 지역의 형태, 토지 이용의 선후 관계, 의료법인으로서는 그 병원의 운영에 지장을 초래하지 않는 범위 내에서 인근 주민들의 생활방해를 방지하거나 감소시키기 위한 조치를 할 수 있었을 것으로 보이는 점 등 제반 사정에 비추어 볼 때, 의료법인이 그와 같은 조치를 하지 아니함으로써 발생한 생활방해는 인근 주민들에게 사회통념상 요구되는 수인의 한도를 넘은 것이라고 봄이 상당하다." (대법원 1997.10.28. 선고 95다15599 판결)

(4) 수도 등의 시설권(민법 제218조)

토지 소유자는 타인의 토지를 통과하지 아니하면 필요한 수도, 소수관, 가스관, 전선 등을 시설할 수 없거나 과다한 비용을 요하는 경우에는 타인의 토지를 통과하여 이를 시설할 수 있다.

(5) 주위토지통행권(민법 제219조, 제220조)

어느 토지와 공로(公路) 사이에 그 토지의 용도에 필요한 통로가 없는 경우, 그 토지 소유자는 주위의 토지를 통행 또는 통로로 하지 아니하면 공로(公路)에 출입할 수 없거나 과다한 비용을 요하는 때에는 그 주위의 토지를 통행할 수 있고 필요한 경우에는 통로를 개설할 수 있다(민법 제219조 1항). 그러나 이로 인한 손해가 가장 적은 장소와 방법을 선택해야 하고, 통행권자는 통행지 소유자의 손해를 보상하여야 한다.

분할(分割)로 인하여 공로(公路)에 통하지 못하는 토지가 있는 때에는 그 토지 소유자는 공로(公路)에 출입하기 위하여 다른 분할자의 토지를 통행할 수 있다(민법 제220조 1항). 이 경우에는 보상의 의무가 없다.

사례

A는 B로부터 토지를 매입하여 건물을 건축하려 하였으나, 이 토지 주위에는 공로(公路)로 통할 수 있는 길이 C 소유의 토지뿐이라서 이곳을 통하여 건축자재 등을 운반하여 건축을 시작하려 하였으나, C가 자신의 소유 토지에 대한 사용을 완강히 거부하여 공사가 중단되어 있는 상태이다. A의 구제수단은?

민법 제219조는 어느 토지와 공로 사이에 그 토지의 용도에 필요한 통로가 없어 그 토지 소유자가 주위의 토지를 통행 또는 통로로 하지 아니하면 공로(公路)로 출입할 수 없거나 과다한 비용을 요하는 때에는 그 주위의 토지를 통행 할 수 있고, 필요한 경우에는 통로를 개설할 수 있는데, 이때 이로 인한 손해가 가장 적은 장소와 방법을 선택해야하고, 통행권자는 통행지 소유자의 손해를 보상해야 한다고 규정하고 있다. 따라서 A는 C 소유 토지를 통행할 수 있고, 필요한 경우에는 통로를 개설할 수도 있다. 그리고 C의 통행 저지에 대하여는 법원에 통행방해를 금지시켜달라는 신청을 할 수 있다(통행방해금지 가처분신청).

민법 제219조에 규정된 주위토지통행권은 공로와의 사이에 그 용도에 필요한 통로가 없는 토지의 이용이라는 공익목적을 위하여 피통행자 소유자의 손해를 무릅쓰고 특별히 인정되는 것이므로 그 통행로의 폭이나 위치 등을 정함에 있어서는 피통행자의 소유자에게 가장 손해가 적게 되는 방법이 고려되어야할 것이고, 어느 정도를 필요한 범위로 볼 것인가는 구체적인 사안에서 사회통념에 따라 쌍방토지의 지형적·위치적 형상 및 이용관계, 부근의 지리 상황, 상린지 이용자의 이해득실 기타 제반 사정을 기초로 판단하여야 한다(대법원 2005.7.14. 선고 2003다18661 판결; 대법원 1996.5.14. 선고 96다10171 판결)

(6) 물에 관한 상린관계

가. 자연적 배수(민법 제221조, 제222조, 제224조)

토지 소유자는 이웃 토지로부터 자연히 흘러오는 물을 막지 못한다.

고지소유자는 이웃 저지에 자연히 흘러내리는 이웃 저지에서 필요한 물을 자기의 정당한 사용범위를 넘어서 이를 막지 못한다.

흐르는 물이 저지에서 막힌 때에는 고지소유자는 자비로 소통에 필요한 공사를 할 수 있다(민법 제222조).

나. 인공적 배수(민법 제223조~제227조)

토지 소유자는 처마물이 이웃에 직접 낙하하지 아니하도록 적당한 시설을 하여야 한다(민법 제225조). 토지 소유자가 저수, 배수 또는 인수하기 위하여 공작물을 설치한 경우에 공작물의 파손 또는 폐색으로 타인의 토지에 손해를 가하거나 가할 염려가 있는 때에는 타인은 그 공작물의 보수, 폐색의 소통 또는 예방에 필요한 청구를 할 수 있다.

다. 여수급여청구권(민법 제228조)

토지 소유자는 과다한 비용이나 노력을 요하지 아니하고는 가용이나 토지이용에 필요한 물을 얻기 곤란한 때에는 이웃 토지 소유자에게 보상하고 여수의 급여를 청구할 수 있다.

라. 유수의 이용관계

- 수유토지가 사유인 유수의 이용관계(민법 제229조, 제230조)
- 공유하천용수권(민법 제231조)
- 지하수용수권(민법 제235조)

사례

많은 동네사람들이 甲의 산의 약수를 식수로 이용하고 있었는데 甲이 사람들이 자기 산에 드나드는 것을 싫어해서 산 둘레를 철조망으로 쳐 출입을 막고 있다. 산동네 사람들은 수도를 끌어 들이자니 막대한 비용이 들어 엄두를 내지 못하고 있다.

민법은 "과다한 비용이나 노력을 요하지 않고는 집에서 쓰는 물이나 토지 이용에 필요한 물을 얻기 곤란한 때는 이웃 토지 소유자에게 보상하고 남는 물의 공급을 요청할 수 있다(제228)."라고 규정하고 있다. 따라서 甲은 남는 물을 이웃사람에게 나누어 줄 법적 의무가 있다.

만일 甲의 산에서 나는 물이 지하에서 분출하는 것이고 이것이 계속해서 다른 사람 토지에 흘러 내려간 경우에는, 그 타인은 관습법상 흐르는 물의 사용권을 갖게 되고 이 경우 분출지의 소유자는 물의 흐름을 막지 못한다.

(7) 경계(境界)에 관한 상린관계

가. 경계표, 담의 설치(민법 제237조~제239조)

인접하여 토지를 소유한 자는 다른 관습이 없는 한 공동 비용으로 통상의 경계표나 담을 설치할 수 있다. 이 경우 비용은 쌍방이 절반하여 부담한다. 그러나 측량 비용은 토지의 면적에 비례하여 부담한다. 인지소유자는 자기의 비용으로 담의 재료를 통상보다 양호한 것으로 할 수 있으며 그 높이를 통상 보다 높게 할 수 있고 또는 방화벽 기타 특수시설을 할 수 있다(민법 제238조).

경계에 설치된 경계표, 담, 구거[2] 등은 상린자의 공유로 추정한다(민법 제239조). 그러나 경계표, 담, 구거 등이 상린자 일방의 단독 비용으로 설치된 경우에는 그 비용 부담자의 소유로 되고, 담이 건물의 일부인 경우에는 건물 소유자의 소유에 속한다.

2) 구거(溝渠) = 도랑·개골창

사례

A는 이웃 B와 공동으로 쓰는 담이 있는 집에 살고 있는데, 폭우로 그 담의 일부가 무너졌다. 이 경우 무너진 담의 보수비용은 누가 부담하는가?

민법 제237조는 인접하여 토지를 소유한 자는 공동비용으로 통상의 경계표나 담을 설치할 수 있다고 하고, 그 비용은 쌍방이 절반하여 부담하지만, 측량비용은 토지의 면적에 비례하여 부담한다고 규정한다. 다만 다른 관습이 있을 경우에는 그 관습에 의한다고 규정한다.
민법 제238조에 따라, 인지소유자는 자기의 비용으로 담의 재료를 통상보다 양호한 것으로 할 수 있으며 그 높이를 통상보다 높게 할 수 있고 또는 방화벽 기타 특수시설을 할 수 있다. 또 민법 제239조에 의하면, 경계에 설치된 경계표, 담, 구거 등은 상린자의 공유로 추정하나 경계표, 담, 구거 등이 상린자 일방의 단독비용으로 설치된 경우에는 그 비용 부담자의 소유로 되고, 담이 건물의 일부인 경우에는 건물 소유자의 소유에 속한다.
따라서 위의 경우 특별한 관습이나 사정이 없다면 무너진 담은 공유로 추정되므로, 담 쌓는 비용은 A, B가 공동으로 부담한다. 이웃집이 담의 보수를 차일피일 미룬다면 상대방에게 담의 공동보수를 청구하거나, 우선 자기 비용을 들여 담을 쌓고나서 그 절반을 청구할 수 있다.

나. 경계(境界)를 넘는 수지(樹掛)·수근(樹根)의 제거권(민법 제240조)

인접지의 수목가지가 경계를 넘은 때에는 그 소유자에 대하여 가지의 제거를 청구할 수 있고, 상대방이 이에 응하지 아니한 때에는 청구자가 그 가지를 제거할 수 있다. 한편 인접지의 수목 뿌리가 경계를 넘은 때에는 임의로 제거할 수 있다.

(8) 경계선 부근의 공작물 설치에 관한 상린관계

토지 소유자는 인접지의 지반이 붕괴할 정도로 자기의 토지를 심굴하지 못한다. 그러나 충분한 방어공사를 한 때에는 그러하지 아니하다(민법 제241조).

건물 축조에 대한 특별한 관습이 없으면 경계로부터 반 미터 이상의 거리를 두어야 한다. 인접지소유자는 이에 위반한 자에 대하여 건물의 변경이나 철거를 청구할 수 있다. 그러나 건축에 착수한 후 1년을 경과하거나 건물이 완성된 후에는 손해배상만을 청구할 수 있다(민법 제242조).

경계로부터 2미터 이내의 거리에서 이웃 주택의 내부를 관망할 수 있는 창이나 마루를 설치하는 경우에는 적당한 차면시설을 하여야 한다(민법 제 243조).

우물을 파거나 용수, 하수 또는 오물 등의 정화시설을 하는 때에는 경계로부터 2미터 이상의 거리를 두어야 하며 저수지, 구거 또는 지하실 공사에는 경계로부터 그 깊이의 반 이상의 거리를 두어야 한다(민법 제244조 1항). 이러한 공사를 함에는 토사가 붕괴하거나 하수 또는 오물이 이웃에 흐르지 아니하도록 적당한 조처를 하여야 한다(민법 제 244조 2항).

사례

1 A는 건물을 신축하면서 그 건물의 창 및 발코니가 B의 옆 토지와의 경계를 넘고 있다. 이때 B의 구제수단은?

2 A가 땅을 최대한 이용하여 집을 지으려고 이웃집 B의 땅과의 경계선 위에 집의 한쪽 벽을 쌓으려고 한다. 가능한가?

3 A가 B의 집 가까이 2층 집을 지었는데, 담으로부터 2미터가 채 안 되는 거리였고 2층 창이 B의 방 창문과 마주 향해 있어서 창문을 열어 놓고 있지를 못하게 되었다. B는 A에게 무엇을 요구할 수 있는가?

1 이웃의 땅을 공중으로 침범하고 있다. 토지의 소유권은 그 토지의 상하에 미치는 것이 원칙이다. 그러므로 공중이라고 하여 건물을 지으면서 경계를 넘어 이웃 담을 침범하여 공사를 하는 것은 허용되지 않는다.

공사 중이라면, 공사를 중지하여 건물의 창문 및 발코니 등을 경계선 안쪽으로 들어가게 해 달라고 요구할 수 있다. 공사에 착수하고 나서 1년 지났다든지 공사가 완성된 뒤에는 손해배상밖에 받을 수 없다(민법 제242조 2항). B의 요구에 응하지 않고 A쪽에서 계속 공사를 진행할 때는, 법원에 '공사중지가처분'을 신청하는 것이 바람직하다.

2 경계선에 관해 그 지방에 특별한 관습이 없으면, 경계선으로부터 0.5미터 이상의 거리를 두고 건축해야 한다. 민법은 건물을 축조함에 특별한 관습이 없으면 경계로부터 반 미터 이상의 거리를 두어야 한다고 규정한다(민법 제242조 1항). 그러나 옆집 주인 B와 합의하여 서로 벽을 붙여서 건축하기로 하였다면 가능하다.

그런데 B가 모르는 사이 A가 일방적으로 0.5미터의 거리를 두지 않고 경계선상에 건축하였다면 어떠한가? 인접지소유자 B는 이를 위반한 자에 대하여 건물의 변경이나 철거를 청구할 수 있다. 그러나 건축에 착수한 후 1년 경과하였다거나 건물이 완성된 후에는 손해배상만을 청구할 수 있다(민법 제242조 2항). 따라서 B는 A를 상대로 이 기간 내에 건물의 변경 또는 철거 청구소송을 제기할 수 있다. 다만 이를 청구하여도 공사는 계속 진행될 수 있으므로 법원에 '공사중지가처분'을 신청하는 것이 바람직하다.

3 A는 자기의 창 앞에 적당한 「차면시설」을 하여야한다. 이는 경계로부터 2미터 이내의 거리에서 이웃주택의 내부가 들여다보이는 창이나 마루를 설치하였을 때이다.

3. 건물의 구분소유

1) 민법 제215조

민법은 여러 사람이 한 채의 건물을 구분하여 각각 그 일부분을 소유하는 것을 인정한다(민법 제215조). 즉 건물의 일부가 경제적으로 독립한 건물과 동일한 효용을 가지고 또한 사회관념상 독립한 건물로 다루어지는 경우에, 그 위에 독립한 소유권을 인정하는 것으로서, 이것을 「구분소유권」이라고 부른다. 그리고 이를 토대로, 한 채의 건물을 구분하여 각각 그 일부분을 소유한 때에는 건물과 그 부속물 중 공용하는 부분은 그의 공유(共有)로 추정한다. 그리고 공용부분의 보존에 관한 비용 기타의 부담은 각자의 소유부분의 가액에 비례하여 분담한다.

2) 집합건물의 소유 및 관리에 관한 법률

1970년대 말 아파트 붐 현상 이후 아파트나 연립주택과 같은 공동주택이 일반화됨에 따라 그에 관한 여러 문제점을 규율하고자 집합건물의 소유 및 관리에 관한 법률이 제정되었다.

(1) 적용범위

한 동의 건물 중 구조상 구분된 여러 개의 부분이 독립한 건물로서 사용 될 수 있을 때에는 그 각 부분은 이 법이 정하는 바에 따라 각각 소유권의 목적으로 할 수 있다. 아파트나 연립주택 외에 상가건물도 포함시키고 있다: 1동의 건물 중 수개의 건물부분이 이용 상 구분된 경우에 그 건물부분(이하 "구분점포"라고 한다.)은 이 법이 정하는 바에 따라 각각 소유권의 목적으로 할 수 있다.

구분소유권이란 1동의 건물 중 구조상의 독립성 및 이용상의 독립성을 가진 전유부분을 목적으로 하는 소유권을 말한다.

(2) 구분소유권의 객체가 되기 위한 요건

① 1동의 건물이 구조상 구분될 수 있어야 한다.

② 구분된 여러 개의 부분이 독립한 건물로서 사용될 수 있어야 한다.

(3) 전유부분과 공용부분

전유부분이란 구분소유권의 목적인 건물부분을 말한다. 공용부분은 법정공용부분(구조상의 공유부분)과 규약상의 공용부분이 있다.

법정공용부분이란 그 성질 및 구조상 당연한 공용부분으로써, 1동의 건물 중 전유부분 이외의 건물부분(예: 지붕, 계단, 복도, 승강기 등)과 전유부분에 속하지 않는 건물의 부속물(예: 전기배선, 물탱크, 소화시설 등)을 말한다. 법정공용부분은 법률상 당연히 인정되므로 이를 등기할 필요가 없다.

약정공용부분이란 구조상으로는 전유부분이지만 규약에 의해서 공용부분으로 된 부속 건물(예: 관리사무실, 창고, 차고 등)을 말한다. 약정공용부분은 등기를 하여야 공용부분으로 인정된다.

① 공용부분은 구분소유자의 전원의 공유에 속하고 공용에 제공되는 것이 원칙이다.

② 공용부분에 대한 공유지분은 전유부분과 분리하여 처분할 수 없다. 따라서 구분소유자의 공용부분에 대한 지분은 그의 전유부분의 처분에 따른다.

③ 공용부분은 공유임에도 불구하고 공유물분할청구권을 행사할 수 없다.

④ 공용부분은 각 구분소유자가 용도에 따라 사용할 수 있다.

⑤ 공용부분에 대한 지분은 전유부분의 면적의 비율에 의한다.

⑥ 공용부분의 변경은 집회 결의로써 결정할 수 있다.

3) 대지사용권

'건물의 대지'란 전유부분이 속하는 1동의 건물이 소재하는 토지 및 규약으로서 건물의 대지로 된 토지를 말한다. 그리고 '대지사용권'이란 구분소유자가 전유부분을 소유하기 위하여 건물의 대지에 대하여 가지는 권리를 말한다. 이 대지사용권은 전유부분과 일체를 이룬다. 즉 구분소유자의 대지사용권은 그의 전유부분의 처분에 따르고, 그가 가지는 전유부분과 분리하여 대지사용권을 처분할 수 없다.

4) 구분소유자의 권리, 의무

(1) 구분소유자의 권리·의무 일반내용

① 구분소유자는 건물의 보존에 해로운 행위 기타 건물의 관리 및 사용에 관하여 구분소유자의 공동의 이익에 반하는 행위를 해서는 아니된다.

② 전유부분이 주거의 용도로 분양된 것인 경우에는 구분소유자는 정당한 사유 없이 그 부분을 주거 이외의 용도로 사용하거나 그 내부 벽을 철거 또는 파손하여 증·개축하는 행위를 해서는 아니된다.

③ 구분소유자는 그 전유부분 또는 공용부분을 보존 또는 개량하기 위하여 필요한 범위에서 다른 구분소유자의 전유부분 또는 자기의 공유에 속하지 않는 공용부분의 사용을 청구할 수 없다. 이 경우 다른 구분소유자가 손해를 입은 때에는 이를 보상해야 한다.

(2) 구분소유자의 권리

① 공용부분에 대한 사용, 수익권

② 관리단 집회에서의 의결권

③ 관리인 해임 청구권

④ 관리단 집회의 소집청구 및 소집권

⑤ 타 전유부문 및 공용부분의 사용청구권

⑥ 하자보수청구권

(3) 구분소유자의 의무

① 공동의 이익에 반하는 행위의 금지

② 외관유지의무

③ 구분소유권 매도청구권에 응할 의무

④ 건물 멸실에 대한복구

5) 관리단

건물에 대하여 구분소유관계가 성립하면, 구분소유자 전원으로 건물 및 그 대지와 부속시설의 관리에 관한 사업의 시행을 목적으로 하는 관리단을 구성하며, 법률상 반드시 두어야 하는 필요적 관리기구이다. 관리단은 어떠한 조직 행위를 거쳐야 비로소 성립되는 단체가 아니라 구분소유관계가 성립하는 건물이 있는 경우 당연히 그 구분소유자 전원을 구성원으로 하여 성립되는 단체이다(대법원 1995.3.10. 선고 94다49687, 49694 판결). 그 법적 성격은 권리능력 없는 사단으로 평가된다.[3)]

관리단의 사무는 동 법률 또는 규약으로 관리인에게 위임한 사항 이 외에는 구분소유자 전원으로 구성된 관리단집회의 결의에 의하여 행한다.

① 구분소유자가 10인 이상일 때에는 반드시 관리인을 조직하여야 한다.
② 관리인은 대외적으로 대표권을 갖으며 규약 또는 관리단집회의 결의로 대표권을 제한 할 수 있다.

6) 규약

규약이란 집합건물이나 그 대지 또는 부속시설 등의 관리, 사용관계를 규율하기 위하여 각 구분소유자의 합의로써 집합건물법이 규정하고 있지 않는 사항을 정하는 자치규범을 말한다. 규약의 설정, 변경 및 폐지는 관리단집회에서 구분소유자 및 의결권의 각 3/4 이상의 찬성을 얻어야 된다.

---

3) 공동주택의 입주자가 구성한 입주자대표회의는 단체로서의 조직을 갖추고 의사결정 기관과 대표자가 있을 뿐만 아니라, 또 현실적으로도 자치관리기구를 지휘, 감독하는 등 공동주택의 관리업무를 수행하고 있으므로 특별한 다른 사정이 없는 한 법인 아닌 사단으로서 당사자능력을 가지고 있는 것으로 보아야 한다(대법원 1991.4.23. 선고 91다4478 판결).

사례

아파트에 있어서 자기의 거주부분 및 현관·복도·계단과 그 밖의 공동사용부분의 권리관계는 어떠한가?

공용부분은 원칙적으로 구분소유자 전원의 공유가 되며, 그 지분은 각 구분소유자의 전유부분의 건평의 비율에 따른다.

1. 분양아파트

보통 분양아파트란 구조상 구분된 여러 개의 부분으로 독립하여 주거로 이용할 수 있는 고층주택을 말한다. 이들 분양아파트의 구분된 부분은 각각 독립적으로 매매된다. 분양아파트의 권리관계는 민법 제215조와 건물의 구분소유에 관한 집합건물의 소유 및 관리에 관한 법률에 의하고 있다.

2. 건물 전유부분

1동의 건물로 구조상 구분된 독립된 부분을 전유부분이라고 하고, 이것을 목적으로 하는 권리를 구분소유권이라고 한다.

전유부분을 양도하거나 저당 잡히는 것은 토지나 건물의 경우와 같다. 그러나 1동의 건물에 많은 가구들이 살고 있다는 점에서 공동소유자 사이에 강한 제한을 받는다.

즉 구분소유자는 건물의 보존을 위해서 해로운 행위 그밖에 건물의 관리 또는 사용에 관하여 구분소유자의 공동이익에 위배되는 행위를 금지하고 또한 그 전유부분 또는 공유부분의 보존과 개량을 위해서 필요한 범위 내에서 다른 구분소유자의 전유부분이나 자기의 소유에 속하지 않는 공유부분의 사용을 청구할 수 있다.

3. 공용부분

공용부분은 전유부분 이외의 부분과 전유부분에 속하지 않는 건물의 부속물 또는 부속된 건물을 말한다. 현관·복도·계단·엘리베이터와 그 밖에 구분소유자 전원 또는 일부가 공동으로 사용하고 있는 건물의 부분 그리고 전유부분에 속하지 않는 건물의 부속물, 옥상의 설비·전기배선시설·급배수시설 등은 법률상 당연히 건물의 부분으로서 전유부분에 속하지 않는 것, 집회실·관리인실 등 부속된 건물은 규약에 의하여 공용부분이 될 수 있다.

4. 부지의 권리관계

구분소유의 실효를 거두기 위해서 부지에 대한 이용권을 필요로 하는데, 부지에 대한 권리는 구분소유자의 공유나 토지의 차지권의 준공유로 되고 지분의 비율은 전유부분의 건평의 비율로 정하고 있다.

5 건물의 관리·운영

건물의 관리나 운영에 관한 사항에 대하여는 규약에 의하여 정하고, 구분소유자는 공용부분·부지에 있어서 다른 구분소유자의 채권에 대하여 채무자의 구분소유권 건물에 마련된 설비에 우선권이 있고, 건물의 부지에 관한 권리가 없는 구분소유자에 대하여 그 전유부분의 주거권을 소유하고 있는 것에는 시가에 의한 매도청구권을 인정하고, 공유부분의 변경은 공유자 전원의 동의를 필요로 하도록 한다.

공동거주에 따르는 관리비의 징수나 공유부분의 관리 등에 관하여 규약이나 집회의 결의로 관리인을 선임하고 또한 해임할 수도 있다. 관리인은 공용부분을 보존하고 집회의 결의사항을 실행하며 그 밖에 규약으로 정한 행위를 할 권리와 의무가 있다.

건물과 부지와 부속건물의 관리 및 사용에 관한 구분소유자 상호 간의 사항은 모두 규약으로 정할 수 있으며, 그의 결정이나 변경 및 폐지는 구분소유자 전원의 서명에 의한 합의로 한다.

4. 공동소유(共同所有)

1) 공동소유 형태

하나의 물건을 2인 이상의 다수의 사람이 공동으로 소유하는 것을 공동소유라고 한다. 하나의 물건을 다수의 사람이 아무런 공동목적 없이 단순히 2인 이상이 소유하는 경우를 공유(共有)라고 한다. 반면에 일정한 공동사업을 목적으로 2인 이상이 결합하였지만 그것이 단체로서의 독립성을 갖추지는 못한 것, 즉 조합체가 소유하는 경우를 합유(合有)라고 한다.

목적물에 대한 각 공유자의 지배권한은 완전히 자유·독립적이며, 다만 목적물이 동일하기 때문에 그 행사에 제약을 받는데 지나지 않는다. 공유자 각자가 가지는 지배권능을 지분(持分)이라고 하고, 그 처분은 자유이고, 또 언제든지 분할을 청구하여 단독소유로 전환할 수 있다.

반면에 합유는 공동의 사업을 목적으로 결합된 것이기 때문에, 합유자는 합유물에 대해 지분을 갖기는 하지만 그 지분의 양도는 제한되고 또 조합관계가 종료될 때까지는 분할을 청구하지도 못한다.

2) 공유(共有)

(1) 의의

물건이 지분에 의하여 수인(數人)의 소유로 되는 경우를 공유라고 규정한다(민법 제262조).

1개의 소유권이 분량적으로 분할되어 수인에 속하는 것 ⇒ 일물일권주의

지분(持分)은 1개의 소유권의 분량적 1부분으로, 각 공유자가 목적물에 대해 가지는 소유의 비율을 말한다. 지분은 하나의 소유권과 같은 성질을 지니므로 공유자는 그 지분을 자유로이 처분(양도·담보제공)할 수 있다(민법 제263조). 즉 다른 공유자의 동의는 필요 없다.

지분이 양도된 경우 종래 다른 공유자와의 공유관계는 그대로 양수인에게 승

계된다.

(2) 공유관계의 성립

수인이 하나의 물건을 공동으로 소유하기로 합의한다는 공유의 합의와 등기가 요구된다. 공유자는 공유의 등기이외에 지분의 등기도 하여야한다.

(3) 공유자 사이의 공유관계

공유자는 다른 공유자의 동의 없이 공유물을 처분하거나 변경하지 못한다(민법 제264조). 공유물 관리에 관한 사항은 공유자의 지분의 과반수로 결정한다. 그러나 보존행위는 각자가 할 수 있다. 공유자는 그 지분의 비율로 공유물의 관리비용 및 기타 의무를 부담한다(민법 제266조 1항).

(4) 공유물의 분할

공유자 사이에 아무런 인적 결합관계가 없으므로, 따라서 공유자는 언제든지 공유물의 분할을 청구할 수 있다(민법 제268조). 분할의 방법에 관하여 협의가 성립되지 아니한 때에는 공유자는 법원에 그 분할을 청구할 수 있다(민법 제269조 1항). 그리고 현물로 분할할 수 없거나 분할로 인하여 현저히 그 가액이 감손될 염려가 있는 때에는 법원은 물건의 경매를 명할 수 있다.

사례

A와 B가 신도시 지역에 땅 200평을 공동으로 샀다. 이 땅에 상가를 지어 판 다음 이익은 반씩 나누기로 하였는데, A가 건축 자금이 부족하여 상가 건축은 포기하고 땅을 팔아서 투자금을 회수하고 싶은데 B가 응하지 않고 있다.

B는 굳이 팔려면 도로가에 접한 100평은 자기가 갖고 뒤편의 땅 100평을 A가 가지라고 한다. A가 공평하게 B와의 공유관계에서 벗어나는 방법은?

공유자는 공유물에 대한 자기 소유 지분은 단독으로 처분할 수 있다. 하지만 공유물 전체를 처분하려면 공유자 전원의 동의가 있어야한다. 공유자 1인이라도 반대하면 공유물 전부에 대한 처분은 불가능하다. 그러나 공유물을 지분대로 나누자고 청구하는 것은 언제든지 가능하다. 이것을 「공유물 분할」이라고 하는데, 분할의 방법은 두 가지가 있다. 하나는 공유자 간에 협의를 거쳐 분할하는 방법이고(협의분할), 또 하나는 협의가 안 될 때 법원에 재판을 청구하는 방법(강제분할)이다. 어느 방법이든 공유물을 나누는 방식은 공유물 그 자체를 분량적으로 나누는 「현물분할」과 공유물을 팔아 그 대금을 나누는 「대금분할」의 방식에 따른다. 따라서 A는 B와의 협의 분할이 어려우므로 법원에 강제 분할을 청구할 수밖에 없다. 이때 B는 분할 방식으로 현물분할을 구할 수도 있고, 대금분할을 구할 수도 있다. 이 경우 어떻게 분할할 것인가 하는 문제는 법원의 재량에 따라 결정하게 된다.

3) 합유(合有)

(1) 의의 및 성질

법률의 규정 또는 계약에 의하여 수인이 조합체로서 물건을 소유하는 때에 그 공동소유를 합유라고 한다(민법 제271조 1항).

(2) 합유의 성립

법률의 규정 또는 계약에 의하여 성립한다.

법률의 규정에 의해 합유가 성립하는 것으로는,

① 민법의 조합재산(민법 제704조)과

② 수탁자가 수인이 있는 경우의 신탁재산의 경우이다.

부동산을 합유하는 때에는 그 취지를 등기하여야 한다.

(3) 합유관계

합유물의 보존행위는 각 합유자가 단독으로 할 수 있으나, 합유물의 처분·변경에는 전원의 동의가 있어야 한다(민법 제272조). 또 합유자는 전원의 동의없이 합유물에 대한 지분을 처분하지 못한다(민법 제273조 1항). 합유자는 합유물의 분할을 청구하지 못한다(민법 제273조 2항). 합유는 조합체의 존재를 전제로 하므로 조합체가 해산되면 합유도 당연히 종료하게 되는데, 곧 소멸한다는 것이 아니고, 청산절차로서 합유물의 분할이 행해져야 한다.

사례

A, B, C, D, E는 임야를 공유하고 있다. S는 이를 매수한 후 별장지로 조성한 후 판매하고자 하나, 공유자중 A와 B 2명이 이에 응하지 않는 경우, 어떻게 하여야하는가?

공유자는 그 지분을 양도하거나 담보에 제공하는 등 자유로이 처분할 수 있으므로(민법 제263조), 매매에 동의한 공유자들은 S에게 그 지분을 양도할 수 있다, 그러나 공유자는 다른 공유자의 동의 없이 공유물을 처분하거나 변경하지 못하며(민법 제264조), 공유에 있어서 지분권은 다른 공유자에 의하여 침해될 수 없기 때문에 A와 B가 임야의 매매에 응하지 않은 이상, 이들의 지분까지 포함하여 다른 공유자가 그 임야를 처분할 수는 없다. 따라서 A와 B를 제외한 나머지 공유자들이 그들의 지분을 S에게 매도한 경우에는 그 임야의 소유 형태는 S와 A. B가 공유하는 것이 된다.

공유는 어떤 사정으로 목적물을 개별적으로 소유할 수 없기 때문에 부득이 공동으로 소유하고 있는 것이며 공유자 중의 누구라도 공유관계의 소멸을 희망하는 경우에는 언제든지 자유로이 분할청구 할 수 있다(민법 제268조 1항). 공유자의 분할청구는 일방적 의사표시에 의하여 각 공유자 사이에는 구체적으로 분할을 실현할 법률관계가 발생한다. 따라서 S는 자신의 지분만큼의 임야를 별장지로 조성하여 매도하기 위해서는 A, B에 대하여 분할을 청구할 수밖에 없다.

공유자의 분할은 우선 협의에 의하여 행하여지는데, 협의가 이루어지지 않을 경우에는 공유자는 법원에 그 분할을 청구할 수 있다(민법 제269조 1항). 분할 방법에는 공유물을 그대로 양적으로 분할하는 현물분할을 원칙으로 하되, 이 밖에도 공유물을 매각하고 그 대금을 나누는 대금분할, 공유자의 한사람이 다른 공유자들의 지분을 양수하여 그 가격을 지급하고 단독 소유자가 되는 가격 배상의 방법이 있다. 그러나 S가 임야에 별장지를 조성하여 판매하고자 하는 목적을 달성하기 위해서는 현물분할을 할 수 밖에 없다. 따라서 S가 A, B와 협의가 성립되지 않아서 협의분할이 불가능하다면, 법원에 공유물분할청구를 하여 법원의 판결에 따라 분할하여야 할 것이다.

현물분할 방법은 각 공유자의 지분비율에 따라 공유물을 현물 그대로 수 개의 물건으로 분할하고, 분할된 물건에 대하여 각 공유자의 단독소유권을 인정하는 판결을 하여야하는 것인데, 그 분할 방법은 당사자가 구하는 방법에 구애받지 아니하고 법원 재량에 따라 공유관계나 그 객체인 물건의 제반 상황에 따라 공유자의 지분비율에 따른 합리적 분할을 하면 되는 것이다.

재판에 의하여 공유물을 분할하는 경우에는 법원은 현물로 분할하는 것이 원칙이고, 현물로 분할할 수 없거나 현물로 분할을 하게 되면 현저히 그 가액이 감손될 염려가 있는 때에 비로소 물건의 경매를 명하여 대금분할을 할 수 있는 것이므로, 위와 같은 사정이 없는 한 법원은 각 공유자의 지분비율에 따라 공유물을 현물 그대로 수 개의 물건으로 분할하고 분할된 물건에 대하여 각 공유자의 단독소유권을 인정하는 판결을 하여야 하는 것이고, 그 분할의 방법은 당사자가 구하는 방법에 구애받지 아니하고 법원의 재량에 따라 공유관계나 그 객체인 물건의 제반상황에 따라 공유자의 지분비율에 따른 합리적인 분할을 하면 되는 것이고, 여기에서 공유지분비율에 따른다함은 지분에 따른 가액비율에 따름을 의미한다(대법원 2004.7.22 선고 2004다10183,10190 판결).

토지를 분할하는 경우에는 원칙적으로는 각 공유자가 취득하는 토지의 면적이 그 공유지분의 비율과 같아야할 것이나, 반드시 그렇게 하지 아니하면 안되는 것은 아니고, 토지의 형태나 위치, 그 이용 상황이나 경제적 가치가 균등하지 아니할 때에는 이와 같은 제반사정을 고려해 경제적 가치가 지분비율에 상응되도록 분할하는 것도 허용된다. 일정한 요건이 갖추어진 경우에는 공유자 상호 간에 금전으로 경제적 가치의 과부족을 조정하게 하여 분할을 하는 것도 현물분할의 한 방법으로 허용되고, 여러 사람이 공유하는 물건을 현물분할 하는 경우에는 분할을 원하지 않는 나머지 공유자는 공유로 남는 방법도 허용된다(대법원 1993.12.7. 선고 93다27819 판결).

SUMMARY

1. 물권의 내용의 완전한 실현이 방해받는 경우 민법은 소유권에 기한 물권적 청구권으로써, 소유물 반환청구권, 소유물 방해제거청구권, 소유물 방해예방청구권의 3가지를 인정한다.
2. 인접하고 있는 부동산 소유자 상호 간의 이용을 제한하고 토지 이용을 조절하기 위해 민법은 그들 사이의 권리관계를 규정하고 있다. 이를 상린관계라고 한다.
3. 민법은 여러 사람이 한 채의 건물을 구분하여 각각 그 일부분을 소유하는 것을 인정하는데, 이것을「구분소유권」이라고 부른다.
4. 하나의 물건을 다수의 사람이 아무런 공동 목적 없이 단순히 2인 이상 소유하는 경우를 공유(共有)라고 하며, 일정한 공동 사업을 목적으로 2인 이상 결합하였지만 그것이 단체로서의 독립성을 갖추지는 못한 경우를 합유(合有)라고 한다.

YOUR OPINION

1. 8층짜리 아파트의 지하층이 건축자 명의로 되어 있는 것을 계기로 건축자가 이 지하층을 다른 사람에게 세를 주어 이용케 하는 등 소유권을 행사하려고 한다. 원래부터 이 지하층은 아파트의 상수도, 양수기, 물탱크, 배관 파이프 등이 설치되어 있고, 남은 부분은 주민들의 운동시설 및 방공 대피소로 사용되고 있었다. 또한 분양 당시에도 지하층에 대한 소유권 여부에 대하여는 아무런 약정이 없었는데, 지하층을 앞으로도 주민들이 계속 사용할 수 없는가? 즉 아파트의 지하층의 소유권은 누구에게 속하는가?

2. A는 3년 전 甲·乙과 공동으로 나대지 1필지를 구입하여 공유로 각자의 지분을 등기하였다. 그런데 A가 이 대지위에 건축을 하려고 하자 다른 공유자인 甲·乙이 동의하지 않아 건축하지 못하고 있다. 이 경우 이 대지를 분할할 수 있는가?

참고판례

아파트나 연립주택과 같이 여러 층으로 구성된 주거용 집합건물의 지하층은 건축당시 주거용 주택과는 별도의 용도나 목적으로 건축한 것이라는 등 특별한 사정이 없는 한 각층 주택의 관리를 위한 기계 및 보일러실 또는 전입주자들의 공동 사용을 위한 차고 창고 등으로 사용하기 위해 건축된 것으로 보아야 할 것이므로 위 주거용 주택에 대한 매매계약서 작성 시 지하실이 그 목적물에 표시되지 아니하였다는 이유만으로 이를 매매 목적물과 별개의 물건으로 볼 것이 아니다(대법원 1981.1.13. 선고 80다2445 판결).

아파트 지하실이 건축 당시부터 그 지상의 주택 부분과는 별도의 용도나 목적으로 건축되었다고 볼 특별한 사정이 엿보이지 않는다면 건축 당시 그 아파트의 각 층 주택의 관리를 위한 기계실 또는 전입주자 공동사용의 목적을 위한 창고, 대피소 등으로 사용하기 위하여 건축된 것으로 봄이 타당하고, 이에 관한 건축물관리대장상 용도가 주택으로 되어 있다거나 그 지하실이 주택 또는 상가 등의 용도로 사용하기에 충분한 높이와 환기 시설 등을 갖추고 있다는 등의 사정만으로 달리 볼 수 없으므로, 이는 구분소유자 전원의 공용에 제공되는 건물 부분으로 그들의 공유에 속할 뿐 따로 구분소유의 목적이 될 수 없다(대법원 1995.3.3. 선고 94다4691 판결).

Chapter 8

부동산의 이용관계 I - 전세권

法

부동산과 생활법률

Chapter 8. 부동산의 이용관계 I
– 전세권

1. 용익물권의 개요

1) 용익물권과 채권적 이용권

민법은 다른 사람으로부터 물건을 빌려 쓰는 관계에 대하여 두 가지의 형태를 규정하고 있다. 하나는 타인이 소유하는 물건에 물권(物權)을 설정하는 것이고, 다른 하나는 다른 사람에 대하여 물건을 사용할 수 있도록 청구하는 채권을 가지게 하는 것이다. 전자를 용익물권(用益物權)이라고 불리는데 이에 해당하는 것으로는 지상권, 지역권, 전세권의 셋이 있다. 이들은 모두 토지(지상권, 지역권의 경우) 또는 부동산(전세권의 경우)에만 설정될 수 있는 것으로써, 원칙적으로 부동산등기부에 그러한 등기를 함으로써 성립하는 것이다.

이러한 물권을 취득하게 되면, 특히 제3자에 대한 관계에서 강력한 지위를 가지게 된다. 즉, 목적물의 소유권이 제3자에게 양도되더라도 그 양수인에 대하여 그 권리를 주장·관철할 수 있으며, 자신의 이용을 방해하는 등으로 권리를 침해하는 자에 대하여는 그 방해의 배제(민법 제213조, 제214조는 이들 용익물권에도 준용되고 있다.), 나아가 손해의 배상이나 부당이득의 반환을 청구할 수 있다.[1]

물건 사용에 관한 채권관계를 설정하는 임대차란, 임차인이 임대인으로부터

1) 「부당이득」이란 법률상원인 없이 타인의 재산 또는 노무로 인하여 얻은 이익을 말하며, 이로 인하여 타인에게 손해를 준 경우에는 그 이익을 반환하여야 한다(민법 제741조). 또 고의나 과실로 인한 위법행위로 타인에게 손해를 준 행위를 「불법행위」라고 하며, 이 경우 가해자는 피해자에게 그 손해를 배상하여야 한다(민법 제750조).

한정된 기간 동안 주택 등의 건물이나 토지 등의 물건을 빌려 쓰고 그 대가(차임)를 지급하기로 하는 계약을 말한다. 그 대가의 지급에 관하여 민법은 일정한 기간을 단위로 하여 지급하는 것(예를 들면 월세 등)을 주로 예상하고 있지만, 꼭 그래야만 하는 것은 아니며 계약 당초에 뭉칫돈을 한꺼번에 주고 그 이자 상당액으로써 대가에 충당하는 방법도 허용된다. 그리고 우리가 통상 전세라고 하는 경우에는 이러한 방법을 택하는 것이고, 그 뭉칫돈을 전세금이라고 한다.

그러므로 우리가 전세계약이라고 부르는 것은 그 법적 성질로 보아 하나의 임대차계약인 것이다. 전세의 경우에 민법은 이에 관한 등기를 하면 「전세권」이라고 하는 물권의 성립을 인정하므로, 등기되지 아니한 전세의 경우는 「채권적 전세」라고 할 것이다.

2) 용익물권의 내용 개요

용익물권은 타인의 물건을 일정한 범위 내에서 사용·수익하는 것을 내용으로 하는 권리로서, 물건의 교환가치(처분)만을 지배하는 담보물권과 더불어 제한물권에 속하는 것이다. 민법은 용익물권으로 지상권, 지역권, 전세권의 세 가지를 인정한다.

「지상권(地上權)」은 타인의 토지에 건물 기타 공작물이나 수목을 소유하기 위하여 그 토지를 사용하는 권리이다(민법 제279조). 민법이 정하는 지상권은 당사자 간의 지상권설정계약과 등기에 의하여 성립하는데(약정지상권), 일정한 경우에 법률의 규정에 의해 지상권이 성립하는 것으로 간주하기도 한다(법정지상권). 그 밖에 관습법에 의하여 인정되는 것으로 「관습법상의 법정지상권」과 지상권에 유사한 「분묘기지권」이 있다. 그리고 지상권은 토지의 상하에 그 효력이 미치는데, 토지를 효율적으로 이용하려는 취지에서 지하 또는 지상의 공간의 상하의 범위를 정하여 그 범위에서만 지상권의 효력이 미치도록 하는 「구분지상권」이 있다.

「지역권(地役權)」은 일정한 목적을 위하여 타인의 토지를 자기 토지의 편익에 이용하는 권리이다(민법 제291조). 그 편익을 받는 대상이 사람이 아닌 토지이다. 즉 지역권자가 자기 토지가 편익을 받을 것을 내용으로 하는 권리이다.

「전세권(傳貰權)」은 전세금을 지급하고 타인의 부동산을 점유하여 그 부동산의 용도에 좇아 사용·수익하며, 그 부동산 전부에 대하여 후순위권리자 기타 채권자보다 전세금을 우선변제 받을 수 있는 권리이다(민법 제303조).

2. 지상권

1) 의의

지상권자는 타인의 토지에 건물 기타 공작물이나 수목(樹木)을 소유하기 위하여 그 토지를 사용하는 권리가 있다(민법 제279조). 즉 지상권은 「타인의 토지」에 대한 권리이고, 「건물 기타 공작물이나 수목을 소유」하기 위하여 그 토지를 사용하는 권리이다.

공작물 또는 수목을 소유하기 위하여 타인의 토지를 사용할 수 있는 권리로는 물권으로서의 「지상권」 이외에 「임차권」이 있다. 지상권과 토지임차권은 다음과 같은 차이가 있다.

즉, ① 지상권은 물권으로서, 이를 제3자에게 대항할 수 있으며 또 양도성이 있다. 이에 대해 임차권은 채권으로서, 제3자에 대항할 수 없고(다만 등기하면 가능) 임대인의 동의 없이는 양도 또는 전대하지 못한다. ② 지상권에는 최장기간의 제한은 없고 최단존속기간의 제한이 있으나, 임차권은 원칙적으로 20년을 넘지 못한다. ③ 기간을 약정하지 않은 경우에 지상권에서는 최단존속기간이 보장되는데 반해, 임차권에서는 각 당사자는 언제든지 계약해제의 통고를 할 수 있다. ④ 지상권에서는 2년 이상의 지료지급이 연체된 때에만 그 소멸청구를 할 수 있으나, 임차권에서는 차임 연체액이 2기의 차임액에 달하면 계약을 해제할 수 있다. 그런데 실제로는 임차권이 주로 활용되고 지상권이 설정되는 경우는 많지 않다. 지상권이 설정되려면 토지 소유자와 지상권설정계약을 체결하여야 하는데, 지상권에 관한 민법의 규정들이 토지 소유자에게 큰 부담을 주어 토지

소유자가 지상권의 설정을 기피하기 때문이다. 이를테면 지상권의 최단존속기간을 정하고, 지상권자에게 갱신청구권과 지상물매수청구권을 인정하는 규정 등이 그러하다. 다만 저당권자나 가등기담보권자가 목적토지의 담보가치를 유지할 목적으로 토지 소유자에 대한 건축을 제한하기 위하여 지상권을 설정하는 경우가 종종 있기는 하다.

2) 지상권의 취득 · 존속기간

지상권은 당사자(토지 소유자와 지상권을 설정해서 그 토지를 이용하고자 하는 자)사이의 지상권설정계약과 그 등기에 의하여 성립한다.

지상권의 존속기간에 관해서는 당사자가 설정계약에서 임의로 정할 수 있다. 그러나 그 기간은 민법상 정하는 최소한의 연한(석조건물의 경우 30년, 일반 건물의 경우 15년, 건물 이외의 공작물의 소유를 목적으로 하는 경우 5년)보다 단축하지 못한다. 계약에서 이 최단기간보다 단축한 기간을 정한 때에는 이 최단기간까지 연장한다. 그리고 설정계약으로 지상권의 존속기간을 정하지 아니한 때에는, 그 기간은 최단존속기간으로 한다(민법 제281조).

지상권의 존속기간이 만료한 경우 당사자는 계약으로서 전 계약의 갱신을 청구할 수 있다. 그러나 지상권설정자가 계약의 갱신을 원하지 아니하는 때에는, 지상권자는 상당한 가액으로 현존하는 공작물의 매수를 청구할 수 있다.

3) 지상권의 효력

지상권자는 설정행위로써 정하여진 목적의 범위 내에서 토지를 사용할 권리를 갖는다. 지상권은 토지를 사용할 권리이므로, 지상권의 내용의 실현이 방해된 때에는 물권적 청구권이 생긴다(소유권에 기한 물권적 청구권이 준용).

지상권자는 토지 소유자의 동의 없이도 지상권을 양도하거나, 지상권의 존속기간 내에 그 토지를 임대할 수 있다(민법 제282조). 지상물을 타인에게 양도하는 경우 원칙적으로 지상권도 함께 양도하는 것으로 본다. 지상권의 양도에 관한 묵시적인 합의가 있었으므로, 이를 토대로 지상권이전등기를 하여야 비로소 지상권을 취득하게 된다.

지료의 지급은 지상권의 요소가 아니고, 당사자가 계약에 의하여 지료를 지급하는 것으로 약정한 때에만 지료지급의무가 생긴다.

4) 법정지상권(法定地上權)

(1) 의의

우리의 법제는 토지와 건물을 독립한 부동산으로 다룬다. 그런데 건물은 필연적으로 토지 위에 건립되는 것이므로, 건물의 소유를 위해서는 토지에 대한 이용관계가 있어야 한다. 토지 소유자와 건물 소유자가 서로 다른 경우 토지에 대한 이용관계가 설정되어 있어야만 한다. 그렇지 않으면 건물은 토지소유권을 침해하는 것이 되어, 토지 소유자는 물권적 청구권의 행사로서 그 건물의 철거를 청구할 수 있게 된다. 그래서 토지임차권이나 지상권을 설정하게 된다. 그런데 일정한 경우에는 부득이하게 당사자 사이에 그러한 임차권이나 지상권을 미리 설정할 수 없는 경우가 있다. 그러한 경우 법률상 당연히 지상권이 성립하는 것으로 간주하는 제도가 법정지상권이다.

사례

甲은 사업을 하고자 집의 땅을 저당 잡히고 돈을 빌렸는데 사업에 실패하여 망하고 말았다. 저당잡은 채권자가 경매신청을 하여 땅은 乙에게 넘어갔다. 乙이 이 땅위의 甲의 집을 철거하라고 한다. 어찌하여야 할까?

甲은 건물을 철거하지 않아도 된다. 토지와 건물이 같은 사람소유였다가 나중에 소유자가 달리 되더라도 법은 건물 소유자에게 일정한 권리를 인정해 주기 때문이다. 이것을 법정지상권이라 한다.

(2) 인정되는 경우

① 대지와 건물의 동일한 소유자가 건물에 전세권을 설정한 후 토지 소유자가 바뀐 경우(민법 제305조)

② 토지나 건물 어느 한쪽에만 저당권이 설정된 후 저당물의 경매로 토지와 그 지상건물의 소유자가 다르게 된 경우(민법 제366조)

③ 토지와 건물이 동일한 소유자였다가, 어느 하나가 매매, 증여, 강제경매 등으로 소유자가 다르게 된 경우(관습법상의 법정지상권)

(3) 법정지상권의 내용

법정지상권은 법률(또는 관습법)에 의해 당연히 성립하고, 그 등기를 필요로 하지 않는다(민법 제187조). 그러나 이를 제3자에게 처분하려면 그 등기를 하여야 한다. 법정지상권이 성립된 토지에 대하여는 법정지상권자가 지상물의 유지 및 사용에 필요한 범위를 벗어나지 않는 한 그 토지를 자유로이 사용할 수 있다. 따라서 법정지상권이 성립한 후에 지상건물을 증축하더라도 이를 철거할 의무는 없다.

법정지상권을 취득한 건물 소유자가 법정지상권설정 등기를 하지 않고 건물을 제3자에게 양도한 경우, 토지 소유자는 건물양수인을 상대로 그 건물의 철거를 청구할 수 있는가? 법정지상권을 취득한 건물 소유자가 건물을 양도하는 경우, 특별한 사정이 없는 한, 건물과 함께 지상권도 양도하는 것이 된다는 것이 판례의 태도이다(대판 1988.9.27. 87다카279). 건물양수인은 양도인을 대위하여 대지소유자에 대해 법정지상권설정등기를 양도인에게 해 줄 것을 청구할 수 있다.

법정지상권이 있는 건물의 양수인으로서 장차 법정지상권을 취득할 지위에 있어 대지 소유자의 건물 철거나 대지인도청구를 거부할 수 있는 지위에 있는 자 라고 할지라도, 그 대지의 점거사용으로 얻은 실질적 이득은 이로 인하여 대지 소유자에게 손해를 끼치는 한에 있어서는 부당이득으로서 이를 대지소유자에게 반환할 의무가 있다(대법원 1995.9.15. 선고 94다61144 판결).

법정지상권자라 할지라도 대지소유자에게 지료를 지급할 의무는 있는 것이고, 법정지상권이 있는 건물의 양수인으로서 장차 법정지상권을 취득할 지위에 있어 대지 소유자의 건물 철거나 대지 인도청구를 거부할 수 있다하더라도 그 대지를 점유·사용함으로 인하여 얻은 이득은 부당이득으로서 대지소유자에게 반환할 의무가 있다(대법원 1997.12.26. 선고 96다34665).

사례

甲이 토지와 건물을 소유하고 있었는데, 그 중 건물만이 乙에게 양도되었다. 그 후 甲은 토지를 A에게 매도하고, 乙은 건물을 B에게 매도하여 각각 소유권이전등기가 경료되었다. 여기서 A는 B를 상대로 건물의 철거 및 대지의 반환을 청구할 수 있는가?

토지와 건물이 동일한 소유자에게 속하였다가, 건물 또는 토지가 매매 등의 원인으로 양자의 소유자가 다르게 된 때에, 그 건물을 철거하기로 하는 합의가 있었다는 등 특별한 사정이 없는 한, 건물 소유자는 토지 소유자에 대하여 법정지상권을 취득한다. 따라서 乙은 건물의 소유를 위해 법정지상권을 취득한다. 乙이 그 건물을 B에게 매도하면서, B가 건물에 대해서만 소유권이전등기를 하고 지상권에 관해서는 그 이전등기를 하지 않았다. 그렇다면 현재의 토지 소유자 A는 토지사용권이 없는 B에게 그 건물의 철거와 대지의 반환을 청구할 수 있는가? 乙은 법정지상권을 가지고 있고, A는 그러한 지상권의 부담을 안고 있는 것이고, 또 법정지상권을 취득한 건물 소유자가 건물을 양도하는 경우, 특별한 사정이 없는 한, 건물과 함께 지상권도 양도하는 것이 된다는 판례에 의할 때, 건물양수인은 양도인을 대위하여 대지소유자에 대해 법정지상권 설정등기를 양도인에게 해 줄 것을 청구할 수 있다. 즉 B는 자신의 지상권이전청구권을 보전하기 위해 乙이 A에 대해 갖는 법정지상권에 기한 지상권설정등기청구권을 대위 행사할 수 있으므로, 결국 A의 건물의 철거 청구는 권리자를 상대로 청구한 것이어서 허용할 수 없게 된다. 다만 B의 점유기간 동안의 차임(借賃) 상당액의 부당이득의 반환을 청구할 수 있을 것이다. 차후 지상권이 소멸하는 경우 A에 대하여 상당한 가액으로 그 건물의 매수를 청구할 수 있다(민법 제283조 2항). 그러나 이러한 분쟁이 재발하지 않도록 건물양도인을 대위하여 토지 소유자에 대하여 법정지상권설정등기 절차이행을 청구하여 등기해두는 것이 바람직하다.

5) 구분지상권

(일반)지상권은 토지소유권이 미치는 토지의 상하 전체에 대한 권리이므로, 그것이 설정되면 비록 그것이 지표에 대한 평면적 이용을 주로 하는 것일지라도 토지 소유자의 토지 이용은 전면적으로 배제하게 된다. 이것은 필요 이상으로 토지이용을 제한하는 것이 되어 비경제적이다. 그래서 토지의 상하 중 일정 범위를 지정하여 그 범위에서만 지상권의 효력이 미치도록 하고, 그 이외의 토지 부분은 다른 목적을 위해 이용할 수 있도록 하는 것이 「구분지상권」(區分地上權)이다.

지하 또는 지상의 공간은 상하의 범위를 정하여 건물 기타 공작물(예: 터널·지하철·송전선·탑)을 소유하기 위한 지상권의 목적으로 할 수 있고, 다만 일반지상권과는 달리 「수목」의 소유를 목적으로 구분지상권을 설정할 수는 없다.

구분지상권자는 설정행위에서 정하여진 범위에서 토지를 이용할 권리를 갖고, 구분지상권이 미치지 못하는 토지 부분에 관하여는 토지 소유자가 사용권을 가지게 된다.

6) 분묘기지권(墳墓基地權)

타인의 토지에 분묘를 설치한 자는 그 분묘 기지에 대하여 지상권에 유사한 일종의 물권을 취득한다. 이것을 분묘기지권(墳墓基地權)이라고 하는데, 관습법상 인정되는 특수한 지상권이다. 만일 분묘기지권이 성립된다면 적어도 후손들이 그 분묘를 관리하는 한 그 분묘에 대해서는 이장(移葬)을 청구할 수가 없게 된다. 판례가 분묘기지권을 인정한 것은 장지(葬地)제도의 미비 때문이라고 할 수 있다. 그러나 분묘기지권이 인정되면 토지 소유자는 토지 이용에 제한을 받게 된다. 특히 경매 등을 통하여 토지(임야)에 대한 소유권을 취득하였는데 그 토지에 수 기의 분묘가 설치되어 있어 분묘기지권이 인정되는 경우 낙찰자로서는 토지이용 상의 제한은 물론 이에 관한 처리상의 문제에 직면하기 때문이다.

분묘기지권은 다음의 세 경우에 성립된다. ① 소유자의 승낙을 얻어 그의 토지에 분묘를 설치한 때, ② 타인의 토지에 승낙없이 분묘를 설치한 경우에 20년간 평온·공연하게 그 분묘 기지를 점유한 때(시효취득),[2] ③ 자기 소유의 토지에 분묘를 설치한 자가 분묘에 관해서는 별도 특약 없이 토지만을 타인에게 처분한 경우[3]이다.

분묘기지권은, 분묘 그 자체가 공시의 기능을 하고 있기 때문에 등기 없이 취득할 수 있다. 지상권에 있어서 지료(地料)의 지급은 그 요소가 아니어서, 지료에 관한 약정이 없는 이상 지료의 지급을 구할 수 없는 점에 비추어, 분묘기지권을 시효취득하는 경우에도 지료를 지급할 필요가 없다고 해석한다(대법원 1995.2.28. 선고 94다37912 판결). 분묘기지권의 성질은 지상권과 유사한 물권이기는 하지만, 그 존속기간에 관하여는 민법의 지상권에 관한 규정에 따를 것이 아니라, 당사자 사이에 약정이 있으면 그에 따르고, 약정이 없는 경우에는 권리자가 분묘의 수호와 봉사를 계속 하는 한 그 분묘가 존속하는 동안은 분묘기지권은 존속된다고 한다(대법원 1994.8.26. 선고 94다28970 판결). 분묘기지권은 분묘를 수호하고 봉사하는 목적을 달성하는 데 필요한 범위 내에서 타인의 토지를 사용할 수 있는 권리를 의미하는 것으로써 분묘기지권은 분묘의 기지 자체뿐만 아니라 그 분묘의 설치 목적인 분묘의 수호 및 제사에 필요한 범위 내에서 분묘의 기지 주위의 공지를 포함한 지역에까지 미치는 것이고, 그 확실한 범위는 각 구

---

2) 평온한 점유란 점유자가 점유를 취득 또는 보유하는데 있어 법률상 용인될 수 없는 강폭행위를 쓰지 않는 점유이고, 공연한 점유란 은비의 점유가 아닌 점유를 말한다(대법원 1996.6.14. 선고 96다14036 판결).

3) 자기 소유 토지에 분묘를 설치하고 이를 타에 양도한 경우에는 그 분묘가 평장되어 외부에서 인식할 수 없는 경우를 제외하고는 당사자 간에 특별한 의사표시가 없으면 판 사람은 분묘 소유를 위하여 산사람이 토지에 대하여 지상권유사의 물권을 취득한다(대법원 1967.10.12. 선고 67다1920 판결).

체적인 경우에 개별적으로 정하여야 할 것이다(대법원 1994.12.23. 선고 94다15530 판결, 대법원 1997.3.28. 선고 97다3651, 3668 판결).[4]

사례

甲은 1975년 아버지가 돌아가셨는데, 시간이 없어 임야소유권자에게 허락을 받지 못하고 인근 야산에 산소를 모셨다. 그 후 임야주인 乙을 찾아가 사정 이야기를 하면서 나중에 선산을 구입하면 이장을 하겠다고 하자 乙도 허락을 하였다. 그런데 최근 임야 일대가 개발이 되어 땅값이 폭등하자 乙은 산소를 이장하든지 매년 100만 원의 지료를 낼 것을 요구하고 있다. 이런 경우 이장을 하거나 지료를 내야하는가?

판례는 관습법상 법정지상권의 일종으로 분묘기지권을 인정하고 있다. 분묘기지권이란 타인의 토지위에 분묘라는 특수한 공작물을 설치한 경우 그 분묘를 소유하기 위하여 분묘의 기지 부분인 타인 소유 토지를 사용할 수 있는 권리를 말한다. 이는 일단 설치된 분묘를 함부로 철거하거나 손상하는 것이 조상 숭배라는 전통적 가치관에 어긋난다는 이유에서 인정되는 권리이나 이를 인정하기 위해서는 일정한 요건에 해당해야한다: ① 토지 소유자의 승낙을 얻어 그 소유지 안에 분묘를 설치 할 것, ② 타인의 토지에 승낙 없이 분묘를 설치한 경우에 20년간 평온·공연하게 그 분묘기지를 점유한 때(시효취득)

甲은 ①, ② 요건 모두에 해당되어 분묘기지권을 행사할 수 있기 때문에 분묘의 보호 및 제사에 필요한 범위 내에서 분묘기지를 사용할 수 있으므로 분묘 그 자체와 제사에

4) 분묘기지권은 분묘의 기지 자체(봉분의 기저 부분)뿐만 아니라 그 분묘의 수호 및 제사에 필요한 범위 내에서 분묘의 기지 주위의 공지를 포함한 지역에까지 미치는 것이고 그 확실한 범위는 각 구체적인 경우에 개별적으로 정하여야할 것인바, 사성(莎城, 무덤 뒤를 반달형으로 둘러쌓은 둔덕)이 조성되어 있다하여 반드시 그 사성 부분을 포함한 지역에까지 분묘기지권이 미치는 것은 아니다. 분묘기지권은 분묘를 수호하고 봉사하는 목적을 달성하는데 필요한 범위 내에서 타인의 토지를 사용할 수 있는 권리를 의미하는 것으로서, 분묘기지권에는 그 효력이 미치는 지역의 범위 내라고 할지라도 기존의 분묘 외에 새로운 분묘를 신설할 권능은 포함되지 아니하는 것이므로, 부부 중 일방이 먼저 사망하여 이미 그 분묘가 설치되고 그 분묘기지권이 미치는 범위 내에서 그 후에 사망한 다른 일방의 합장을 위하여 쌍분(雙墳) 형태의 분묘를 설치하는 것도 허용되지 않는다(대법원 1997.5.23. 선고 95다29086, 29093 판결).

필요한 최소한의 면적에 대해서는 철거 의무가 없다. 그리고 분묘기지권에 있어 지료는 원칙적으로 무료이므로 소유자의 요구에 따라 지료를 낼 필요는 없다.

7) 지역권(地役權)

(1) 지역권자는 일정한 목적을 위하여 타인의 토지를 자기 토지의 편익에 이용하는 권리가 있다. 예를 들어 갑지(甲地)의 소유자가 을지(乙地)를 통행하거나, 을지(乙地)를 통과하여 물을 끌어들이거나, 또는 갑지(甲地)의 전망을 위하여 을지(乙地)상에 건축을 하지 못하게 함으로써 각각 갑 토지의 이용 가치를 높일 수 있다. 즉 일정한 토지의 이용가치를 증가시키기 위하여 다른 토지에 지배를 미치는 권리가 지역권이다. 여기서 편익을 받는 토지(갑지)를 요역지(要役地)라 하고, 편익을 제공하는 토지(을지)를 승역지(承役地)라고 한다. 「토지의 편익에 이용한다.」는 것은 요역지의 가치를 증가시키는 것을 말한다. 물론 그 편익을 받는 사람은 요역지의 소유자이지만, 결코 요역지 소유자와의 대인관계인 것이 아니라, 소유자가 아무리 바뀌더라도 현재의 소유자가 편익을 받게 되는 관계이다. 즉 그 편익은 소유자 그 사람에 관계된 것이 아니라, 토지 그 자체에 관계된 것이다.

지역권은 지역권설정계약과 등기로 취득한다. 지역권설정계약은 요역지 소유자와 승역지 소유자 사이에 체결되는 것이 보통이다. 그 등기 실행은 승역지의 등기 용지에 지역권의 등기를 하고, 한편 요역지의 등기 용지에 지역권의 내용을 직권으로 기재한다. 민법은 지역권의 대가와 존속기간에 관하여 아무런 규정을 두고 있지 않다. 학설은 대가가 있건 없건(유상·무상) 무방하다고 한다. 역사적 이유와 소유권을 제한하는 정도가 낮다는 점에서 영구적인 지역권을 인정한다. 존속기간을 등기하지 않으면 원칙적으로 제3자에게 대항할 수 없다고 해석한다.

지역권은 「계속되고 표현된 것」에 한하여 점유로 인한 부동산 소유권의 취득시효규정 제245조를 준용한다(민법 제294조). 권리의 내용이 끊임없이 실현되고, 권리의 내용의 실현을 외부에서 인식할 수 있어야 한다(예: 통로의 개설). 판례에 의하면, 통행지역권에 대하여, 요역지의 소유자가 승역지 상의 통로를 개설하여 승역지를 항시 사용하고 있다는 객관적 상태가 민법 제245조에 규정된 기간 계속된 사실이 있어야 하고, 특히 그 통로 개설이 요역지소유자에 의하여 이루어져야 하고, 요역지의 소유자 기타 사용권자만이 시효취득을 할 수 있으며 요역지의 불법점유자는 시효 취득할 수 없다고 한다.

(2) 타인의 토지를 이용하는 다른 제도와 비교하면 다음과 같은 차이가 있다.

① 임차권

예컨대 甲이 乙의 토지를 통행하고자 하는 경우, 甲은 이를 위해 乙의 토지를 임차할 수 있다. 이렇게 되면 임차권은 채권이라는 점 외에, 乙의 토지는 甲만이 독점적으로 이용하게 된다. 그러나 지역권을 설정하게 되면 물권이라는 점 이외에, 그것은 통행의 범위에서만 乙의 토지가 부담을 받을 뿐이므로, 그 밖에 乙의 그 토지에 관한 이용에는 아무 문제가 없다. 따라서 통행을 침해하지 않는 범위에서 건축을 할 수 있다.

② 상린관계(相隣關係)

상린관계는 법률의 규정에 따라 이웃 토지 소유자 간의 토지 이용을 규율하는 것이다. 그러나 지역권은 격지(隔地)간에도 성립하며, 또 토지의 편익의 내용은 아무런 제한이 없고 당사자가 자유로이 정할 수 있다.

③ 지상권

지상권은 「사람」과 관계하는 권리이고, 토지의 이용목적이 한정되어 있다. 그러나 지역권은 「토지」와 관계하는 권리이고 토지의 이용 목적에는 아무런 제한이 없다.

(3) 민법이 규정하는 지역권의 내용은 토지의 임대차계약에 의하여서도 실현될 수 있고, 또 상린관계 규정에 따르더라도 어느 정도 달성될 수 있다. 그러나 임대차의 경우에는 임차인이 토지를 독점적으로 이용하여 임대인은 전혀 이용

을 할 수 없을뿐만 아니라 임차인은 차임의 부담이 커지게 된다. 그에 비하여 지역권의 경우에는 지역권과 양립하는 범위에서 승역지도 이용할 수 있게 된다. 이러한 점에서 지역권은 타인 토지의 단순한 이용이 아니고, 실질적으로는 두 토지 사이의 이용을 합리적으로 조절하는 제도라고 할 수 있다.

한편 상린관계는 지역권과 같이 토지의 이용을 조절하는 제도이기는 하나, 그것은 법률상 당연히 발생하는 최소한의 조절이다(소유권의 내용이다). 그에 비하여 지역권은 당사자의 계약에 의하여 상린관계에 의한 이용의 조절을 확대하는 기능을 가진다.[5]

3. 전세권(傳貰權)

1) 전세권의 의의

전세권자는 전세금을 지급하고 타인의 부동산을 점유하여 그 부동산의 용도에 좇아 사용·수익하며, 그 부동산 전부에 대하여 후순위권리자 기타 채권자보다 전세금의 우선변제를 받을 권리가 있다.

전세권의 목적물은 타인의 「부동산」이다. 따라서 건물뿐만 아니라 토지도 전세권의 목적이 될 수 있다. 전세금의 지급은 전세권의 요소이다. 그 금액은 등기하여야 한다. 전세금은 전세권자가 설정자에게 교부하는 금전으로서, 전세권이 소멸하는 때에는 다시 그 반환을 받게 된다. 전세물을 사용하는 대가로서의 차임은 전세금의 이자로서 충당되며, 나아가 전세금은 전세권자의 귀책사유로 인한 손해를 담보하는 보증금으로서의 성질을 갖는다.

5) 송덕수, 민법강의(상), 2004, 607면.

2) 전세권의 취득과 기간

전세권은 당사자 사이의 설정계약과 등기에 의하여 취득된다. 그리고 전세금의 지급이 있어야 한다.

전세권의 존속기간은 당사자가 설정행위에 의해 임의로 정할 수 있다. 다만 최장기간은 10년을 넘지 못한다. 건물 전세권에 있어서는 최단기간이 규정되고 있는데, 그 존속기간을 1년 미만으로 정한 때에는 이를 1년으로 한다(민법 제312조).

전세권의 존속기간을 약정하지 아니한 때에는 각 당사자는 언제든지 상대방에 대하여 전세권의 소멸을 통고할 수 있고, 상대방이 이 통고를 받은 날로부터 6개월이 경과하면 전세권은 소멸한다(민법 제313조).

전세권이 존속기간의 만료로 소멸하는 때에는 당사자는 이를 갱신할 수 있다. 다만 이 갱신은 당사자 간의 합의에 의해서만 가능하다. 건물의 전세권설정자가 전세권의 존속기간 만료 전 6월부터 1월까지 사이에 전세권자에 대하여 갱신거절의 통지 또는 조건을 변경하지 아니하면 갱신하지 않는다는 뜻의 통지를 하지 아니한 경우에는, 그 기간이 만료된 때에 전전세권과 동일한 조건으로 다시 전세권을 설정한 것으로 다루어진다(민법 제312조 4항). 이 법정갱신은 법률의 규정에 의한 전세권의 존속기간의 변경이므로, 그 등기 없이도 그 효력이 생긴다.

3) 전세권의 효력

(1) 전세권자의 권리·의무

① 전세권자는 전세금을 지급하고 타인의 부동산을 점유하여 그 부동산의 용도에 좇아 사용·수익할 권리와 의무를 갖는다.

② 전세권의 효력 범위

건물에 대해서만 전세권을 설정한 경우, 전세권자는 그 건물을 제대로 사용하려면 대지도 같이 사용하여야 하므로, 건물의 전세권설정자가 토지 소유자인 경우, 건물의 전세권설정계약에 그러한 대지 사용권도 포함되는 것이다.

대지와 건물이 동일한 소유자에 속한 경우에 건물에 전세권을 설정한 때에는 그 대지소유권의 특별승계인은 전세권설정자에 대하여 지상권을 설정한 것으로 본다(법정지상권, 민법 제305조). 그러나 지료는 당사자의 청구에 의하여 법원이 이를 정한다. 법정지상권은 건물 소유자가 취득하고, 따라서 그 전세권의 효력은 그 지상권에 미치게 된다(민법 제304조 1항).

전세권자는 목적물의 현상을 유지하고, 그 통상의 관리에 속한 수선을 해야 한다(민법 제309조). 따라서 전세권자는 필요비의 상환을 청구하지 못한다.

전세권은 타인의 부동산을 점유하여 그 부동산의 용도에 좇아 사용·수익하는 것을 그 내용으로 하므로, 전세권은 점유할 권리를 포함한다. 한편, 전세권의 내용의 실현이 방해된 때에는 소유권의 경우에 준해 물권적 청구권이 인정된다(민법 제319조).

(2) 전세권의 처분

전세권자는 전세권을 타인에게 양도 또는 담보로 제공할 수 있고, 그 존속기간 내에서 그 목적물을 타인에게 전전세 또는 임대할 수 있다. 그러나 설정행위로 이를 금지한 때에는 그러하지 아니하다(민법 제306조). 전전세(轉傳貰)라 함은 전세권자의 전세권을 기초로 하여 전세권을 다시 설정하는 것을 말한다. 전전세권이 설정되더라도 전세권은 소멸하지 않으나, 전전세권자는 목적물의 인도 등과 동시에 전전세금을 반환할 것을 전세권자에게 청구할 수 있다(민법 제317조 참조). 전세권의 목적물을 전전세 또는 임대한 경우에는, 전세권자는 전전세 또는 임대하지 아니하였으면 면할 수 있는 불가항력으로 인한 손해에 대하여도 그 책임을 부담한다(민법 제 308조).

사례

A는 B소유의 가옥을 전세하고 이를 등기하였다. 그 후 A는 B의 동의 없이 이 가옥을 다시 C에게 전세를 놓고 다른 곳으로 이사를 하였다. 그러나 C는 아직 그의 전세권을 등기하지 않았다.

1 A의 전세권 처분은 유효한가?

2 C의 지위는?

3 C의 과실로 가옥 일부가 소실된 경우, B는 A의 전세권을 소멸시킬 수 있는가?

4 제3자 D가 C의 동의 없이 가옥을 점거한 경우 B의 구제수단은?

1 A는 B와 전세권설정계약을 체결하고 이를 등기하였으므로 전세권을 유효하게 취득하였다. A는 그가 취득한 전세권을 양도하거나 담보로 제공할 수 있고, 또한 전세권의 존속기간 내에서 그 목적물을 타인에게 전전세 또는 임대할 수 있다(민법 제306조). 따라서 전세권자 A는 전세권설정계약에 다른 약정이 없는 한 C에게 유효하게 전전세할 수 있다. A의 전전세의 설정에는 원전세권설정자 B의 동의는 필요치 않으므로 A의 전세권 처분은 유효하다.

2 전전세의 설정행위 역시 물권계약과 등기를 필요로 한다. 원래 전전세권이 설정되더라도 원전세권은 소멸하지 않는다. 그러나 전세권자는 전전세권에 의하여 제한되는 한도에서 스스로 목적부동산을 사용·수익하지 못한다. 전전세권자는 그의 권리의 범위 내에서 목적 부동산을 점유하여 사용·수익할 수 있을 뿐만 아니라 그 밖의 전세권자로서의 모든 권리를 갖는다. 그러나 전전세에 있어서 등기는 전세에 있어서의 등기와 마찬가지로 물권변동의 성립 요건이므로 전전세를 아직 등기하지 않은 C는 전전세권이라는 물권을 취득한 것이 아니라 채권적 전세권을 취득한 것에 지나지 않는다. 이 채권적 전세권은 실제에 있어서는 임차권(賃借權)이라고 할 수 있다. 따라서 A, C사이에 있어서 C의 지위는 임차인(賃借人)에 지나지 않는다.

3 전세권자 A는 목적물의 점유를 통하여 사용·수익하는 권리가 있는 반면, 목적물의

현상을 유지하여야 할 의무가 있다. 전세권자가 설정계약 또는 목적 부동산의 성질에 의하여 정하여진 용법으로 사용·수익하지 않는 경우에는 전세권설정자는 전세권의 소멸을 청구할 수 있다(민법 제309조). 또한 전세권자는 목적물 보관의무로서 목적물의 현상을 유지하고 그 통상의 관리에 속한 수선을 하여야 할 의무가 있는바, 이 의무에 위반한 때에도 역시 용법에 따르지 않은 사용·수익이 된다고 해석된다.

민법은 "전세권의 목적물을 전전세 또는 임대한 경우에는 전세권자는 전전세 또는 임대하지 아니하였으면 면할 수 있는 불가항력으로 인한 손해에 대하여 그 책임을 부담한다."고 규정한다(민법 제308조). A가 C에게 전전세를 하지 않았더라면 B의 가옥은 훼손되지 않았을 것인데, 전세권자는 원래 불가항력에 대해서까지도 책임을 부담하므로(민법 제308조), 전전세권자의 과실로 인한 것이 분명한 가옥의 훼손에 대해서는 전세권자가 책임을 부담한다. 즉 A와 C는 목적물 보관의무에 관한한 일체적으로 B에게 책임을 부담하는 자라 하겠다. 따라서 A는 C의 과실에 의한 목적물보관의무자로서 목적물의 현상을 제대로 유지하지 못한데 대하여 책임을 져야 한다. 그러므로 B는 A의 전세권의 소멸을 청구할 수 있고, 이에 따라 A의 전세권이 소멸하면 C의 전전세권(내지 임차권)도 소멸한다. 따라서 C는 가옥을 소유권자 B에게 반환하여야 한다.

[4] 전세권설정자 B는 여전히 가옥의 소유권자이다. 따라서 소유권에 기한 물권적 청구권을 행사할 수 있다. B는 불법점유자 D에게 소유권에 기하여 소유물 반환청구권을 행사할 수 있다(민법 제213조). 또 D의 불법점유에 의하여 B에게 손해가 발생한 경우에는 소유권침해에 따른 불법행위를 이유로 손해의 배상을 청구할 수 있다(민법 제750조).

점유권에 기한 권리도 행사할 수 있다.

물건을 사실상 지배하는 경우에, 그 지배를 정당화시켜주는 법률상의 권리(본권)가 있느냐 여부를 묻지 않고서, 현재 그 사실상의 지배 상태에 대해 일정한 법률 효과를 부여하는 것이 점유제도이다. 예컨대 A가 시계를 가지고 있다고 할 때에, A의 그 시계의 소지는, 소유자로서 가지고 있는 경우, 다른 사람으로부터 빌려서 쓰고 있는 경우, 타인으로부터 그 보관을 부탁받아 가지고 있는 경우, 훔쳐 온 경우 등 그 원인은 여러 가지가 있을 수 있다. 여기서 그 소지의 원인을 일일이 따지지 않고, 그 시계를 현재 지배하고 있다는 사실 상태 그 자체만 가지고 거기에 일정한 법률효과를 부여하려는 것이 점유제도이다.

「점유(占有)」란 「사실상의 지배 상태」를 말한다. ① 점유자는 그 점유를 침해당한 때(침탈당하거나 방해받고 있는 경우)에 그 배제를 청구할 수 있다(민법 제204조~제206조). 즉 점유자가 점유의 침탈을 당한 때에는 그 물건의 반환을 청구할 수 있고, 점유자가 점유의 방해를 받은 때에는 그 방해의 제거를, 그리고 점유자가 점유의 방해를 받을 염려가 있는 때에는 그 방해의 예방을 청구할 수 있다. ② 일정한 경우에는 자력으로써 점유의 침해에 대해 방어할 수 있으며(민법 제209조), ③ 점유자가 점유물에 대하여 행사하는 권리는 적법하게 보유한 것으로 추정되고(민법 제200조), ④ 선의의 점유자는 과실을 취득할 수 있다(민법 제201조).

민법 제194조는, "지상권, 전세권, 질권, 사용대차, 임대차, 임치 기타의 관계로 타인으로 하여금 물건을 점유하게 한 자는 간접으로 점유권이 있다."고 규정한다. 예컨대 甲이 그의 주택을 乙에게 임대한 경우에, 乙이 직접점유자가 되고, 甲은 乙을 매개로하여 간접으로 점유를 하게 되는 간접점유자가 된다. "주택을 사실상 지배하고 있지 않은" 간접점유자에게도 점유권이 인정되는데, 그것은 직접점유자 乙의 점유가 甲, A로부터 연유된 것이고, 또 임대차가 종료되면 甲이 다시 그 주택을 반환받아 직접점유를 할 수 있는 지위에 있기 때문에, 결국 그 주택이 甲의 지배로부터 완전히 이탈하였다고는 할 수 없고, 따라서 甲의 이익을 보호할 필요가 있기 때문에서이다.

위 사례에서, B는 간접점유자, A, C는 직접점유자가 된다. 따라서 C가 가옥을 점유하고 있는 경우에 간접점유자 B는 점유권을 행사할 수 있고, 점유보호청구권을 갖는다. 점유자가 점유의 침탈을 당한 경우에 간접점유자는 그 물건을 점유자에게 반환할 것을 청구할 수 있고 점유자가 그 물건의 반환을 받을 수 없거나 이를 원하지 아니하는 때에는 자기에게 반환할 것을 청구할 수 있다(민법 제207조 2항). 이에 따라 B는 C가 가옥을 완전히 침탈당한 경우에는 D에 대하여 가옥을 C에게 반환할 것을 청구할 수 있다.

(3) 전세금의 우선변제권

전세기간이 만료된 후에 발생하는 전세권자의 전세금반환채권에 대하여 매우 강한 보호가 인정되고 있다. 전세권설정자가 전세금의 반환을 지체한 때에는 전세권자는 그 목적물의 경매를 청구할 수 있고, 후순위권리자 기타 채권자보다 전세금의 우선변제를 받을 수 있다.

전세권자는 그 채권의 만족을 얻기 위하여 목적물의 경매를 청구할 수 있다(민법 제318조). 따라서 보통의 채권자와는 달리 전세권자는 승소의 확정판결과 같은 집행권원(執行權原)을 얻지 아니하고도 자기 채권의 만족을 위하여 전세목적물을 경매에 붙일 수 있는 것이다. 다음으로 전세권자는 "그 부동산 전부에 대하여 후순위권리자 기타 채권자 보다 전세금의 우선변제를 받을 권리가 있다. 즉, 전세기간이 만료하는 등의 경우에 전세권자가 가지는 전세금반환채권에는 특히 우선변제권능이 인정되어서, 전세목적물을 경매에 붙여 얻은 매각대금으로부터 다른 채권자보다 우선하여 만족을 얻을 수 있는 것이다.

사례

甲은 乙의 아파트에 전세를 들기로 하고 전세보증금 1억 원을 지급한 다음 전세권 설정등기를 하였다. 그런데 계약 당시 乙은 사업이 어려워 이미 3,000만 원의 세금이 체납되어 아파트가 압류되어 있었으나, 甲은 아파트의 시가가 2억 원 이상 호가하고 전세권 설정등기를 하였으므로 안심하고 입주하여 살게 되었다. 그러나 계속되는 사업부진으로 乙의 아파트는 다른 채권자의 경매에 의하여 丙에게 1억 2천만 원에 낙찰되었다. 이 경우 전세보증금 1억 원은 어떻게 되는가?

전세권이 설정되면 그 목적물의 교환 가격에서 전세금을 우선적으로 변제받을 수 있다(전세권의 우선변제적 효력). 다만 이 원칙도 전세권설정등기보다 먼저 경료된 압류권자나 저당권자가 있으면 후순위가 된다는 예외가 있다. 따라서 전세권자인 甲은 낙찰금액에서 전세권 설정등기보다 앞서 체납된 세금 3,000만 원을 뺀 나머지 9,000만 원에 대해서 다른 채권자보다 우선하여 변제받게 된다.
전세권자는 전세 목적물을 다른 사람이 경매 청구한 경우에 별도로 경매 청구하지 않아도 경매 매득금(낙찰된 금액)에서 우선변제권이 인정되는 것이다.

4) 전세권의 소멸

(1) 전세권설정자의 소멸 청구

전세권자가 전세권설정계약 또는 그 목적물의 성질에 의하여 정하여진 용법으로 이를 사용·수익하지 아니한 경우에는 전세권설정자는 전세권의 소멸을 청구할 수 있다(민법 제311조 1항). 설정행위로써 전세권의 양도를 금지하였는데도 전세권자가 양도를 하거나(민법 제306조 단서), 전세권자가 목적물의 유지·수선의무를 이행하지 않는 경우(민법 제309조) 등이 이에 해당한다. 이 경우 전세권설정자는 전세권자에 대하여 원상회복 또는 손해배상을 청구할 수 있다(민법 제311조 2항).

(2) 전세권의 소멸 통고

전세권의 존속기간을 약정하지 아니한 때에는 각 당사자는 언제든지 상대방에 대하여 전세권의 소멸을 통고할 수 있고, 상대방이 이 통고를 받은 날로부터 6월이 경과하면 전세권은 소멸한다(민법 제313조).

(3) 전세권 소멸의 효과

전세권이 소멸한 때에는 전세권설정자는 전세권자로부터 그 목적물의 인도 및 전세권설정등기의 말소등기에 필요한 서류의 교부를 받는 동시에 전세금을 반환하여야 한다(민법 제317조). 즉 서류 교부와 전세금 반환은 동시이행의 관계에 있다.

전세권이 소멸한 때에는 전세권자는 그 목적 부동산을 원상으로 회복하여야 하며, 그에 부속시킨 물건은 제거할 수 있다(민법 제316조 1항). 그러나 전세권설정자가 그 부속물의 매수를 청구한 때에는, 전세권자는 정당한 이유 없이 거절하지 못한다. 또 일정한 경우에는 전세권자에게 부속물매수청구권이 인정되는데, 전세권설정자의 동의를 얻어 부속시키거나 그 부속물건을 전세권설정자로부터 매수한 때에 한하여 전세권설정자에 대하여 그 매수를 청구할 수 있다(민법 제316조 2항).

전세권자는 필요비의 상환을 청구할 수 없으나, 유익비의 경우에는 그 가액의 증가가 현존하는 때에 한하여 소유자의 선택에 좇아 그 지출액이나 증가액의 상환을 청구할 수 있다(민법 제310조 1항).

• 용익물권의 이용실태

이렇게 살펴본 민법이 정하는 용익물권은 현실적으로 많이 이용되고 있지는 않다. ① 지상권에서는 대부분의 규정이 강행규정이고 또 지상권자에게 일방적으로 유리한 내용으로 정해져 있어, 토지 소유자가 그러한 부담을 감수하면서까지 지상권설정계약을 체결하지는 않는다. 지상권이 설정되려면 토지 소유자와 지상권설정계약을 체결하여야 하는데, 지상권에 관한 민법의 규정들이 토지 소유자에게 큰 부담을 주어 토지 소유자가 지상권의 설정을 기피하기 때문이다. 이를테면 지상권의 최단존속기간을 정하고, 지상권자에게 갱신청구권과 지상물매수청구권을 인정하는 규정 등이 그러하다. ② 지역권에서는 그 권리의 내용으로 정해진 「토지 자체가 편익을 받는 관계」를 상정하기가 쉽지 않아 그 활용에 장애가 되고 있다. 그래서 이것 역시 토지임대차가 활용된다. ③ 전세권에서는 등기하지 않은 채권적 전세(미등기전세)가 더 많으며, 또 그 대상이 주택인 경우에는 주택임대차보호법에 의해 보호를 받는다는 점에서, 등기를 하여야 성립하는 전세권의 이용이 많지 않은 실정이다. 전세금이 고액인 경우 물권적 전세권이 다소 이용되는 정도에 머물러 있다.

SUMMARY

1. 민법은 다른 사람으로부터 물건을 빌려 쓰는 관계에 대하여 두 가지의 형태를 규정하고 있다. 하나는 타인이 소유하는 물건에 물권(物權)을 설정하는 것이고, 다른 하나는 다른 사람에 대하여 물건을 사용할 수 있도록 청구하는 채권을 가지게 하는 것이다.
2. 지상권(地上權)은 타인의 토지에 건물 기타 공작물이나 수목을 소유하기 위하여 그 토지를 사용하는 권리이다.
3. 민법이 정하는 지상권은 당사자 간의 지상권설정계약과 등기에 의하여 성립하는데(약정지상권), 일정한 경우에 법률의 규정에 의해 지상권이 성립하는 것으로 간주하기도 한다(법정지상권).
4. 타인의 토지에 분묘를 설치한 자는 특정의 요건을 갖춘 경우 그 분묘 기지에 대하여 지상권에 유사한 일종의 물권인 분묘기지권(墳墓基地權)을 취득한다.
5. 지상권은 토지의 상하에 그 효력이 미치는데, 토지를 효율적으로 이용하려는 취지에서 지하 또는 지상 공간의 상하의 범위를 정하여 그 범위에서만 지상권의 효력이 미치도록 하는 「구분지상권」이 있다.
6. 지역권(地役權)은 일정한 목적을 위하여 타인의 토지를 자기 토지의 편익에 이용하는 권리이다.
7. 전세권(傳貰權)은 전세금을 지급하고 타인의 부동산을 점유하여 그 부동산의 용도에 좇아 사용·수익하며, 그 부동산 전부에 대하여 후순위권리자 기타 채권자 보다 전세금을 우선변제 받을 수 있는 권리이다.

YOUR OPINION

甲과 乙은 그들의 부친 명의로 소유권등기가 된 대지와 건물을 10년 전 부친이 사망하자 상속재산을 협의분할하면서 대지는 乙의 명의로, 건물은 甲의 명의로 각각 소유권이전등기를 하였다. 그 후 丙이 甲으로부터 그 건물을 매수하여 거주해 오던 중 최근에 乙의 대지를 매수한 건설회사 丁이 丙에게 그 건물을 철거해 달리는 주장을 하고 있다.

1. 이런 丁의 주장은 타당한가?

2. 丙의 대지사용권의 존속기간은?

3. 丙은 대지소유자 丁에게 건물을 매수하라고 할 수 있는가?

[해설]

이는 판례상 인정되는 「관습법상 법정지상권」에 관한 문제이다. 이에 관한 판례(대법원 1988.9.27. 선고 87다카279 판결)를 보면,

① 토지 또는 건물이 동일한 소유자에게 속하였다가 건물 또는 토지가 매매 기타 원인으로 인하여 양 자의 소유자가 다르게 된 때에 그 건물을 철거하기로 하는 합의가 있었다는 등 특별한 사정이 없는 한 건물 소유자는 토지 소유자에 대하여 그 건물을 위한 관습상의 지상권을 취득하게 되고, 건물을 철거하기로 하는 합의가 있었다는 등의 특별한 사정의 존재에 관한 주장입증책임은 그러한 사정의 존재를 주장하는 쪽에 있다.

② 관습상의 지상권은 법률행위로 인한 물권의 취득이 아니고 관습법에 의한 부동산 물권의 취득이므로 등기를 필요로 하지 아니하고 지상권취득의 효력이 발생하고 이 관습상의 법정지상권은 물권으로서의 효력에 의하여 이를 취득할 당시의 토지 소유자나 이로부터 소유권을 전득한 제3자에게 대하여도 등기없이 위 지상권을 주장할 수 있다.

③ 법정지상권을 취득한 건물 소유자가 법정지상권의 설정등기를 경료함이 없이 건물을 양도하는 경우에는 특별한 사정이 없는 한 건물과 함께 지상권도 양도하기로 하는 채권적 계약이 있었다고 할 것이므로 법정지상권자는 지상권설정등기를 한 후에 건물양수인에게 이의 양도등기절차를 이행하여 줄 의무가 있는 것이고 따라서 건물양수인은 건물양도인을 순차대위하여 토지 소유자에 대하여 건물 소유자였던 최초의 법정지상권자에의 법정지상권설정등기절차 이행을 청구할 수 있다.

따라서 "④ 법정지상권을 가진 건물 소유자로부터 건물을 양수하면서 지상권까지 양도받기로 한 사람에 대하여 대지소유자가 소유권에 기하여 건물 철거 및 대지의 인도를 구하는 것은 지상권의 부담을 용인하고 그 설정등기절차를 이행할 의무있는 자가 그 권리자를 상대로 한 청구라 할 것이어서 신의성실의 원칙상 허용될 수 없다."고 하여 (관습법상의) 법정지상권이 취득된 후 토지와 건물이 각기 다른 사람에게 순차로 전전 양도된 경우에 건물 철거 및 대지인도청구를 허용하지 아니한다.

그러므로 丙은 법적지상권설정등기절차 이행청구권 대위행사 등을 통하여 당장 철거에 응하여야 하는가?

차후 지상권이 소멸하는 경우 대지소유자인 丁에 대하여 상당한 가액으로 그 건물의 매수를 청구할 수도 있는가?

관습법상 법정지상권의 존속기간에 관하여,

이것도 영구적인 것은 아니다. 민법은 지상권의 종류와 구조에 따라 지상권의 최단존속기간을 ① 석조, 석회조, 연와조 또는 이와 유사한 견고한 건물이나 수목의 소유를 목적으로 하는 때에는 30년, ② 그 외의 건물의 소유를 목적으로 하는 때에는 15년으로 하고(민법 제280조), 그리고 계약으로 지상권의 존속기간을 정하지 아니한 때에는 그 기간은 앞의 ①, ②의 최단존속 기간으로 한다(제281조 1항). 판례는 관습법상 법정지상권의 존속기간은 계약으로 지상권의 존속기간을 정하지 아니한 경우로 보아 민법의 규정에 따르도록 하고 있다(대법원 1992.6.9. 선고 92다4857 판결).

법정지상권의 존속기간은 성립 후 그 지상목적물의 종류에 따라 규정하고 있는 민법 제280조 제1항 소정의 각 기간으로 봄이 상당하고 분묘기지권과 같이 그 지상권이 건립된 건물이 존속하는 한 법정지상권도 존속하는 것이라고는 할 수 없다.

판례(判例)

법학 서적에는 판례가 이렇고 저렇다고 기술되고는 한다. 판례란, 법원이 구체적인 사건에 대한 재판을 통하여 행한 법에 대한 공정의 해석으로서 장래의 재판에 대하여 지침이 되는 것이라 정의할 수 있다. 법원조직법에서는 "대법원에서 판사한 헌법·법률·명령 또는 규칙의 해석 작용에 관한 의견"이라고 표현하고 있다.

한편 흔히 판례를 이러저러한 내용의 재판이 행하여진 실제의 예라는 의미로도 쓰고는 하는데, 이는 재판례(裁判例)라 하여 구분하여야 의미상 옳다. 판례란 재판례 자체가 아니라 그로부터 적출된 일반적 의미가 있는 법해석인 것이다.

그렇다면 판례를 공부하는 의미는 무엇인가?

판례를 아는 것은 현실적 내지 기능적으로 보면 곧 '현재 존재하는 법'의 중요한 일부를 파악하는 일이 된다. 그것은 현재 존재하는 법에 대한 평가나 의견이 아니라, 현재 존재하는 법의 객관적 인식이다. 만일 이러한 인식 자체가 부정확하다면, 그것은 그에 대한 의견이나 평가는 내용 없는 것이 될 수 있으므로, 실천 학문인 법학을 하는 입장에서도 중요하다. 또 그러한 인식은 법관이 장차 어떠한 재판을 할 것인가에 대한 예측을 가능하게 해 준다. 그리고 그에 비추어 행위에 대한 법적 평가나 제재를 알 수 있어서, 자신이 행해야 할 것과 행하지 말아야 할 것을 결정하는데 중요한 자료가 된다.

이에 대해 좀 더 자세한 것은, 양창수, 민법입문, 신수판(2003), 143면 이하 참조.

대법원 1982.9.27 선고 82다279 판결이라 함은, 대법원에서 다룬 판결로 1982.9.27. 선고되었고(재판일자), 뒤의 82다279는 사건번호이다. 즉 82는 1982년을 나타내는 것이고, "다"는 민사본안상고사건을 말하는 약호이다

법을 인식하는 근거이며 법관이 재판을 하는데 그 기준이 될 수 있는 것을 「법원(法源)」이라고 한다. 민법 제1조(法源) 민사에 관하여 법률에 규정이 없으면 관습법(慣習法)에 의한다고 정하고 있다. 즉 민사에 관한 법원은 첫째 법률이고, 둘째 관습법이다. 관습법이란 자연적으로 발생한 관행이 일반적으로 인정된 법적 확신에 의하여 법규범으로 승인된 것을 말한다. 분묘기지권과 관습법상의 법정지상권이 그 예이다.

판례는 법원(法源)인가?

법관은 민사분쟁사건의 심판을 위하여 법률을 적용함에 있어서 그것을 해석할 수가 있으며, 또 법률 혹은 관습법에 당해 사건을 규율할 규정이 없는 때에는 법률의 흠결을 보완하여 공정한 판결을 함으로써, 넓은 범위에서 소위 법형성적인 창조적 활동을 한다는 것이 일반적으로 인정되고 있다. 여기서 구체적 사건의 해결을 위한 법률의 해석과 그 흠결을 보완하는 법원의 판결을 통하여 추상적이고 일반적인 판례 이론이 성립될 수 있고, 또 이와 같은 판례 이론이 특히 민사법분야에서 중요한 역할을 하고 있다는 점에 대해서는 이론이 없다. 그러나 판례가 과연 민법의 법원이 될 수 있는가에 관해서는 견해가 나뉘고 있다.

여기서 판례가 사실상 일종의 규범으로서 기능하게 되나, 어느 민사분쟁사건에 있어 어느 규범을 반드시 적용하여야 할 것을 구속받는다는 뜻에서의 법원의 개념상으로는 판례는 다른 법률 또는 관습법과는 동일한 선상에 있지는 않은 것으로 해석된다.

법의 공백 시 그 흠결을 보충하는 판례의 법형성기능(法形成機能)이 인정되나, 이 때 법관에게 법규범을 창조하는 입법자의 권한이 부여된 것은 아니다. 여기서 법관은 법의 정신에 비추어 살아있는 법을 발견하기 위하여 법의 공백에 대한 보충작업을 하여야 하는 제한이 있다. 그러므로 법관의 법형성기능으로부터 판례의 법원성을 인정할 수는 없을 것이다. 견고한 판례(判例)가 법적 확신을 취득하연 관습법(慣習法)이 된다고 보아야 할 것이다. 그 예를 우리는 「관습법상 법정지상권」에서 볼 수 있다.

Chapter 9

부동산의 이용 관계 II
- 임대차

法

부동산과 생활법률

Chapter 9. 부동산의 이용 관계 II – 임대차

1. 민법상의 임대차

1) 임대차

용익물권은 물건을 빌려주는 사람, 즉 부동산 소유자가 이를 설정 해주는 것을 기피하고, 빌리는 사람으로서도 등록세 등의 비용을 지출하여야 하므로 별로 이용되지 않는다. 그리하여 대부분은 물건 사용에 관한 채권관계를 설정하는 방법, 특히 임대차계약을 체결하는 방법에 의한다.

임대차란 임차인이 임대인으로부터 한정된 기간 동안 주택 등의 건물이나 토지 등을 빌려 쓰고 그 대가(이를 借賃이라 한다.)를 지급하기로 하는 계약을 말한다. 그 대가의 지급에 관하여 민법은 일정한 기간을 단위로 하여 지급하는 것(예: 월세)을 주로 예상하지만, 꼭 그래야만 하는 것은 아니며 계약 당초에 뭉칫돈을 한꺼번에 주고 그 이자상당액으로써 대가에 충당하는 방법도 허용된다. 그리고 우리가 통상 전세(傳貰)라고 하는 경우에는 이러한 방법을 택하는데, 그 뭉칫돈을 전세금이라고 한다. 그런데 전세의 경우에 대하여 민법은 이에 관한 등기를 하면 「전세권」이라고 하는 물권의 성립을 인정하므로, 등기되지 아니한 전세의 경우는 「채권적 전세」라고 할 수 있다. 즉 이러한 경우, 우리가 전세계약이라고 하는 것은 그 법적 성질을 보면 하나의 임대차계약인 것이다.

또 임대차에서 월세 등과는 별도로 보증금(保證金)을 한꺼번에 지급하는 경우도 있는데, 이 보증금에는 대체로 우선 그 이자 상당액을 그 사용의 대가로 하는 의미가 있고, 나아가 만일 임차인이 월세 등 정기적으로 지급할 것을 내지 않으면, 그 보증금으로부터 공제함으로써(또는 임차인이 목적물을 훼손한다든가 하면 그 손해배상에 충당할 수도 있다.) 월세 등의 지급을 확보한다는 의미가 있는 것이다.

2) 임대차의 존속기간

(1) 임대차기간을 약정하는 경우

임대차 계약의 당사자들은 자유롭게 목적물에 대한 임대차기간을 약정할 수 있다. 종전의 민법은 석조, 석회조, 연와조 또는 이와 유사한 견고한 건물 기타 공작물의 소유를 목적으로 하는 토지임대차나 식목, 채염을 목적으로 하는 토지임대차의 경우를 제외하고 최장 20년의 임대차 기간을 설정하지 못하고, 당사자의 약정기간이 20년을 넘는 때에는 20년으로 단축된다고 규정하고 있었으나(제651조 1항), 헌법재판소의 위헌판결로 인해 제651조가 삭제되면서 2016년 1월부터 임대차 계약체결 시에 존속기간의 제한이 없어졌다.

(2) 임대차기간을 약정하지 않는 경우

임대차기간의 약정이 없는 때에는 당사자는 언제든지 계약해지의 통고를 할 수 있다(민법 제635조 1항). 이때는 상대방이 그 통고를 받은 날로부터 '일정한 기간'이 경과하는 때에 해지의 효력의 생긴다. 즉 토지·건물 기타 공작물에 대하여는 임대인이 해지를 통고한 경우에는 6월, 임차인이 해지를 통고한 경우에는 1월이다(민법 제635조 2항).

(3) 임대차의 갱신

임대차의 갱신이라 함은 임대차의 동일성을 유지하면서 당사자 간에 계약으로 그 기간을 연장하는 것을 말한다. 민법은 두 경우로 나누어 규정하는데, 하나는 당사자가 계약으로 갱신하는 경우이고, 다른 하나는 묵시의 갱신이다.

가. 계약에 의한 갱신

임대차 계약의 당사자들은 자유롭게 목적물에 대한 임대차기간을 갱신할 수 있다. 종전의 민법은 당사자의 합의로 '10년'을 넘지 않는 범위에서 임대차기간을 갱신할 수 있었으나(민법 제651조 제2항), 헌법재판소의 위헌판결 후 삭제되었다. 갱신의 횟수에 대한 제한은 없으며, 몇 번이든 할 수 있다.

나. 묵시의 갱신(법정갱신)

임대차기간이 만료한 후에도 임차인이 임차물의 사용·수익을 계속하는 경우에 임대인이 상당한 기간 내에 이의를 제기하지 않는 때에는 전 임대차와 동일한 조건으로 다시 임대차한 것으로 본다(민법 제639조 1항 본문). 즉 이때에는 「법정갱신」이 있게 된다. 다만, 그 존속기간만은 전 임대차와 동일한 것이 아니라 기간의 약정이 없는 것으로 된다. 따라서 당사자는 제635조 제1항의 규정에 의하여 해지의 통고를 할 수 있다(민법 제639조 1항 단서).

사례

A는 B가 소유하는 빈터를 농산물 직판장을 개설하고자 1년 기한으로 월세를 30만 원씩 주는 조건으로 빌렸다. 월세는 매달 B의 은행구좌로 송금을 했다. 1년이 지났는데도 아무 말이 없어 장사를 계속해도 된다고 생각하고 세 달째 월세를 송금하였다. 그런데 느닷없이 B가 직판장을 자기가 하겠다면서 땅을 내놓으라고 한다. A는 이를 들어줘야하는가?

임대차 기간이 끝났는데도 임차인이 빌린 물건을 그대로 점유하거나 사용 중이고, 임대인은 상당한 기간 내에 여기에 대해 아무 말이 없는 경우, 민법은 임대차계약이 갱신된 것으로 간주한다. 임대인의 이의제기, 즉 아무 말이 없었다고 해서 이를 「묵시의 갱신」이라고 부른다.

이처럼 임대차계약이 묵시적으로 갱신되면 이때는 종전 임대차와 동일한 조건으로 임대된 것으로 보게 된다. 다만 「묵시의 갱신」의 효과는 명시적 갱신보다는 다소 약하다. 즉 임대인이나 임차인은 누구든지 기한에 구애됨이 없이 언제든지 임대차계약을 해지할 수 있고, 그 해지의 효력은 임대인이 먼저 해지한 경우에는 임차인이 그 통고를 받은 날로부터 6개월, 임차인이 먼저 해지한 경우에는 임대인이 통고를 받은 날로부터 1개월이 경과해야 발생하게 된다.
이 사건에서 A와 B사이의 임대차계약은 묵시의 갱신이 이루어졌다고 판단되나, 임대인인 B가 계약을 해제하였으므로 이 해지의 효력은 6개월 뒤에야 발생하게 된다. 따라서 A는 앞으로 6개월은 적법하게 땅을 사용할 권리가 있는 것이다.

3) 임대차의 효력

(1) 임대인의 의무

임대인은 임차인으로 하여금 목적물을 「사용·수익하게 할 채무」를 진다(민법 제618조). 이 의무를 기본으로 하여 다음과 같은 여러 의무가 파생한다.

가. 목적물 인도의무

임차인이 목적물을 사용·수익할 수 있도록 하기 위하여, 임대인은 목적물을 임차인에게 인도할 의무를 진다(민법 제623조).

나. 방해제거의무

제3자가 임차인의 사용·수익을 방해하는 행위를 하는 경우에는, 임대인은 임차인을 위하여 그 방해를 제거하여야 할 의무를 진다.

다. 수선의무

임대인은 계약 존속 중 임차인이 목적물을 사용·수익을 하는 데 필요한 상태를 유지하게 할 의무를 진다(민법 제623조). 본조와 관련하여 민법은 다음의 두 가지를 규정한다.

① 임대인이 임대물의 보존에 필요한 행위를 하는 때에는 임차인은 이를 거절하지 못하며(민법 제624조), ② 임대인이 임차인의 의사에 반하여 보존행위를 하

는 경우에 임차인이 이로 인하여 임차의 목적을 달성할 수 없는 때에는 계약을 해지할 수 있다(민법 제625조).

사례

1 A는 B의 집을 월세로 얻어 살고 있다. 그런데 이 집이 워낙 낡아 대문은 잘 잠기지 않고 담장은 무너질 지경이다. 기왓장은 깨져 비가 오면 물이 새고, 마루도 삐걱거리고 매우 낡아 A는 여러 차례 수리를 부탁했지만, B는 "그러니까 집세가 싸지 않느냐"면서 A에게 수리할 의무가 있다고 하면서 들은 척도 않는다. 누가 수리할 의무가 있는가?

2 임차인 A의 실수로 집이 파손된 경우라면 어떠한가?

3 옆집의 불이 옮겨 붙어 피해가 난 경우라면 어떠한가?

1 임대인의 수리 의무

민법에 의하면 수리의무는 원칙적으로 임대인에게 있다. 즉 임대인은 목적물을 임차인이 「사용 또는 수익하는데 필요한 상태를 유지하여야 할 적극적 의무」가 있다. 따라서 수리하지 않으면 목적물을 사용·수익할 수 없는 상태가 되었을 때 그 수리의무는 임대인에게 있다.

임대인(집주인)은 그 계약이 존속하는 동안 임차인(세입자)이 임대 목적물을 제대로 사용할 수 있게 해 주어야 하므로 필요한 수리라면 당연히 해 주어야한다. 예를 들어 비가 새는 경우나 벽이 갈라진 경우 등은 임대인이 수리를 해 주어야 하는 것이다. 다만, 목적물을 사용·수익하는데 커다란 지장이 없는 통상적인 파손에 대해서는 임차인이 수리하여야한다. 예컨대 유리창이 깨지거나 벽지가 훼손된 경우는 이를 임차인이 수리할 의무가 있다. 이 사례에서 파손 정도에 비추어 볼 때 임대인이 수리할 의무가 있다고 하겠다.

2 임차인의 실수로 집이 파손된 경우

임차인이 실수로 집을 약간 파손시킨 경우에도 임대인이 수리를 해 주어야하는가에 대하여 의문이 생길 수 있지만, 이때에도 임대인은 수리를 해 주어야한다. 임차인의 책임으로 집이 손상된 경우라 하더라도, 임대인은 손해 배상을 청구하거나 이를 이유로 계약을 해지할 수는 있지만 수리 자체는 거절할 수 없다는 뜻이다.

3 옆집의 불이 옮겨 붙어 피해가 난 경우

임대인은 천재지변 등 어쩔 수 없는 사정으로 건물이 파손된 경우에도 이를 정상적으로 사용·수익할 수 있도록 해주어야 한다. 따라서 옆집의 불이 옮겨 붙은 것과 같은 불가항력적인 사유로 인한 파손의 경우에도 임차인은 임대인에게 수리를 요구할 수 있으며 이를 거절하는 경우 임차인은 임대인에게 손해 배상을 청구할 수 있고, 임대차계약을 해지하거나 파손된 건물의 수리가 끝날 때까지 임대료의 전부 또는 일부의 지급을 거절할 수 있다.

(2) 임차권

가. 사용·수익권

임차권은 임대차계약에 기하여 임차인이 가지는 각종의 권능[1)]을 말한다. 그 중 가장 핵심적인 것은 임대인에 대하여 목적물의 사용·수익을 청구하는 것이다. 그 반면에 임대인은 임차인이 그 목적물을 사용하는 것을 보장하여 줄 의무를 부담한다. 그러므로 일반적으로 임대인이 목적물을 임차인에게 인도하여 준 경우에는, 그가 목적물의 소유자이고 또 소유자로 남는 한 임차인의 목적물 사용은 보장된다고 할 수 있다.

임차인은 임대인의 동의 없이 임차권을 양도하거나 임차물을 전대하지 못하고, 이에 위반한 때에는 임대인은 계약을 해지할 수 있다(민법 제629조).

1) 권능이란 권리의 내용을 이루는 개개의 법률상의 힘을 말한다. 예컨대 소유권이라는 권리는 사용·수익·처분할 권능을 그 내용으로 한다.

임차권은 채권으로서 위와 같은 의무는 임대인만이 지는 것이고, 임차인이 그 이행을 다른 사람에 대하여 청구할 수는 없다. 그러므로 임대인이 원래 목적물의 소유자가 아니었든지 또는 임대인이 소유권을 제3자에게 양도한다든지 하는 경우에는, 진정한 또는 새로운 소유권자는 - 그 임대차 사실을 알고 있었더라도 - 임차인에 대하여 물건을 자신에게 반환할 것을 청구할 수 있고, 임차인은 임차권이 있다고 해서 이것을 거부할 법적 힘은 없다. 여기서 임차권이 임대인에 대하여만 주장할 수 있는 채권이기 때문에 가지게 되는 약점이 있다. 물론 임차인이 소유자로부터 권리행사를 당하면, 그는 채무자인 임대인에 대하여 채무불이행을 이유로 손해배상을 청구할 수 있다. 그러나 목적물의 사용·수익이라는 원래의 계약 목적은 달성할 수 없고, 금전에 의한 사후적인 처리로써 만족할 수밖에 없게 된다.

나. 임차권의 대항력

그러나 민법은 임대차의 목적물이 부동산인 경우에 특칙을 두어 등기를 할 수 있게 하고, 등기를 하면 그때부터 제3자에 대하여 효력이 생긴다고 정하고 있다(「부동산임차권의 대항력」).

「부동산임차인은 당사자 간에 반대약정이 없으면 임대인에 대하여 그 임대차 등기 절차에 협력할 것을 청구할 수 있다」(민법 제621조 1항). 즉 반대특약이 없으면, 본조에 의하여 당연히 임차인의 등기청구권이 발생한다. 부동산임대차를 등기한 때에는 그 때부터 제3자에 대하여 효력이 생긴다(민법 제621조 2항).

또 건물의 소유를 목적으로 한 토지임대차는 이를 등기하지 아니한 경우에도 임차인이 그 지상건물을 등기한 때에는 제3자에 대하여 임대차의 효력이 생긴다(민법 제622조 1항). 한편 위 건물이 임대차기간 만료 전에 멸실 또는 후폐한 때에는 토지임차인을 보호하여야 할 필요가 없기 때문에, 토지임대차는 그 대항력을 잃는다(민법 제622조 2항).

이와 같이 임차권이 대항력을 가지게 되면, 그 후에 목적 부동산을 양도받은 사람 또는 거기에 저당권을 가지고 있거나 그 부동산을 강제 집행하려고 압류한 사람은 임차권의 대항을 받게 되어, 법의 힘으로 당연히 스스로 임대인인 것과 같은 지위에 놓이게 되고, 그리하여 결국 임차권을 인정하지 않으면 안 된다.

임차권이 기간만료 등의 사유로 소멸하기 까지는 소유권에 기하여 그 반환을 청구할 수 없다. 그리고 그 새로운 소유자는 이제 자신이 임대인이 된 것이어서, 임차권이 소멸하는 경우에 원래의 임대인이 부담하였을 의무, 예를 들면 보증금 또는 전세금의 반환채무도 지게 된다.

사례

1 A는 친척 B의 땅 500평 중 일부인 100평을 5년 기한으로 빌려 이 땅에 식당 건물을 지어 음식점을 차렸다. 4년이 지나자 음식점이 번창하였는데, B는 개인사정으로 다른 사람에게 이 땅 전부를 팔고자 부동산 시장에 내 놓았다. 만일 새로운 땅주인이 A에게 식당 건물을 헐고 땅을 돌려달라고 하면, A는 응할 수 밖에 없는가? 혹은 다른 방법이 없을까?

2 그런데, A는 땅주인 B에게 임대료 100만 원, 임대기간 2년으로 정하고 계약기간이 끝나면 건물을 철거해 주기로 약정을 했는데, 이때 B는 철거되는 건물에 대한 보상은 전혀 해주지 않는 조건으로 계약을 맺었다. 그런데 임대기간이 끝났는데도 A는 나가지 않겠다고 하면서 나가더라도 건물을 철거하지 않겠다고 한다. B는 어떻게 하여야하는가?

1 「매매는 임대차를 깨뜨린다」. 즉 임차목적물의 소유권자가 바뀌면 임차인은 임차권으로서 새 소유자에게 대항하지 못하는 것이 원칙이다. 그런데 토지의 임대인이 계약 기한이 끝났다고, 또는 토지의 소유자가 바뀌어 새 소유자가 건물의 철거와 건물이 들어선 땅을 돌려줄 것을 요구하게 되는 경우 임차인의 지위는? 이런 경우, 임차인이 그 건물에 대해 등기(보존등기 또는 이전등기)를 하였으면 임대인이나 토지의 새 소유자에게 대항할 수 있다. 즉 자기에게 임차권이 있음을 주장할 수 있고, 그 지상건물이 존속할 때까지 임차권은 존속하게 된다. 즉 건물의 수명이 다할 때까지

토지의 소유자가 어떻게 되든지 간에 그 토지의 임차권을 갖게 되는 것이다. 따라서 이 사례에서 A의 법적 권리는, 건물을 등기하였다면, 새 땅주인에게 건물의 수명이 다할 때까지 땅 100평을 사용할 권리가 있다

2 계약 기간이 끝나면 땅주인이 땅을 빌린 사람에게 땅을 돌려달라고 요구할 수 있는 것은 당연하다. 그러나 이때 땅을 빌린 사람은 땅주인에게 두 가지를 요구할 수 있다. ① 땅을 빌린 건물 주인은 비록 처음 맺는 계약기간은 끝났지만 종전의 계약대로 다시 계약을 맺자고 요구할 수 있다. 이 요구에 대해 땅주인 B는 받아들일 수도 있고 거절할 수도 있다. ② 만약 B가 그 요구를 거절한다면 땅을 빌린 건물 주인은 그 땅 위에 있는 건물을 B에게 사라고 요구할 수 있다(지상물매수청구권, 민법 제643조 참조). B가 계약을 갱신해 달라는 요구는 거절할 수 있지만, 그 땅 위에 있는 건물을 사라는 요구는 거절할 수 없다. 땅주인의 입장에서 보면 부당하지만, 건물을 헐어버릴 경우 발생하는 사회 경제적 손실을 막기 위해 특별히 정해놓은 원칙이다. 여기서와 같이 땅주인과 땅을 빌린 사람이 나중에 건물을 헐기로 서로 약속했다하더라도 이 약속은 법적으로 아무 효력이 없다(판례의 입장).

건물의 소유를 목적으로 한 토지의 임차인이 임대차가 종료하기 전에 임대인과 건물 기타 지상시설 일체를 포기하기로 약정을 하였다고 하더라도 임대차계약의 조건이나 계약이 체결된 경위 등 제반사정을 종합적으로 고려하여 실질적으로 임차인에게 불리하다고 볼 수 없는 특별한 사정이 인정되지 아니하는 한 위와 같은 약정은 임차인에게 불리한 것으로서 민법 제652조에 의하여 효력이 없다(대법원 2002.5.31. 선고 2001다42080 판결). 따라서 B는 A가 나가지 않으려고 할 경우 그 사람을 상대로 땅을 돌려달라고 소송을 제기할 수 있지만, 그 때 건물 주인이 건물 값을 요구하면 그를 지급하여야 땅을 돌려받을 수 있다.

다. 비용상환청구권

아래와 같은 경우에는 세입자가 직접 비용을 들여 수리한 경우라도 임대인에게 그 비용을 청구할 수 있다.

① 꼭 필요한 수리 비용

임대인이 수리 의무를 이행하지 않아서 임차인이 스스로 비용을 들여서 수리를 했다면 이는 필요비에 해당하여 임대인에게 그 상환을 청구할 수 있다. 임대 목적물의 원상을 유지하거나 목적물의 통상적인 상태를 유지하기 위해 지출한 비용을 「필요비」라고 한다. 예를 들어 주택의 경우 지붕, 마루, 벽, 창문 등에 생긴 손상은 이를 수리하지 않으면 임차인이 목적물을 제대로 사용할 수 없으므로 그 수리 비용은 필요비가 되는 것이다. 필요비는 쓴 후 에 바로 임대인에게 비용을 청구할 수 있으며, 임차인이 임대인에게 목적물을 돌려준 경우에는 6개월 내에 청구하여야 한다.

그러나 만일 전세로 살기 시작해서 전세권 등기까지 되어 있는 경우에는 임대차와는 달리 전세권자가 작은 부분의 수리 비용은 스스로 부담해야 하기 때문에 대규모의 수리비용이 아닌 한 전세권 설정자(집주인)에게 그 비용을 청구할 수 없다.

② 건물의 가치를 늘리는 수리 비용

원래 사용하던 화장실이 너무 낡고 지저분하여 수세식으로 수리를 한 경우와 같이 임대한 건물의 가치를 증가시키는 데 든 비용은 유익비[2]라 하여 임대인에게 청구할 수 있다. 다만, 화장실이 없었던 것은 아니기 때문에 건물 사용이 불가능한 경우가 아니므로 임대인에게 즉시 상환을 청구할 수 있는 것은 아니다. 여기서 임대차가 종료된 후 이에 대해 지출한 금액이나 임대 건물의 가치가 늘어난 만큼의 증가액을 지급하도록 청구할 수 있다. 그 청구 기간은 목적물 반환일로부터 6개월이지만 법원이 허락하면 연장할 수 있다.

2) 「유익비」는 목적물(임대물)의 객관적 가치를 증가시키는 비용을 말한다.

라. 부속물매수청구권

건물 기타 공작물의 임차인이 그 사용의 편익을 위하여 임대인의 동의를 얻어 이에 부속하거나 혹은 임대인으로부터 매수한 부속물이 있는 때에는, 임대차의 종료 시에 임대인에 대하여 그 부속물(예: 차양·수도·전기 등과 같은 설비)의 매수를 청구할 수 있다(민법 제646조). 형성권으로서 임차인의 의사표시만으로 그 효력이 생긴다.

사례

자동차 정비공 A는 B의 건물을 3년 기한으로 빌려 자동차 수리를 위한 자동차 정비점을 열었다. 사업은 번창하였고, B의 양해를 구해 기존 건물 옆에 5,000만 원을 들여 세차장 시설까지 운영하였다. 그런데 기한이 끝나자 B는 건물을 반환하라고 하면서 세차장 시설은 철거해 달라고 요구한다. A는 이 세차장 시설에 대한 권리가 없는가?

여기서 임차인이 들인 자본을 회수할 수 있는 방법으로 민법이 인정하는 부속물매수청구권이라는 제도를 고려할 수 있다. 건물이나 공작물을 빌린 사람이 「임대인의 동의를 얻어」 임차한 건물에 부속시킨 물건이 있을 때에는 임대차 관계가 끝났을 때 임대인에 대하여 이 부속물을 사달라고 청구할 수 있는 권리를 말한다. 그런데 여기서 「부속물」은 빌린 건물 내의 시설물과 다른 개념으로서 독립성을 갖는 시설이어야 하고, 시설 당시 임대인의 동의를 얻었어야만 한다. 임차인이 부속물매수청구권을 행사하면 임대인은 반드시 그대로 사주어야 할 의무가 생긴다.

(3) 임차인의 의무

가. 차임지급의무

차임은 반드시 금전이어야 하는 것은 아니며, 물건으로 지급하여도 무방하다. 임차물의 일부가 임차인의 과실 없이 멸실 기타의 사유로 사용·수익할 수 없을 때에는, 임차인은 그 부분의 비율에 의한 차임의 감액을 청구할 수 있다(민법 제627조 1항). 한편 임대물에 대한 공과부담의 증감, 기타 경제 사정의 변동으로 약정한 차임이 상당하지 아니하게 된 때에는, 당사자는 장래에 대한 차임의 증감을 청구할 수 있다(민법 제628조).

당사자 간에 차임의 지급시기에 관해 약정이 없는 때에는 동산·건물 및 대지의 임대차는 매월 말에, 기타 토지의 임대차는 매년 말에 지급해야 한다(민법 제633조 본문).

건물 기타 공작물의 임대차나 또는 건물 등의 소유를 목적으로 하는 토지임대차에서, 임차인의 차임연체액이 2기의 차임액에 달하는 때에는 임대인은 계약을 해지할 수 있다(민법 제640조, 641조).

나. 임차물보관의무

임차인은 임차물을 임대인에게 반환할 때까지 「선량한 관리자의 주의」[3]를 가지고 보관하여야 한다(민법 제374조). 이 의무와 관련하여 민법은 임차인의 통지의무를 규정한다. 즉, 임차물이 수리를 요하거나 또는 임차물에 대하여 권리를 주장하는 자가 있는 때에는, 임차인은 지체 없이 임대인에게 이를 통지하여야 한다(민법 제634조). 그러나 임대인이 이미 이를 안 때에는 통지할 필요가 없다(민법 제634조 단서).

다. 임차물반환의무

임대차가 종료한 때에는, 임차인은 부속시킨 물건을 철거하여 임차물을 원상으로 회복하여야 한다.

4) 보증금 및 권리금

거래 실제에서는 임대차에 수반하여 보증금이 교부되는 경우가 보통이다. 한

3) 「선량한 관리자의 주의」라 함은 채무자의 직업·지위 등에 비추어 거래상 일반적으로 요구되는 주의를 말한다.

편 유명점포의 임대차에서는 그 밖에 권리금도 지급되는 것이 보통이다.

(1) 보증금

임차인은 임대인에게 차임지급의무·목적물보관의무 등을 부담한다. 그래서 임대인, 특히 부동산의 임대인은 임차인의 이러한 채무 등을 담보하기 위해 관행상 차임 이외에 보증금을 교부받는다. 민법은 보증금에 대해 전혀 규정하고 있지 않아, 그 규율은 관습이나 판례에 의해 해결하는 수밖에 없다.

보증금은 차임의 미지급·임차물의 멸실 등 임대차관계에서 발생하게 되는 임차인의 모든 채무를 담보한다. 즉 임대차가 종료한 때에 임차인의 채무가 있는 때에는, 그 채무액만큼 보증금으로부터 공제된다.

임차보증금반환청구권은 임대차 종료 시에 발생하기는 하나, 그 임차보증금은 임차인이 임차부동산을 실제로 명도 할 때까지의 임대인의 채권을 담보한다. 명도 시까지 청산하고 남은 보증금을 반환할 의무와 임차인의 건물명도 의무는 서로 동시이행의 관계에 있다.

다만 부동산이 주택인 경우에는 임차인을 보호하기 위하여 특별법인 주택임대차보호법에 관련 규정을 두고 있다.

(2) 권리금

임차권의 양도·임차물의 부속물·영업허가·상호 등의 대가로 차임과 보증금 이외에 따로 권리금이 지급되는 경우가 많다. 즉 권리금은 주로 도시에서 임대차계약 시 건물, 특히 점포의 장소적 이익의 대가로 임차인으로부터 임대인에게 또는 임차권의 양수인으로부터 양도인에게 지급되는 금전이다. 권리금은 보증금과는 달리 이를 반환하지 않는 것이 관행이다. 한편, 임대차에 수반하여 임대인이 고액의 권리금을 임차인으로부터 받은 경우에는, 임차권의 양도를 묵시적으로 동의하였다고 볼 소지가 많다.

관행 상 지급되던 권리금은 법적 문제를 내포하고 있었기 때문에, 개정된 상가건물임대차보호법에서 관련 규정을 명시하고 있다.

사례

A는 보증금 1억 원에 건물주 B로부터 건물을 빌려, 조명 및 무대 등의 시설비로 2억 원을 투자하여 레스토랑을 운영하다가 사정이 생겨 C에게 권리금 3억 원을 받고 이 레스토랑을 인계하였다. 이 과정에서 건물주 B는 인계인수를 알고 있었으나 개입은 하지 않았다. 그런데 임대차 기한도 끝나고, 관계 법규가 바뀌어 더 이상이 건물에 레스토랑을 운영할 수 없게 되었다. 이 경우 C는 인수하면서 지불한 권리금을 건물주 B에게 청구할 수 있는가?

권리금은 건물이나 점포의 임차권의 양도에 부수해서 임차인과 전차인 간에 주고받게 되는데 「임차목적물이 갖는 특수한 장소적 이익의 대가」라고 설명된다. 그 위치가 교통이 편리하다든가, 사람의 왕래가 많다든가, 오랫동안 개점하여 널리 알려져 있고 영업이 잘 된다든가 하는 이유로 권리금이 형성되고, 그 액수도 증가하는 추세가 있다. 그러나 임대차관계가 종료된 경우에 임차인 자신은 물론, 임차인으로부터 임차권을 양도 받는 사람은 임대인에게 자신이 영업을 시작하기 전에 지출된 권리금을 법적으로 청구할 수는 없다. 이 점이 임대인에게 반환을 청구할 수 있는 보증금과 다른 점이다.

5) 임대차의 종료

(1) 종료 원인

임대차의 종료 원인으로는 '존속기간의 만료·해지의 통고·해지'의 3가지가 있다.

가. 존속기간의 만료

임대차에 존속기간이 정하여져 있는 경우에는, 그 기간의 만료로 임대차가 종료한다.

나. 해지의 통고

임대차기간의 약정이 없는 때에는 당사자는 언제든지 계약해지의 통고를 할 수 있고, 상대방이 그 통고를 받은 날로부터 일정기간이 경과한 때(토지·건물 기타 공작물에 대하여는 임대인이 해지를 통고한 경우에는 6월, 임차인이 해지를 통고한 경우에는 1월) 종료한다.

다. 해지

민법은 다음의 경우에는 임대차계약을 해지할 수 있는 것으로 규정한다. 즉, ① 임대인이 임차인의 의사에 반하여 보존행위를 하는 때(민법 제625조), ② 임차물의 일부가 임차인의 과실에 의하지 않고서 멸실한 경우에 그 잔존부분만으로는 임차의 목적을 달성할 수 없을 때(민법 제627조 2항), ③ 임차인이 임대인의 동의 없이 제3자에게 임차권을 양도하거나 또는 전대한 때(민법 제629조 2항), ④ 차임연체액이 2기의 차임액에 달하는 때(민법 제640조, 641조)가 그러하다.

(2) 효과

임대차의 종료는 그 원인 여하를 묻지 않고 언제나 장래에 향하여 효력이 생긴다. 즉 소급효가 없다(민법 제550조 참조). 임대차가 종료하면, 임차인은 목적물을 원상으로 회복하여 임대인에게 반환하여야 한다.

사례

A는 건물 주인인 X에게 기한을 2년으로 하여 건물 아래층을 빌려 제과점을 경영하고 있었는데, 기한이 1년 정도 남은 상태에서 다른 사람에게 제과점을 양도하려 한다. 그 동안 이 제과점은 여러 번 임차인이 바뀌었으나, 그때마다 건물 주인인 X는 보증금과 월세를 인상하였을 뿐 제과점의 양도에 대해서는 문제 삼지 않고 있었다. 이러한 점을 알고 B는 권리금까지 주고 제과점을 인수하였다. 그런데 1개월 후 X는 A와 B사이의 양도계약을 인정할 수 없다면서 점포를 비워달라고 한다. 이런 경우 B는 건물을 비워야 하는가?

민법은 임대인의 동의 없이, 임차인과 양도계약을 맺고 점포를 빌리는 사람(전차인)과의 계약은 그 효력을 인정하지 않고 있다. 「임차인이 누구인가?」하는 문제는 임대인에게 중요한문제이고, 이는 임대인을 보호하기 위해서이다.

이렇게 임대인의 동의 없이, 임차인이 일방적으로 자기가 임차한 목적물을 다시 제3자에게 빌려주는 경우를 「무단전대」, 그리고 임차권을 양도하는 경우를 「무단양도」라고 부른다. 무단전대 또는 무단양도가 행해지면 임대인은 우선 임차인에 대하여 계약을 해지할 수 있다. 이 계약해지에 따라 전차인은 임대인의 소유물을 불법 점유하는 셈이 되어 이를 임대인에게 인도해 주어야만 한다. 전차인은 임대인과 임차인 간의 계약에서 정해진 계약기한까지의 목적물 사용의 권리마저 없게 된다.

사례

甲은 乙로부터 주택을 임차보증금 2,000만 원, 월세 25만 원에 임차하여 거주하던 중 계약기간 만료 1개월 전에 계약갱신거절통지를 하였다. 그 후 계약기간 만료로 위 임차보증금의 반환을 청구하였으나 임대인 乙은 이를 지급치 않았으므로 甲은 위 주택의 열쇠를 넘겨주지 않은 채 모든 짐을 꾸려 새로 분양받은 아파트로 이사를 하였다. 그런데 乙은 3개월이 지난 지금에 이르러 위 임차보증금 중 3개월간의 월세 상당액을 공제하고 잔액만 반환하겠다고 하는데, C의 주장은 타당한 것인가?

임대차계약의 종료에 의하여 발생된 임차인의 목적물반환의무와 임대인의 연체차임을 공제한 나머지 보증금의 반환의무는 동시이행의 관계에 있으므로, 임대차계약 종료 후에도 임차인이 동시이행의 항변권을 행사하여 임차건물을 계속 점유하여 온 것이라면, 임대인이 임차인에게 보증금반환의무를 이행하였다거나 현실적인 이행의 제공을 하여 임차인의 건물명도의무가 지체에 빠지는 등의 사유로 동시이행의 항변권을 상실하지 않는 이상, 임차인의 건물에 대한 점유는 불법점유라고 할 수 없으며, 따라서 임차인으로서는 이에 대한 손해배상의무도 없다(대법원 1998.5.29. 선고 98다6497 판결). 임대차 종료 후 임차인의 임차목적물 명도의무와 임대인의 연체임료 기타손해배상금을 공제하고 남은 임차보증금반환의무와는 동시이행의 관계에 있으므로, 임차인이 동시이행의 항변권에 기하여 임차목적물을 점유하고 사용·수익한 경우 그 점유는 불법점유라 할 수 없어 그로 인한 손해배상책임은 지지 않지만, 다만 사용·수익으로 인하여 실질적으로 얻은 이익이 있으면 부당이득으로서 반환하여야 한다(대법원 1998.7.10. 선고 98다15545 판결).

이와 같은 부당이득반환의무에 관하여 판례를 보면, "임차인이 임대차계약종료이후에도 동시이행의 항변권을 행사하는 방법으로 목적물의 반환을 거부하기 위하여 임차건물부분을 계속 점유하기는 하였으나 이를 본래의 임대차계약상의 목적에 따라 사용·수익하지 아니하여 실질적인 이득을 얻은바 없는 경우에는 그로 인하여 임대인에게 손해가 발생하였다하더라도 임차인의 부당이득반환의무는 성립되지 아니한다"고 하였고(대법원 2003.4.11 선고 2002다59481 판결), 또 "법률상의 원인 없이 이득하였음을 이유로 한 부당이득의 반환에 있어 이득이라 함은 실질적인 이익을 의미하므로, 임차인이 임대차계약관계가 소멸된 이후에 임차건물 부분을 계속 점유하기는 하였으나 이를 본래의 임대차계약상의 목적에 따라 사용·수익하지 아니하여 실질적인 이득을 얻은바 없는 경우에는, 그로 인하여 임대인에게 손해가 발생하였다고 하더라도 임차인의 부당이득반환의무는 성립하지 아니하는 것이고, 이는 임차인의 사정으로 인하여 임차건물 부분을 사용·수익을 하지 못하였거나 임차인이 자신의 시설물을 반출하지 않았다고 하더라도 마찬가지이다'라고 한다(대법원 1998.7.10. 선고 98다8554 판결).

그리고 임대차계약에 있어 임대차보증금은 임대차계약 종료 후에 발생하는 임료 상당의 부당이득반환채권뿐만 아니라 훼손된 건물부분의 원상복구비용 상당의 손해배상채권 등도 담보하는 것으로, 임대인으로서는 임대차보증금에서 그 피담보채무를 공제한 나머지만을 임차인에게 반환할 의무가 있다고 할 것인데, 임대인으로서는 그 임대차보증금에 의하여 담보되는 부당이득반환채권 및 손해배상채권의 발생에 관하여 주장·입증책임을 부담하는 것이고, 다만 그 발생한 채권이 변제 등의 이유로 소멸하였는지에 관하여는 임차인이 주장·입증책임을 부담한다(대법원 1995.7.25. 선고 95다14664, 14671(반소) 판결; 대법원 2005.9.28. 선고 2005다8323, 8330 판결)

따라서 위의 경우에, 甲이 기간만료 이후에 위 주택을 임차목적대로 사용·수익하여 부당이득을 취하였다는 사실을 乙이 입증하지 못하는 한, 乙은 위 임차보증금에서 거주하지 아니한 3개월간의 월세상당액을 공제할 수 없다.

2. 주택임대차보호법상의 임대차

1) 법의 목적과 적용 범위

(1) 목적

남의 주택을 빌려 사는 사람의 임차권은 주거가 생존의 기본 수요의 하나임에 비추어 이를 특별히 보호할 필요가 있다고 하겠다. 그리하여 1981년 주택임대차보호법이 제정되어 시행되었다. 한편 2001년 12월의 상가건물임대차보호법(시행은 2002년 11월 1일부터)은 일정액 이하의 보증금을 정한 점포 및 사무실의 임차인에게도 주택임차인과 기본적으로 같은 보호를 인정한다.

임대차와 관련하여 임차인 입장에서 주로 문제가 되는 것은, 첫째, 계약된 기간 동안 그 목적물을 안심하고 사용할 수 있는 것, 둘째, 계약기간이 끝나면 보증금 또는 전세금을 확실하게 돌려받는 것이다. 따라서 주택임대차보호법은 임차권 등기없이도 보다 쉽게 「대항력」을 인정하는 등으로 주거 생활의 안정을 기하게 하고, 보증금을 보다 확실하게 반환받을 수 있도록 하기 위하여 일정한 요건 아래 일정한 범위에서 「우선변제권」을 부여하는 것이다.

(2) 주택임대차보호법의 적용 범위

주거용 건물인 주택을 임대차한 경우에는 주택임대차보호법이 적용된다. 채권적 전세[4]의 경우에도 적용되며, 주택의 일부가 주거 이외의 목적으로 사용되는 경우에도 적용되지만, 원래 주거용이 아닌 건물을 임차하여 임차인이 주거용으로 개조한 경우에는 주택임대차보호법은 적용되지 않는다. 또, 일시 사용을 위한 임대차임이 명백한 경우에는 적용되지 않는다.

---

4) 전세는 임대차와는 달리 원칙적으로 등기를 해야 하는데, 전세로 살면서 등기를 하지 않은 경우를 「채권적 전세」라고 한다.

2) 임차인의 권리

(1) 대항력

주택 임대차는 그 등기가 없는 경우에는, 주택의 인도(입주)와 주민등록(전입신고)을 마친 때에는 그 다음 날부터 제3자에 대하여 효력이 생긴다. 「제3자에 대하여 효력이 생긴다.」라 함은 임대인 이외의 자에 대해서도 세든 사람은 그 주택의 임대차 관계를 주장할 수 있다는 의미이며, 이것은 결국 임대차 기간 중 주택의 소유자가 변경되더라도 임대인의 지위가 신소유자에게 포괄적으로 승계되어 임차인은 계약기간 동안(보증금을 준 경우에는 그 보증금을 반환받을 때까지) 그 집에서 쫓겨나지 않고 생활할 수 있다는 것이다. 즉 이러한 대항력 요건을 갖춘 후에 그 주택을 취득하거나 그 후에 설정된 저당권(또는 그 후에 이루어진 가압류 또는 압류)에 기하여 이루어진 경매 절차에서 매수한 사람은, 법의 힘에 의하여 강제로 임대인의 지위를 떠맡게 된다.

그러나 주의할 일은, ① 임차인이 입주와 전입신고를 하기 전에 그 집에 이미 저당권 등기나 가등기 등이 행하여졌고, 그 결과로 경매나 가등기에 의한 본등기에 의하여 소유권자가 변경된 경우에는, 임차권은 소멸되어 임차인은 신소유권자에게 대항할 수 없다. 즉 매수한 사람은, 위와 같은 대항력과 무관하며 그와 같은 부담이 없는 완전한 소유권을 취득하게 된다. 따라서 주택을 임차하고자 할 때에는 최소한 등기부를 열람하여 저당권 설정이나 가등기 여부 등을 확인할 필요가 있다. ② 그리고 그 주민등록은 대항력 취득 시에만 요구되는 것이 아니라 그것이 계속 존속하는 한도에서만 대항력이 유지된다.

(2) 임차 주택 양수인의 임대인 지위 승계

「임차 주택의 양수인」이라 함은 매매, 교환 등 법률 행위에 의하여 임차 주택의 소유권을 취득한 자는 물론 상속, 공용 징수, 판결, 경매 등 법률의 규정에 의하여 임차 주택의 소유권을 취득한 자를 말한다. 그러나 여기서 주의해야 할 점은 임차 주택의 양수인이라고 하여 모두 임대인의 지위를 계승하는 것은 아니라는 점이다. 즉, 앞에서도 설명한 바와 같이 임차권보다 선순위인 저당권 또는 가등기 등에 기하여(경매 또는 본등기의 이행 방법으로) 소유권을 취득한 사람은 그 임차 주택의 양수인인 것만은 틀림없으나 임차인은 그들에 대하여 임차권을 주장할 수 없으므로 이들은 「임차 주택의 양수인」에 포함되지 않는다.

임차 주택의 양수인이 임대인의 지위를 승계한다는 것은 종전 임대차 계약서에 정하여진 권리와 의무를 모두 이어받는 것으로, 임차 주택의 소유권 변동 후에 발생할 차임 청구권이 양수인에게 이전하는 것은 당연하지만, 그 전에 이미 발생하였으나 아직 지급되지 아니한 차임청구권은 종전 임대인에게 이미 구체적으로 발생하였던 채권이므로 양수인에게 당연히 계승되는 것은 아니라고 보아야 할 것이다. 또, 보증금 또는 전세금 반환 채무는 임차 주택의 반환 채무와 동시이행 관계에 있으므로 당연히 새로운 양수인이 부담하여야 한다.

사례

1 A는 甲소유 아파트를 임차보증금 1000만 원, 임차기간 2년으로 정하여 임차하기로 한 다음, 1992.10.17. 임차보증금을 지급함과 동시에 입주를 하고, 1992.11.3. 전입신고를 하였다, 甲은 1992.11.29. 이 아파트를 乙 앞으로 저당권설정등기를 해 주었는데, 한편 A는 1993.4.23. 주민등록만을 일시 다른 곳으로 퇴거하였다가 그해 10.19. 이 아파트의 주소로 다시 전입하였다. 그 후 이 저당권에 기해 경매가 실시되어 1995.5.28. B가 이 아파트를 경락받아 그 명의로 소유권이전등기를 하였다. B는 소유권에 기해 A에게 아파트의 명도를 청구하였는데, 이에 대해 A는 주택임대차보호법에 의한 대항력을 갖추었으므로 임차보증금을 반환받기 전에는 명도를 할 수 없다고 항변하였다. B의 청구는 인용될 수 있는가?

2 그런데, 임차인 A는 다른 가족과 함께 살면서 그의 가족의 주민등록은 남겨둔 채로 위의 날짜에 임차인 A만이 주민등록을 다른 곳으로 옮긴 경우라면, 그 결과는 같은가?

1 판례는 주택임차권의 대항력의 요건인 「주택의 인도와 주민등록」은, "주택임대차보호법이 제3조 제1항에서 주택임차인에게 주택의 인도와 주민등록을 요건으로 명시하여 등기된 물권에 버금가는 강력한 대항력을 부여하고 있는 취지에 비추어 볼 때 달리 공시 방법이 없는 주택임대차에 있어서 주택의 인도 및 주민등록이라는 대항요건은 그 대항력 취득 시에만 구비하면 족한 것이 아니고 그 대항력을 유지하기 위하여서도 계속 존속하고 있어야 한다."고 하고 있다(대법원 2000.9.29. 선고 2000다37012 판결; 대법원 1987.2.24. 선고 86다카1695 판결).

사례에서 乙의 저당권설정등기 이전에 A가 주택임차권의 대항력을 갖추었더라도 그 후에 주민등록을 퇴거한 이상 저당권자 乙에 대한 주택명도청구는 인용될 수 있다.

2 주택임차인이 그 임대차로서 제3자에게 대항하기 위한요건으로서의 주택임대차보호법 제3조 소정의 주민등록은 그 대항력 취득 시 뿐만 아니라 그 대항력을 유지하기 위해서도 계속 존속하고 있어야 한다. 임차인이 그 가족과 함께 그 주택에 대한 점유를 계속하고 있으면서 그 가족의 주민등록은 그대로 둔 채 임차인만 주민등록을 일시 다른 곳으로 옮긴 경우라면 전체적으로나 종국적으로 주민등록의 이탈이라고 볼 수 없는 만큼 임대차의 제3자에 대한 대항력을 상실하지 아니한다(대법원 1989.1.17 선고 88다카143 판결; 대법원 1996.1.26. 선고 95다30338 판결).

(3) 확정일자부 보증금의 우선변제권[5]

① 임대차계약이 기간만료나 해지 등의 사유로 종료된 경우에 양 당사자가 부담하는 의무, 즉 임차인의 목적물반환채무와 임대인의 보증금반환채무는 서로 동시이행의 관계에 있다. 그러므로 임대인이 보증금을 지급하려고 하지 않거나 지급할 수 없는 경우에는, 임차인으로서는 그 목적물의 반환을 거부함으로써 간접적으로 보증금의 반환을 촉구할 수 있다. 이러한 동시이행의 항변권은 보

5) 「우선변제권」이란 어떤 채권자가 다른 채권자에 앞서 채무자의 재산으로부터 우선적으로 변제받는 것으로, 우선 특권이라고도 한다.

증금반환채무를 지는 임대인에 대하여 주장할 수 있는 것이고, 그 임대인에는 임차권이 대항력을 취득한 후에 그 목적물을 양도받음으로써 임대인의 지위를 당연히 승계한 사람도 포함된다.

그러나 이러한 동시이행의 항변은 어쨌거나 임대인에 대해서만 할 수 있다. 그러므로 대항력 취득 전에 그 주택을 취득한 사람 또는 그 전에 설정된 저당권에 기하여 이루어진 경매 절차에서 매수한 사람에 대하여는 그러한 항변을 할 수 없어서 그들에게는 그대로 목적물을 인도할 수밖에 없다. 그리고 이와는 별도로 원래의 임대인에게 보증금을 반환할 것을 청구하여야 하는 것이다.

따라서 주택임대차보호법은 주택의 임대차에 한하여 임차인이 건물의 소유자가 바뀌어도 보증금을 확실하게 반환 받을 수 있도록 하는 특별한 방도(우선변제권의 부여)를 몇 가지 정하였다.

② 주택의 임차인은 주택의 인도(입주)와 주민 등록(전입신고)을 마치고 임대차 계약서상 확정일자[6]를 갖추었을 때, 경매 시 임차 주택의 환가 대금에서 후순위 권리자, 기타 채권자보다 우선하여 보증금을 변제 받을 권리가 있다. 후순위 권리자, 기타 채권자보다 우선하여 보증금을 변제 받을 권리가 있을 뿐이므로 임차인이 인도, 주민 등록 및 계약서상의 확정 일자를 갖추기 전에 설정된 담보물권에는 우선하지 못한다. 임대차 계약서상의 확정일자란 관할 읍·면·동사무소와 같은 관공서, 공증인 또는 법원 서기가 그 날짜 현재에 임대차 계약서가 존재하고 있다는 것을 증명하기 위하여 확정 일자부의 번호를 써 넣거나 일자인을 찍는 것을 말한다. 임대차 계약서의 확정일자는 관할 읍·면·동사무소나 법원을 방문하여 일정액의 수수료를 납부하면 즉시 받을 수 있으며, 이 때 다른 권리자와의 우선순위를 결정하는 것은 임대차 계약 체결일이 아니라 확정일자를 받는 날이므로 임차인은 임대차 계약 체결 후 가능한 한 빠른 시일 내에 확

6) 동사무소에서 확정일자를 받을 경우에는 먼저 전입신고가 되어 있어야하며, 전입신고 완료 후 정확히 전입신고가 되었는지 주민등록등본 1부를 발급받아 확인해야한다. 따라서 관할 읍·면·동사무소 방문하여, 전입신고 신청서를 접수·전입신고를 완료하고, 주민등록등본 1부 발급받아 확정일자를 요청하면 된다. 준비 서류<(임대차전월세)계약서 원본>
※ 확정일자를 받은 원본 임대차(전/월세) 계약서를 분실하지 않도록 잘 보관하여야 한다. 계약서를 분실한 경우 최초로 확정일자를 받은 사실을 증명하기 어려워 우선변제권을 행사하지 못할 수 있다.

정일자를 받는 것이 자신의 권리 보호를 위해 필요하다.

순위에 의한 우선변제권이 인정되는 보증금은 그 금액의 범위에 제한이 없으므로 다액의 보증금의 경우에도 적용된다.

주택임대차보호법 제3조 제1항의 대항 요건과 임대차 계약서상의 확정일자를 갖춘 임차인은 임대차가 종료된 경우가 아니더라도 배당요구 종기까지 배당요구 신청을 하면 매각 대금에서 후순위 권리자, 기타 채권자보다 우선하여 보증금을 변제받을 권리가 있다. 다만, 임차인은 임차주택을 매수인에게 인도하지 아니하면 보증금을 수령할 수 없다.

임차인이 임차 보증금 반환 채권의 확정 판결, 기타 이에 준하는 집행권원에 기하여 경매 신청을 하는 경우에는 반대 의무의 이행 또는 이행의 제공을 집행개시의 요건으로 보지 아니하므로 임차인이 주택을 비우지 아니하고도 경매를 신청할 수 있다(주임법 제3조의2 제1항).

(4) 소액 보증금의 우선 특권

이사를 하고 주민 등록을 갖춘 임차인은 임차 주택이 경매되더라도 보증금 중 일정액을 다른 권리자보다 우선하여 돌려받을 수 있다. 다른 담보 물권자보다 우선 변제를 받을 수 있다는 것은 당해 임차 주택소유자에 대한 일반 채권자는 물론, 그 주택 위에 선순위 저당권 등 담보물권을 가지고 있는 자(임차인보다 선순위로 등기되어 있어도 물론이다.)보다도 우선하여 당해 주택(대지 포함) 가액의 2분의 1범위 내에서 보증금의 반환을 받을 수 있다는 것이다.

이 때, 우선변제권이 인정되더라도 보증금 전액에 대해 인정되는 것은 아니므로, 보증금 전액의 우선변제권을 보장받기 위해서는 임대차 계약서에 확정일자를 받아 두어야 한다.

소액 보증금 우선 특권의 범위[7]

① 서울특별시 : 임차보증금이 1억 원 이하이면 3천400만 원까지 우선특권

② 「수도권정비계획법」에 따른 과밀억제권역[8](서울특별시는 제외) : 임차보증금이 8천만 원 이하이면 2천700만 원까지 우선특권

③ 광역시(「수도권정비계획법」에 따른 과밀억제권역에 포함된 지역과 군지역은 제외한다), 세종특별자치시, 안산시, 용인시, 김포시 및 광주시 : 임차보증금이 6천만 원이하이면 2천만 원까지 우선특권

④ 그 밖의 지역: 임차보증금이 5천만 원 이하이면 1천7백만 원까지 우선특권

3) 주택 임차권 승계(이어받기)

주택의 임차인이 사망한 경우, 그 임차권이 상속되는가? 만일 임차인이 사실혼 배우자처럼 상속권이 없는 자와 동거를 하다가 사망한 경우, 임차인의 상속권자가 있어서 그가 상속을 주장하게 되면 사실혼배우자는 그 주택을 인도하고 퇴거하여야 하는가? 주택임대차보호법은 상속권 없는 동거 가족의 거주를 보호하기 위해 특별규정을 두고 있다: ① 임차인이 상속인 없이 사망하면 사실혼 관계[9]에 있는 자가 임차인의 권리와 의무를 이어받는다. ② 임차인에게 상속인이 있는 경우라도 그 주택에서 같이 살면서 생활하지 않는다면, 사실혼 관계에 있는 사람과 2촌 이내의 친족은 공동으로 임차인의 권리와 의무를 이어받는다. ③ 위 ①, ②와 같은 경우, 임차인이 사망한 후 1개월 이내에 임차권을 이어받지 않겠다는 반대 의사를 임차권의 승계인이 임대인에게 표시한 경우에는 임차인의 권리와 의무를 이어받지 않는다.

---

7) 주택임대차보호법 시행령 제10조 및 제11조 참조(2017년 기준). 위 범위는 관계 법령이 개정되는 것으로 인해 변경 될 수 있다.

8) 수도권정비계획법 시행령 제9조에 따라 과밀억제권역은 서울특별시, 인천광역시[강화군, 옹진군, 서구 대곡동·불로동·마전동·금곡동·오류동·왕길동·당하동·원당동, 인천경제자유구역(경제자유구역에서 해제된 지역을 포함한다) 및 남동 국가산업단지는 제외한다], 의정부시, 구리시, 남양주시(호평동, 평내동, 금곡동, 일패동, 이패동, 삼패동, 가운동, 수석동, 지금동 및 도농동만 해당한다), 하남시, 고양시, 수원시, 성남시, 안양시, 부천시, 광명시, 과천시, 의왕시, 군포시, 시흥시[반월특수지역(반월특수지역에서 해제된 지역을 포함한다)은 제외한다]를 말한다(2017년 기준).

9) 결혼을 할 의사가 있고 실제로 부부처럼 살고 있으나 단지 혼인 신고를 하지 않은 상태.

4) 임대차 기간의 보장

(1) 최단기간

임대차 기간의 정함이 없거나 기간을 2년 미만으로 정한 임대차는 그 기간을 2년으로 본다. 그보다 짧은 기간을 정하거나 기간의 정함이 없더라도 당연히 2년으로 간주한다. 따라서 주택의 임대차의 경우에는 최소한 2년의 존속이 보장된다. 다만, 2년 미만으로 정한 경우에는 임차인 쪽에서는 약정대로의 기간을 주장할 수 있다.

(2) 임대차 계약의 자동 연장(묵시적 갱신)

임대인이 임대차 기간 만료 6개월부터 1개월 전에 임차인에 대하여 재계약하자는 뜻을 통지하지 않거나 특별히 계약을 그만두고 싶다고 하지 않은 경우에는 그 기간이 만료된 때에 전 임대차와 동일한 조건으로 다시 임대차한 것으로 본다. 이 경우에 새로운 임대차 계약의 기간은 2년으로 본다. 임차인이 임대차 기간 만료 1개월 전까지 갱신 거절 등을 표시하지 않은 경우에도 마찬가지이다.[10]

묵시적 갱신의 경우 임차인은 언제라도 계약의 해지를 통지할 수 있고, 이 경우 해지는 임대인이 그 통지를 받은 날부터 3개월이 지나면 효력이 발생한다. 주택은 상가와는 달리 계약갱신청구권은 없고, 차임을 두 번 연체하거나 계약 내용을 심하게 위반하거나 하는 경우에는 계약이 묵시적으로 갱신되지 않는다.

5) 차임 · 보증금의 증감청구권

약정한 차임 또는 보증금이 임차주택에 관한 조세·공과금 기타 부담의 증감이나 경제사정의 변동으로 인하여 상당하지 아니하게 된 때에는, 당사자는 장래에 대하여 그 증감을 청구할 수 있다(주임법 제7조 본문). 그러나 「증액」의 경우

10) 민법은 기간만료 후에도 임차인이 목적물을 계속 사용하는 경우에 "임대인이 상당한 기간 내에 이의를 하지 아니한 때"에는 임대차는 자동적으로 갱신된다고 정하고 있는데(민법 제639조 1항), 주택임대차보호법은 이를 보다 강화한 것이다. 상가건물임대차보호법 제10조는 일정한 예외사유가 없는 한 임차인의 계약갱신권을 인정한다.

에는 일정한 제한이 있다. 즉, 약정한 차임·보증금의 20분의 1을 초과하지 못하고, 또 임대차계약 또는 약정한 차입·보증금의 20분의 1을 초과하지 못하고, 또 임대차계약 또는 약정한 차임·보증금의 증액이 있은 후 1년 이내에는 이를 하지 못한다(주임법 제7조 단서).

사례

보증금 8천 4백만 원에 A는 B의 오피스텔을 임차하였다. 이사를 하고 주민등록까지 마쳤다. 그런데 이사 간 후 A는 같이 세들어 사는 사람으로부터 집주인 B의 사업 실패로 그 건물이 경매에 붙여진다고 하는 이야기를 듣고, 등기부를 떼어보니 A가 이사 오기 전에 X은행 앞으로 저당권 등기가 되어 있음을 확인할 수 있었다. 이 건물은 C에게 1억 9천만 원에 경매되었다. A가 지급한 보증금은 안전하게 돌려받을 수 있는가?

임차인 A가 이사를 들어온 후 주민등록까지 마쳤으므로, 그 다음 날부터 그 주택이 경매된다하더라도 일정 소액보증금은 "대지를 포함한 주택 가액의 1/2 범위 내에서" 보증금을 남들보다 우선해서 받을 수 있다.

위의 사례가 서울이라면, 보증금이 1억 원 이하이면 3천 4백만 원까지 최우선변제권을 갖는다. 따라서 A는 우선 3천 4백만 원을 다른 권리자들(특히 저당권자) 보다 우선하여 반환받을 수 있다. 나머지 5천만 원(8,200만 원 - 3,200만 원)에 대해서도 우선변제를 받을 권능을 가지게 되나, 다만 그 순위는 위와 같은 요건(대항력 요건 + 확정일자)을 갖춘 후에 등장한 권리자보다 앞서는 것일 뿐이고 그 전의 권리자에 우선하는 효력은 인정되지 않는다. 그러므로 위와 같은 요건을 갖추기 전에 이미 등기를 마친 저당권자를 제치고 그에 우선해서 보증금채권의 만족을 얻지는 못하고, 그가 만족을 얻고 나머지가 있으면 그것으로부터는 다른 일반의 채권자보다 우선하여 보증금을 반환받게 되는 것이다.

만일 부산이었다면 6천만 원 이하라야 소액보증금임차인에 해당되는데, 이를 초과하므로 이에 해당하지 않고, 따라서 그 전액에 대하여 그러한 권리가 부인된다.

6) 보증금 회수(돌려받기)

사례

A는 1년 전 인천의 한 아파트를 임차했다. 그런데 급하게 이사할 사정이 생겨 집주인에게 보증금을 돌려 달라고 했다. 그러나 집주인은 보증금을 돌려주지 않고 있다. 보증금을 돌려받으려면 어떤 절차를 거쳐야 하는 것일까? 이사를 가면 며칠 후에 입금시켜준다고 하는데, 안심할 수 있는가?

(1) 임대차계약해지

가. 기간을 정하지 않은 경우

주택임대차보호법에 의하면 기한의 정함이 없는 임대차는 그 기간을 2년으로 한다. 그러나 2년으로 정한 기간은 임차인(세입자)을 보호하기 위한 것이다. 따라서 임차인은 2년 미만으로 임대차 기간을 정할 수도 있고, 퇴거하고 싶을 때에는 나가고 싶은 날짜보다 한 달 전에 임대인에게 그러한 뜻을 알리면 3개월 후 해지[11]의 효력이 생기므로 바로 임대차계약을 종료시킬 수 있다.

나. 일정 기간을 계약한 경우

일단 계약을 체결하고 계약 기간이 정해졌다면 임대인이든 임차인이든 계약 내용을 성실하게 지켜야 하고, 계약 당시에 계약 해제[12]에 대한 특별한 약정을 했거나 법률에 의한 계약의 해제 사유가 없는 한 임차인이나 임대인이 마음대로 계약을 해제할 수 없다.

---

11) 「해지」란 계속적 채권관계에 있어서 계약의 효력을 장래를 향하여 소멸하게 하는 일방적 행위를 말한다. 임대차·고용·위임과 같은 계속적 채권관계에 있어서는 그 성질상 법률관계를 소멸시킨다고 하더라도 이를 과거로 소급 할 수는 없고, 장래에 대해서만 소멸하게 하는 것이다. 이 점에서 해지는 해제와 다르다.

12) 「해제」란 계약당사자 중 일방의 의사표시에 의하여 이미 유효하게 성립한 계약의 효력을 소급해서 소멸시켜 계약이 처음부터 없었던 것과 같은 법률효과를 내는 것을 말한다.

따라서 일정 기간을 확실하게 정하여 입주를 한 경우라면 임대인이든 임차인이든 계약을 임의로 해제할 수 없고, 다만 임대인과 임차인이 합의를 하여 계약을 해지할 수 있을 뿐이다.

> **임대 기간이 지난 후의 월세(차임)**
>
> 임대기간이 지나도 보증금을 돌려받지 못하여 임차인이 계속 그 주택에서 생활한 경우라 하더라도 그 기간만큼 주택을 사용한 것이므로 임차인은 그 동안의 월세(차임)를 임대인에게 주어야 한다.

(2) 임차권등기명령제

가. 임차권등기명령

임대차가 종료된 후 보증금에 대하여 우선변제를 받기 위해서는 주택임대차보호법 제3조에 의한 대항요건 및 확정일자의 요건을 갖추어야 하는데, 보증금을 변제받기 전에 다른 곳으로 이사를 가야 하는 사정이 발생한 경우에 임차인은 우선변제권을 잃게 되는 문제가 발생한다. 즉 주택의 인도 및 주민등록은 대항력을 유지하기 위한 요건으로 경락허가결정이 있을 때까지 유지되어야 하는데, 다른 한편 새로운 임대차에 대하여 대항력을 취득하기 위해서는 전입신고가 필요하게 된다. 그래서 주택임대차보호법은 「임차권등기명령제」를 도입하여 임차인이 단독으로 법원에 임차권등기명령을 신청할 수 있도록 규정하고 있다. 이에 따라 임차권등기가 경료되면 이미 주택임대차보호법 제3조의 대항요건을 갖추고 있던 임차인이 주거를 이전하더라도 대항력 및 우선변제권을 그대로 유지하게 되며, 아직 대항요건을 갖추지 못한 임차인이더라도 그 등기에 의하여 대항력 및 우선변제권을 취득하게 된다.

나. 주택임대차등기명령의 신청

주택 임대차가 종료된 후 보증금을 반환받지 못할 위험이 있는 임차인은 우선 임차권을 등기할 필요성이 있다. 임차권 등기 명령은 임차주택의 소재지를 관할하는 지방 법원, 지방 법원 지원, 시·군 법원에 신청할 수 있다.

신청서는 신청 취지에 임대차 계약일자, 임차보증금액(보증금액과 차임), 주민등록일자, 점유개시일자, 확정일자 등을 기재하고, 신청 이유에 임대차 계약의 체결 사실 및 계약 내용과 그 계약이 종료한 원인 사실을 기재하며, 임차인이 신청 당시 제3자에 대하여 대항력과 우선변제권을 취득한 경우에는 그 사실을 기재한다.[13)]

다. 주택임차권등기의 촉탁

법원 사무관 등은 임차권 등기 명령이 나오면 바로 촉탁서에 재판서 등본을 첨부하여 등기관에게 임차권 등기의 기입을 촉탁한다.

라. 주택임차권등기의 효력

임차권등기명령의 집행에 의한 주택 임차권 등기를 마치면 임차인은 임차권의 유효함을 다른 사람에게도 주장할 수 있고, 주택이 경매되어도 우선적으로 보증금을 돌려받을 수 있다. 또한 일단 임차권을 등기해 놓으면 다른 곳으로 이사를 가더라도 임차인이 가지는 대항력을 잃지 않게 된다.

(3) 보증금의 반환 절차

가. 내용증명 우편의 발송

임대인이 보증금을 돌려주지 않는 경우, 임대차계약 사실, 그 기간이 종료되었음과 돌려받아야 할 보증금의 액수를 적어 내용증명 우편[14)]으로 발송한다. 이후에도 임대인이 보증금을 돌려주지 않는다면 소(訴)를 제기하여 소송 절차를 진행하거나, 조정 절차가 진행될 수 있다.

나. 재산가압류

채무자에게 재산이 있다고 해서 안심하고 소송을 제기한 후 판결만 기다리고

---

13) 임차권등기명령신청서 첨부서류-등기부 등본, 임대차계약서, 점유사실 확인서, 주민등록등본, 주거 용 사용증명서(등기부상 용도가 주거 시설이 아닌 경우)

14) 「내용증명」이란 발송인이 수취인에게 어떤 내용의 문서를 언제 발송하였다는 사실을 우체국에서 공적으로 증명하는 등기 취급우편제도이다. 내용 증명은 개인상호 간의 채권·채무관계나 권리 의무를 더욱 명확하게 할 필요가 있을 때 주로 이용되고 있다. A4 용지의 한쪽 면만을 사용하여 상대방에게 알리고자 하는 내용을 6하원칙에 따라 작성한다.

있어서는 위험하다. 채무자가 소송 진행 중에 자신의 재산을 제3자에게 양도한 경우에는 채권자는 승소 판결을 받더라도 그 재산에 대해서는 강제 집행을 할 수 없게 되기 때문이다. 이러한 경우를 대비하여 확정 판결을 받기 전에 미리 채무자의 재산에 대하여 채무자의 처분권을 제한할 수 있도록 마련한 제도가 가압류 등의 보전 절차이다.

다. 소액심판

임차 보증금 또는 전세가 3천만 원을 초과하지 않는다면 소액심판제도를 이용할 수 있다. 소액심판제도란, 통상의 재판 절차가 어려워 변호사나 법무사의 도움 없이는 스스로 처리하기 어렵고 비용과 시간의 낭비를 초래하기 때문에 청구 금액이 3천만 원을 초과하지 않는 단순한 사건에 대해 보통 재판보다 신속하고 간편하며 경제적인 재판을 받을 수 있게 한 제도이다.

법원 종합 접수실 또는 민사과에 가면 누구나 소장 서식을 무료로 교부받을 수 있으며, 해당 사항을 써 넣으면 소장이 되도록 마련되어 있다. 소장을 접수하면 즉시 변론 기일을 지정(보통 30일 이내)하여 알려 주고, 재판도 단 1회로 끝내는 것을 원칙으로 하므로 당사자는 모든 증거를 최초의 변론 기일에 제출할 수 있도록 준비해야 한다.

피고인 임대인이 출석하지 않고 답변서도 내지 않으면 즉석에서 원고에게 승소판결이 선고되어 임차인이 재판에서 이기게 되고, 통상의 재판과는 달리 변호사가 아니더라도 당사자의 처, 남편, 부모, 자식, 형제, 자매 등이 법원의 허가 없이 소송을 대리할 수 있다.

라. 지급명령신청

집주인이 전세 보증금 반환 의무가 있다는 사실을 인정하고 있는 경우에는, 법원에 전세금 반환 청구 소송이나 소액 사건 심판 절차보다 빠른 시간과 적은 경비로 전세금을 반환할 것을 명하는 지급 명령을 신청할 수 있다. 이 방법을 사용하면 서로 감정을 상하지 않고도 빠르게 일을 처리할 수 있다.

마. 임차보증금 반환청구 소송

지급 명령 신청은 집주인이 지급 명령에 순순히 응하지 않고 이의신청을 하면 오히려 시간만 낭비하게 되므로, 이때는 최후의 수단으로 보증금 반환 청구 소송을 제기해야 한다.

3. 상가건물임대차보호법

1) 법적성격

이 법은 상가건물의 임대차에 관하여 민법에 대한 특례를 규정함으로써 경제적 약자인 상가건물의 임차인들을 보호하고 그들의 경제 생활의 안정을 도모함을 목적으로 한다. 또한 이 법의 규정에 위반된 약정으로서 임차인에게 불리한 것은 그 효력이 없다.

2) 적용 대상

(1) 상가건물(사업자등록의 대상이 되는 건물)의 임대차에 대하여 적용된다(상임법 제2조).

(2) 동법은 목적 건물의 등기하지 아니한 전세계약에 관하여 이를 준용한다(상임법 제17조). 이 경우 전세금은 임대차의 보증금으로 본다.

(3) 임차목적물의 주된 부분을 영업용으로 사용하는 경우에도 적용된다. 그러나 비영리단체의 임대차(동창회, 친목회 사무실 등)의 경우에는 적용하지 아니한다.

(4) 동법은 일시 사용을 위한 임대차가 명백한 경우에는 적용하지 아니한다(상임법 제16조).

3) 보호 대상의 범위

(1) 임차인의 법상 보증금이 일정 금액 이하여야 한다. 다음의 대통령령이 정하는 보증금액을 초과하는 임대차에 대하여는 적용되지 않는다.

- 서울특별시 : 4억 원
- 「수도권정비계획법」에 따른 과밀억제권역(서울특별시는 제외한다): 3억 원
- 광역시(「수도권정비계획법」에 따른 과밀억제권역에 포함된 지역과 군지역은 제외한다), 안산시, 용인시, 김포시 및 광주시: 2억 4천만 원
- 그 밖의 지역 : 1억 8천만 원

다만, 법상 보증금에는 계약 보증금과 월세에 100을 곱한 환산 보증금을 포함한다. 즉, 보증금액 외에 월차임이 있는 경우에는 월차임에 100을 곱한 금액을 보증금에 합산한다.

보증금 1천만 원, 월세 40만 원인 경우의 법상 보증금은 1천만 원에 4천만 원(40만 원×100)을 더한 5천만 원이 된다.

(2) 임차인이 사업자 등록을 신청한 자라야 한다.

건물이 사업자 등록 대상이 되어야 하므로 임차인은 사업자 등록을 신청한 자라야 한다. 임대인은 사업자 등록을 신청할 필요가 없다. 따라서 영업용 건물이 아닌 종교·자선 단체 등 비영리 단체의 건물 임대차에는 상가임대차보호법이 적용되지 않는다.

(3) 일시 사용을 위한 임대차가 아니어야 한다.

미등기 전세인 채권적 전세의 경우에도 적용되지만, 일시적 사용을 위한 것임이 명백한 경우에는 법의 보호를 받지 못한다.

4) 임차인의 권리

(1) 대항력

임대차는 그 등기가 없는 경우에도 임차인이 건물의 인도와 부가가치세법 제8조, 소득세법 제168조 또는 법인세법 제111조의 규정에 의한 사업자 등록을 신청한 때에는 그 다음 날부터 제3자에 대하여 효력이 생긴다(상임법 제3조). 여기서 그 '다음 날부터'라 함은 '다음 날 오전 0시부터'를 의미한다.

임차건물의 양수인은 임대인의 지위를 승계한 것으로 본다. 다만 이 경우 임차인이 가진 대항력을 확인할 수 있도록 하기 위하여 건물의 임대차에 이해관계가 있는 자로 하여금 건물의 소재지 관할 세무서장에게 일정한 자료의 열람 또는 제공을 요청할 수 있도록 하고 있으며, 이때 관할 세무서장은 정당한 사유 없이 이를 거부할 수 없도록 하고 있다(상임법 제4조).

(2) 우선변제권

가. 확정일자부보증금의 우선변제권

상가 임차인은 대항 요건을 갖추고 관할 세무서장으로부터 임대차계약서상의 확정일자를 받은 경우, 경매나 공매 시 임차한 대지를 포함한 상가 건물의 환가 대금에서 후순위 권리자, 그 밖의 채권자보다 우선하여 변제 받을 수 있다(상임법 제5조). 그러므로 상가 임차인이 사업자 등록 신청과 확정일자를 이사하는 당일에 하였더라도 같은 날 담보물권이 설정될 경우 담보물권이 우선한다. 왜냐하면, 임차인이 건물 인도를 받고 사업자 등록 신청을 한 그 다음 날부터 대항력이 발생하나 담보권은 설정 등기를 마친 날에 우선변제권이 발생하기 때문이다.

나. 소액 보증금의 우선 특권

주택 임대차의 내용과 거의 동일하다. 소액 임차인이 가지는 최우선변제권은 확정 일자를 요하지 않고 임차 목적물에 대한 경매 신청의 등기 전에 대항력을 갖추면 성립한다.

소액 임차인의 최우선변제권은 임대 건물 가액의 1/2의 범위 안에서 보증금 중 일정액의 범위 내에서 인정된다. 구체적으로 서울특별시의 경우에는 6,500만 원 이하의 보증금으로 입주하고 있는 임차인에 한해서만 그 상가 건물 가액 1/2의 안에서 2,200만 원까지, 과밀억제권역(서울특별시 제외)은 5,500만 원 이하의 보증금을 입주하고 있는 임차인에 한해서만 그 상가 건물 가액 1/2의 범위 내에서 1,900만 원까지, 광역시(「수도권정비계획법」에 따른 과밀억제권역에 포함된 지역과 군지역은 제외한다)·안산시·용인시·김포시 및 광주시는 3,800만 원 이하의 보증금으로 입주하고 있는 임차인에 한해서만 그 상가 건물 가액 1/2의 안에서 1,300만 원까지, 그 밖의 지역은 3,000만 원 이하의 보증금으로 입주하고 있는 임차인에 한해서 그 상가 건물 가액 1/2의 범위 안에서 1,000만 원까지 최우선변제권이 인정된다. 따라서 이 금액에 대하여 모든 채권자에 우선하여 소액임차인에게 지급한다.[15)]

(3) 임대차 기간의 보장

임대차의 기간의 정함이 없거나 기간을 1년 미만으로 정한 임대차는 그 기간을 1년으로 본다(상임법 제9조). 임차인이 거액의 시설비를 투자하고 단기간에 명도당하는 불이익을 배제하기 위하여 상가 임차인에게 계약갱신요구권을 인정하고 있다. 임대인은 임차인의 정당한 갱신요구를 정당한 이유 없이 거절할 수 없고, 임차인의 계약갱신요구권은 최초의 임대차 기간을 포함한 전체 임대차 기간이 5년을 초과하지 않는 범위 내에서만 행사할 수 있다. 따라서 임차인은 재계약을 원할 경우, 임대차 기간만료 전 6월부터 1월까지 사이에 내용 증명 등을 발송하여 임대차 계약의 갱신을 요구할 수 있다.

임대인이 임대차기간이 만료되기 전 6월부터 1월까지 임차인에게 갱신 거절의 통지 또는 조건 변경의 통지를 하지 아니한 경우에는 그 기간이 만료된 때에 전 임대차와 동일한 조건으로 다시 임대차한 것으로 본다. 이 경우에 임대차의 존속기간은 1년으로 본다. 이러한 묵시적 갱신의 경우에 임차인은 언제든지 임대인에게 계약해지의 통고를 할 수 있고, 임대인이 통고를 받은 날부터 3개월이

15) 상가임대차보호법 시행령[시행 2015.11.14.] [대통령령 제26637호, 2015.11.13., 일부개정] 제6조, 7조 참조. 위 범위는 관계 법령이 개정되는 것으로 인해 변경 될 수 있다.

지나면 효력이 발생한다.

5) 차임증액의 제한

차임 또는 보증금은 상당한 정도로 증액이나 감액을 청구할 수 있지만 1년에 9%를 초과하여 증액할 수 없고, 보증금의 전부 또는 일부를 월 단위의 차임으로 전환하는 경우에는 1년에 15%를 초과할 수 없다(상임법 제11조, 제12조).

6) 권리금

유명 점포의 임대차에서는 관례적으로 임차권의 양도·임차물의 부속물·영업허가·상호 등의 대가로 차임과 보증금 이외에 따로 권리금이 관행상 지급되는 경우가 많다. 그러나 이러한 관행은 임대인에게 임차인이 형성한 영업적 가치를 아무런 제한 없이 이용할 수 있게 하고, 새로운 임차인에게 명확한 기준 없이 임대차계약을 체결할 때 과도한 비용이 요구되는 문제점이 있었다. 또한 관례적으로 지급되다 보니 법의 보호를 제대로 받지 못하고, 계약서가 작성되는 경우도 없었다. 이에 따라 임차인의 권익을 보호하기 위해 권리금에 관한 규정이 신설되었다.

(1) 권리금과 권리금 계약

제정된 법령에 따르면, 권리금이란 임대차 목적물인 상가건물에서 영업을 하는 자 또는 영업을 하려는 자가 영업 시설·비품, 거래처, 신용, 영업상의 노하우, 상가건물의 위치에 따른 영업상의 이점 등 유형·무형의 재산적 가치의 양도 또는 이용대가로서 임대인, 임차인에게 보증금과 차임 이외에 지급하는 금전 등의 대가라고 정의된다(상임법 제10조의3).

또한 신규임차인이 되려는 자가 임차인에게 권리금을 지급하기로 하는 계약을 권리금 계약이라 한다.

(2) 권리금회수기회의 보호

임대차계약이 종료되고 임대인이 임대차계약의 갱신을 거부하는 경우에 임차인이 형성한 영업의 가치를 보호하기 위해 임차인의 권리금 회수기회를 규정하였다. 이에 따르면 임대인이 갱신을 거절하는 경우에 임대인으로 하여금 임차인의 권리금 회수를 방해하지 못하도록 하고, 만약 방해한다면 손해배상책임을 부담하게 되므로 임대차계약 갱신을 유도할 수 있다.

7) 임차권등기명령

상가 임대차계약이 종료된 후 보증금을 반환받지 못한 임차인이 이사를 가거나 사업자 등록을 옮기더라도 기존 임차권의 대항력과 우선변제권 취득에 유리하도록 임차인 단독으로 임차 상가의 소재지를 관할하는 지방 법원, 지방 법원 지원, 시·군 법원에 임차권 등기명령을 신청할 수 있다(상임법 제6조). 임차권등기명령의 집행에 의한 임차권 등기가 등기부에 올라가면 임차인은 대항력 및 우선변제권을 취득하게 된다.

사례

A는 1년 기간으로 상가 한 칸을 임차권 등기 없이 B로부터 임차하여 영업을 해왔다. 그러나 약 5개월이 지난 후 임대인 B는 C에게 건물소유권을 양도하여 양수인인 C가 A에게 상가를 비워달라는 통고를 해왔다. 이 경우 A는 C의 요구대로 응할 수밖에 없는가?

상가건물임대차보호법이 제정되기 전에는 건물 양도인과 양수인 간의 계약 시 임차인의 지위에 대하여 별도의 약정이 없었다면, 임차권의 등기를 하지 않았기 때문에 C에게 대항할 수 없어 C의 요구대로 응해야만 할 것이며, 다만 이로 인하여 A가 상가를 계속하여 사용 할 수 없게 되었으므로 전 소유자인 임대인 B를 상대로 임대차계약 위반을 이유로 채무불이행책임을 물을 수 있을 뿐이었다. 그러나 이제는 상가건물임대차보호법이 제정되어, 임차건물의 양수인(그밖에 임대할 권리를 승계한 자를 포함)은 임대인의 지위를 승계한 것으로 본다는 규정(상임법 제3조 2항)에 의하여 임대인의 지위가 C에게 승계되어 약정기간동안 영업을 할 수도 있고, 계약기간갱신을 하여 처음기간을 포함하여 전체 임대차기간이 5년이 초과하지 않는 범위 내에서 할 수 있으므로(상임법 제10조 2항), 이 계약갱신요구권을 행사하여 5년 동안 영업을 할 수도 있다. A가 이 같은 효력을 주장하려면 건물의 인도와 부가가치세법, 소득세법, 법인세법에 의한 사업자등록을 하여야 한다(상입법 제3조 1항). 이 조문에 의하면, 임차인이 건물의 인도와 위에 열거한 세법에 의한 사업자등록을 신청한 때에는 그 다음날로부터 제3자에 대항 효력이 생긴다.

사례

A는 현재 2,000만 원의 보증금을 내고 상가를 얻어 영업을 하고 있다. 2년의 계약기간이 만료한지 3개월이 지나서 임대인 B는 보증금 1,000만 원을 더 올리던가 아니면 상가를 비워주던가 하라는 것이다. 지금 한창 영업이 잘되는 때라 상가를 그냥 비워주자니 아까운 생각이 들어, 주위 친구들에게 자문을 구하자, 계약기간이 만료하여도 임대인의 아무런 이야기가 없었다면 재계약이 자동적으로 된 것으로 간주하여 A는 2년의 기간 동안 다시 같은 금액으로 계속 상가를 사용할 수 있다고 하는데, 과연 그러한가? 만일 계약기간이 경과하기 전이라면 A가 취할 수 있는 유리한 방법이 있었는가?

일반적으로 계약은 계약기간에 한하여 효력이 있으나, 토지나 건물의 계속적인 사용·수익을 목적으로 하는 임대차의 경우에는 계약의 특수성을 고려하여 묵시의 갱신을 인정하고 있다. 즉, 임대인이 임대차기간 만료 전 6월부터 1월까지 사이에 임차인에 대하여 갱신거절의 통지 또는 조건의 변경에 대한 통지를 하지 아니한 경우에는 그 기간이 만료된 때에 전 임대차와 동일한 조건으로 다시 임대한 것으로 본다.
다만 이 경우에 임대차의 존속기간은 1년으로 본다(상임법 제10조 4항). 특히 이 경우 임차인은 언제든지 임대인에 대하여 계약해지의 통고를 할 수 있고, 임대인이 그 통고를 받은 날로부터 3월이 경과하면 그 효력이 발생한다(상임법 제10조 5항). 민법에 의하면 기간의 약정이 없는 경우에는 계약당사자는 언제라도 계약의 소멸 또는 해지를 통고할 수 있다(민법 제635조 1항). 다만, 임차인이 해지 통고한 경우는 1개월이 경과한 후, 임대인이 해지 통고한 경우에는 임차인이 통고를 받은 날로부터 6개월이 경과하여야 임대인은 계약의 소멸 또는 해지를 주장할 수 있다(동조 2항). 그러나 상가건물 임대차보호법은 「기간의 정함이 없거나 기간을 1년 미만으로 정한 임대차는 그 기간을 1년으로 본다.」(제9조 전단)고 정하고 있다.
위 사례의 경우 임차인은 상임법 제9조 규정에 의하여 1년의 기간을 주장하든가 상임법 제10조 5항의 규정에 의하여 해지할 수 있다.
A는 2년의 기간만료 전 6월부터 1월까지 사이에 계약갱신을 임대인에게 요구하였어야 할 것이다(상임법 제10조 1항). 이 경우 계약갱신요구권은 최초의 임대차기간을 포함하여 전체 임대차기간이 5년을 초과하지 않는 범위 내에서만 행사할 수 있다(동조 2항). 특히 차임이나 보증금 인상은 위 사례처럼 임대인의 일방적 요구가 아닌 상가건물 임대차보호법 시행령에 따르도록 하고 있다(상임법 제11조).

SUMMARY

1. 임대차란 임차인이 임대인으로부터 한정된 기간 동안 주택 등의 건물이나 토지 등을 빌려 쓰고 그 대가(차임)를 지급하기로 하는 계약을 말한다.
2. 임대인은 목적물을 임차인이 「사용 또는 수익하는 데 필요한 상태를 유지하여야 할 적극적 의무」가 있다. 따라서 수리하지 않으면 목적물을 사용·수익할 수 없는 상태가 되었을 때 그 수리의무는 임대인에게 있다.
3. 임차목적물을 사용·수익할 수 있는 법적 힘인 임차권은 채권으로서 그에 대한 의무는 임대인만이 지는 것이고, 임차인이 그 이행을 다른 사람에 대하여 청구할 수는 없다.
4. 세입자가 직접 비용을 들여 수리한 경우라도 임대인에게 그 비용을 청구할 수 있다.
5. 보증금은 차임의 미지급·임차물의 멸실 등 임대차관계에서 발생하게 되는 임차인의 모든 채무를 담보한다.
6. 임차물이 주택인 경우 주택임대차보호법에 의하여 임차인은 보호된다.
7. 계약된 기간 동안 그 목적물을 안심하고 사용할 수 있도록 2년의 존속이 보장된다.
8. 주택 임대차는 그 등기가 없는 경우에도, 주택의 인도(입주)와 주민등록(전입신고)을 마친 때에는 그 다음 날부터 제3자에 대하여 효력이 생긴다.
9. 보증금을 보다 확실하게 반환받을 수 있도록 하기 위하여 일정한 요건 아래 일정한 범위에서 「우선변제권」을 부여한다.
10. 임차물이 상가건물인 경우 상가건물임대차보호법이 적용된다.
11. 상가건물 임대차는 그 등기가 없는 경우에도 건물의 인도와 사업자등록을 신청하면 그 다음날부터 제3자에 대하여 효력이 생긴다.

YOUR OPINION

1. A는 자신의 2층 가옥의 위에 옥탑방을 만들어 매달 50만 원의 월세(보증금 1,000만 원)로 B에게 세를 주었는데, 그동안 세를 주는 때가 일정치 않더니 최근에는 몇 달치 월세가 밀렸다. 월세를 내지 않으려면 건물을 비워달라고 했더니 기간이 남아 있고 보증금이 있으니 계약해제 사유가 되지 않는다고 한다. 그러한가?

2. 전입신고까지 마치고 잘 살았는데 회사를 옮기게 되었고, 또 어차피 기간도 되어 B는 집을 옮기고자 한다. 계약기간이 만료되기 한 달 전에 이 사실을 A에게 통보하고 보증금을 돌려달라고 하였으나, 새로이 세들 사람을 구하지 못하여 보증금을 돌려줄 수 없다고 한다. B는 어떻게 하여야 하는가?

임차기간 만료시 보증금을 돌려받지 못한 임차인의 대응 방법

1. 임대차에 존속기간이 정하여져 있는 경우에는, 그 기간의 만료로 임대차가 종료한다. 임대차가 종료한 때에는 임차인은 임차물 자체를 반환하여야 하며, 임대인은 임차인에게 보증금을 반환하여야 한다. 임대차가 종료하였을 때 임차인의 채무불이행이 없으면 보증금 전액을, 채무불이행이 있으면 그 금액으로부터 변제에 충당하는 것으로 하고 잔액을 반환한다. 임대차계약의 기간이 만료된 경우에 임차인이 임차목적물을 명도할 의무와 임대인이 보증금 중 연체차임 등 당해 임대차에 관하여 명도 시까지 생긴 모든 채무를 청산한 나머지를 반환할 의무는 동시 이행의 관계가 있다(대법원 1977.9.28. 선고 77다1241,1242 판결; 대법원 1989.2.28. 선고 87다카2114,2115,2116 판결).
부동산 임대차에 있어서 임차인이 임대인에게 지급하는 보증금은 임대차관계가 종료되어 목적물을 반환하는 때까지 그 임대차관계에서 발생하는 임차인의 모든 채무를 담보하는 것으로서 임차인의 채무불이행이 없으면 그 전액을 반환하고 만약 임차인이 차임을 지급하지 아니하거나 목적물을 멸실, 훼손하여 손해배상채무를 부담하고 있다면 임대인은 그 보증금 중에서 이를 공제하고 나머지 금액만을 반환하면 되는 것이므로 임대인의 보증금 반환의무는 임대차관계가 종료되는 경우에 그 보증금 중에서 목적물을 반환받을 때까지 생긴 연체차임 등 임차인의 모든 채무를 공제한 나머지 금액에 관하여서만 비로소 이행기에 도달하여 임차인의 목적물반환의무와 서로 동시이행의 관계에 있다(대법원 1987.6.23. 선고 87다카98 판결).

2. 임대차가 종료된 후 보증금에 대해 우선변제를 받기 위해서는 주택의 인도와 주민등록 및 임대차계약서상에 확정일자를 갖추어야 하는데, 사정상 임차인이 그 사이에 이사를 가야 할 경우에는 주택의 인도 요건을 상실하게 되어 우선변제권을 잃게 된다는 문제가 발생한다. 그래서 주택임차보호법은, 주택임대차가 종료된 후 보증금을 반환받지 못한 임차인은 임차주택의 소재지를 관할하는 지방 법원, 지방 법원 지원, 시·군 법원에 신청할 수 있다(임대차등기명령제도). 임차권등기명령의 집행에 의한 주택 임차권 등기를 마치면 임차인은 임차권의 유효함을 다른 사람에게도 주장할 수 있고, 주택이 경매되어도 우선적으로 보증금을 돌려받을 수 있다(주택임대차보호법 제3조의3). 뿐만 아니라, 일단 임차권을 등기해 놓으면 다른 곳으로 이사를 가더라도 임차인이 가지는 대항력을 잃지 않게

된다.

3. 임대차 보증금의 반환 절차

임대인이 보증금을 돌려주지 않는 경우 소(訴)를 제기하여 소송 절차로 진행되거나, 조정 절차가 진행될 수 있다

Chapter 10

담보제도 I

法

부동산 과 생활법률

Chapter 10. 담보제도 I

1. 담보 일반

1) 담보의 의미

금전 거래에서 채권자는 채무자에게 금전을 빌려주고 그 대가로 이자를 받지만, 한편으로는 채무자의 경제사정이 불안하게 되면 이자뿐만 아니라 원금까지 떼일 우려가 있다. 이러한 경우를 대비하여 채권자가 원금과 이자의 안전한 반환을 확보하기 위하여 채무자나 채무자가 아닌 제3자가 채권자에게 제공하는 수단이 담보이다.

금전 거래에서 채무자가 빌려간 돈을 반환 기일까지 갚지 않으면, 채권자는 채무자의 재산(일반재산, 책임재산)을 대상으로 하여 법원 등의 국가기관에 강제집행을 청구할 수 있다. 그러나 채무자가 재산이 없는 경우에는 강제집행을 하더라도 채권자는 채권을 변제받지 못한다. 담보제도는 이러한 채무자의 무자력으로 인한 채권 회수의 위험을 방지하기 위한 제도이다.

2) 담보의 종류

담보에는 크게 두 종류가 있다. ① 채권자가 강제집행을 할 수 있는 책임재산의 범위를 채무자뿐만 아니라 제3자의 재산에까지 확대한 제도(인적 담보). ② 채무자나 제3자의 특정재산에 대하여 다른 채권자보다 우선하여 변제를 받을 수 있도록 하는 제도(물적 담보).

인적 담보의 전형으로 보증을 드는데, 보증(保證)이란 채무자가 그의 채무를 이행하지 않는 경우를 대비하여 채무자 이외의 제3자로 하여금 채무자가 이행하지 않는 경우에 대신 이행하게 하는 방법이다. 채무자 이외의 제3자를 보증인, 보증인이 부담하는 채무를 보증채무, 보증채무를 발생케 하는 계약을 보증계약이라 한다.

그러나 보증은 채권자가 보증인의 재산에 대하여 우선적인 권리를 가지는 것이 아니라, 다른 채권자들과 같은 지위에서 이행을 청구할 수 있을 뿐이라는 점에서 보증인의 재산이 채무를 변제하기에 부족한 경우에는 그다지 효율적이지 못하다. 이러한 문제를 피하기 위하여 채권자는 다른 채권자에 우선하여 자신의 채권을 변제받을 수 있는 담보물권(擔保物權)을 채무자 또는 제3자 소유의 재산 위에 설정할 수 있다.

보증은 보증인의 일반 재산으로 채권을 담보하나 다른 채권자에 우선할 수 있는 우선변제권이 없는 점에서 채권자가 다른 채권자에 우선하여 부동산 등의 특정 재산으로부터 우선 변제를 받을 수 있는 저당권 등 물적 담보와 구별된다.

2. 보증

1) 보증계약

(1) 보증계약의 당사자

채권자로부터 직접 금전을 차용하거나 어떤 채무를 부담하는 자를 주채무자라고 하며, 주채무자를 위하여 보증인이 되는 경우는 주채무자로부터 보증인이 되어 달라는 부탁을 받고 보증인이 되는 경우와 주채무자의 부탁 없이 보증인이 되는 경우가 있다. 그러나 어느 경우이든 보증인과 채권자가 보증계약의 당사자이고 주채무자는 보증계약과는 직접 관계가 없다. 그러나 현실적으로는 주채무자가 보증인의 사전 허락을 받아 대리인으로서 채권자와 보증계약을 체결하는 경우가 보통이고, 이러한 경우에 보증인에게 보증계약에 대한 내용이 제대로 전달되지 않을 수 있다는 문제점이 많았다. 이러한 문제점을 해결하고자 채권자가 보증인에게 보증계약에 대한 정보제공과 통지의무가 새롭게 민법에 제정되었다(제436조의2).

이에 따르면 채권자는 보증계약을 체결하거나 갱신할 때 보증계약의 체결 여부 또는 그 내용에 영향을 미칠 수 있는 주채무자의 채무 관련 신용 정보를 보유하고 있거나 알고 있는 경우에는 보증인에게 그 정보를 알려야 한다.

특히 채권자는 ① 주채무자가 원본, 이자, 위약금, 손해배상 또는 그 밖에 주채무에 종속한 채무를 3개월 이상 이행하지 않았거나, ② 주채무자가 이행기에 이행할 수 없음을 미리 알았거나, ③ 주채무자의 채무 관련 신용정보에 중대한 변화가 생겼음을 알았을 경우에는 지체 없이 보증인에게 이를 통보하여야 한다. 또한 채권자는 보증인의 청구가 있으면 주채무의 내용 및 그 이행 여부를 알려야 한다.

만약 채권자가 이러한 보증계약상의 정보제공이나 통지를 제대로 하지 않아 보증인에게 손해가 발생한다면 법원은 그 내용과 정도 등을 고려하여 보증채무를 감경하거나 면제할 수 있다.

(2) 보증계약의 체결 방식

보증계약은 당사자(보증인과 채권자)의 합의와 그 합의에 대한 기명날인 또는 서명이 있는 서면으로 표시되어야 효력이 발생한다(제428조의2 1항).

2) 보증의 내용

보증의 내용은 보증계약에 의하여 정해지지만, 보증채무의 범위는 주채무의 범위보다 넓어서는 안 되며, 만일 넓을 때에는 주채무의 한도로 감축된다. 그러나 보증채무가 주채무보다 적은 것은 무방하다.

그리고 특약이 없는 한 보증채무는 주채무의 이자, 위약금, 손해배상, 기타 주채무에 종속한 채무를 포함하지만, 보증계약 성립 후에 주채무자와 채권자가 계약으로 주채무의 내용을 확장하는 경우 등과 같이 동일성이 없는 경우에는 보증채무는 확장되지 않는다.

채권자와 채무자 간의 계속적 물품공급계약, 계속적 금전대차 등과 같이 계속적인 거래관계로부터 발생하는 다수의 증감 변동하는 채무에 대하여 보증인이 장래의 결산기에 일정 한도까지 담보하는 보증계약도 인정된다(「계속적 보증계약」 또는 「근보증(根保證)」).

3) 보증의 효력

(1) 보증인에 대한 채무 이행의 청구

채권자는 주채무자가 채무이행을 하지 않는 때에는 보증인에게 보증채무의 이행을 청구할 수 있다.

(2) 보증인의 항변권

보증인은 채권자가 주채무자에게 이행청구를 하지 않고 보증인에게 청구한 때에는 주채무자가 변제능력이 있다는 사실 및 그 집행이 용이하다는 것을 증명하여 먼저 주채무자에게 청구할 것을 요구할 수 있다(보증인의 「최고 및 검색의 항변권」). 그러나 연대보증인의 경우에는 최고·검색의 항변권이 없다. 따라서 연대보증인은 채권자의 청구를 거절할 수 없다.

최고·검색의 항변권을 행사하였음에도 불구하고 채권자가 주채무자에게 청구하는 것을 태만히 하여, 그 후 주채무자로부터 주채무의 전부나 일부를 변제받지 못하게 된 때에는 곧 청구하였다면 변제받을 수 있었을 한도에서 보증인은 그 채무를 면하게 된다. 보증인은 주채무자가 채권자에 대하여 가지는 항변사유로 채권자에게 대항할 수 있다.

(3) 주채무자와 보증인에게 발생한 사유의 효력

주채무자에 관하여 생긴 사유는 원칙적으로 모두 보증인에게 효력이 생긴다. 따라서 주채무가 소멸하는 때에는 보증채무도 소멸한다. 그러나 보증인에게 생긴 사유는 주채무를 소멸시키는 행위(변제, 공탁, 상계 등) 이외에는 주채무자에게 영향을 미치지 않는다.

4) 보증인의 구상권(求償權)[1]

보증인은 채권자에 대한 관계에 있어서는 자기의 채무를 변제하는 것이지만, 주채무자에 대한 관계에 있어서는 타인의 채무를 변제하는 것이 된다. 따라서 보증인의 변제 등으로 주채무자가 채무를 면하게 된 경우에는 보증인은 주채무자에 대하여 구상할 수 있는 권리를 가진다.

보증채무의 법률관계

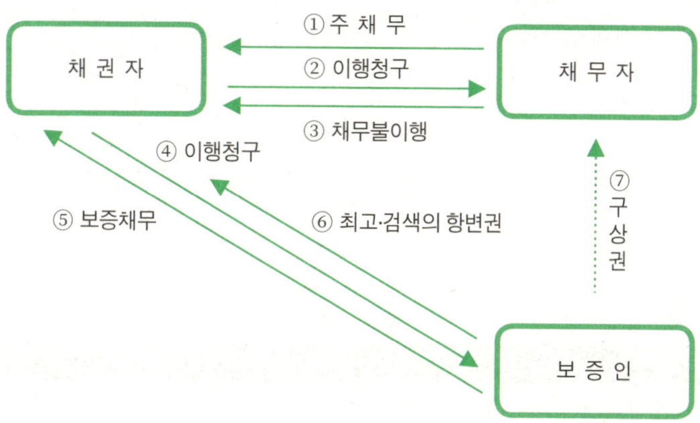

5) 연대보증

연대보증은 보증인이 채무자와 연대하여 채무를 부담하기로 한 보증채무를 말한다. 연대보증은 채권의 담보를 목적으로 하는 점에서 보통의 보증과 같으나 보증인에게 최고·검색의 항변권이 없다. 연대보증의 경우에는 채권자가 보증인에게 채무의 이행을 먼저 청구하더라도 보증인은 채무자에게 먼저 청구할 것

1) 타인을 위하여 변제를 한 사람이 그 타인에 대하여 가지는 상환청구의 권리를 말한다.

을 항변하지 못하고 자기가 우선 전액을 변제하여야 한다는 점에서 단순 보증채무보다 담보력이 훨씬 강력하다.

채권자는 연대보증인이 여러 명인 경우 어느 연대보증인에 대하여서도 주채무의 전액을 청구할 수 있다. 연대보증인은 주채무자가 채권자에 대하여 가지는 항변권과 구상권은 가진다.

연대보증채무의 법률관계

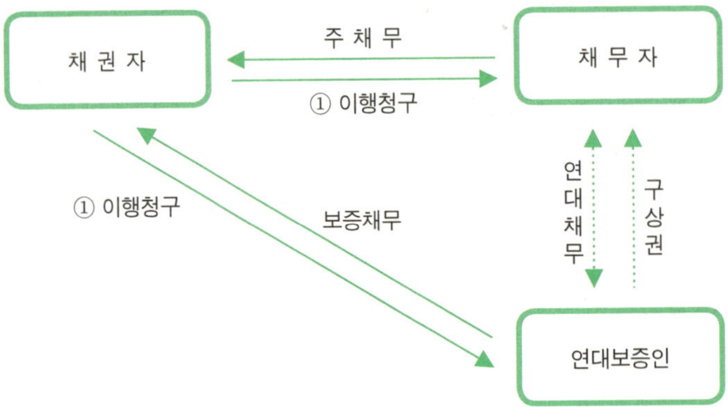

사례

A와 B는 친구 사이인데, B가 할부로 자동차를 산다면서, 보증을 서달라고 부탁을 하여 A는 들어주었다. 그런데 B는 이 자동차를 타고 놀러 다니다가 교통사고를 내고 구속까지 되었다. 자동차회사는 A에게 남은 자동차 할부 대금을 대신 갚으라고 통고해 왔다. B에게는 집도 있고 땅도 있는데, A가 갚아야 되는가?
연대보증인 경우에는 어떠한가?

사회 생활을 하다보면 친척이나 친지의 부탁으로 싫어도 보증을 서야하는 경우가 적지 않다. 은행 융자, 자동차의 할부구입 과정에 보증을 세울 것을 요구한다.

그런데 보증인이 주채무자보다 앞서서 갚아야하는 것은 아니다. 즉 보증인은 채권자가 자기에게 이행을 요구할 때, "먼저 주채무자에게 청구하시오"라고 요구하거나, "주채무자가 갚을 재산이 있고 그 강제 집행도 용이하니 주채무자 재산을 먼저 집행하시오"라고 요구할 권리(최고·검색의 항변권)가 있다.

연대보증은 단순한 보증과 달리 최고·검색의 항변권이 인정되지 않고, 주채무자가 채무를 갚지 못하면 주채무자와 연대하여 갚기로 한 보증을 말한다.

보증계약서에 「연대하여」라는 문구가 있으면 그 보증은 연대보증으로 보게 된다. 따라서 연대보증인인 이상 주채무자의 능력 유무에 상관없이 전액을 갚을 채무가 있는 것이다. 물론 보증인은 단순보증이든 연대보증이든 채권자에게 갚은 돈은 주채무자에게 청구할 수 있다(구상권).

6) 근보증(根保證)

(1) 보증 책임의 범위

보증은 불확정한 다수의 채무에 대해서도 가능하다. 주로 은행 거래에서 생기는 현재 및 장래의 증감 변동하는 불확정 채무를 보증하는 형태로 나타나는데 이를 근보증이라고 한다.

일반적으로 계속적 거래의 도중에 매수인을 위하여 보증의 범위와 기간의 정함이 없이 보증인이 된 자는 특별한 사정이 없는 한 계약일 이후에 발생되는 채무뿐 아니라 계약일 현재 이미 발생된 채무도 보증하는 것으로 보는 것이 상당하다(대법원 1995.9.15. 선고 94다41485 판결).

(2) 책임범위의 제한

근보증에서는 거래의 대상·보증한도액·보증기간 등의 정함이 없는 경우가 보통이어서 보증인의 책임 범위가 무한히 확대된다는 문제가 있고, 그래서 그 책임범위를 합리적으로 제한하여야 한다는 과제가 있다.

이에 개정 민법은 근보증으로 인한 채무의 최고액을 서면으로 특정하여야 한다고 규정하고 그렇지 않았을 경우에 보증계약의 효력을 인정하지 않는다고 명시하였다.

판례는 당사자의 의사를 의제해서 보증 책임을 제한하거나, 일정한 경우 해지권을 주고, 또 상속을 부정하는 방향으로 제한하고 있다.

판례

근보증계약서의 문언 상 보증기간이나 보증한도액을 정함이 없이 회사가 부담하는 모든 채무를 보증하는 것으로 되어있다 하더라도 그 보증을 하게 된 동기와 목적, 피보증채무의 내용, 거래의 관행 등 제반사정에 비추어 당사자의 의사가 계약 문언과 달리 일정한 범위의 거래의 보증에 국한시키는 것이었다고 인정할 수 있는 경우에는 그 보증책임의 범위를 제한하여 새겨야할 것이다. 회사의 이사가 그 이사라는 지위에 있었기 때문에 은행의 대출 규정상 계속적 거래로 인하여 생기는 회사의 채무에 대하여 연대보증을 하게 된 것이고, 은행은 거래 시 마다 그 당시 회사의 이사 등의 연대보증을 새로이 받아 왔다면, 은행과 이사 사이의 연대보증 계약은 보증인이 회사의 이사로 재직중에 생긴 채무만을 책임지우기 위한 것이라고 봐야 할 것이다(대법원 1987.4.28 선고 82다카789 판결).

회사의 이사의 지위에서 부득이 회사와 제3자 사이의 계속적 거래로 인한 회사의 채무에 대하여 보증인이 된 자가 그 후 퇴사하여 이사의 지위를 떠난 때에는 보증계약 성립 당시의 사정에 현저한 변경이 생긴 경우에 해당하므로 이를 이유로 보증계약을 해지할 수 있고, 보증계약상의 보증한도액과 보증기간이 제한되어 있다고 하더라도 위와 같은 해지권의 발생에 영향이 없다(대법원 1998.6.26. 선고 98다11826 판결).

회사의 임원이나 직원의 지위에 있기 때문에 회사의 요구로 부득이 회사와 제3자 사이의 계속적 거래로 인한 회사의 채무에 대하여 보증인이 된 자가 그 후 회사로부터 퇴사하여 임원이나 직원의 지위를 떠난 때에는 보증계약성립 당시의 사정에 현저한 변경이 생긴 경우에 해당하므로 사정변경을 이유로 보증계약을 해지할 수 있다고 보아야 하며, 위 계속적 보증계약에서 보증기간을 정하였다고 하더라도 그것이 특히 퇴사 후에도 보증채무를 부담키로 특약한 취지라고 인정되지 않는 한 위와 같은 해지권의 발생에 영향이 없다(대법원 1990.2.27 선고 89다카1381 판결).

보증인이 회사의 이사라는 지위에 있었고 은행 대출 규정상 어쩔 수 없이 회사의 채무에 대하여 연대보증을 하였다는 이유로 그 보증인의 책임을 보증인이 이사로 재직 중에 있을 때 생긴 채무만으로 제한할 수 있는 경우는 포괄근보증이나 한정근보증과 같이 채무액이 불확정적이고 계속적인 거래로 인한 채무에 대하여 보증한 경우에 한하고, 회사의 이사로 재직하면서 보증 당시 이미 그 채무가 특정되어 있는 확정채무에 대하여는 보증을 한 후 이사직을 사임하였다 하더라도 사정변경을 이유로 그 책임이 제한되는 것은 아니다(대법원 1997.2.14. 선고 95다31645 판결; 1999.1.15. 선고 98다46082 판결).

사례

甲주식회사는 乙은행과 은행 거래를 약정하였는데, 이에 관한 채무에 대해 甲회사의 이사인 A가 기간과 보증한도액을 정하지 않고 연대보증채무를 지기로 하는 근보증을 하였다. 그런데 乙은행 내규에 의하면, 회사에 대출을 할 경우에 그 회사의 이사의 보증서를 받도록 되어 있고, 그에 따라 A가 보증을 하게 된 것이다. 그 후 A는 甲회사를 퇴직하였다. A가 퇴직한 후에도 乙은행은 甲회사에 대출을 하였고, 이에 대해 그 당시의 이사들이 근보증을 하였다. 이 경우 乙은행은 A가 기간과 보증한도액을 정하지 않고 보증을 한 것을 이유로 A가 퇴직한 후의 대출금에 대해서도 그 보증채무를 청구할 수 있는가?

회사의 이사가 근보증을 하는 것은 자의에 의해서 하는 것이 아니라는 점, 은행과의 거래 시마다 그 당시 회사의 이사의 연대보증을 새로 받은 점을 감안할 때, 회사의 이사가 근보증을 하였을 경우에는 근보증계약서의 문언에도 불구하고 그가 재직 중에 생긴 채무만을 보증하는 것으로 봄이 당사자의 의사에 부합하는 것으로 해석된다. 그러므로 거래관계의 실질을 파악하여 A가 甲주식회사에 재직하고 있었던 사이에 이루어졌던 실질적인 거래관계로 인하여 회사가 부담하게 된 채무만이 A의 연대보증계약의 효력이 미치는 피담보채무의 범위라 하겠다. 즉 A의 연대보증의 효력은 회사 이사직을 퇴임한 이후의 거래관계로 인하여 생긴 채무에까지 미치는 것은 아니다.

사례

A는 B주식회사의 실질적 경영자로서 B주식회사와 C금융기관 사이에 B주식회사가 C금융기관에 대하여 현재 및 장래에 부담하는 여신거래에 관한 모든 채무에 관하여 연대보증책임을 지되, 보증한도액과 보증기간은 따로 정하지 아니하고 다만 보증약정일로부터 3년이 경과한 때에는 보증인인 A는 서면에 의해 보증계약을 해지할 수 있다는 내용의 근보증약정을 체결하였다. 그런데 그 후 6개월 후 A가 사망하였고, B주식회사가 부도처리 되었다. C금융기관에서는 A의 상속인 D에게 A의 사망 후 발생된 B주식회사 채무를 포함한 채무 전액에 관하여 보증채무를 이행하라는 요구를 하고 있다. 이 경우 D로서는 B주식회사의 채무 전액에 대하여 책임을 지는가?

보증한도액이 정해진 계속적 보증계약의 경우 보증인이 사망하였다 하더라도 보증계약이 당연히 종료되는 것은 아니고 특별한 사정이 없는 한 상속인들이 보증인의 지위를 승계한다고 보아야 한다(대법원 1999.6.22. 선고 99다19322, 19339 판결).
그러나 보증기간과 보증한도액의 정함이 없는 계속적 보증계약의 보증인이 사망한 경우, 보증인의 지위가 상속인에게 상속된다고 할 수 없고, 다만 기왕에 발생된 보증채무만이 상속된다고 하고 있다(대법원 2000다-47187 판결).

보증한도액이 정해진 계속적 보증계약의 경우보증인이 사망하였다 하더라도 보증계약이 당연히 종료되는 것은 아니고 특별한 사정이 없는 한 상속인들이 보증인의 지위를 승계한다고 보아야 할 것이나, 보증기간과 보증한도액의 정함이 없는 계속적 보증계약의 경우에는 보증인이 사망하면 보증인의 지위가상속인에게 상속된다고 할 수 없고 다만, 기왕에 발생된 보증채무만이 상속된다(대법원 2001.6.12. 선고 2000다47187 판결).

따라서 위 사례는 보증기간과 보증한도액의 정함이 없는 계속적 보증계약의 경우로서 D는 A의 사망 이전에 발생된 채무에 대해서만 보증책임을 부담한다.

• 보증인 보호를 위한 특별법

보증인의 경제적·정신적 피해의 방지 및 보증계약의 합리적 관행의 확립을 목적으로 보증에 관한 민법규정에 대한 특칙으로서「보증인보호를 위한 특별법」(법률 제8918호)이 2008.9.22. 부터 시행되었다.

이 법에 의해 보증계약을 체결할 때에는 보증채무의 최고액을 서면으로 특정하여야 하며, 보증기간의 약정이 없는 때에는 그 기간을 3년으로 본다.

채권자는 주채무자가 원본, 이자 그 밖의 채무를 3개월 이상(채권자가 금융기관인 경우 1개월 이상) 이행하지 아니하는 경우 또는 주채무자가 이행기에 이행할 수 없음을 미리 안 경우에는 지체 없이 보증인에게 그 사실을 알려야한다. 반면 보증인은 채권자에게 주채무의 내용 및 그 이행 여부를 알려달라고 언제든지 요구할 수 있다. 금융기관이 채권자로서 보증계약을 체결 할 때에는 채무자의 채무 관련 신용 정보를 보증인에게 제시하고 그 서면에 보증인의 기명날인이나 서명을 받아야한다. 보증인에게 채무 관련 신용 정보를 제시하지 아니한 경우에는 보증인은 금융기관에 대하여 보증계약 체결 당시 채무자의 채무 관련 신용 정보를 제시하여 줄 것을 요구할 수 있다. 금융기관이 그 요구에 응하지 아니하는 경우에는 보증인은 그 사실을 안 날부터 1개월 이내에 보증계약의 해지를 통고할 수 있다.

3. 저당권

1) 저당권의 개요

저당권은 저당권설정 이후에도 저당목적물을 채무자가 계속 사용 수익하고 채권자는 단지 저당목적물의 교환가치만을 파악하므로, 목적물의 관리 등에 의한 비용 부담과 불편이 없어 금융 담보 중 가장 보편적으로 사용되는 담보물권이다.

저당권은 채무자가 자기 재산이나 제3자가 채무자의 채무담보를 위해서 제3자의 재산에 대해 채권자가 담보제공자로부터 인도 받지 않고 단지 관념적으로만 지배하고, 채무의 변제가 없는 경우에 경매 등을 통해 그 목적물로부터 자신의 채권을 우선변제 받게 된다. 저당권은 당사자와의 합의와 등기에 의해 성립되는 약정 담보물권으로 우선변제적 효력이 인정되며, 우선변제는 원칙적으로 경매를 통해 이루어진다. 저당권은 저당목적물의 점유를 채권자에게 넘겨주지 않으므로 반드시 등기나 등록 등에 의하여 공시되어야 한다.

저당권의 순위에 대해 우리나라 법은 순위승진의 원칙을 인정하고 있다. 따라서 선순위의 저당권이 변제 등으로 소멸된 때에는 후순위의 저당권이 그 자리로 올라가게 된다. 즉 1번 저당권이 변제로 소멸하였을 경우에는 2번 저당권이 1번 저당권의 순위를 차지하게 된다.

2) 저당권의 설정 방법

(1) 저당권설정계약

저당권설정계약의 당사자는 저당권자와 저당권설정자이다. 저당권자가 될 수 있는 사람은 채권자이고 자신의 재산에 저당권을 설정하는 저당권설정자는 보통 채무자이지만 제3자도 무방하다. 채무자를 위해서 자신의 재산에 저당권을 설정해주는 제3자를 물상보증인이라 한다. 따라서 물상보증인이 있는 경우 채무자는 저당권설정계약의 당사자가 아니다. 저당권설정계약은 금융 담보인 경우에는 대부분 은행 측에서 제시한 저당권설정 약관에 의해 체결된다.

(2) 저당권설정등기

저당권은 반드시 설정등기를 해야 성립하며, 등기된 순서에 따라 우선변제를 받게 된다. 저당권설정등기가 유효하기 위해서는 채무자와 피담보채권액이 반드시 기재되어야 한다(필요적 기재사항). 채무자는 일반적으로 저당권설정자로서 담보부동산의 소유자인 경우가 많으므로 이 경우에는 당해 등기부의 갑구란의 소유자와 일치하지만, 물상보증인인 경우에는 채무자와 저당권설정자인 소유자가 일치하지 않으므로 채무자를 기재해야 한다.

그 밖에도 변제기에 대한 약정, 이자와 그 지급시기, 원본과 이자의 지급장소, 채무불이행으로 인한 손해배상에 관한 약정 등은 임의적 기재사항으로 기재하지 않더라도 저당권의 효력에는 영향을 미치지 않지만, 기재한 경우에는 제3자에 대항력을 갖는다.

저당권설정등기 비용은 다른 특약이 없으면 채무자가 부담하는 것이 「종래」의 관행이다.[2)]

2) 은행대출을 받는 고객들이 그동안 부담해온 부동산 근저당권 설정 비용을 수익자부담원칙에 따라 은행에서 부담해야 한다는 권고결정이 내려졌다. 국민고충처리위원회는 2006년 9월 20일 "은행이 담보대출을 하면서 근저당설정비용을 대출 고객에게 일방적으로 부담시키고 있는 은행 여신거래기본약관(공정위가 2002년 8월 표준약관으로 승인) 등 표준약관은 고객에게 불공정한 조항"이라며 "공정거래위원회에 표준약관을 개정하도록 제도개선을 권고했다."고 밝혔다. 그동안 은행 고객들은 담보대출을 받을 때 근저당 설정비를 부담하거나, 근저당설정비 대신 약정금리 이외에 가산금리를 추가로 부담해왔다.

[을 구] (소유권 이외의 권리에 관한 사항)				
순위번호	등기목적	접 수	등기원인	권리자 및 기타사항
1 (전 1)	저당권 설정	2001년3월2일 제10355호[3]	2001년2월27일 설정계약[4]	피담보채권액 금42,000,000원[5] 채무자 ○○○[6] 충청북도 충주시.... 저당권자 농업협동조합중앙회 000018[7] 공동담보 동소 854 46 토지, 건물

발행번호 1234567890ab0987654321cd123 1/3 발급확인번호 AABBCC-DDEEFF-1234 발행일 2005/12/14

사례

A는 이웃 B가 급히 집문서를 담보로 돈 1,000만 원을 빌려달란 말을 믿고, 집문서를 받고 돈을 빌려주었다. 나중에 B가 돈을 갚지 않는다면 이 집문서를 가지고 담보권을 행사할 수 있는가?

집문서를 잡고 있는 것만으로는 그 집에 대한 아무런 권리가 주어지지 않는다. 즉 담보의 효과를 거둘 수 없다. A가 보다 안전하려면 B의 집에 대해 저당권설정등기를 해두어야 한다. 채무자 B가 채무의 담보로 제공한 부동산에 대해 채권자 A가 권리를 설정해 두고, 약속한 때에 갚지 않으면 그 부동산을 경매해서 자기 돈을 우선적으로 회수할 수 있는 것이다. 따라서 지금이라도 A는 B에게 저당권설정등기를 해달라고하고, 이에 응하지 않으면 저당권설정등기 청구 소송을 제기하여야 할 것이다.

---

3) 등기 신청의 접수 일자로서, 법률적 효력 발생 일자이며. '제○○○호'는 접수한 등기소의 연간 일련번호임.
4) 1996년 2월 27일 저당설정 계약을 원인으로 이 저당권을 등기하였다는 뜻임.
5) 이 근저당권 등기로 권리를 주장할 수 있는 채무액임.
6) 돈을 빌린 채무자에 관한 사항을 표시. 등기의 건물 소유와 돈을 빌린 사람이 다를 수도 있음.
7) 돈을 빌려준 채권자에 대한 사항임.

3) 저당권의 목적물

저당권이 설정될 수 있는 재산은 등기나 등록에 의해 공시되는 물건에 한정된다. 저당권등기를 할 수 있는 목적물로는 민법상의 부동산 및 부동산 물권(즉 지상권·전세권)이 있다. 민법 외의 법률로서 인정되는 저당권의 객체로 20톤 이상의 선박, 입목법에 의한 입목·광업권·어업권·공장재단·광업재단 등이 있다. 그리고 동산이지만 등록에 의해 저당권이 설정될 수 있는 경우로는 자동차, 항공기, 중기 등이 있다.

4) 저당권의 피담보채권

저당권의 피담보채권은 대개 금전채권이지만 그에 한하지 않는다. 금전의 지급을 목적으로 하지 않는 채권도 저당권을 실행(경매)할 때 금전채권으로 될 수 있는 것이면 충분하다. 또한, 저당권의 경우에는 피담보채권이 저당권의 설정당시에 현존하고 특정되어 있어야 하는 것이 원칙이다.

채권의 일부나 여러 개의 채권도 저당권의 피담보채권이 될 수 있으며, 채무자가 다른 수 개의 채권에 물상보증인이 하나의 저당권을 설정하는 것도 가능하다. 또한, 채권자가 다른 수 개의 채권에 대해서 1개의 저당권을 설정하는 것도 가능하다.

5) 저당권의 효력이 미치는 범위

(1) 피담보채권액의 범위

민법 제360조는 후순위 권리자 및(또는) 제3자가 예기치 못한 손해를 입지 않도록 하기 위해서 피담보채권의 범위를 제한한다. 즉 저당권은 원본, 이자, 위약금, 채무불이행으로 인한 손해배상 및 저당권의 실행비용을 담보하는 것으로 규정하고 있다. 그러나 지연배상에 대하여는 원본의 이행기일을 경과한 후의 1년분에 한하여 저당권을 행사할 수 있다.

(2) 목적물의 범위

저당권의 목적물은 소유자가 소유권을 행사할 수 있는 범위와 일치하는 것이 원칙이다. 그리고 저당권을 설정한 후에도 부합물(소유자가 다른 2개 이상의 물건을 결합하여 1개로 된 물건)과 종물[8]에 대해서는 저당권의 효력이 미친다. 과실에 대해서는 압류한 후에만 저당권의 효력이 미친다. 토지에 대해 저당권을 설정한 경우에는 그 토지 위의 건물에 대해서도 경매를 신청할 수 있다. 단, 이 경우 건물의 경락대금으로부터 우선변제를 받을 수 없다.

저당목적물이 멸실·훼손되거나 공용 수용된 경우에는 목적물 소유자인 저당권설정자가 그 목적물의 소유권에 대신한 청구권(보험금지급청구권이나 보상금청구권 등)을 취득한 경우에는 저당권자가 이 청구권을 압류하면 그 압류물에도 저당권의 효력이 미친다. 이를 물상대위(物上代位)라 한다.

사례

A는 B에게 3,000만 원을 빌려주고 B 소유토지에 저당권을 설정하였다. 그런데 얼마 전 그 토지가 도로로 편입·수용될 예정이어서 B의 소유권등기뿐 아니라 A의 저당권 등기도 말소될 예정이다. 그리고 서울시로부터 토지수용보상이 약 6,000만 원이 나올 예정인데, 이미 B에 대한 일반 채권자들이 약 1억 원의 채권에 대해 서울시에 대한 보증채권에 압류를 한 상태이다. 이 경우 A의 권리를 확보할 방안은 없는가?

저당목적물이 멸실·훼손되거나 공용징수 등으로 그 목적물에 대신하는 금전 기타의 물건이 목적물 소유자에게 귀속되는 경우, 저당권의 우선변제적 성질이 그 목적물에 대신하는 것에 대해서도 여전히 유지된다(물상대위). 이 사례에서 A가 B의 토지에 대해 다른 채권자보다 우선하여 저당권을 가지고 있는 경우에는 A는 여전히 B의 서울시

8) 소유자가 자신의 물건을 사용하기 위해 자기 소유의 다른 물건을 이에 부속시킨 경우 그 기본이 되는 물건을 주물, 그 부속된 물건을 종물이라 한다. 가옥(주물)과 광(종물)의 예를 들 수 있다. 또 건물에 설치된 보일러에 대해서도 저당권의 효력이 미친다.

에 대한 토지수용보상금채권에 대해 우선권을 주장할 수 있다. 그러나 우선권을 주장하기 위해서는 보상금채권을 압류하여야 하는데, 다른 채권자들의 압류만으로 바로 우선권을 주장할 수 있는 것은 아니고, A의 명의로 다시 물상대위권 행사를 위한 압류를 하여야 한다. 물상대위의 요건으로서의 압류는 제3채무자에 대하여 물상대위권이 행사되고 있음을 알리고 동시에 대위물의 본래의 채권자에게 변제하는 것을 정지시킴으로써 물상대위권자의 우선변제권을 보전하려는 것을 그 목적으로 하고 있다고 보기 때문이다(고상룡, 물권법, 2001, 657면 참조). 그러나 "압류를 대위물에 대한 특정성을 보전 내지 유지하기 위한 것"으로 보는 판례의 태도에 따르면, 물상대위권의 행사를 위한 압류는 반드시 담보권자에 의한 압류에만 국한시킬 필요는 없다. 제3채권자가 압류하여 그 금전 또는 물건이 특정된 이상 저당권자가 스스로 이를 압류하지 않더라도 물상대위권을 행사하여 일반채권자보다 우선변제를 받을 수 있다.

판례

민법 제370조에 의하여 저당권에 준용되는 제342조 후문이 "저당권자가 물상대위권을 행사하기 위하여서는 저당권 설정자가 지급받을 금전 기타 물건의 지급 또는 인도 전에 압류하여야 한다."라고 규정한 취지는 물상대위의 목적이 되는 금전 기타 물건의 특정성을 유지하여 제3자에게 불측의 손해를 입히지 아니하려는데 있는 것이므로, 저당목적물의 변형물인 금전 기타물건에 대하여 이미 제3자가 압류하여 그 금전 또는 물건이 특정된 이상 저당권자는 스스로 이를 압류하지 않고서도 물상대위권을 행사할 수 있다(대법원 1996.7.12. 선고 96다21058).

6) 우선변제적 효력

(1) 의의

채무자가 변제기에 변제하지 않으면 저당권자는 저당목적물을 현금화하여 그 대금으로부터 다른 채권자에 우선하여 피담보채권의 변제를 받을 수 있다. 이렇게 저당권은 우선변제적 효력이 있으므로 저당권자가 직접 저당권을 실행해서 경매를 신청하거나, 타인이 저당부동산에 대해서 강제집행을 하는 경우에 저당권자는 그 순위에 따라서 매각대금으로부터 우선변제를 받을 수 있다. 한편, 저당권자는 당연히 일반 채권자로서의 지위도 인정되므로 매각대금으로부터 완전변제를 받지 못한 경우에는 채무자의 일반재산에 대해서도 일반채권자로서 채무자의 일반재산에 대하여 집행을 하거나 배당에 참가할 수 있다.

그러나 저당권자가 자신의 저당권을 실행하지 않고 채무자의 일반 재산에 대해 먼저 일반채권자로서 집행할 경우에는 다른 채권자가 저당권자에게 그 배당금액의 공탁을 청구할 수 있다.

(2) 우선순위

가. 일반채권자에 대한 관계

저당권자는 언제나 일반채권자에 우선한다. 다만 저당권설정등기일보다 먼저 주택임대차보호법 소정의 대항요건과 임대차계약서에 확정일자를 갖춘 임차인은 그의 보증금의 반환에 관하여 저당권자에 우선한다. 또한 소액보증금의 일정액에 관하여 다른 담보권자의 경매신청등기 전에 일정한 대항요건을 갖춘 경우에, 임차인은 언제나 저당권자에 우선한다.

나. 용익권에 대한 관계

원칙적으로 설정등기의 선후에 따라 결정된다. 즉 전세권이 최선순위의 저당권보다 먼저 설정되었다면, 전세권은 저당권의 실행에 의한 매각으로 말미암아 영향을 받지 않으며 매수인이 전세권의 부담을 인수한다. 다만 전세권자가 배당요구를 하면 전세권은 매각으로 소멸된다. 한편 전세권이 최선순위 저당권보다 후순위라면 저당권이나 전세권 어느 쪽이 실행되더라도 전세권과 저당권 모두가 소멸한다.

다. 저당권 상호 간의 순위

동일한 부동산 위에 수 개의 저당권이 경합하는 경우에 각 저당권의 순위는 설정등기의 선후에 의하며, 선순위 저당권자가 변제받고 남은 잔액에 대해서만 후순위 저당권자가 우선변제권을 행사할 수 있다.

다만 선순위 저당권이 변제 기타 사유로 인하여 소멸하면 후순위 저당권의 순위가 승진한다.

> 예
>
> A가 B로부터 3,000만 원을 빌리면서 1억 상당의 건물을 B 앞으로 저당권설정등기를 하여 주었을 경우, 그 건물이 가지는 잔여 담보 가치가 7,000만 원이므로, A는 C 및 D에게 7,000만 원의 범위 내에서 각각 후순위로, 즉 제2순위 저당권, 3순위 저당권을 설정할 수 있다. 만일 C가 4,000만 원 채권에 대해 2순위 저당권을 가지고 있다고 하자. 이 경우 건물에 대해 경매가 행해져서 그 건물이 5,000만 원에 매각되었다면, C는 2,000만 원만을 배당받게 된다. 그러나 A가 B에게 3,000만 원을 변제하여 B의 1번 저당권이 소멸하게 되면, C의 2번 저당권은 1번 저당권으로 승진하여 4,000만 원 전부를 배당받아가게 된다.

7) 저당권자가 채권의 변제를 받는 방법

(1) 방법

① 저당권자 자신이 직접 저당권을 실행(경매)하여 그 대가로부터 우선변제를 받거나, ② 저당부동산에 대하여 일반채권자가 강제집행을 하거나 후순위저당권자가 경매신청을 하는 경우에 저당권자로서 그 배당에 참여하여 그가 가지는 우선순위에 따라 변제를 받는 방법이 있다.

(2) 저당권의 실행

채무자가 채무를 이행하지 않는 경우 저당채권자는 저당권의 실행을 통해서 저당물을 금전으로 현금화(환가)하여 그 금액으로부터 우선변제 받게 된다. 저당권자는 채권의 변제를 받기 위해 저당물의 경매를 청구할 수 있는데, 민사집행법이 그 경매 절차를 규율한다.

가. 저당권실행(경매) 절차

① 경매신청

신청은 서면으로 하여야 하고, 신청서에는 일정한 사항을 적어야 한다. 경매절차는 부동산이 있는 곳의 지방법원이 관할한다.

② 경매 개시 결정

신청이 적법하다면 관할법원은 경매 개시 결정과 함께 그 부동산의 압류를 명하여야 한다. 압류는 압류 결정이 채무자에게 송달된 때 또는 촉탁에 의해 경매개시 결정의 등기가 된 때에 효력이 생긴다.

③ 현금화 절차

i) 법원은 감정인에게 부동산을 평가하게 하고, 그 평가액을 참작하여 최저매각가격을 정한다.
ii) 법원은 매각기일과 매각결정기일을 정하여 이를 공고하고, 그에 따라 매각이 진행된다.
iii) 법원은 매각결정기일에 매각의 허가 여부를 결정하고, 매각허가결정이 확정되면 법원은 대금지급기한을 정하여 대금을 낼 것을 명한다.

④ 재매각

매수인(경락인)이 대금지급기일에 그 의무를 완전히 이행하지 않는 경우에는, 법원은 직권으로 재매각을 명하여야 한다.

경매 절차

경매 신청 → 경매 개시 결정 → 매 각 → 매각 허가 결정 → 배 당

매각	법원은 감정인에게 부동산을 평가하게 하고, 그 평가액을 참작하여 최저매각가격을 정한다. 법원은 매각기일과 매각결정기일을 정하여 이를 공고하고, 그에 따라 매각이 진행된다.
매각 허가 결정	최고가 매수신청인이 정해지면, 법원은 매각결정기일에 매각의 허가 여부를 결정한다. 매각허가결정이 확정되면 법원은 대금지급기한을 정하고, 매수인은 그 기한까지 대금을 낼 것을 명한다.[9]
매각대금의 배당	매수인이 매각대금을 지급하면, 법원은 배당기일을 정하여 이해관계인과 배당을 요구한 채권자를 소환·심문하여 배당표를 확정하고 그에 따라 배당을 실시한다.

(3) 매각의 효과

가. 소유권 취득

매수인은 매각대금을 다 낸 때에 매각의 목적인 권리를 취득한다. 매각대금이 지급되면 법원의 촉탁에 의하여 매수인 앞으로 소유권이전등기가 되지만, 매수인이 부동산소유권을 취득하는 시기는 그 등기가 된 때가 아니라 매각대금을 완납한 때이다.

나. 경매목적물 위의 다른 권리

경매 목적인 부동산 위에 존재하는 권리와 매수인의 관계는 경매신청의 근거가 된 저당권설정등기일을 기준으로 하여 결정된다. 즉 그 전에 대항력을 갖춘 용익권은 매수인이 인수하지만, 다른 저당권(그 선후를 불문)과 위 저당권 등기 후

9) 매수인(종래는 「경락인」이라고 하였음)은 그 기한까지 매각대금을 지급하여야한다. 매수인은 매각대금을 완납한 때 매각의 목적인 권리를 취득하며, 법원은 매각허가결정의 등본을 첨부하여 관할등기소에 매수인의 소유권등기를 촉탁하여야 한다. 「촉탁」이란, 관청사이에 어느 관청의 직무상 필요한 사무가 타관청의 권한에 속하여 이를 그 관청이 행할 수 없는 경우에 타관청에 위임(부탁)하는 것을 말한다.

에 설정된 용익권은 소멸한다.

(3) 배당절차에의 참여

저당부동산에 대해 다른 일반채권자가 강제집행을 하거나 다른 담보권자가 경매를 신청하는 경우, 그 부동산 위의 모든 저당권은 그 매각으로 인해 소멸한다. 저당부동산에 대해 경매가 진행되어 배당이 실시되는 경우, 저당권과 다른 권리자간의 순위의 우열은 관계 법률에 의해 정해진다.

- 제1순위 : ① 보증금 중 일정액, ② 최종 3개월분 임금·최종 3년 간의 퇴직금·재해보상금
- 제2순위 : 저당목적물 자체에 부과된 국세·지방세·가산금(당해세로서, 상속세·재산세·자동차세 등이 이에 해당함)
- 제3순위 : ① 국세 및 지방세의 법정기일 전에 설정된 저당권·전세권으로 담보되는 채권, ② 그 법정기일 전에 주택임차권의 대항요건과 임대차계약증서상에 확정일자를 갖춘 임차보증금채권. 이들 상호 간에는 등기일자의 선후, 등기일자와 대항력의 선후에 의해 그 우열이 정해진다.
- 제4순위 : 근로기준법 제37조 2항의 임금 등을 제외한 임금
- 제5순위 : 국세와 지방세
- 제6순위 : 공과금(의료보험료·연금보험료)
- 제7순위 : 일반채권자의 채권

8) 저당권과 용익관계

(1) 저당권설정자의 용익권능

저당권자는 목적물의 교환가치만을 파악하므로, 저당권이 설정된 후에도 설정자가 목적물을 계속 점유하여 사용·수익하고 저당권의 설정에 의하여 설정자의 용익권능은 원칙적으로 영향을 받지 않는다. 다만 저당권이 실행되면 저당목적물의 소유권이 매수인에게 이전되어 종래의 용익관계가 소멸한다.

(2) 저당권과 제3자의 대항력 있는 용익권의 관계

저당권이 실행되면 제3자의 대항력 있는 용익권(예: 전세권, 대항력 있는 임차권)은 어떻게 되는가? 이 문제는 용익권과 저당권의 설정의 선후에 따라 결정된다. 즉 저당권이 설정되기 전에 제3자가 용익권을 가지고 있었다면 저당권이 실행되더라도 용익권자는 매수인에게 대항할 수 있는 반면, 저당권이 설정된 후에 용익권을 취득한 용익권자는 저당권이 실행되면 매수인에게 대항할 수 없다. 주의할 것은, 용익권과의 우열을 다투는 저당권은 경매를 신청한 저당권자의 저당권이 아니라, 그 부동산 위의 최선순위의 저당권이라는 점이다.

사례

가옥을 저당잡히고 은행으로부터 돈을 빌렸다. 그런데 이 집을 세를 놓으려고 하는데 가능한가?

임차권은 목적물의 사용가치에 착안하고 이 사용·수익을 내용으로 하는 용익권이기 때문에 저당권과 임차권 양자는 병존할 수 있고, 저당 가옥에 대해서 임차권이 설정되어도 저당권의 효력에는 영향이 미치지 않는 것이 원칙이다.

그러나 임차권을 등기하면 물권에도 대항할 수 있는 효력이 있고, 저당 가옥이 동시에 임대의 목적물로서 제3자가 현실적으로 사용·수익하고 있는 경우에는 저당권을 실행할 때 가옥을 시가대로 현금화(환가)할 수 없는 경우가 생긴다. 이런 뜻에서 제3자가 저당 가옥을 사용하고 있으면 담보가치에 영향을 미치는 일이 있다고 할 것이다. 그러므로 저당권을 설정하기 전의 임차권이 등기에 의하여 대항력을 갖추었을 경우에는 저당권이 임차권에 우선할 수 없지만, 저당권을 설정한 후에 성립된 임차권에 대하여는 우선권이 있다.

9) 토지와 건물의 일괄경매

토지에 저당권이 설정되어도 저당권설정자는 토지를 사용·수익할 수 있으므로, 자기 소유의 토지에 건물을 신축할 수 있지만, 그 후 경매로 인하여 토지 소유자와 건물 소유자가 다르게 되더라도 건물 소유자에게 법정지상권이 인정되지 않는바, 이러한 경우에 토지 소유자의 청구에 응하여 건물을 철거하여야 한다면 사회 경제적으로 불리할 뿐만 아니라, 저당권 설정 후 축조된 건물의 존재로 인하여 경매에서 토지의 매수인을 구할 수 없는 경우도 있을 수 있으므로, 저당권의 효력이 미치지 않는 건물에도 경매권을 인정함으로써 토지저당권의 실행을 용이하게 하기 위하여 일괄경매권을 인정하고 있다. 이러한 요건으로는, ① 저당권설정 당시에 지상에 건물이 존재하지 않아야 하고, ② 저당권설정자가 건축하고 소유하는 건물이어야 한다.

따라서 저당권이 설정된 후에 저당권설정자 외에 제3자가 건물을 축조한 경우 또는 저당권설정자가 축조하였으나 경매 당시 제3자가 소유하고 있는 경우에 일괄경매권이 인정되지 않는다.

저당권자의 일괄경매권은 저당권자의 권리이지 의무가 아니다. 따라서 반드시 일괄경매를 해야 할 의무는 없다. 그리고 대지의 경락대금만으로도 피담보채권과 경매비용을 충당할 수 있는 경우에도 일괄경매를 청구할 수 있다.

그러나 일괄경매의 경우에 채권자는 건물의 경락대금(경매대가)으로부터는 우선변제를 받을 권리가 없다. 따라서 토지와 건물을 일괄하여 매각하더라도 토지와 건물의 매각대금은 따로 결정된다.

사례

A는 평소 알고 지내던 건축업자 B로부터 1억 3천만 원을 빌려달라는 제의를 받고, B 소유 나대지 100평에 대하여 저당권을 설정하고 빌려주었다. 그 후 B는 이 나대지 상에 주택을 신축하여 살고 있으며, 돈의 반환 요청을 거부하면서, A가 법원에 경매를 신청하여도 토지만 경매된다면 아무도 사려는 사람이 없을 것이므로 마음대로 하라고 하면서 변제할 생각은 하지 않고 있다. A는 신축한 주택도 같이 경매할 수 없는가?

토지를 목적으로 저당권을 설정한 후 그 설정자가 그 토지 위에 건물을 축조한 때에는 저당권자는 토지와 함께 그 건물에 대하여도 경매를 청구하여 토지의 경매대금에서 우선변제를 받을 수 있다(민법 제365조). 이를 「일괄경매」라고 하는데, 그것은 저당권이 설정된 토지에 그 후 건물이 축조됨으로써 토지의 가치가 부당하게 감소되는 것을 방지하기 위한 것이다.

A는 일괄경매를 신청하여 위 토지의 경매대금으로 담보채권의 우선변제를 받을 수 있으나, 건물의 경매대금에 대하여 우선변제권이 없고, 피담보채권이 완전히 변제되지 못한 경우에 저당권자인 A의 피담보채권 중 변제 받지 못한 잔액채권은 무담보채권으로 남게 된다.

이 잔액채권의 만족을 위하여는 저당권자인 A는 단순한 무담보의 채권자로서 대여금청구의 소를 제기, 승소 판결을 얻어 위 건물의 경매대금에서 배당받거나, 채무자인 B의 다른 일반재산에 대하여 강제집행을 하거나 또는 타인이 집행을 하는 경우에 그 배당에 가입하여 채권의 만족을 얻어야 할 것이다.

SUMMARY

1. 담보에는 채권자가 강제집행을 할 수 있는 책임재산의 범위를 채무자뿐만 아니라 제3자의 재산에까지 확대하는 방법과 채무자나 제3자의 특정 재산에 대하여 다른 채권자보다 우선하여 변제를 받을 수 있도록 하는 방법이 있다.
2. 인적담보의 전형인 보증(保證)이란 채권자는 채무자가 그의 채무를 이행하지 않는 경우를 대비하여 채무자 이외의 제3자로 하여금 채무자가 이행하지 않는 경우에 대신 이행하게 하는 방법이다.
3. 일반보증과 연대보증은 채권자의 이행청구에 대한 항변에 있어서 차이가 있다.
4. 다른 채권자에 우선하여 자신의 채권을 변제받을 수 있게 채무자 또는 제3자 소유의 재산 위에 설정하는 담보물권(擔保物權)이 저당권이다.
5. 채무자가 채무를 이행하지 않는 경우 저당채권자는 저당권의 실행을 통해서 저당물을 금전으로 현금화(환가)하여 그 금액으로부터 우선변제를 받게 된다.
6. 저당권이 설정된 후에도 설정자가 목적물을 계속 점유하여 사용·수익할 수 있고, 저당권의 설정에 의하여 설정자의 용익권능은 원칙적으로 영향을 받지 않는다.
7. 토지를 목적으로 저당권을 설정한 후 그 설정자가 그 토지 위에 건물을 축조한 때에는 저당권자는 토지와 함께 그 건물에 대하여도 경매를 청구하여 토지의 경매대금에서 우선변제를 받을 수 있다(일괄경매권).

YOUR OPINION

1. A는 B에 대해 1억 원을 빌려주고 이 채권을 담보하기 위하여 그 소유 토지에 저당권을 설정하였다. 그런데 그 토지가 주차장 부지로 수용된다고 한다. 이러한 경우 A가 토지수용보상금에 대하여 저당권을 행사할 수 있는가?

2. A는 B에게 돈을 빌려주면서 B의 소유 대지와 건물에 저당권을 설정하였으나, B는 저당된 건물을 철거하고 새로이 건물을 신축하면서 구건물에 대한 멸실등기를 하지 않고, 신건물을 보존등기한 후 C에게 새로이 1억 원을 빌리면서 새로이 저당권을 설정해주어 건물은 하나임에도 등기부상으로는 두 개의 건물로 된 상태이다. A는 대지만의 경매로는 빌려준 돈을 다 받을 수 없는데, 구건물에 대한 저당권으로 신축건물까지 경매할 수 있는가?

1. 저당권이 설정된 토지가 수용된 경우 저당권의 행사 방법

저당목적물이 멸실·훼손되거나 공용징수 등으로 그 목적물에 대신하는 금전 기타의 물건이 목적물 소유자에게 귀속되는 경우, 즉 보험금지급청구권·손해배상청구권·보상금청구권 등으로 변하는 경우에는 이 보험금지급청구권·손해배상청구권·보상금청구권 등에 담보물권(저당권)의 효력이 미친다. 이를 물상대위라 한다. 민법은 저당권의 경우 질권에 있어서 인정하고 있는 물상대위를 유추적용하고 있다(민법 제370조, 제342조).

민법 제370조, 제342조에 의한 저당권자의 물상대위권의 행사는 민사소송법 제733조에 의하여 담보권의 존재를 증명하는 서류를 집행법원에 제출하여 채권압류 및 전부명령을 신청하거나, 민사소송법 제580조에 의하여 배당요구를 하는 방법에 의하여 하는 것인바, 이는 늦어도 민사소송법 제580조 제1항에서 규정하고 있는 배당요구의 종기까지 하여야 하는 것이고, 저당권자의 물상대위권은 어디까지나 그 권리실행의사를 저당권자 스스로 법원에 명확하게 표시하는 방법으로 저당권자 자신에 의하여 행사되어야 하는 것이지, 저당권자 아닌 다른 채권자나 제3채무자의 태도나 인식만으로 저당권자의 권리행사를 의제할 수는 없으므로, 저당권자 아닌 다른 채권자나 제3채무자가 저당권의 존재와 피담보채무액을 인정하고 있고, 나아가 제3채무자가 채무액을 공탁하고 공탁사유를 신고하면서 저당권자를 피공탁자로 기재하는 한편 저당권의 존재를 증명하는 서류까지 제출하고 있다 하더라도 그것을 저당권자 자신의 권리행사와 같이 보아 저당권자가 그 배당절차에서 다른 채권자들에 우선하여 배당 받을 수 있는 것으로 볼 수 없으며, 저당권자로서는 제3채무자가 공탁사유신고를 하기 이전에 스스로 담보권의 존재를 증명하는 서류를 제출하여 물상대위권의 목적채권을 압류하거나 법원에 배당요구를 한 경우에 한하여 공탁금으로부터 우선배당을 받을 수 있을 뿐이다(대법원 1999.5.14. 선고 98다62688 판결).

민법 제370조, 제342조에 의한 저당권자의 물상대위권의 행사는 구 민사소송법(2002.1.26. 법률 제6626호로 전문 개정되기 전의 것) 제733조에 의하여 담보권의 존재를 증명하는 서류를 집행법원에 제출하여 채권압류 및 전부명령을 신청하거나, 구 민사소송 제580조에 의하여 배당요구를 하는 방법에 의하여야 하는 것이고, 이는 늦어도 구 민사소송법 제580조 제1항 각 호 소정의 배당요구의 종기까지 해야 하는 것으로 그 이후에는 물상대위권자로서의 우선변제권을 행사할 수 없다고 해야 할 것인바, 물상대위권자로서의 권리행사의 방법과 시한을 위와 같이 제한하는 취지는 물상대위의 목적인 채권의 특정성을 유지하여 그 효력을 보전하고 평등배당을 기대한 다른 일반 채권자의 신뢰를 보호하는 등

제3자에게 불측의 손해를 입히지 아니함과 동시에 집행절차의 안정과 신속을 꾀하고자 함에 있다(대법원 2003.3.28. 선고 2002다13539 판결).

2. 저당된 건물을 철거한 후 신축한 건물을 철거 전의 저당권으로 경매할 수 있는가?

멸실된 건물과 신축된 건물이 위치나 기타 여러 가지 면에서 서로 같다고 하더라도 그 두 건물이 동일한 건물이라고는 할 수 없으므로 신축건물의 물권변동에 관한 등기를 멸실건물의 등기부에 등재하여도 그 등기는 무효이고 가사 신축건물의 소유자가 멸실건물의 등기를 신축건물의 등기로 전용할 의사로써 멸실건물의 등기부상 표시를 신축건물의 내용으로 표시 변경 등기를 하였다고 하더라도 그 등기가 무효임에는 변함이 없다(대법원 1980.11.11. 선고 80다441 판결).

기존건물이 멸실된 후 그곳에 새로이 건축한 건물의 물권변동에 관한 등기를 멸실된 건물의 등기부에 하여도 이는 진실에 부합하지 아니하는 것이고 비록 당사자가 멸실건물의 등기로서 신축된 건물의 등기에 갈음할 의사를 가졌다 하여도 그 등기는 무효이니 이미 멸실된 건물에 대한 근저당권설정등기에 신축된 건물에 대한 근저당권이 설정되었다고는 할 수 없으면 그 등기에 기하여 진행된 경매에서 신축된 건물을 경락받았다 하더라도 그로써 소유권취득을 내세울 수는 없다(대법원 1976.10.26. 선고 75다2211 판결).

그러므로 신축건물과 멸실된 건물이 그 재료, 위치, 구조 기타의 면에서 유사하다고 하여도 양 자가 동일성이 인정되는 건물이라고 할 수는 없으므로, 신축건물에 대하여는 기존건물에 설정되었던 저당권의 효력이 미치지 않는다고 할 것이다. 그렇다면 대지에 대한 저당권은 그대로 유효한 것이므로 민법 제365조(저당지상의 건물에 대한 경매청구권)에 의하여 대지에 대한 경매신청과 함께 저당권이 설정된 이후에 저당대지에 신축된 건물에 대하여는 경매를 신청할 수 있는가?

토지와 그 지상 건물의 소유자가 이에 대하여 공동저당권을 설정한 후 건물을 철거하고 그 토지 상에 새로이 건물을 축조하여 소유하고 있는 경우에는 건물이 없는 나대지상에 저당권을 설정한 후 그 설정자가 건물을 축조한 경우와 마찬가지로 저당권자는 민법 제365조에 의하여 그 토지와 신축건물의 일괄경매를 청구할 수 있다(대법원 1998.4.28. 선고 97마2935 판결).

이 판례에 의할 때, A는 (1) 신축건물도 같이 경매를 신청할 수 있는가? (2) 모든 경락대금에 대해 우선변제를 받을 수 있는가?

Chapter 11

담보제도 II

法

부동산 과 생활법률

Chapter 11. 담보제도 II

1. 근저당권

1) 근저당권의 의미

근저당권은 저당권의 일종으로서 일정한 결산기 동안 특정한 계속적 거래(기본계약)에서 발생하는 불특정한 피담보채권을 최고액의 범위에서 담보하는 저당권이다.

일반적인 저당권은 원칙적으로 특정한 채권을 담보로 하므로 채권자와 채무자 간의 거래가 계속되어 여러 개의 채권이 발생했다가 소멸할 때마다 저당권을 설정해야 하는 번거로움이 있다. 근저당권은 이와 같은 저당권의 불편함을 해결하여 다수의 불특정한 채권이 발생, 변경, 소멸하는 경우에도 하나의 근저당권으로 담보할 수 있는 장점이 있다.

2) 저당권과 근저당권의 차이

근저당권은 장래 증감 변동하는 「불특정의 채권」을 담보하는 점에서 특정의 채권을 담보하는 저당권과 다르다.

(1) 피담보채권의 수: 특정한 피담보채권 vs 불특정 다수의 피담보채권

저당권은 근저당권에 비해 순박한 형태의 담보권으로 원칙적으로 하나의 특정한 채권을 담보하는 기능만 있으나, 근저당권은 다수의 채권을 담보한다. 즉

저당권의 원본채권은 하나인 것이 원칙이지만 근저당권은 여러 개의 피담보채권을 담보한다.

(2) 담보의 한계 : 피담보채권액 vs 채권최고액

저당권은 등기부에 기재된 피담보채권액의 범위에서만 담보력이 인정되고, 등기부상의 피담보채권액을 초과한 채권은 저당권으로 담보되지 않는 일반채권에 불과하다. 그러나 근저당권은 구체적인 피담보채권액의 범위에서 담보하는 것이 아니라, 당사자 간의 합의로 채권최고액을 설정하여 이 범위에서 다수의 피담보채권을 담보한다. 따라서 당사자 간에 약정한 거래에서 발생하는 피담보채권은 그 개수에 관계 없이 최고액의 범위 내에서는 모두 담보된다.

(3) 부종성

담보물권은 원칙적으로 피담보채권이 발생해야 담보물권도 성립하고, 피담보채권이 소멸하면 담보물권도 소멸한다. 이러한 담보물권의 성질을 부종성이라고 한다. 저당권도 담보물권이므로 부종의 원칙이 적용된다.

그러나 채권자와 채무자 간의 기본계약(어음할인계약, 당좌대출계약, 계속적 물품공급계약 등)이 체결되고, 아직 구체적인 피담보채권이 발생하지 않더라도 근저당권을 설정할 수 있다(성립상의 부종성의 완화). 또한 발생한 개별적인 피담보채권이 변제 등으로 소멸하더라도 결산기까지는 근저당권이 소멸하지 않고 존속한다(소멸상의 부종성의 완화).

저당권 VS 근저당권

구분	저당권	근저당권
피담보채권의 수	특정한 피담보채권	불특정한 다수의 피담보채권
담보의 범위	피담보채권액	채권최고액
부종성	적용	완화

사례

A의 친구 B가 점포를 개설한다고 하면서 돈을 빌려달라고 한다. 처음에 500만 원을 빌려주고 점포가 3개월 후에 완성되므로 그때 추가로 1,200만 원을 빌려주기로 했다. 이런 경우 1,700만 원 전액에 대해서 저당권을 설정할 수 있는가?

저당권은 채권을 담보할 것을 목적으로 하는 권리이므로 채권이 존재하지 않으면 가능하지 않다. 이것을 저당권의 부종성이라고 하는 것이다. 1,700만 원 가운데 500만 원에 대하여는 현실적으로 대금채권이 성립된 것은 분명하지만, 1,200만 원에 대해서는 3개월 후의 점포 완성 시에 지급하기로 하였으므로 대금채권이 그 시점에 발생할 것이다. 이와 같이 저당권은 담보를 해야 할 채권이 현재 발생하지 않았다 할지라도 장래 발생할 가능성이 있으면, 예를 들어 조건부채권이나 기한부채권과 같이 장래의 채권을 위해서도 현실적으로 유효하게 설정할 수 있다(판례). 한편 담보를 설정할 채권을 특정한 것으로 한정하지 않고 장래 증감 변동 하는 채권을 일괄하여 미리 정한 일정 한도액까지 담보할 수 있다(근저당).

3) 근저당권의 설정

(1) 근저당설정계약

근저당권설정계약의 당사자는 근저당권자(채권자)와 근저당권설정자(채무자 또는 물상보증인)이다. 근저당권을 설정하는 경우에는 대출계약이나 당좌대출계약 등의 채권계약 이외에 근저당권설정 당사자 간에 근저당권설정에 관한 합의를 필요로 한다. 이 합의를 근저당권설정계약이라 한다.

근저당권설정계약에는 채권최고액, 기본계약의 종류 등이 포함되어야 하고, 근저당권의 존속기간이나 결산기에 관한 약정은 당사자 간에 자유롭게 할 수 있다. 대부분 관행으로는 존속기간이나 결산기를 약정하지 않는 것이 보통이다. 또한, 대출계약 등의 채권계약을 통해 채권이 먼저 발생하고 이를 담보하기 위해 근저당권설정계약 및 근저당권설정등기를 하는 것이 논리적이지만, 거래계에서는 근저당권설정계약과 근저당권설정등기를 먼저 한 후 대출이 이루어지는 것이 일반적이다.

근저당권설정계약은 보통 은행 등의 금융권에서 미리 작성해놓은 약관을 통해서 체결되며, 근저당권설정등기를 신청할 때 근저당권설정계약서가 등기원인 증서로 반드시 제출되어야 하므로 서면으로 작성하는 것이 일반적이다.

(2) 등기

민법에서는 등기를 물권변동의 성립요건으로 하고 있으므로 저당권이나 근저당권이 성립하기 위해서는 등기를 필요로 한다. 근저당권의 등기는 그 저당권이 근저당권임을 표시하여야 한다. 근저당권설정등기의 등기 원인은 '근저당권설정계약'이다. 또한, 등기 시에는 필요적 기재사항이 등기부에 기재되어야만 효력을 갖는다.

[을 구] (소유권 이외의 권리에 관한 사항)

순위번호	등기목적	접 수	등기원인	권리자 및 기타사항
1	근저당권 설정[1]	2000년3월2일 제10355호[2]	2000년2월27일 설정계약[3]	채권최고액 금42,000,000원[4] 채무자 ○○○[5] 충청북도 충주시 ○○○ 근저당권자 농업협동조합중앙회 110136 000018[6] 공동담보 동소 854 46 토지, 건물

발행번호 1234567890ab0987654321cd123 2/3 발급확인번호 AABBCC-DDEEFF-1234 발행일 2005/12/14

1) 등기의 제목임.
2) 등기 신청의 접수일자로서, 법률적 효력발생일자이며, '제○○○호'는 접수한 등기소의 연간 일련번호임.
3) 2000년 2월 27일 근저당 설정 계약을 원인으로 이 근저당권을 등기하였다는 뜻임.
4) 이 근저당권등기로 권리를 주장 할 수 있는 최고 액수임. 실제 채무액은 은행에서 확인할 수 있음.
5) 돈을 빌린 채무자에 관한사항을 표시. 등기의 건물소유와 돈을 빌린 사람이 다를 수도 있음.
6) 돈을 빌려준 채권자에 대한 사항임.

근저당권설정등기의 필요적 기재사항으로는 채권의 최고액, 채무자 등이 있다. 근저당권에 의해 담보되는 채권의 범위(기본계약의 범위)는 등기사항이 아니다. 또 근저당권의 존속기간 내지 결산기도 필요적 기재사항이 아니다. 존속기간의 약정은 필요적 기재사항은 아니지만, 이를 등기한 때에는 그 기간이 만료된 때를 결산기로 한다. 따라서 그 기간 이후에 발생한 채권은 기본계약에서 발생한 채권이라도 근저당권으로 담보되지 않는다. 이러한 이유로 은행에서는 존속기간과 결산기를 정하지 않는 것이 일반적이다.

4) 근저당권의 효력

(1) 피담보채권의 범위

가. 민법 제357조 1항은 "그 담보할 채무의 최고액만을 정하고 채무의 확정을 장래에 보류하여" 근저당권을 설정할 수 있다고 정하고 있다.

나. 근저당권은 설정계약에서 정하여지고 등기된 최고액을 한도로 결산기에 실제로 존재하는 채권액 전부를 피담보채권으로 한다. 최고액이란 목적물로부터 우선변제를 받을 수 있는 한도액을 말한다. 따라서 확정된 피담보채권액이 최고액을 넘는 경우에 최고액까지만 우선변제 받을 수 있다.

근저당권의 효력이 미치는 피담보채권의 범위는 우선 근저당권설정계약에 의하여 결정된다. 그 계약에 정함이 없으면 민법 제360조가 적용된다. 따라서 근저당권의 최고액에는 피담보채권의 원본, 이자, 위약금, 손해배상이 이 근저당권에 의하여 담보된다고 할 것이다. 다만 저당권실행비용이 최고액에 포함되는지는 견해가 나뉘는데, 근저당권의 실행비용은 경매를 신청한 채권자만을 위한 것이 아니라, 모든 채권자를 위한 비용이기 때문에 근저당권 실행비용은 포함되지 않는 것으로 보는 것이 옳다.[7]

민법 제360조 단서에서는 저당권의 경우, 지연이자는 이행기를 경과한 후 1년분에 대해서만 우선변제를 받을 수 있지만 근저당권에서는 최고액의 범위에 해당하는 경우에는 이러한 제한이 없는 것으로 보는 것이 다수의

7) 곽윤직, 물권법, 1998, 657, 658면 참조

견해이다.

다. 금융기관에서 이용되고 있는 근저당권의 유형

현재 국내 금융기관에서 사용하고 있는 「근저당권설정계약서」의 서식에 의하면, 근저당권을 두 가지 유형으로 나누어 설정자로 하여금 선택하게 하고 있다. ① 근저당권설정계약 당시 이미 체결되어 있는 특정의 거래계약과 관련하여 발생하는 채무를 담보하는 것(특정 근저당), ② 이미 거래계약을 체결하였는지 여부에 관계 없이 일정한 종류의 거래계약을 한정적으로 열거하고, 그 거래계약에서 발생하는 채무를 담보하는 것(한정근저당)으로 정하고 있다.[8]

(2) 피담보채권의 확정

근저당권은 결산기까지 다수의 피담보채권이 발생·소멸을 반복하므로, 최종적으로는 어느 채권이 근저당권에 의해 담보될 것인지의 여부가 결정되어야 한다. 이를 피담보채권의 확정 또는 근저당권의 확정이라고 한다.

즉 확정은 피담보채권의 원본이 특정되어 새로운 피담보채권이 추가로 발생할 여지가 없게 되는 것으로, 피담보채권이 증감·변동하는 상태가 종료하여 특정한 채권으로 되어, 확정 이후에 발생하는 채권은 근저당권에 의해 담보되지 않는다.

근저당권의 피담보채권이 확정되는 사유로는 결산기의 도래로 인한 기본계약의 종료, 기본계약의 해지, 근저당권의 존속기간의 만료, 저당부동산에 대한 경매신청, 근저당권설정자에 대한 법적 정리 절차(파산, 화의, 회사정리 절차)가 있는 경우 등이 있다.

근저당권이 확정되면 그 때를 기준으로 피담보채권이 특정되고 그 후 발생하는 채권은 더 이상 근저당권에 의하여 담보되지 않는다. 근저당권이 확정되면, "그 이후부터는 근저당권은 부종성을 가지게 되어 보통의 저당권과 같은 취급을 받게 된다."

8) 종전에는 일정한 종류의 거래계약을 열거하고 그 밖의 여신거래로 인해 발생하는 모든 채무를 담보하는 포괄근저당도 통설, 판례상 긍정되었으나, 금융소비자의 보호를 위해 2010년 은행법을 개정하고 개인 채무자에 대한 포괄근저당 설정을 제한하고 있다.

사례

A는 B가 전자제품 대리점을 개설할 때 자기 집을 전자회사에 담보로 제공하였다. 등기부에 채무자는 B, 담보제공자는 A, 채권최고액은 5,000만 원으로 기재되었다, 그런데 B는 2년 만에 사업 부진으로 2억 원의 빚을 지고 도산하고 말았다. 전자회사에서는 A에게 2억 원의 빚을 대신 갚지 않으면 집을 경매하겠다고 통고해 왔다. 현재 집의 시세는 3억 원 가량이 된다. A가 B를 위해 갚아야 힐 빚의 범위는?

기존의 1회적인 채무가 아니고, 장래 계속해서 발생하게 될 거래상의 채무를 담보하기 위한 저당권은 「근저당권」이라고 한다. 또 채무자가 아니면서 채무자의 채무를 담보해 주기 위해서 제3자가 자기 소유의 부동산을 채권자에게 저당권을 설정해 주는 경우를 「물상보증인」이라고 한다.

물상보증인 A는 채무자 B가 거래상의 채무를 갚지 못하면 물상보증인이 갚아야 할 채무의 범위는 근저당권설정등기 시에 합의한 「채권최고액」의 범위까지이고, 실제 채무액이 아니다. 그리고 채권최고액을 등기부에 기재되도록 되어 있다. 따라서 위 사례에서 A는 5,000만 원을 갚으면 의무는 다하는 것이 된다. 물론 채권자는 채권 회수를 위해서 경매를 신청할 수 있지만, 그래도 A는 제3자에게 경매되기 전까지 5,000만 원만 갚으면 근저당권설정 등기는 말소 받을 수 있다. 혹은 A는 자기가 책임질 5,000만 원을 지급하거나 공탁하고 근저당권설정등기의 말소를 구할 수 있다.

사례

채권자 甲은 채무자 乙에게 2,000만 원을 빌려주고 乙소유 주택에 근저당권을 설정하였으며, 다른 채권자 丙은 후순위로 乙소유 주택에 근저당권을 설정하였다. 한편 乙이 甲의 채무 2,000만 원을 완전히 상환하고 다시 2,000만 원을 대여할 경우 甲의 근저당은 丙의 근저당권보다 우선하는가?

甲이 가지고 있는 근저당권이 채권의 종류와 거래의 형태에 관계없이 채권최고액의 범위 내에서 발생된 채무가 담보되는 포괄근저당이나 거래의 종류나 형태가 제한되는 한정근저당권인 경우에는 후순위의 저당권 존재 유무에 관계없이 기존 채권을 전액 회수하고 다시 발생한 새로운 채권은 기존 근저당권의 피담보채무가 될 수 있다. 그러나 甲의 근저당권이 특정채권을 담보하기 위한 근저당권인 경우에는 그 특정채권만 근저당권의 피담보채무가 될 수 있으며, 그 이후 새로 발생된 신채권은 기존 근저당권에 의하여 담보될 수 없다. 이 경우에는 담보제공자와 후순위자의 동의를 받고 여신을 취급하여야 한다.

5) 포괄근저당

포괄근저당이란 기본계약을 특정하지 않은 채 채권자의 채무자에 대한 「현재 및 장래에 발생할 일체의 채권」을 일정한 한도까지 담보하는 것을 내용으로 하는 근저당권을 말한다. 저당권은 특정한 피담보채권을 담보하는 담보물권이고, 근저당권은 특정한 기본계약에서 발생하는 다수의 피담보채권을 담보하는 담보물권인 반면, 포괄근저당권은 피담보채권이나 기본계약이 특정되지 않고 당사자 간의 거래에서 발생하는 일체의 채권을 담보한다는 점에서 차이가 있다.

그러나 포괄근저당권은 등기부에 단순히 근저당권으로 기재되어 등기부만을 열람하는 경우에는 근저당권과 포괄근저당권을 구별할 수 없고, 등기부의 부속서류로서 등기원인증서인 근저당권설정계약서에 의해 포괄근저당권과 근저당권을 구별할 수 있다. 그러나 포괄근저당권은 사실상 저당권이나 근저당권과 같이 독립된 담보물권이 아니라, 그 실질은 근저당권에 해당하고 설정계약 중에 포괄담보약정이 있는 것에 불과하다.

저당권과 근저당권, 포괄근저당권에 대한 구별은 설정계약서의 내용에 따라 구별된다. 저당권의 설정계약서에서는 '채권자와 채무자 간의 ○○○○년 ○월 ○일 ○○계약에서 발생하는 채무'로 기재되는 반면, 포괄근저당권은 '채권자와 채무자 간의 일체의 채권', 또는 '채권자와 채무자 간의 어음할인계약, 당좌대월계약, 물품공급계약, 기타 각종 원인으로 발생하는 모든 채무'와 같이 기재된다.

포괄근저당권은 채권자와 채무자가 근저당설정의 번거로움을 피하고, 채권자의 담보순위가 후순위로 밀리지 않도록 하기 위하여 은행 거래 등에서 빈번히 사용되고, 그 유효성 여부에 대해서도 논란이 있다. 판례는 포괄근저당을 제한적으로 유효한 것으로 인정하고 있다.

2. 가등기담보

1) 의의

가등기담보란 소비대차에 기한 채권을 담보할 목적으로 채권자와 채무자 또는 제3자 사이에 채무자 또는 제3자 소유인 부동산을 목적물로 하는 대물변제의 예약 또는 매매의 예약을 하고, 이와 함께 채무자의 채무불이행이 있는 경우에 채권자가 예약상의 권리를 행사함으로써 발생하게 될 장래의 소유권이전등기청구권을 보전하기 위하여 가등기를 하기로 하는 내용의 담보계약을 체결한 후, 이에 기하여 채권자 앞으로 가등기를 경료하여 두는 담보 형태를 말한다.

예컨대, 1,000만 원의 자금을 필요로 하는 A가 금전소비대차계약에 의하여 B로부터 1,000만 원을 빌리면서, A가 변제기에 1,000만 원을 갚지 않을 때에는 시가 5,000만 원 상당의 A소유 토지를 대신 주기로 미리 약속하고(대물변제의 예약), 그 예약에 따른 권리(장래의 소유권이전청구권)를 대외적으로 보전하기 위해 A 소유 토지에 대해 B 명의로 가등기를 한다.

이 경우 A가 변제기에 1,000만 원을 갚지 못하면, B는 가등기에 기해 본등기를 함으로써 토지소유권을 취득하게 된다. 이 경우 그 등기순위는 가등기한 때로 소급하므로, 따라서 가등기 이후에 등기된 것은 모두 실효된다는 점에서 담보로서의 효용을 가지고 있고, 또 그 절차 등이 간편하다는 점에서 이용률이 높았다.

이러한 가등기담보에서는 피담보채권액과 토지 시가와의 차액인 4,000만 원이 채권자에게 돌아가므로 고리대금업자의 폭리수단으로 악용되는 부작용이 있었다. 이에 1983년 「가등기담보등에 관한 법률」이 제정되어, 채권자에게 청산의무를 부과하여 피담보채권액과 부동산 시가와의 차액을 정산하도록 규정하고 있다.

2) 가등기담보법

이 법은 채권자가 채권담보의 목적으로 가등기만을 경료한 경우(가등기담보)와 소유권이전등기를 경료한 경우(양도담보)의 둘을 예정하고 이에 대해 규정한다. 이 법은 크게 세 가지 사항을 규정한다. 첫째는 담보권의 내용과 그 실행 방법, 둘째는 후순위권리자의 지위, 셋째는 채무자(물상보증인 및 담보가등기 후 소유권을 취득한 제3자를 포함)의 지위이다.

① 가등기담보권자에게 경매청구권과 경매에서의 우선변제권을 부여하는 등 저당권자와 유사한 지위를 인정하는 한편, 가등기담보권자가 목적부동산의 소유권을 취득하는 귀속청산의 방법도 규정한다.

② 귀속청산의 경우에 채무자의 청산금청구권을 보호하기 위하여, 변제기가 경과하더라도 채권자가 곧바로 담보를 실행할 수 없고 변제기 후 일정한 기간(청산기간)이 경과한 때 비로소 담보를 실행할 수 있게 하며, 청산금의 지급과 소유권이전등기 및 목적물인도의무 사이에 동시이행관계를 인정한다.

③ 나아가 채권담보의 목적으로 소유권이전등기가 경료된 경우에도, 청산기간이 경과하고 청산금을 지급하지 않는 한 그에게 대내외적으로 소유권

취득의 효과가 발생하지 않도록 한다.

④ 동법은 후순위 권리자와의 관계에 대해서도 규정한다. 즉 귀속청산의 경우에 후순위 권리자는 가등기담보권자가 채무자에게 지급하여야 할 청산금에 대하여 권리를 행사할 수 있다.

3) 설정

가등기담보권은 당사자 사이의 "가등기담보계약"을 체결하고 채권자 앞으로 가등기를 함으로써 성립한다. 계약의 당사자는 피담보채권의 채권자와 채무자인 것이 보통이다. 그러나 담보권설정자는 채무자에 한하지 않고, 제3자이더라도 무방하다.

[갑 구] (소유권에 관한 사항)

순위번호	등기목적	접 수	등기원인	권리자 및 기타사항
1	소유권 보존	1996년8월7일 제1234호		소유자 우신건설주식회사 11111-0001234 서울특별시 종로구 중학동 8
2	소유권 이전	1996년9월2일 제3333호	1996년8월28일 매매	소유자 김철수 123456-1111111 경기도 화성군....[9]
3	소유권 이전 청구권 가등기	2002년3월8일 제4444호	2002년2월27일 매매예약	권리자 김미숙 654321-2222222 서울특별시 노원구 상계5동 한신아파트 10
4	소유권 이전	2002년8월8일 제0000호	2005년8월1일 매매	소유자 박을남(500909-1650111) 서울 중구 다동 8

발행번호 1234567890ab0987654321cd123 1/3 발급확인번호 AABBCC-DDEEFF-1234 발행일 2005/12/14

9) 소유자의 이름과 거주지 표시.

4) 효력

가등기담보권의 효력이 미치는 피담보채권 및 목적물의 범위는 저당권에서와 같다.

가등기담보권설정자는 원칙적으로 가등기담보권의 실행이 있기까지 소유자로서 아무런 제한 없이 담보목적물을 사용·수익할 수 있고, 제3자에게 용익권을 설정하여 그 제3자로 하여금 사용·수익하게 할 수 있는 반면, 조세나 공과금을 부담한다.

목적부동산에 대하여 다른 채권자의 경매신청에 따른 경매개시 결정이 있으면, 가등기담보권자는 그 경매 절차에서 우선변제권을 갖는다. 이 경우 그 순위에 관하여는 가등기담보권을 저당권으로 보고, 그 가등기가 경료 된 때에 저당권의 설정등기가 경료된 것으로 본다. 그리고 이때 가등기담보권은 부동산의 매각에 의하여 소멸한다.

5) 가등기담보권의 실행

(1) 실행 방법

가등기담보권을 실행하는 방법으로 권리취득에 의한 사적 실행, 즉 가등기담보권자가 주도적으로 담보목적물의 소유권을 취득하여 피담보채권의 만족을 얻는 「귀속청산」과 법원에 경매를 청구하여 담보권을 실행하는 「처분청산」의 두 가지가 있다.

(2) 권리취득에 의한 실행

가등기담보법은 귀속청산의 방식에 관해 엄격한 제한을 가하고 있다. 즉 귀속청산의 절차는, ① 채무자가 채무불이행에 빠진 후 가등기담보권자가 가등기담보권을 귀속청산의 방법으로 실행하겠다는 통지를 하고, ② 2월의 청산기간이 경과한 후 담보목적물의 정당한 평가액에서 피담보채권액을 공제한 나머지 금액을 청산금으로 지급하여야 하며, ③ 청산금의 지급과 상환으로 소유권이전등기청구권(및 목적물인도청구권)을 취득하여 본등기를 경료함으로써 소유권을 취득한다.

가. 실행의 통지

채권자가 담보계약에 의한 담보권을 실행하여 그 담보목적부동산의 소유권을 취득하기 위하여는 그 채권의 변제기 후에 청산금의 평가액을 채무자 등에게 통지하여야 한다.

나. 청산(清算)

실행의 통지가 채무자 등에게 도달한 날로부터 2월(청산기간)이 경과하기 까지 채무자의 변제가 없으면, 가등기담보권자는 청산에 들어가게 된다. 즉 청산기간이 경과한 후 가등기담보권자는 청산금을 채무자 등에게 지급하여야 한다. 청산금은 실행통지 당시의 목적부동산의 가액에서 그 시점의 피담보채권액을 공제한 차액이다.

다. 본등기에 의한 소유권 취득

적법한 청산절차를 거쳐 2월의 청산기간이 경과하면 가등기담보권자는 채무자 등을 상대로 하여 목적부동산에 관하여 그 가등기에 기한 소유권이전의 본등기청구권을 행사할 수 있다. 이때 가등기담보권자의 본등기청구 및 목적물의 인도청구와 청산금지급채무는 동시이행의 관계에 선다.

사례

A는 사채업자인 B로부터 3,000만 원을 차용하고, 시가 1억 원 상당인 A 소유 가옥을 담보로 제공하여 가등기해 주면서 본등기에 필요한 서류도 교부하였다. 그런데 B는 A가 자금사정이 어려워 변제기일을 지키지 못한 것을 악용하여 가등기에 기한 본등기를 하고는 다시 제3자에게 매도하려고하고 있다. 이 경우 A는 부동산을 찾을 방법은 없는가?

가등기에는 담보를 목적으로 하는「담보가등기」와 매매예약 등에 의한「일반가등기」가 있는데, 등기원인에 의해서는 이를 구별하기 어렵고 사안을 구체적으로 검토하여 판단하여야 한다. 그 판단 여부에 관하여 판례는, "당해 가등기가 담보가등기인지 여부는 당해 가등기가 실제상 채권담보를 목적으로 한 것인지 여부에 의하여 결정되는 것이지 당해 가등기의 등기부상 원인이 매매예약으로 기재되어 있는지 아니면 대물변제예약으로 기재되어 있는가 하는 형식적 기재에 의하여 결정되는 것이 아니다"고 하였으며(대법원 1998.10.7. 선고 98마1333 판결), 또한 "가등기가 담보가등기인지 여부는 그 등기부상 표시나 등기 시에 주고받은 서류의 종류에 의하여 형식적으로 결정될 것이 아니고 거래의 실질과 당사자의 의사해석에 따라 결정될 문제라고 한다(대법원 1992.2.11. 선고 91다36932 판결).

A가 B로부터 3,000만 원을 차용하면서 시가 1억 원 상당의 가옥을 담보로 제공하였으므로 담보가등기를 하였다고 할 것이다. 담보목적의 가등기가 이루어진 후 채무자가 채무를 이행하지 않을 경우에 채권자는 가등기담보법에 규정된바 대로 자신의 선택에 따라서 권리취득에 의한 실행이나 경매에 의한 실행을 통하여 채권의 회수가 가능하다.

그러나 권리취득에 의한 실행의 경우에는, 채권자가 담보계약에 의한 담보권을 실행하여 그 담보목적부동산의 소유권을 취득하기 위해서는 그 채권의 변제기 후에 청산금(통지당시의 목적부동산의 가액에서 그 채권액을 공제한 금액)의 평가액과 통지 당시의 목적부동산의 평가액 및 민법 제360조에 규정된 피담보채권액을 명시하여 채무자 등에게 통지하고, 그 통지가 채무자 등에게 도달한 날로부터 2월의 청산기간이 경과한 후, 청산금을 채무자등에게 지급하여야 소유권을 취득할 수 있다(가등기담보법 제3조, 제4조).

그런데 B는 청산절차를 이행하지 않았고, A에게 청산금을 지급하지도 않았으므로 비록 본등기를하였더라도 그 본등기는 무효로 되고 B는 소유권을 취득하지 못하고 제3자에게 매도할 수 있는 권리도 없다. 그러나 만일 매매계약이 체결되어 선의의 제3자에게 소유권이 이전된다면 그 제3자에게 대항할 수 없으므로 소유권을 회복할 수 없게 된다. 따라서 A는 가옥에 대해 처분금지가처분신청[10]을 하여 B가 가옥을 처분하지

10) 가처분이란 매수인이 이전등기절차나 명도를 받을 때까지의 사이에 타인명의로 되어 버리거나, 점유이

못하도록 조치를 취한다음, 피담보채권액 3,000만 원을 변제 또는 공탁하여 B명의로 되어 있는 등기를 말소시키든지, B에게 청산절차의 이행과 청산금의 지급을 청구하는 것이 적절하다

사례

A는 B에게 1,000만 원을 빌려주면서 그 담보로 B소유의 주택에 소유권이전등기청구권 가등기를 설정하였는데, B는 변제기일이 지났는데도 돈을 변제하지 않고 있다.

1 소유 주택에는 A의 가등기에 앞서 C의 근저당권(채권최고액 2,000만 원)이 설정되어 있는데, A는 어떻게 하면 빌려준 돈을 쉽게 받을 수 있는가?

2 C가 그 근저당권을 실행하여 주택이 경매되었다. 그 후 A는 위 가등기에 기한 본등기를 하였다면, 이 본등기의 효력은 어떠한가?

1 A가 B에게 돈을 빌려주고 그 담보조로 B소유의 주택에 소유권이전청구권 가등기를 하였다면, 이것은 「담보가등기」로서 가등기담보법에 의하여 담보권실행의 절차를 밟아 채권을 회수할 수 있다. 즉 담보가등기권리자는 그의 선택에 따라 청산절차에 따라 채권 대신에 목적부동산의 소유권을 취득하든지 아니면 법원에 목적 부동산의 경매를 신청하여 채권을 회수할 수 있다.

(1) 우선, 채권자는 목적부동산의 시가를 평가하여 그 평가액에서 채권액을 공제한 금액, 측정한 금액을 채무자에게 통지하고 2개월간의 청산기간이 경과한 후 청산금을 지급하고 가등기에 기한 본등기를 청구하여 소유권을 취득함으로써 채권

전을 하는 등 매수인이 완전한 소유권을 취득하는 것을 방해하지 못하도록 막는 제도이다. 가처분명령의 효력은 처분금지의 명령이 등기부상에 기재됨으로써, 점유이전금지의 경우는 집달관의 공무집행으로써 그 이후에 위 가처분명령에 저촉되는 모든 행위는 신청인에 대하여 대항하지 못한다.

회수에 대신 할 수 있다.

그리고 그 주택에 저당권 등 선순위담보권이 설정되어 있을 때에는 선순위담보권에 의하여 담보된 채권액도 함께 공제하고 청산금을 정하여야 한다(가등기담보법 제4조 1항).

가등기담보등에관한법률에 의하면 가등기담보권자가 담보권실행을 위하여 담보목적부동산의 소유권을 취득하기 위하여는 그 채권의 변제기 후에 소정의 청산금 평가액 또는 청산금이 없다고 하는 뜻을 채무자 등에게 통지하여야하고, 이때의 채무자 등에는 채무자와 물상보증인뿐만 아니라 담보가등기 후 소유권을 취득한 제3취득자가 포함되는 것이므로 위 통지는 이들 모두에게 하여야 하는 것으로서 채무자등의 전부 또는 일부에 대하여 통지를 하지 않으면 청산기간이 진행할 수 없게 되고, 따라서 가등기담보권자는 그 후 적절한 청산금을 지급하였다 하더라도 가등기에 기한 본등기를 청구할 수 없으며, 양도담보의 경우에는 그 소유권을 취득할 수 없다(대법원 1995.4.28. 선고 94다36162 판결).

(2) 또한 채권자로서는 위와 같은 절차를 밟지 아니하고 법원에 담보가등기 된 부동산의 경매를 신청한다면 경매절차에서 담보가등기는 저당권과 동일한 취급을 받으므로 경락대금에서 채권최고액 2,000만 원의 근저당권 다음으로 우선배당을 받아 채권의 만족을 받을 수 있다.

A는 위의 두 가지 방법 중 편리한 방법을 선택하여 채권을 회수할 수 있다.

2 담보가등기가 경료된 부동산에 대하여 경매 등이 행하여진 때에는 담보가등기권리는 그 부동산의 매각에 의하여 소멸한다(가등기담보법 제15조). 판례에서도, "가등기담보등에관한법률 제15조는 담보가등기가 경료된 부동산에 대하여 경매 등이 행하여진 때에는 담보가등기권리는 그 부동산의 매각에 의하여 소멸한다고 규정하고 있으므로 경락인이 경락허가 결정을 받아 그 경락대금을 모두 지급함으로써 소유권을 취득하였다면 담보가등기는 소멸되었다고 보아야 할 것이고 그 후에 경료된 위 가등기에 기한 본등기는 원인을 결여한 무효의 등기이며, 위 가등기에 기한 본등기가 종전 소유자와의 대물변제 합의에 기하여 이루어진 것이라 하여도 이는 소유권을 경락인이 취득한 후에 무효인 가등기를 유용하는 것에 해당하므로 역시 무효이다."라고 하였다(대법원 1994.4.12. 선고 93다52853 판결).

C의 선순위 근저당권 실행으로 주택은 경락(매각)되었고, 경락인(매수인)은 경락 대금완납으로 A의 가등기는 소멸되고 그 주택에 대한 소유권을 취득하였다. 그 후 소멸된 가등기에 기한 본등기는 원인무효의 등기가 된다.

사례

A는 친구 B로부터 집을 사고 소유권이전등기까지 마쳤다. 그런데 A가 산 집에는 B가 집을 팔기 전에 돈을 C로부터 빌리고 그 사람 앞으로 해 준 가등기가 그대로 남아있었는데, 친구 B는 집 판 돈으로 그 사람에게 갚으면 가등기를 말소할 수 있다고 해서 A는 이 말을 믿고 집을 산 것이다. A는 집을 사고도 상당한 시간이 지났는데도 친구 B가 아직 가등기를 말소해 주지 않고 있다. 나중에 집을 빼앗기는 일은 없을지?

가등기란 본래 어떤 권리를 행사할 수 있는 청구권을 보전하기 위해서 또는 어떤 권리가 조건부일때 하는 등기이다. 이 가등기는 매수한 부동산의 이중매매나 불측의 강제집행으로 발생하는 소유권이전방해를 사전에 막아 원활하게 부동산의 소유권을 이전하기 위하여 등기순위를 확보하는 제도로, 가등기는 그 자체만으로는 아무런 법률적 효력은 없고, 가등기에 기해 본등기를 하는 때에 그 본래의 효력이 발생한다. 예를 들어 부동산 매매에서 중도금을 지급한 매수인은 소유권이전청구권을 보전하기 위해 미리 가등기를 할 수 있고, 후에 잔금을 지급하고 본등기를 하면 그 순위는 가등기의 순위에 의하게 되어, 가등기와 본등기 사이에 제3자 명의의 등기는 가등기에 저촉되는 한도에서 효력을 잃게 된다.

가등기에는 청구권보전의 가등기와 담보가등기가 있는데, 담보가등기는 경매절차에서 저당권과 같이 담보물권으로 간주되어 소멸한다. 소유권이전등기청구권가등기는 소멸하지 않으므로 설사 경매부동산을 취득하였다 하더라도 후일 가등기권리자가 본등기를 하면 이미 취득한 소유권을 상실하게 될 위험이 있다.

A의 경우 집을 판 친구 B는 담보목적으로 가등기를 해 준 것 같기는 하지만, 등기관의 입장에서는 그의 등기가 담보목적으로 경료된 것인지, 진실로 소유권이전등기청구권을 보전하기 위해서 이루어진 것인지 알 수 없고, 또 이를 조사해야 할 의무도 없다. 따라서 가등기권리자로 되어 있는 사람이 매매를 증명할 수 있는 서류를 제출하면서 소유권이전등기를 신청하면 이를 받아줄 수 밖에 없고, 그렇게 되면 A 앞으로 되어 있는 소유권이전등기는 말소하게 된다. 따라서 A는 집을 판 B에게 독촉하여 가등기를 말소해야 하며, 만일 가등기가 말소되지 않아서 후일 집을 잃게 되면 B를 상대로 손해배상을 청구할 수밖에 없다.

사례

A는 주택을 임차하려고 등기부를 열람해 보았더니 소유권이전등기청구권가등기가 경료되어 있었다. 이를 집주인에게 물어보니 이 가등기는 2,000만 원을 차용하고 그 담보를 위하여 설정한 것이니 걱정하지 말라고 한다. 만약 A가 이 주택을 임차 할 경우 주택임대차보호법에 의하여 보호받을 수 있는가?

소유권이전등기청구권의 가등기에는 ① 진정한 매매예약으로 인한 소유권이전등기청구권 보전의 가등기가 있고, ② 채권담보의 목적으로 경료된 담보가등기가 있다.

①의 경우, 즉 주택임차인이 주택임대차보호법상 대항력을 갖추기 이전에 소유권이전등기청구권보전의 가등기가 설정되어 있을 경우에는 그 가등기에 기한 본등기가 되면 부동산등기법이 "가등기를 한 경우에는 본등기의 순위는 가등기의 순위에 의한다."라고 규정하고 있으므로(부동산등기법 제6조 2항), 그 본등기의 순위는 가등기의 순위로 되어 가등기 후에 대항력을 갖춘 주택임차권보다 선순위가 되므로, 그 주택임차인은

본등기를 경료한 자에게 대항하지 못한다.

②의 경우, 즉 주택임차인이 주택임대차보호법상의 대항력을 갖추기 이전에 담보가등기가 설정된 경우에는 가등기담보법 제12조 1항이, "담보가등기권리자는 그 선택에 따라 제3조의 규정에 의한 담보권을 실행하거나 목적부동산의 경매를 청구할 수 있다. 이 경우 경매에 관하여는 담보가등기권리를 저당권으로 본다."라고 규정하고 있어 담보가등기권자가 경매를 신청할 수도 있고, 가등기담보법에 의하여 담보권을 실행하여 청산절차를 거쳐 그 가등기에 기한 본등기를 할 수도 있다.

따라서 담보가등기권자가 경매를 신청 할 경우에는 가등기 후에 대항요건을 갖춘 주택임차인이 그 경매절차에서 당해 주택을 경락받은 경락자에게 대항할 수 없을 것이고, 대항요건과 확정일자를 갖춘 경우나 소액임차인에 해당된다면 그 경매절차에서 배당요구를 신청하여 배당받아야 할 것이다.

그러나 담보가등기채권자가 가등기담보법 제3조에 의하여 담보권을 실행할 때에는 목적부동산의 가액에서 자기의 채권액(담보가등기보다 선순위 담보권자의 채권액을 포함 여기에는 소액임차인의 우선변제채권도 포함됨)을 공제한 청산금을 채무자 등에게 지급하여야하나, 담보가등기 후에 등기된 저당권자, 전세권자 및 담보가등기권리자는 채권의 명세와 증서를 위 채권자에게 제시·교부하여 자기의 채권을 지급받아야 한다.

한편, 그러한 우선변제권은 없고 담보가등기 후에 대항력만 갖춘 주택임차인의 경우에는 원칙적으로 담보가등기권리자에게 대항력을 행사할 수 없지만, 채무자에게 지급될 청산금이 있을 경우에는 담보가등기채권자에게 동시이행의 항변을 할 수 있을 것이다(가등기담보법 제5조 5항).

3. 양도담보(讓渡擔保)

1) 의의

양도담보란 채권담보를 위하여 채무자 또는 제3자가 목적물의 소유권을 채권자에게 이전하고, 채무자가 채무를 변제하지 않으면 채권자가 그 소유권을 확정적으로 취득하거나 그 목적물로부터 우선변제를 받지만, 채무자가 채무를 이행하면 목적물을 다시 원소유자에게 반환하는 방법에 의한 담보를 말한다. 즉 양도담보는 채권담보를 목적으로 하지만 채무자로부터 채권자에게 소유권이 이전되는 형태의 담보제도이다.

예컨대, 1,000만 원의 자금을 필요로 하는 A가 금전소비대차계약에 의하여 B로부터 1,000만 원을 빌리고, 그 담보로 시가 3,000만 원 상당의 A소유 토지를 B앞으로 소유권이전등기를 해 주는 방법으로서, 이 경우 A는 1,000만 원을 변제기에 갚고 토지를 다시 찾아오게 된다.

2) 양도담보의 설정

양도담보는 채권자와 채무자 또는 제3자 사이의 설정계약에 의하여 성립한다. 목적물이 부동산인 경우에 보통 매매를 원인으로 소유권이전등기를 한다.

3) 효력

양도담보에서 목적물의 점유 내지 이용의 권리는 반대의 특약이 없는 한 담보제공자에게 속한다. 따라서 목적물을 임대할 권한도 담보설정자가 가진다.

양도담보권자는 자기가 취득한 권리를 담보의 목적을 초과하여 행사하지 않을 의무를 진다. 담보권자가 이러한 의무를 위반하여 가령 목적물을 처분한 경우에 그는 채무불이행을 이유로 하는 손해배상의무를 지게 될 것이다.

양도담보권자가 목적부동산에 관하여 자기 앞으로 소유권이전등기가 경료되어 있음을 이용하여 자기의 소유물로서 그 부동산을 처분한 경우에, 양도담보권자에게는 처분권능이 없기 때문에 원칙적으로 그의 목적물처분행위는 무효라고 할 것이지만, "선의"의 양수인은 확정적으로 소유권을 취득한다고 해석한다(가등기담보법 제11조 단서 참조).

양도담보가 설정되었더라도 목적물의 소유권은 여전히 담보제공자에게 있으므로, 담보제공자는 원칙적으로 목적물을 제3자에게 처분할 수 있다. 다만 담보목적물이 부동산인 경우에 양도담보권자의 소유로 등기되어 있으므로 현실적으로 담보제공자의 처분이 불가능하다. 양도담보는 담보권의 일종이므로, 채무자가 변제기에 채무를 이행하지 않으면, 채권자는 양도담보권을 실행하여 다른 채권자보다 우선하여 목적물로부터 피담보채권의 만족을 얻을 수 있다(우선변제권).

채권자는 담보부동산에 관하여 이미 소유권이전등기가 되어 있으므로 청산기간 경과 후 청산금을 채무자 등에게 지급한 때에 목적부동산의 소유권을 취득한다.

채무자 등은 청산금채권을 변제받을 때까지 그 채무액을 채권자에게 지급하고 그 채권담보의 목적으로 경료된 소유권이전등기의 말소를 청구할 수 있다.

사례

A는 1993.2.16. 甲으로부터 대지를 6억 1,000만 원에 매수하면서, 매매대금은 이 대지 상에 다세대주택을 건축하여 이를 분양한 대금으로 지급하되, 만일 1993.6.30. 까지 분양한 대금이 6억 1,000만 원에 미치지 못할 경우에는 타인으로부터 돈을 차용하더라도 위 매매대금 전액을 지급하여야 하며, 이를 위반할 경우에는 건축에 관한 모든 권리를 포기하기로 하고, 위 매매대금의 지급을 담보하기 위하여 이 대지 상에 건축하는 다세대주택을 甲명의로 등기하기로 약정하였다.

위 약정에 따라, A가 1993.4.23. 건축허가 명의를 A로 하여 다세대주택의 건축 공사를 시작하여, 다세대주택에 관한 준공검사를 받았고, 1994.4.4. 위 다세대주택에 관하여 甲명의로 소유권보존등기가 경료되었다.

한편, 乙은 1998.1.20. A와 위 다세대주택 중 가동 101호에 관하여 보증금을 3천100만 원, 임대차기간을 2000.1.17.까지로 하는 부동산임대차계약을 체결하고, 그 다음 날인 같은 달 21. 이 사건 주택으로 전입신고를 마치고 현재 이 주택에 거주하고 있다. 채무자인 A가 이 주택으로 담보된 위 매매대금채무를 이행하지 않고 있으므로 담보권 실행을 위하여 甲은 乙에 대하여 건물 명도 및 퇴거를 요구한다. 乙은 이에 응하여야 하는가?

채무의 담보를 위하여 채무자가 자기의 비용과 노력으로 신축하는 건물의 건축허가 명의를 채권자 명의로 하였다면 이는 완성될 건물을 양도담보로 제공하기로 하는 담보권설정의 합의로서, 완성된 건물에 관하여 자신 명의로 소유권보존등기를 마친 채권자는 채무자가 변제기를 도과하여 피담보채무의 이행지체에 빠졌을 때에는 담보계약에 의하여 취득한 목적 부동산의 처분권을 행사하기 위한 환가절차의 일환으로서 즉, 담보권의 실행으로서 채무자에 대하여 그 건물의 명도를 구할 수 있고, 제3자가 채무자로부터 적법하게 건물의 점유를 이전받아 있는 경우에는 그 제3자를 상대로 명도청구를 할 수도 있으며, 여기의 제3자에는 담보권 설정 후에 대항요건을 갖춘 주택임차인도 당연히 포함된다.

주택의 임대차는 그 등기가 없는 경우에도 임차인이 주택의 인도와 주민등록을 마친 때에는 그 익일부터 제3자에 대하여 효력이 생기고, 그 경우 임차주택의 양수인은 임대인의 지위를 승계한 것으로 보게 되나, 이와 같은 대항요건을 갖춘 주택임차인이라고 하더라도 그에 앞서 담보권을 취득한 담보권자에게는 대항할 수 없고, 그러한 경우에는 그 주택임차인은 그 담보권에 기한 환가절차에서 당해 주택을 취득하는 취득자에 대하여도 자신의 임차권을 주장할 수 없다고 할 것인바, 이러한 법리는 채무의 담보를 위하여 부동산의 소유권을 이전하는 양도담보의 경우에도 그대로 타당하다(대법원 2001.1.5. 선고 2000다47682 판결).

SUMMARY

1. 근저당권은 저당권의 일종으로서 일정한 결산기 동안 특정한 계속적 거래(기본계약)에서 발생하는 불특정한 피담보채권을 최고액의 범위에서 담보하는 저당권이다.

2. 근저당권은 설정계약에서 정하여지고 등기된 최고액을 한도로 결산기에 실제로 존재하는 채권액 전부를 피담보채권으로 하는데 확정된 피담보채권액이 최고액을 넘는 경우에는 최고액까지만 우선변제 받을 수 있다.

3. 가등기담보란 소비대차에 기한 채권을 담보할 목적으로 채권자와 채무자 또는 제3자 사이에 채무자 또는 제3자 소유인 부동산을 목적물로 하는 대물변제의 예약 또는 매매의 예약을 하고, 이와 함께 채무자의 채무불이행이 있는 경우에 채권자가 예약 상의 권리를 행사함으로써 발생하게 될 장래의 소유권이전등기청구권을 보전하기 위하여 가등기를 하기로 하는 내용의 담보계약을 채결한 후, 이에 기하여 채권자 앞으로 가등기를 경료하여 두는 담보형태를 말한다.

4. 양도담보란 채권담보를 위하여 채무자 또는 제3자가 목적물의 소유권을 채권자에게 이전하고, 채무자가 채무를 변제하지 않으면 채권자가 그 소유권을 확정적으로 취득하거나 그 목적물로부터 우선변제를 받지만, 채무자가 채무를 이행하면 목적물을 다시 원소유자에게 반환하는 방법에 의한 담보를 말한다.

5. 이러한 형태의 담보를 규제하는 가등기담보법에 의하면, 가등기담보권자에게 경매청구권과 경매에서의 우선변제권을 부여하는 등 저당권자와 유사한 지위를 인정하는 한편, 가등기담보권자가 목적부동산의 소유권을 취득하는 귀속정산의 방법도 규정한다.

6. 채권자에게 청산의무를 부과하여 피담보채권액과 부동산 시가와의 차액을 정하도록 규정하고 있다.

YOUR OPINION

1. 아는 사람이 자신의 주택을 담보로 1,000만 원을 빌려달라고 한다. 이 부동산을 담보로 하는 방법은 어떠한 것이 있는가?

2. 담보목적으로 가등기를 한 경우와 소유권이전청구권을 보존하기 위한 가등기의 차이는 무엇인가?

Chapter 12
부부간의 재산 관리

法 부동산과 생활법률

Chapter 12. 부부간의 재산 관리

1. 혼인

1) 혼인의 의의

혼인(婚姻)은 영속적인 공동 생활을 위하여 결합한 일남일녀로서 법적으로 승인된 법률관계이다. 이 혼인은 일정한 연령에 달한 남녀가 장래에 부부관계를 맺고자 하는 당사자의 자유의사에 기한 계약을 말한다. 혼인계약은 일정한 방식에 따라 신고함으로써 성립되는 요식행위이다.

2) 혼인의 성립

(1) 혼인할 의사가 있어야 한다.

당사자 간에 혼인을 할 의사의 합치가 있어야 한다. 혼인 의사가 없는 혼인은 무효이다(민법 제815조). 또한 혼인의사는 자유로이 행해져야 하며, 상대방의 감언이설(사기)이나 무력, 협박(강박)으로 이루어진 혼인은 취소 사유가 될 수 있다.

(2) 혼인할 수 있는 나이가 되어야 한다.

만 18세가 된 사람은 혼인할 수 있다(민법 제807조). 이를 혼인적령(婚姻適齡)이라고 한다. 혼인할 수 있는 나이가 안 된 당사자의 혼인은 당사자 또는 법정대리인(부모)이 취소할 수 있다.

미성년자(19세 미만자)가 혼인하는 경우에는 부모의 동의가 있어야 하며, 동의가 없는 경우에는 그 혼인을 취소할 수 있다(민법 제808조). 다만 혼인당사자가 성년에 달하거나, 혼인 후 임신이 된 경우에는 취소할 수 없다.

(3) 혼인할 수 없는 관계가 아니어야 한다.

8촌 이내의 혈족 사이에는 혼인하지 못하며, 6촌 이내의 혈족의 배우자, 배우자의 6촌 이내의 혈족, 배우자의 4촌 이내의 혈족의 배우자인 인척이거나 이러한 인척이었던 자, 6촌 이내의 양부모계의 혈족이었던 자와 4촌 이내의 양부모계의 인척이었던 자 사이에서는 혼인하지 못한다(민법 제809조). 예를 들면, 형수, 제수, 백모, 숙모, 시동생, 시숙, 시삼촌, 형부, 제부, 처제, 처형, 처남댁, 시누이의 남편 등과는 혼인하지 못한다.

(4) 법적으로 다른 사람의 남편이거나 아내가 아니어야 한다.

배우자 있는 자는 다시 혼인하지 못한다. 이렇게 법률상 혼인이 이중으로 되는 것을 중혼(重婚)이라고 하는데, 중혼의 경우 뒤에 한 혼인은 취소할 수 있으며, 앞에 한 혼인은 이혼사유가 있는 것이 된다.

예를 들어, 전장에 나간 남편의 전사 통보를 받고 재혼을 하였는데 나중에 남편이 살아 돌아온 경우, 실종 선고 후 재혼을 하였는데 그 실종 선고가 취소된 경우, 국내에서 혼인한 사람이 외국에서 그 외국 방식으로 다른 사람과 또 혼인한 경우 등을 들 수 있다.

(5) 혼인 신고를 하여야 한다.

혼인은 가족관계의 등록 등에 관한 법률(이하 가족관계등록법)이 정한 일정한 신고가 있어야 성립한다(따라서 결혼식만으로는 혼인이 성립하지 않는다). 혼인 신고는 당사자 쌍방과 성년자인 증인 2인이 연서한 서면으로 당사자의 본적지 또는 신고인의 주소지에서 하여야 한다. 혼인 신고는 반드시 당사자 본인이 할 필요는 없고, 대리인에 의한 접수 또는 우편접수도 가능하다. 가족관계 공무원은 형식적 심사만 할 뿐 실질적 심사권이 없으며, 신고가 수리되면 효력이 발생한다. 외국에 있는 본국민 사이의 혼인은 그 외국에 주재하는 대사, 공사 또는 영사에게 신고할 수 있다.

사례

A는 처 B와 금슬 좋은 결혼 생활을 하였는데, 처 B가 그만 불치의 병으로 사망하였다. 그러자 처 B의 여동생 C와 결혼하고자 한다. 가능한가?

<형부와 처제의 결혼>

우리가 근대적인 법률의 하나인 현행 민법을 갖기 이전에는 형부와 처제의 혼인이 관습상 허용되었다고 한다. 법률로 금지되어 있지 않았을 뿐만 아니라, 형부의 자녀를 돌보기 위한 처제의 선택을 오히려 긍정적으로 보았기 때문이다.

종전에는 남계혈족의 배우자, 夫의 혈족 및 기타 8촌 이내의 인척이거나 이러한 인척이었던 자 사이에서는 혼인하지 못한다고 규정하고 있으며, 당사자 간에 직계혈족, 8촌 이내의 방계혈족 및 그 배우자인 친족관계가 있거나 또는 있었던 때 및 당사자 간에 직계인척, 부의 8촌 이내의 혈족인 인척관계가 있거나 또는 있었던 때는 무효로 하고 있었다. 그러나 1990년 민법의 개정으로 인척(혼인으로 발생되는 친족관계)의 범위가 4촌 이내의 혈족으로 확대되었다. 현행 민법에서도 배우자의 6촌 이내의 혈족인 인척이거나 인척이었던 경우를 금혼범위에 포함시키고 있어 형부와 처제의 혼인은 금지된다(민법 제809조 및 제816조 참조). 처제는 형부의 6촌 이내의 인척이었던 자에 해당하므로 처제와 형부는 혼인할 수 없다. 다만 무효사유가 아니라 취소사유이기 때문에 취소하지 않는 동안은 유효하며, 당사자가 혼인 중 포태한 때에는 취소청구권이 소멸하게 되어 확정적으로 유효하게 된다(민법 제820조 참조).

<형수와 시동생은 혼인할 수 있는가?>

불가능하다. ① 형수는 6촌 이내의 혈족의 배우자가되고, ② 시동생은 남편의 6촌 이내의 혈족에 속하기 때문에, 민법 제809조 2항의 금혼에 해당한다. 따라서 제816조 1호에 해당하므로 법원에 그 취소를 청구할 수 있다.

제809조(근친혼 등의 금지) ① 8촌 이내의 혈족(친양자의 입양 전의 혈족을 포함한다) 사이에서는 혼인하지 못한다.

② 6촌 이내의 혈족의 배우자, 배우자의 6촌 이내의 혈족, 배우자의 4촌 이내의 혈족의 배우자인 인척이거나 이러한 인척이었던 자 사이에서는 혼인하지 못한다.

③ 6촌 이내의 양부모계(養父母系)의 혈족이었던 자와 4촌 이내의 양부모계의 인척이었던 자 사이에서는 혼인하지 못한다.

제816조(혼인취소의 사유) 혼인은 다음 각 호의 어느 하나의 경우에는 법원에 그 취소를 청구할 수 있다.

1. 혼인이 제807조 내지 제809조(제815조의 규정에 의하여 혼인의 무효사유에 해당하는 경우를 제외한다. 이하 제817조 및 제820조에서 같다) 또는 제810조의 규정에 위반한 때
2. 혼인당시 당사자 일방에 부부생활을 계속할 수 없는 악질 기타 중대사유있음을 알지 못한 때
3. 사기 또는 강박으로 인하여 혼인의 의사표시를 한 때

3) 혼인의 성립 요건을 갖추지 못한 경우

혼인을 하였으나 법률에 규정된 예외적인 사유에 해당하는 경우, 그 혼인은 무효이거나 취소할 수 있다. 이는 사회적으로 용인되지 못하는 경우를 법률이 금지하는 것으로 볼 수 있다.

(1) 혼인의 무효

혼인의 무효는 처음부터 당사자 간에 부부로서의 효력이 발생하지 않는 것을 말한다. 자녀가 있을 경우에는 「혼인 외의 출생자」가 된다. 혼인이 무효가 되면 잘못이 없는 당사자는 잘못한 당사자에 대하여 손해배상을 청구할 수 있다.

혼인의 무효원인으로 민법은, i) 당사자 간에 혼인의 합의가 없는 때, ii) 당사

자 간에 8촌 이내의 혈족 사이의 혼인일 때, iii) 당사자 간에 직계인척관계[1]가 있거나 있었던 때, iv) 당사자 간에 양부모계의 직계혈족관계가 있었던 때를 규정한다(제815조).

(2) 혼인의 취소

혼인의 취소는 일단 유효하게 성립한 혼인을 취소함으로써 혼인의 효력을 소멸시키는 것을 말한다. 혼인이 취소된 경우에는 그 효력은 소급하지 않으며, 장래에 대하여 효력을 상실할 뿐이다(민법 제824조 참조). 따라서 혼인이 취소된 경우에도 혼인이 취소되기 전에 출생한 자는 「혼인 중의 출생자」로서의 지위를 가지며, 혼인이 취소되기 전에 혼인 생활 중 쌍방의 노력으로 취득한 재산에 대해서는 분할을 청구할 수 있다.

혼인 취소의 원인이 되는 사유는, i) 혼인연령(18세)에 미달하는 혼인, ii) 부모의 동의 없는 미성년자의 혼인, iii) 배우자 있는 자의 이중혼인(중혼), iv) 6촌 이내의 혈족의 배우자, 배우자의 6촌 이내의 혈족, 배우자의 4촌 이내의 혈족의 배우자인 인척이거나 이러한 인척이었던 자 사이에서의 혼인, 6촌 이내의 양부모계의 혈족이었던 자와 4촌 이내의 양부모계의 인척이었던 자 사이의 혼인, v) 악성 질환 기타 중대한 사유가 있었던 것을 모르고 한 혼인, vi) 사기 또는 강박에 의한 혼인이다.

혼인의 취소는 취소권자가 가정법원에 심판을 청구하여 그 선고로써 이루어진다. iii)의 경우에는 당사자 및 배우자(전혼의 배우자, 후혼의 배우자), 직계존속, 4촌 이내의 방계혈족 또는 검사가 그 취소를 청구할 수 있다. iv)의 근친혼의 경우, 당사자, 그 직계존속 또는 4촌 이내의 방계혈족이 취소를 청구할 수 있다.

> 제817조(연령위반혼인 등의 취소청구권자) 혼인이 제807조, 제808조의 규정에 위반한 때에는 당사자 또는 그 법정대리인이 그 취소를 청구할 수 있고 제809조의 규정에 위반한 때에는 당사자, 그 직계존속 또는 4촌 이내의 방계혈족이 그 취소를 청구할 수 있다.

1) 배우자의 직계혈족과 직계혈족의 배우자를 말한다. 즉 장모, 시아버지, 계모, 계부 등이 이에 해당한다.

제807조(혼인적령) 만 18세가 된 사람은 혼인할 수 있다.

제808조(동의가 필요한 혼인) ① 미성년자가 혼인을 하는 경우에는 부모의 동의를 받아야 하며, 부모 중 한쪽이 동의권을 행사할 수 없을 때에는 다른 한쪽의 동의를 받아야 하고, 부모가 모두 동의권을 행사할 수 없을 때에는 미성년후견인의 동의를 받아야 한다.

제819조(동의 없는 혼인의 취소청구권의 소멸) 제808조를 위반한 혼인은 그 당사자가 19세가 된 후 또는 성년후견종료의 심판이 있은 후 3개월이 지나거나 혼인 중에 임신한 경우에는 그 취소를 청구하지 못한다.

제820조(근친혼 등의 취소청구권의 소멸) 제809조의 규정에 위반한 혼인은 그 당사자 간에 혼인 중 포태(胞胎)한 때에는 그 취소를 청구하지 못한다.

4) 약혼과 사실혼

(1) 약혼

약혼(約婚)이라 함은 장래에 혼인을 하려는 당사자 사이의 혼인의 예약을 말한다. 따라서 실질적인 혼인 생활을 하면서도 혼인 신고만을 하지 않은 사실혼과 다르다.

약혼이 성립하기 위해서는 당사자 사이의 약혼에 관한 합의가 있어야 한다(부모가 자녀를 혼인시키기로 하는 정혼(定婚)은 약혼이 아니다). 또한 민법상 19세에 달해야 약혼할 수 있으며, 미성년자나 제한능력자(피성년후견인)는 부모나 성년후견인의 동의를 얻어야 한다(민법 제801조·제802조). 부모나 후견인의 동의를 얻지 않은 미성년자나 제한능력자(피성년후견인)의 약혼은 취소할 수 있다. 그리고 배우자 있는 자의 약혼, 이중약혼, 근친 간의 약혼 등은 원칙적으로 무효이다. 약혼을 한 당사자는 장래 혼인을 성립시킬 의무를 지지만 강제이행을 청구하지는 못한다. 다만 타인이 약혼관계를 부당하게 침해한 경우에는 불법행위가 성립한다. 약혼이 성립한 후 민법 제804조에서 정하고 있는 사유가 있거나 또는 당사자의 합의로 약혼을 해제할 수 있다. 약혼의 해제는 상대방에 대한 의사표시로 하고 상대방에 대하여 의사표시를 할 수 없는 때에는 그 해제의 원인이 있음을 안 때에 해제된 것으로 본다. 당사자 일방의 책임 있는 사유로 약혼이 해제된 경우에는 상대방은 이로 인한 손해배상을 청구할 수 있다. 또한 약혼이 해제되면 약혼예물을 반환하여야 하는데, 유책당사자는 신의칙상 자신이 제공한 약혼예물의 반환을 청구할 권리가 없다.[2)]

(2) 사실혼

사실혼이라 함은 혼인의 실질적인 성립 요건을 모두 갖추고 있으나, 형식적인 절차인 혼인 신고를 하지 않은 경우를 말한다. 따라서 혼인 의사가 없는 동거생활은 사실혼에 해당하지 않으며, 결혼식을 한 후에 혼인 신고를 하지 않는 경우는 사실혼에 해당하게 된다. 따라서 사실혼에 대해서도 혼인에 준하는 효과를 인정 하여 이를 보호하고자 하는 것이 판례의 입장이다.

사실혼이 성립하기 위해서는 당사자 간에 혼인의사의 합치가 있어야 하고, 또한 혼인에 준하는 공동 생활의 실체가 존재해야 하며, 혼인을 무효로 하거나 취소할 수 있는 사유가 없어야 한다. 사실혼이 인정되는 경우에는 혼인의 효과 가운데 생활 공동체를 전제로 하는 것, 즉 동거·부양·협조의 의무, 정조의무, 혼인생활 비용의 부담, 일상가사대리권, 일상가사채무의 연대책임, 법정재산제, 이혼시의 재산 분할 등은 인정되지만, 혼인 신고를 전제로 하는 것, 즉 친족관계, 상속권, 혼인 중의 출생자 등의 규정은 적용되지 않는다.

사실혼관계는 배우자 일방의 사망으로 해소되며, 당사자 일방이 임의로 이를 해소할 수도 있다. 다만 사실혼의 부당한 파기에 대해서는 손해배상(위자료)의 청

---

2) "약혼 예물의 수수는 혼인 불성립을 해제조건으로 하는 증여와 유사한 성질이기는 하나 약혼의 해제에 관하여 과실이 있는 유책자로서는 그가 제공한 약혼 예물은 이를 적극적으로 반환을 청구할 권리가 없다"(대법원 1976.12.28. 선고 76므41). 학설도 동지(김주수·김상용, 친족·상속법, 제8판 2006년, 92면 참조). "약혼예물의 수수는 약혼의 성립을 증명하고 혼인이 성립한 경우 당사자 내지 양가의 정리를 두텁게 할 목적으로 수수되는 것으로 혼인의 불성립을 해제조건으로 하는 증여와 유사한 성질을 가지므로, 예물의 수령자 측이 혼인 당초부터 성실히 혼인을 계속할 의사가 없고 그로 인하여 혼인의 파국을 초래하였다고 인정되는 등 특별한 사정이 있는 경우에는 신의칙 내지 형평의 원칙에 비추어 혼인 불성립의 경우에 준하여 예물반환의무를 인정함이 상당하나, 그러한 특별한 사정이 없는 한 일단 부부관계가 성립하고 그 혼인이 상당기간 지속 된 이상 후일 혼인이 해소되어도 그 반환을 구할 수는 없으므로, 비록 혼인파탄의 원인이 며느리에게 있더라도 혼인이 상당 기간 계속된 이상 약혼 예물의 소유권은 며느리에게 있다."(대법원 1996. 5.14. 선고 96다5506).

구가 가능하다. 그리고 사실혼관계가 성립하고 있는데도 당사자의 일방이 혼인 신고에 협력하지 아니하는 때에는 타방은 가정법원에 사실상 혼인관계 존재확인을 청구할 수 있으며, 심판이 확정되면 법률상의 혼인관계가 성립하므로 청구인은 이에 기해서 혼인 신고를 할 수 있게 된다.

5) 혼인의 효과

(1) 일반적 효과

혼인으로 인하여 부부는 서로 배우자 신분을 가지고 친족(법률상 가족관계)이 된다. 친족의 범위는 8촌 이내의 혈족, 4촌 이내의 인척, 배우자이다. 여기서 혈족이란 자신의 친척(부모, 삼촌과 조카)인 사람을 뜻하고, 인척이란 혼인으로 인해 친척이 되는 사람(시부모와 며느리, 장인과 장모, 형부와 처제 등)을 뜻한다.[3]

부부는 상대방의 4촌 이내의 혈족과 4촌 이내의 혈족의 배우자 사이에 서로 인척 관계가 된다. 또한 부부간에는 동거·부양·협조의무 및 정조의무가 발생한다. 부부는 일상가사에 관하여 서로 대리권을 가지며, 부부간의 계약은 혼인 계속 중 언제든지 취소할 수 있다. 미성년자라도 혼인을 한 때는 성년자로 본다(성년의제).

(2) 부부간의 재산적 효과(부부재산제)

민법은 부부의 재산귀속에 관해 계약재산제와 법정재산제를 병행하고 있다. 당사자는 계약에 의해 자유롭게 자신들의 재산적 법률관계를 정할 수 있으며, 원칙적으로 계약이 없는 부분에 한해서 민법의 재산에 관한 규정이 적용된다.

가. 부부재산계약

부부는 혼인중의 재산관계 및 이혼 후의 재산분배에 관하여 계약을 체결할 수 있다. 이러한 계약을 부부재산약정이라고 하며, 혼인 신고 전에 약정을 체결

3) 전에는 계모와 전처의 출생자 사이에는 계모자 관계, 적모와 혼인 외의 출생자 사이에는 적모서자 관계가 생겼으나, 1990년의 민법의 일부개정으로 폐지되었으며, 현행법상으로는 인척이 되는데 지나지 않는다.

하고 등기하여야 제3자에게 대항할 수 있다. 그리고 부부재산약정은 원칙적으로 변경할 수 없지만 부득이하게 변경할 경우에는 법원의 허가를 얻어야 한다. 부부재산약정이 체결된 경우, 부부의 재산관계에 관하여 민법이 규정하는 법정재산제에 우선하여 부부재산약정이 적용된다.

사례

은행원인 A군과 초등학교 교사인 B양은 결혼을 하면서 다음과 같은 약정을 맺었다. "혼인 성립 시까지 확인된 재산은 각자의 고유재산으로 하지만, 확인되지 않은 재산은 공유로 하며, 채무는 각자가 책임을 진다. 그리고 혼인 중 취득한 재산은 모두 남편의 명의로 등기하며, 부부의 수입(퇴직금 포함)과 공유재산은 남편이 관리한다. 혼인 중 자녀 양육비와 생활비는 남편이 부담한다. 이혼 시에는 혼인 중 취득한 재산을 처와 남편이 5:5의 비율로 나누어 가지며, 남편 수입의 50%를 양육비로 지급한다. 그 밖에 남편의 외도, 업무상 이유 없는 3일 이상의 늦은 귀가나 외박, 폭음, 남편의 이틀 이상 지속되는 도박이나 놀음, 처의 사전 동의 없는 채무발생의 경우에는 이혼을 요구할 수 있으며, 이 경우 남편은 혼인 전 특유재산, 혼인 중 취득한 재산 및 이혼 이후 발생할 재산의 70%를 지급한다."[4]

결혼 후 몇 년이 지나서 B 친정이 기울게 되자 친정을 도와주어야 할 필요가 생겼으나, B의 수입은 남편이 관리하고 있기 때문에 뜻대로 되지 않는다. B에게 무슨 방법이 없는가?

여성의 경제적 지위가 향상되고 이른바 맞벌이를 해서 아내도 자기의 수입이 있을 수 있으며, 또 친정 부모로부터 상속을 받아 아내도 남편 못지 않게 재산을 취득할 수 있게 되었다. 그래서 부부의 재산 문제에 관하여 우리 민법은 1차적으로 '혼인하려는 부

4) 부부재산계약은 부부 사이의 재산에 관한 사항을 정하는 것이므로, 이와 무관한 사항(가사와 육아를 반씩 분담한다든가 외박을 한 경우 이혼 사유가 된다든가 하는 내용)은 부부재산계약에 포함될 수 없으며, 설령 포함되더라도 법적인 효력이 없다(김주수·김상용, 친족-상속법, 제8판 2006년, 147면 참조).

부가 혼인 성립 전에 자유롭게 계약을 통해서 정하라' 고 하고 있다(민법 제829조 1항). 이것이 「부부재산계약제도」이다. 따라서 아내의 수입은 아내가 자유롭게 사용하든가 또는 남편이 관리해서 증식시키든가의 문제가 혼인 성립 전의 부부에게 일임되어 있는 것이다. 또 아내의 부동산을 누구 명의로 할 것인가와 누가 관리 할 것인가의 문제도 당사자인 부부의 자율적인 합의에 맡겨져 있다. 이 계약은 서면이나 공증의 방식을 취하지 않아도 되고, 구두계약도 가능하다.

혼인 성립 전의 재산계약은 후에(즉 혼인 중) 함부로 변경할 수 없고, 정당한 이유가 있을 때에만 법원의 허가를 받아 변경할 수 있도록 되어 있다(민법 제829조 2항). 혼인 중에 자유롭게 계약을 변경할 수 있도록 하면, 우월한 지위에 있는 부부의 일방이 약자인 다른 일방에 압력을 가하여 자신에게 유리한 내용으로 계약을 변경할 위험이 있으므로, 가정법원이 개입하여 이러한 결과를 막겠다는 취지로 해석된다.

따라서 B는 법원의 허가를 얻어 혼인 전의 부부재산계약을 변경할 수 있다. 만일 남편 A가동의하지 않으면 법원에 부부재산계약의 변경을 청구할 수 있다.

나. 법정재산제

위와 같은 부부재산약정이 체결되지 않은 경우 부부 사이의 재산관계는 법정재산제의 규정에 따른다. 민법은 완전한 별산제를 취하고 있고 다만 제3자에 대하여 일정한 범위에서 부부의 연대책임을 인정하고 있다.

① 재산의 귀속과 관리

민법이 규정하는 법정재산제의 별산제(別産制)가 적용된다. 따라서 부부의 일방이 혼인 전부터 가진 고유재산과 혼인 중 자기의 명의로 취득한 재산은 그의 특유재산이 된다(즉 그 개인 소유의 재산으로 하고, 특유재산은 부부 각자가 관리·사용·수익·처분하도록 하였다.).

다만 부부의 누구에게 속한 것인지 분명하지 아니한 재산은 부부의 공유재산으로 추정된다. 그런데 혼인 중의 재산을 취득함에 있어서 상대방의 협력이 있었다거나 혼인생활에서 내조의 공이 있었다는 것만으로 특유재산의 추정이 번복되지 않으며, 그 재산을 부부 각자가 대금의 일부씩 분담하여 매수하였다거나 부부가 연대채무를 부담하여 매수하였다는 등의 사유가 주장·입증되는 경우에 한하여 위 추정을 번복하여 그 재산을 부부의 공유로 인정할 수 있다.[5]

부부의 일방이 혼인 중 그의 명의로 취득한 부동산은 그의 특유재산으로 추정되는 것으로서 그 부동산을 취득할 때 있어 상대방의 협력이 있었다거나 혼인 생활에 있어 내조의 공이 있었다는 것만으로는 위 추정을 번복할 수 있는 사유가 되지 못하고 그 부동산을 부부 각자가 대금의 일부씩을 분담하여 매수하였다거나 부부가 연대채무를 부담하여 매수하였다는 등의 실질적 사유가 주장·입증되는 경우에 한하여 위 추정을 번복하고 그 부동산을 부부의 공유로 인정할 수 있다(대법원 1986.9.9 선고 85다카1337 판결).

② 공동생활비용의 부담

부부는 공동생활에 필요한 비용을 공동으로 부담한다. 가족의 의식주를 해결하기 위한 비용 및 자녀 양육비·교육비 등이 포함된다.

③ 일상가사비용의 연대책임

일상가사란 부부와 그 자녀의 공동생활을 위하여 가정에서 필요로 하는 통상의 거래나 일들을 말한다. 부부의 일방이 일상의 가사에 관하여 다른 사람과 거래하여 생기는 빚에 대해서 부부는 공동으로 책임을 지게 된다. 즉 원칙적으로 다른 일방도 연대하여 배상할 책임이 있다. 그러나 일상가사에 관한 채무라도 이미 제3자에 대하여 다른 한쪽이 책임지지 않겠다는 점을 명확히 한 경우에는 연대책임이 없다.

---

5) 혼인 중의 부부가 공동으로 협력하여 취득한 재산은 비록 부부 한 사람(특히 남편)의 이름으로 되어 있어도, 실질적으로 부부 공유에 속하는 재산으로 보아 이혼 시 재산분할의 대상이 된다. 예를 들어, 동산이 남편 명의로 되어 있다하더라도 부인이 가사노동을 분담하는 등의 내조를 함으로써 남편 재산의 유지 또는 증가에 기여하였다면 그와 같이 쌍방의 협력으로 이룩된 재산은 분할의 대상이 된다.

④ 일상가사대리권

부부는 일상의 가사에 관하여 상대방을 대리할 권한을 가진다. 일상가사의 범위를 벗어난 행위에 관하여는 표현대리의 규정을 준용하여야 할 것이다.

사례

甲과 乙은 30여 년간 결혼 생활을 하여온 부부인데, 甲은 X은행에 대하여 채무가 있는데 자기의 처인 乙에게 부동산을 매각처분하였다. 이에 X은행은 甲의 처 乙을 피고로 하여 채권자취소 및 원상회복청구의 소를 제기하였다. 이에 대하여 乙은 30년 결혼생활을 통한 내조의 공이 있으므로, 이는 이 부동산이 甲의 특유재산이라는 추정을 번복할 사유가 되어 공유지분이 인정되어야 한다고 주장한다. 어느 쪽 주장이 타당한가?

판례는 부부가 혼인 중에 협력하여 마련한 재산이라도 원칙적으로 명의자로 되어 있는 부부 일방의 특유재산으로 본다는 태도를 취하고 있다. 다만, 재산을 취득할 때 다른 일방이 대가를 부담한 경우와 같이 구체적으로 기여를 했다고 인정되는 경우에는 특유재산의 추정이 번복되어 부부 쌍방의 공유나 다른 일방의 소유로 볼 수 있는 여지가 있다고 한다. 그러나 처의 가사노동이나 내조의 공은 구체적인 기여로 볼 수 없으므로, 명의자인 부(夫)의 특유재산이라는 추정을 번복시킬 수 있는 근거가 되지 못한다는 입장이다.

부부의 일방이 혼인 중에 자기 명의로 취득한 재산은 명의자의 특유재산으로 추정되고, 다만 실질적으로 다른 일방 또는 상대방이 그 재산의 대가를 부담하여 취득한 것이 증명된 때에는 특유재산의 추정은 번복되어 다른 일방의 소유이거나 쌍방의 공유라고 보아야 할 것이지만 재산을 취득할 때 있어서 상대방의 협력이 있었다거나 혼인생활에 있어 내조의 공이 있었다는 것만으로 위 추정을 번복할 사유가 된다고 할 수 없다(대법원 1992.12.11 선고 92다21982 판결).

부부의 일방이 혼인 중에 자기 명의로 취득한 재산은 그 명의자의 소유재산으로 추정되나 실질적으로 다른 일방 또는 쌍방이 그 재산의 대가를 부담하여 취득한 것이 증명된 때에는 소유재산의 추정은 번복되어 다른 일방의 소유이거나 쌍방의 공유라고 보아야할 것이다. 부동산매입자금의 원천이 남편의 수입에 있다고 하더라도 처가 남편과 18년간의 결혼생활을 하면서 여러 차례 부동산을 매입하였다가 이익을 남기고 처분하는 등의 방법으로 증식한 재산으로써 그 부동산을 매입하게 된 것이라면 위 부동산의 취득은 부부쌍방의 자금과 증식 노력으로 이루어진 것으로서 부부의 공유재산이라고 볼 여지가 있다(대법원1990.10.23. 선고 90다카5624 판결).

이러한 판례의 입장에 의하면, 甲과 30여 년간 결혼생활을 하였고 부동산을 형성하는데 내조의 공헌이 있었다는 사실만으로 그 부동산이 甲의 특유재산이라는 추정을 번복할 사유가 되지 못하므로, 甲과 乙 사이의 매매계약은 그 전부가 사해행위에 해당하므로, X의 주장이 타당하다.

민법 제406조 (채권자취소권)

제406조(채권자취소권) ① 채무자가 채권자를 해함을 알고 재산권을 목적으로 한 법률행위를 한 때에는 채권자는 그 취소 및 원상회복을 법원에 청구할 수 있다. 그러나 그 행위로 인하여 이익을 받은 자나 전득한 자가 그 행위 또는 전득당시에 채권자를 해함을 알지 못한 경우에는 그러하지 아니하다.

② 전항의 소는 채권자가 취소 원인을 안 날로부터 1년, 법률행위 있은 날로부터 5년 내에 제기하여야 한다.

사례

X는 뺑소니차에 치여 뇌를 심하게 다쳐 병원에 입원하여 의식이 불명인 상태이다. 살길이 막막하게 된 X의 처 A는 X가 소유하는 집과 대지를 Y에게 매각하고 그 대금으로 생활비·입원비·자녀교육비 등에 충당하고 나머지 일부를 전세금으로 하여 작은 집으로 옮겼다. 그런데 X는 입원한지 10개월 후 치유되어 퇴원하였으며, X는 자기와 의논하지 않고 A가 아무 권한 없이 집과 대지를 처분하였다고 Y를 상대로 등기말소청구의 소를 제기하였다. X의 청구는 받아들여질 수 있는가?

일상가사란 부부의 공동 생활에서 필요로 하는 통상의 사무를 말한다. 가족의 부양과 관련된 사무는 원칙적으로 모두 일상가사의 범위에 포함된다고 보아야 할 것이다. 금전차용행위는 그 목적에 따라 일상가사의 범위에 속하는가의 여부가 결정되는데, 이런 취지에 따라서 가족공동생활상의 필요와 관계없이 금전을 차용한 행위는 일상가사의 범위에 들어가지 않는다고 해석한다. 예를 들어 그 가족의 생활수준 및 경제 상태에 비추어 볼 때 적절하지 않은 대규모 주택의 매입을 위한 금전 차용, 고급승용차를 구입하기 위한 금전 차용 등은 일상가사에 포함된다고 볼 수 없다.

배우자의 물건을 처분하는 행위도 원칙적으로 일상가사에 포함되지 않는다고 보아야 한다. 만일 배우자의 물건을 일방적으로 처분하는 행위가 일상가사대리권에 의해서 가능하다고 해석한다면 부부별산제의 취지가 손상될 것이다.

판례는 부부의 일방이 다른 일방 명의의 재산(부동산)을 처분하거나 담보에 제공하는 행위는 그 목적과 관계없이 일상가사에 포함되지 않는다는 전제에 서있다. 그러나 부부의 일방(일반적으로 처)이 다른 일방으로부터 대리권을 수여받지 않고 다른 일방 명의의 부동산을 매도하거나 담보로 제공한 경우(처가 무권대리행위를 한 경우), 거래의 안전을 도모할 목적으로 판례는 처의 일상가사대리권을 기초로 하여 민법 제126조를 적용한다. 이 법리의 적용에 있어서, 판례는 특히 부(夫)가 처에게 그러한 권한을 주었다고 상대방이 믿을만한 정당한 사유가 있는지의 여부를 중요한 판단의 기준으로 삼고 있다. 즉 객관적으로 상대방의 입장에서 볼 때 부(夫)가 처에게 그 행위에 관한 대리권을 수여했다고 믿을 수 있을만한 사정이 존재한다고 인정된다면, 부(夫)가 처의 행위에 대해서 책임을 져야 된다는 것이다.

사례의 경우 일상가사의 범위를 넘었다고 할 것이고, 그와 같은 사정이 있다면 피고(Y)가 그러한 사유를 알았건 몰랐건 간에 객관적으로 보아 처에게 남편의 대리권이 있다고 Y가 믿을만한 정당한 사유가 된다고 할 것이다. 따라서 표현대리를 적용하여 그 성립을 인정할 수 있으므로, 남편 X의 등기말소청구는 받아들여질 수 없다.

사례

A의 처 B는 값비싼 외제 옷과 가방 등을 사는 등 사치스러운 생활을 일삼았고, 그로 인해 신용카드대금이 연체되자 남편 몰래 사채를 쓰게 되었다. 빚이 쌓이자 사채업자들은 B의 빚을 대신 갚으라며 A에게 독촉하고 있다.

1 이 경우, A가 아내 B의 빚을 갚아주어야 하는가?

2 A가 갚지 않자 사채업자는 A의 부동산을 압류한다고 한다. 가능한가?

일상가사에 필요한 것을 사기 위해 빚을 졌을 때에는 배우자도 함께 갚아야한다. 즉 부부와 그 자녀의 공동생활을 위하여 가정에서 필요로 하는 통장의 거래나 일인 일상가사에 관하여 부부 중 한사람이 다른 사람과 거래하여 생기는 빚에 대해서 부부는 공동으로 책임을 진다. 그러나 A의 처 B처럼 값비싼 옷이나 가방을 사기 위해 빚을 지거나 개인적인 일로 돈을 허비한 것은 일상가사가 아니므로, A는 빚을 갚지 않아도 된다.

또 우리 민법은 부부별산제를 인정하고 있으므로 은행이나 사채업자들은 아내의 재산이 아닌 남편의 특유재산에 손댈 수 없다. 다만, 누구에게 속한 것인지 분명하지 않은 재산은 부부의 공유로 추정하므로, 이에 대해서는 아내의 공유 지분을 압류할 수 있을 것이다.

2. 이혼

1) 이혼의 의의

이혼(離婚)이라 함은 부부가 생전에 그들의 법률상 부부관계를 해소[6]하는 것을 말한다. 이혼의 방법에는 "협의이혼"과 "재판이혼" 두 가지가 있다.

2) 이혼의 방법

(1) 협의이혼

부부가 서로 협의하여 헤어지기로 합의하고 판사의 확인을 받은 다음 등록기준지나 주소지의 관할 부서에 이혼신고서를 제출함으로써 부부관계를 해소하는 이혼을 협의상 이혼 또는 합의이혼이라고 한다.

협의상 이혼을 하고자 하는 부부는 도장과 주민등록증을 지참하고 등록기준지 또는 주소지를 관할하는 지방법원 또는 지원에 함께 가서 협의이혼의사 확인신청서를 제출하고, 판사 앞에 출석하여 본인 여부와 진심으로 이혼하려고 하는지를 확인받는다.

다만 부부 사이에 양육하여야 할 자(포태 중인 자 포함)가 있는 경우에는 3개월, 그렇지 않은 경우에는 1개월의 숙려기간을 지나야 가정법원의 이혼 확인이 가능하다. 만약 이혼의 급박한 사정이 있는 경우에는 위 기간을 단축하는 것도 가능하다.

법원으로부터 "이혼신고서"와 판사의 "확인서등본"을 각 1통씩 교부받으면 3개월 이내에 등록기준지 또는 주소지의 시, 구, 읍, 면에 신고하는 것으로 이혼이 성립된다. 다만 당사자가 직접 이혼의사 확인을 받은 후 3개월 이내에 신고하지 않으면 법원의 확인은 무효가 된다.

6) 혼인의 해소원인은 부부 일방의 사망·실종선고·이혼 등이 있다

사례

남편 A가 채권자에 의하여 강제집행을 당할 위험이 있어서 채권자의 집행을 면하기 위하여 아파트를 포함하여 재산의 일부를 아내인 B의 명의로 소유권을 이전하고 협의이혼신고를 하였다. 그러나 그 이혼은 가장신고였으며, A, B 모두가 이혼을 진정으로 할 의사가 없을 뿐만 아니라 별거도 하지 않았다. 몇 달 후 B가 A에게 다시 혼인 신고를 하자고 하니까A는 이를 거절한다. B는 친구에게 이를 털어놓자 이혼무효확인의 소를 구하라고 한다. 가능한가?

이혼신고가 수리되었으나 당사자 사이에 이혼 의사의 합치가 없으면 그 협의이혼은 무효가 된다. 유효하게 이혼신고서를 작성하였으나 수리 전에 일방이 이혼의사를 철회한 경우가 그 예이다.

사례의 경우와 같은 사안에 대하여 판례는, "이혼의 효력발생 여부에 관한 형식주의 아래에서의 이혼신고의 법률상 중대성에 비추어, 협의이혼에 있어서 이혼의사는 법률상 부부관계를 해소하려는 의사를 말하므로 일시적으로나마 법률상 부부관계를 해소하려는 당사자 간의 합의하에 협의이혼신고가 된 이상, 그 협의이혼에 다른 목적이 있더라도 양자 간에 이혼의사가 없다고는 말 할 수 없고, 따라서 이와 같은 협의이혼은 무효로 되지 아니한다."고 판사하고 있다.[7] 따라서 B의 이혼무효확인의 소는 받아들여지지 않을 것이다.

7) 대법원 1993.6.11. 선고 93므171 판결 "협의상 이혼이 가장이혼으로서 무효로 인정되려면 누구나 납득할 만한 특별한 사정이 인정되어야 하고, 그렇지 않으면 이혼당사자 간에 일시적으로나마 법률상 적법한 이혼을 할 의사가 있었다고 보는 것이 이혼신고의 법률상 및 사실상의 중대성에 비추어 상당하다."(대법원 1997.1.24 선고95도448 판결).

(2) 재판상 이혼

사례

A는 평소 도박벽이 심한 아내가 도박으로 전 재산을 날리자 이혼을 결심하고 아내에게 그러한 뜻을 전했다. 하지만 아내는 절대로 이혼해 줄 수 없다고 한다. 이렇게 상대방이 거절하면 이혼 할 수없는 것일까? A가 재판을 통해 아내와 이혼하려면 어떠한 절차를 밟아야 하는가?

A의 아내는 상습적인 도박벽을 가지고 있어 재판상 이혼 사유 중 「기타혼인을 계속하기 어려운 중대한 사유」에 해당하므로, A는 아내의 의사와 상관없이 법원에 재판상 이혼을 청구할 수 있다. 보통 이혼조정을 먼저 거치고, 조정이 성립되지 않으면 재판을 통해 이혼을 하게 된다.

가. 재판상 이혼이란?

이혼하고자 하는 사람이 다른 쪽을 상대로 법원에 이혼 소송을 제기하여 법원의 판결에 따라 이혼을 하는 제도를 재판상 이혼이라 한다.

즉 법이 정해 놓은 이혼원인이 생겨 부부 중 일방이 이혼하려고 하는데 다른 일방이 이혼에 순순히 합의하지 않는 경우에 관할법원의 조정을 거쳐 이혼소송을 청구하여 판결로서 이혼이 되는 것을 재판상 이혼이라고 한다.

나. 재판상 이혼이 가능한 경우

협의 이혼은 부부가 이혼하기로 합의만 하면 그 사유를 묻지 않고 이혼확인 신청이 가능하나, 재판상 이혼은 다음과 같은 정당한 사유가 있는 경우에 한하여 법원에 이혼을 청구할 수 있다(민법 제840조).

① 배우자에 부정한 행위가 있었을 때

「부정한 행위」란 부부 간의 정조 의무에 반하는 일체의 탈선행위를 포함하는 것으로 간통보다 넓은 개념으로 이해되고 있다. 배우자 이외의 다른 이성과 성관계를 가지는 행위뿐만 아니라, 다른 이성과 껴안거나, 한 방에서 함께 밤을 지내거나, 성적인 접촉을 통해 성병에 감염된 경우 등이 부정행위에 해당한다.

② 배우자가 악의로 다른 일방을 유기한 때

악의의 유기란 정당한 이유 없이 동거·부양·협조의무를 이행하지 않는 것을 말한다. 즉 정당한 이유 없이 부부로서 같이 살지 않거나, 경제적으로 협력하지 않고 가족의 생계를 의도적으로 방치하는 행위 등을 말한다.

③ 배우자 또는 그 직계존속으로부터 심히 부당한 대우를 받았을 때

부부의 일방이 배우자 또는 그 직계존속으로부터 육체적·정신적 학대, 모욕 등을 받았고, 이러한 상태에서 혼인생활을 계속하는 것이 당사자에게 심한 고통이 되는 경우로, 남편의 아내 폭행, 시부모의 정신적 학대 등이 이에 해당한다.

④ 자기의 직계 존속이 배우자로부터 심히 부당한 대우를 받았을 때

자신의 직계존속(부모 또는 조부모)이 자신의 배우자로부터 신체적·정신적으로 학대·폭행을 당하거나 모욕을 당해 부부로서의 공동생활을 계속하는 것이 고통스러울 정도가 된 경우를 의미한다.

⑤ 배우자의 생사가 3년 이상 분명하지 아니한 때

배우자가 집을 나가 살았는지 죽었는지 3년 이상 전혀 연락이 되지 않고, 확인도 할 수 없는 경우로 현재도 생사가 불명하여야 한다.

⑥ 기타 혼인을 계속하기 어려운 중대한 사유가 있을 때

민법 제840조 제6호 소정의 이혼사유인 「혼인을 계속하기 어려운 중대한 사유가 있을 때」라 함은 부부간의 애정과 신뢰가 바탕이 되어야 할 혼인의 본질

에 상응하는 부부공동생활관계가 회복할 수 없을 정도로 파탄되고 그 혼인생활의 계속을 강제하는 것이 일방 배우자에게 참을 수 없는 고통이 되는 경우를 말한다(대법원 2002.3.29. 선고2002므74 판결).

> 예

배우자의 범죄(강간, 강제추행 등 파렴치범죄), 합리적인 이유 없는 성관계 거부, 성적 불능, 불치의 정신병, 지나친 신앙생활, 알코올 중독, 도박 중독, 장기간 계속된 사실상의 별거, 극심한 낭비벽

다. 유책배우자의 이혼청구

판례는 부부관계가 회복될 수 없는 정도로 파탄되었더라도 그 파탄에 대하여 전적으로 또는 주로 책임 있는 배우자(유책배우자)에 의한 이혼청구는 원칙적으로 허락하지 않는다. 다만 상대방 배우자가 오기나 보복적 감정으로 이혼에 불응하고 있을 뿐이며, 실제에 있어서는 혼인의 계속과는 도저히 양립할 수 없는 행위를 하는 등 이혼의 의사가 객관적으로 명백한 경우에는 비록 혼인의 파탄에 관하여 전적인 책임이 있는 배우자의 이혼청구라 할지라도 이를 인정하고 있다.

혼인의 파탄에 관하여 유책배우자는 그 파탄을 원인으로 이혼을 청구할 수 없는바, 이는 혼인의 파탄을 자초한 자에게 재판상 이혼청구권을 인정하는 것은 혼인제도가 요구하고 있는 도덕성에 근본적으로 배치되고 배우자 일방의 의사에 의한 이혼 내지는 축출이혼을 시인하는 부당한 결과가 되므로 혼인의 파탄에도 불구하고 이혼을 희망하지 않고 있는 상대배우자의 의사에 반하여 이혼을 할 수 없도록 하려는 것일 뿐, 상대배우자에게도 그 혼인을 계속할 의사가 없음이 객관적으로 명백한 경우에까지 파탄된 혼인의 계속을 강제하려는 취지는 아니다.
유책자의 이혼제기에 대하여 상대배우자도 이혼의 반소를 제기하거나 오기나 보복적

감정에서 표면적으로는 이혼에 불응하고 있기는 하나 실제에 있어서는 혼인의 계속과 는 도저히 양립할 수 없는 행위를 하는 등 그 이혼의 의사가 객관적으로 명백한 경우에는 비록 혼인의 파탄에 관하여 전적인 책임이 있는 배우자의 이혼청구라 할지라도 이를 인용함이 상당하다(대법원 1987.4.14. 선고 86므28 판결).

혼인생활의 파탄에 대하여 주된 책임이 있는 배우자는 그 파탄을 사유로 하여 이혼을 청구 할 수 없는 것이 원칙이고, 다만 상대방도 그 파탄 이후 혼인을 계속 할 의사가 없음이 객관적으로 명백하고 다만 오기나 보복적 감정에서 이혼에 응하지 않고 있을 뿐이라는 등 특별한 사정이 있는 경우에만 예외적으로 유책배우자의 이혼청구권이 인정된다(대법원 1997.5.16. 선고 97므155 판결).

최근 대법원은 혼인제도가 추구하는 이상과 신의성실의 원칙, 사회의 도덕관·윤리관, 축출이혼의 염려 등을 이유로 하여 유책배우자는 이혼 청구를 할 수 없다는 유책주의를 다시 한 번 확인하면서도 다만 예외적으로 유책배우자의 이혼 청구를 허용하는 경우를 확대하는 판결을 선고한 바 있다. 즉, ① 혼인생활의 파탄에 대한 유책성이 그 이혼청구를 배척해야 할 정도로 남아 있지 아니한 특별한 사정이 있는 경우, ② 이혼을 청구하는 배우자의 유책성을 상쇄할 정도로 상대방 배우자 및 자녀에 대한 보호와 배려가 이루어진 경우, ③ 세월의 경과에 따라 혼인파탄 당시 현저하였던 유책배우자의 유책성과 상대방 배우자가 받은 정신적 고통이 점차 약화되어 쌍방의 책임의 경중을 엄밀히 따지는 것이 더 이상 무의미할 정도가 된 경우에는 예외적으로 유책배우자라 하더라도 이혼을 청구할 수 있다고 하였다.

유책배우자의 이혼청구를 예외적으로 허용할 수 있는지 판단할 때에는, 유책배우자 책임의 태양·정도, 상대방 배우자의 혼인계속의사 및 유책배우자에 대한 감정, 당사자의 연령, 혼인생활의 기간과 혼인 후의 구체적인 생활관계, 별거 기간, 부부 간의 별거 후에 형성된 생활관계, 혼인생활의 파탄 후 여러 사정의 변경 여부, 이혼이 인정될 경우의 상대방 배우자의 정신적·사회적·경제적 상태와 생활 보장의 정도, 미성년 자녀의 양육·교육·복지의 상황, 그 밖의 혼인관계의 여러 사정을 두루 고려하여야 한다고 판시하였다(대법원 2015.9.15. 선고 2013므568 판결).

라. 재판상 이혼의 절차

① 조정

재판상 이혼을 하려는 사람은 먼저 관할법원에 조정을 신청하여야 한다. 조정을 신청하지 아니하고 바로 이혼소송을 제기하면 법원이 직권으로 조정에 회부한다. 이것을 조정전치주의라고 하는데 가정문제에 관하여는 될 수 있는 한 당사자들의 합의로 해결하는 것이 바람직하기 때문에 당사자들의 합의를 유도하기 위한 절차를 거치도록 하고 있는 것이다(최근에는 자녀가 있는 경우 상담도 거치도록 하고 있다.).

② 소송에 의한 이혼 절차

이혼 조정이 성립되지 아니하거나, 직접 이혼 소송을 제기하여 법원에서 소송에 의하여 해결하기로 판단하면 정식 이혼 소송에 의하여 해결하여야 한다. 재판상 이혼을 명하는 판결이 선고된 경우에는 이혼의 소를 제기한 사람이 재판의 확정일로부터 1개월 이내에 재판의 등본 및 확정증명서를 첨부하여 등록기준지 또는 주소지의 시, 구, 읍, 면에 이혼신고를 하여야 한다. 1개월이 지나도록 이혼신고를 하지 않으면 과태료를 물어야 한다.

3) 이혼의 효과

(1) 위자료청구권

재판상 이혼을 할 경우에는 일방 배우자는 이혼에 대한 책임이 있는 상대방 배우자에게 정신적 고통에 대한 배상 즉 위자료를 청구할 수 있다. 뿐만 아니라 제3자가 이혼에 대한 책임이 있는 경우에는 그 제3자를 상대로 한 위자료의 청구도 가능하다. 민법의 규정상 이러한 위자료 청구는 재판상 이혼의 경우에만 인정되며 협의이혼의 경우에는 인정되지 않는다(민법 제843조, 제806조). 학설은 일반적으로 위자료청구권의 법적 성질은 불법행위로 인한 손해배상청구권이고 협의이혼의 경우에도 배우자의 불법행위로 재산적·정신적 손해를 입었다면 손해배상청구권이 발생한다고 한다.

유책배우자에 대한 위자료액을 산정함에 있어서는, 유책행위에 이르게 된 경위와 정도, 혼인관계 파탄의 원인과 책임, 배우자의 연령과 재산 상태 등 변론에 나타나는 모든 사정을 참작하여 법원이 직권으로 정한다.

(2) 재산분할청구권

이혼한 부부의 일방이 다른 일방에 대하여 혼인 생활중 당사자 쌍방의 협력으로 취득한 재산의 분할을 청구할 수 있는 권리를 재산분할청구권이라 한다. 부부가 이혼하면 생활 공동체가 해산되어 재산 관계도 정리를 해야 하는데, 혼인생활 중에 취득한 재산이 부부 중 어느 일방의 명의로 되어 있는 경우 혼인생활에 협력해 온 다른 일방 배우자(특히 아내의 가사 노동 등)의 기여한 정도가 제대로 반영되지 않기 때문에 부부 공동 생활의 실체에 부합하도록 실질적인 공유재산의 청산이 필요한 것이다.

부부관계가 원만할 때에는 부부의 재산이 누구의 명의로 되어 있든지 별로 문제되지 않으나(다만 제3자와의 관계에서는 중요한 문제가 된다.), 이혼으로 인하여 혼인생활이 끝나게 될 때에는 부부의 재산관계를 청산, 정리할 필요가 있다. 한 가정의 재산형성은 부부 중 어느 한 사람에 의한 것이 아니라 부부의 공동노력에 의한 것이기 때문에, 이혼 시에 혼인 중 쌍방의 노력으로 취득한 재산에 대한 기여도에 따라 각자의 몫에 해당하는 재산의 분할을 상대방에 대하여 청구할 수 있도록 하는 것이다.

재산분할의 범위와 방법에 관하여 당사자 간에 약정이 있는 경우에는 그에 따라 분할이 이루어지지만, 재산분할에 관하여 서로 간에 협의가 이루어지지 않을 때에는 법원에 재산분할을 청구할 수 있고, 이 경우 법원은 분할의 대상이 되는 재산의 액수와 재산 형성에 기여한 정도 등을 고려하여 구체적인 금액과 방법을 정한다. 재산분할청구권은 이혼 후 2년 이내에 행사할 수 있다. 현재 법원은 전업주부의 경우에는 30% 내외, 맞벌이부부의 경우에는 50% 정도의 재산분할을 인정하고 있다.

(3) 자녀의 양육, 친권 행사 및 면접교섭

부부가 이혼하는 경우 자녀의 양육 및 친권에 관한 사항은 이혼 당사자가 협의하여 정하고 협의가 되지 않거나 협의할 수 없는 때에는 당사자의 청구나 법원의 직권에 의하여 가정법원이 정한다. 당사자의 청구가 있으면 법원은 자녀의 연령, 부모의 재산 상황, 자녀에 대한 부모의 애정 정도, 자녀의 의사 등 여러 가지 사정을 참작하여 친권자 및 양육에 관한 사항을 정한다. 그리고 양육권이 없는 상대방은 자녀가 성년자가 될 때까지 매월 일정한 금액을 양육비로 지급해야 한다.

부모가 친권을 행사함에 있어서는 자의 복리를 우선적으로 고려하여야 한다.

한편 자녀를 직접 양육하고 있지 않은 부나 모에게는 면접교섭권이 인정된다. 면접교섭권이란, 미성년의 자녀를 양육하고 있지 않은 부모가 자녀와 직접 만나거나 서신 교환, 전화 등으로 접촉할 수 있는 권리이다. 면접교섭권의 행사 방법과 범위에 대해서는 부모가 협의하여 정하고, 만일 협의가 되지 아니하거나 협의할 수 없을 때에는 부모 중 한 사람이 가정법원에 청구하거나 가정 법원의 직권으로 결정한다.

따라서 가정법원은, 양육권이 없는 부모를 만나는 것이 자녀의 교육에 바람직하지 않다고 판단되는 경우에는 면접교섭권을 제한하거나 배제할 수 있다.

사례

A는 외과 전문의로서 대학병원에 근무하고 있으며, 처 B는 전업 주부로서 집안일과 육아에 전념해 왔다. A의 수입으로 아파트를 마련하고 A의 명의로 소유권이전등기가 되어 있다. 그런데 A는 주사가 심하여 술만 마시면 B를 마구 구타하여 상처가 아물 날이 없다. A와 B는 결혼한 지 20년이 되었으며 그 사이에 딸 C가 있다. B는 A의 폭력을 더 이상 참을 수 없어서 A에게 협의이혼하고 재산을 분할 해 줄 것을 요구하였으나, A가 이에 응하지 않아서, B는 가정법원에 이혼, 재산분할 및 위자료청구를 하면서, A 명의의 아파트에 대해서 B에게 적어도 2분의 1의 권리가 있다고 주장한다. 또 미성년인 자녀 C의 양육 책임은 누가지게 되는가? 또 C에 대한 친권(親權)은 누가 행사하는가?

① 위자료청구권

이혼에 관한 책임이 있는 배우자는 그 상대방에게 위자료를 지급할 책임이 있다. 위자료 액수는 혼인 피탄의 원인, 잘못의 정도, 재산 상태, 생활 정도, 혼인 기간, 혼인 생활 내력, 학력, 경력, 자녀 부양관계 등의 여러사정을 고려하여 산정한다. 위자료에 관하여 부부간의 협의가 되면 그에 따르고, 협의가 되지 않으면 법원에 위자료 청구소송을 제기한다. 이혼을 먼저하고 이혼 후 3년 이내에 위자료를 합의하거나 법원에 청구할 수 있다.

위자료는 이혼의 책임이 있는 당사자에게 청구하는 정신적 고통에 대한 손해배상이고, 재산분할은 혼인 생활 중 형성한 공동재산에 대한 분할로, 양자의 성격과 목적이 다르므로 위자료와 재산분할을 동시에, 또는 별도로 청구할 수 있다.

② 재산분할청구권

부부가 이혼하면, 그 동안 함께 노력하여 형성한 재산을 나누게 된다. 이 때 재산의 명의에 상관없이 기여한 정도에 따라 분할을 청구할 수 있는 권리가 재산분할청구권이다.

부부가 이혼하면 생활 공동체가 해체되어 재산관계도 정리를 해야 하는데, 혼인생활 중에 취득한 재산이 부부 중 어느 일방의 명의로 되어 있는 경우 혼인 생활에 협력해온 다른 일방 당사자 특히 아내의 가사노동 등의 기여한 정도가 제대로 반영되지 않기 때문에 부부공동생활의 실체에 부합하도록 실질적인 공유 재산의 청산이 필요한 것이다. 부부 사이에 재산분할을 할 것인가, 한다면 그 액수와 방법은 어떻게 할 것인가를 협의하여 결정하여야 한다. 만일 협의가 되지 않거나 협의할 수 없을 때에는 가정법원에 재산분할을 청구할 수 있다.

재산분할의 방법은 금전 지급, 현물 분할 등의 형태로 할 수 있는데, 당사자의 청구와 재산의 형태 등을 고려하여 판단한다. 대부분 금전지급으로 재산분할을 명하는 경우가 많고, 부동산의 지분을 이전하도록 명하는 경우도 있다.

재산분할의 대상은 부부가 혼인 중에 함께 노력하여 형성한 재산인 것이 원칙이다. 이 경우에는 부동산, 예금, 증권, 대여금 등이 모두 포함되고, 금전채무가 있을 경우 그 재산에서 공제하게 된다. 그 외에 변호사, 의사 등 전문직의 자격증도 배우자의 도움에 의하여 취득한 경우에는 재산분할의 고려 대상이 되고, 퇴직금, 연금 등도 고려해야한다. 혼인 전부터 부부 중 한사람이 보유하고 있던 고유재산 및 혼인 중 자기명의로 취득한 특유재산(예컨대, 상속 재산 등)은 재산분할의 대상이 되지 않는 것이 원칙이지만, 혼인 생활 기간 동안 배우자 일방이 그 재산의 유지에 적극 기여한 경우에는 재산분할의 대상이 된다.

사례의 경우, 부부재산관계의 청산에 있어서 부부의 일방이 소득 활동을 하는 경우에는 다른 일방의 가사노동 등이 협력이 되므로, B의 가사노동이 평가되어 A의 특유재산에 대하여 B는 분할청구 할 수 있다. 분할의 비율은, 아내가 전적으로 가사노동에만 종사해온 이른바 전업주부의 경우 기여도를 3분의 1로 인정한 사례도 있고, 50%를 인정한 사례도 있다. B도 혼인 중에 마련한 아파트에 대해 재산분할청구권이 있다. 명의가 남편 명의로 되어 있어도 물론 가능하다.

③ 자녀 양육

이혼을 하게 되면 당사자 간에 부부관계가 소멸한다. 부부 간에 생긴 일체의 권리 의무는 소멸한다. 이혼하게 되면 자녀들은 어떻게 될까? 민법상 원칙은 다음과 같다:

첫째, 자녀의 양육에 대해서는 부모가 먼저 협의하여야 한다. 이혼한 부모 간에는 자녀들을 서로 양육하겠다거나 또는 서로 양육하지 않겠다고 하여 분쟁이 유발될 수 있는데 일단 어느 쪽이 양육하기로 하든, 공동으로 양육하기로 하든 또는 제3자에게 양육을 맡기기로 하든 부모가 협의해서 결정하라고 하고 있다.

둘째, 부모가 협의가 되지 않거나 협의 할 수 없는 경우에는 법원이 결정한다, 즉 법원은 협의가 되지 않는 당사자들로부터 신청을 받게 되면 양육자, 양육 방법, 양육비 등에 관한 결정을 하게 된다. 이 청구는 조정을 먼저 거치도록 되어 있다.

셋째, 부모의 협의나 법원의 개입에 의한 양육의 결정은 언제든지 당사자의 청구에 의하여 적당하게 변경할 수 있다.

④ 친권(親權)

부모는 미성년자인 자의 친권자가 된다(민법 제909조 1항). 친권(親權)이란 미성년자인 자녀에 대하여 그 부모가 행사할 수 있는 권리를 말하는데, 구체적으로는 자녀를 보호하고 양육하며, 거소를 지정하고, 징계하는 권리이다. 또 미성년자의 영업을 허락하고, 미성년자를 대리하여 재산을 관리하고, 미성년자의 법률행위(계약)에 대해 동의하거나 취소할 수 있는 권리이다. 친권은 부모가 혼인 중인 때에는 공동으로 행사하게 되어 있다(민법 제909조 2항).

그런데 문제는 부모가 이혼하게 되면 친권은 누가 행사하는가이다.

민법은 이 문제를 다음과 같이 해결한다(민법 제909조 4항 참조).

첫째, 부모의 협의로 친권을 행사할 자를 정하라고 한다. 그러므로 친권의 행사를 부모 중 어느 일방이 행사하거나(단독친권), 또는 이혼 후에도 부모 쌍방이 계속 행사하거나(공동친권)하는 문제는 모두 부모의 협의에 달려 있다. 친권 행사자의 협의 문제는 양육문제와 반드시 같게 할 필요는 없다. 그러므로 양육은 생모가 하고, 친권은 아버지가 행사한다는 합의도 가능하다.

둘째, 부모 간에 협의가 되지 않거나 협의를 할 수 없는 경우에는 직권으로 또는 당사자의 청구에 따라 가정법원이 친권자를 지정하여야 한다. 그런데 실제로는 협의이혼 시에는 이혼신고서에 친권행사자를 정해서 기재하도록 하고 있고(가족관계등록법 제74조), 재판상 이혼의 경우에는 이혼의 청구를 심리할 때에 법원은 이 문제를 부모에게 미리 협의하도록 권고하여야 한다고 되어 있다(가사소송법 제25조). 다만, 부모의 협의가 자녀의 복리에 반하는 경우에는 가정법원은 보정을 명하거나 직권으로 친권자를 정할 수 있다.

제909조(친권자) ① 부모는 미성년자인 자의 친권자가 된다. 양자의 경우에는 양부모(養父母)가 친권자가 된다.

② 친권은 부모가 혼인 중인 때에는 부모가 공동으로 이를 행사한다. 그러나 부모의 의견이 일치하지 아니하는 경우에는 당사자의 청구에 의하여 가정법원이 이를 정한다.

③ 부모의 일방이 친권을 행사할 수 없을 때에는 다른 일방이 이를 행사한다.

④ 혼인 외의 자가 인지된 경우와 부모가 이혼하는 경우에는 부모의 협의로 친권자를

정하여야 하고, 협의할 수 없거나 협의가 이루어지지 아니하는 경우에는 가정법원은 직권으로 또는 당사자의 청구에 따라 친권자를 지정하여야 한다. 다만, 부모의 협의가 자(子)의 복리에 반하는 경우에는 가정법원은 보정을 명하거나 직권으로 친권자를 정한다.

⑤ 가정법원은 혼인의 취소, 재판상 이혼 또는 인지청구의 소의 경우에는 직권으로 친권자를 정한다.

⑥ 가정법원은 자의 복리를 위하여 필요하다고 인정되는 경우에는 자의 4촌 이내의 친족의 청구에 의하여 정하여진 친권자를 다른 일방으로 변경할 수 있다.

사례

부모의 이혼 등으로 한쪽이 단독친권자가 됐다가 사망하면, 생존 부모가 자동으로 친권자가 되는가?

기존 대법원판례 등에 따르면, 이혼 후 단독친권자로 되어 있던 부모의 일방이 사망한 때에는 생존하고 있는 다른 일방이 자동으로 친권자가 되었다(대법원 1994.4.29. 선고 94다1302 판결; 호적예규 제449-1호).

그러나 현행 민법(제909조의2)은 친권을 갖고 있던 부모 한쪽이 사망했을 때 생존부모나 친족이 사망사실을 안 날로부터 1개월, 사망한 날로 부터 6개월 내에 친권자지정을 청구하면 가정법원이 양육 능력, 자녀 의사 등을 고려해 친권자를 결정하도록 한다고 규정하고 있다. 법원은 생존 부모를 친권자로 하는 것이 부적절하다고 판단하면 직권으로 후견인을 지정할 수 있고, 친권자나 후견인이 정해질 때까지 공백 기간이 생기지 않게 후견인 임무대행자를 선임할 수 있도록 하고 있다. 또 후견인을 선임했더라도 양육 환경과 능력이 개선돼 생존부모가 친권을 행사하는 것이 적당하다면 법원은 후견을 종료하고 친권자를 바꿀 수 있게 하고 있다.

아울러 종전에는 유언으로 후견인을 지정하는 것은 부모가 모두 사망하는 것을 전제로 가능했으나 현행 규정은 단독친권자가 생존 때 미성년 자녀를 돌보기 적당한 사람을 골라 미리 유언을 통해 후견인으로 지정할 수 있도록 하고 있다(제931조).
또한 입양이 취소·파양하거나 양부모가 모두 사망한 경우 친생부모가 친권자가 되어야하지만, 이미 재혼 등으로 친권자가 되기 부적합한 때도 법원이 친권자를 지정하거나 후견인을 선임할 수 있게 하고 있다(제909조의2).

SUMMARY

1. 혼인(婚姻)이 성립하기 위해서는, 당사자 간에 혼인할 의사가 있어야 하고, 혼인할 수 있는 나이가 되어야 하며, 혼인할 수 없는 관계가 아니어야 하고, 법적으로 다른 사람의 남편이 거나 아내가 아니어야 한다. 그리고 혼인 신고를 하여야 한다.

2. 부부는 혼인 중의 재산관계 및 이혼 후의 재산분배에 관하여 계약을 체결할 수 있다. 이러한 부부재산약정이 없는 경우, 부부의 일방이 혼인 전부터 가진 고유재산과 혼인 중 자기의 명의로 취득한 재산은 그의 특유재산이 된다. 다만 부부의 누구에게 속한 것인지 분명하지 아니한 재산은 부부의 공유재산으로 추정된다.

3. 부부가 서로 협의하여 헤어지기로 합의하는 방법으로 이혼할 수 있고(협의이혼), 관할법원의 조정을 거쳐 이혼소송을 청구하여 판결로서 이혼할 수 있다(재판상 이혼).

4. 이혼을 할 경우에는 일방 배우자는 이혼에 대한 책임이 있는 상대방 배우자에게 정신적 고통에 대한 배상 즉, 위자료를 청구할 수 있고, 이혼한 부부의 일방이 다른 일방에 대하여 혼인생활 중 당사자 쌍방의 협력으로 취득한 재산의 분할을 청구할 수 있다.

5. 부부가 이혼하는 경우 자녀의 양육 및 친권에 관한 사항은 이혼 당사자가 협의하여 정하고 협의가 되지 않거나 협의할 수 없는 때에는 당사자의 청구나 법원의 직권에 의하여 가정법원이 정한다.

YOUR OPINION

1. 계주 A에 의해 계가 깨졌다. B를 비롯한 계원들은 A의 집에 몰려가 항의를 하였으나, 오히려 A는 "법대로 하라"면서 배짱을 부렸다. 집안에는 수천만 원짜리 가재도구가 즐비하나, A의 앞으로 된 재산은 아무 것도 없다. 이 가재 도구도 모두 남편의 수입으로 마련한 것이므로 자기 것이 아니라고 주장한다. B가 돈을 받을 방법이 없는가?

2. 아내 B는 화장품 외판원으로 일하면서 근검절약과 부업으로 10년 만에 집을 마련하였다. 그 집은 남편 명의로 등기를 하였는데, 주택매입을 위해 은행에서 5,000만 원을 대출받았다. 그러나 먹고 살만하니까 남편 A가 바람을 피우자, B는 이혼을 결심하였다.

   1 남편 A가 이혼에 응하지 않고 있다. 어떠한 절차에 의하여야 할까?
   2 이혼을 한다면 마련한 집에 대해 B는 권리가 있는가?
   3 남편이 자기 명의로 된 것을 기화로 B 몰래 팔려고 한다면, A가 집을 처분할 수 없도록 하는 방법은?

B가 A와 이혼을 하게 되면, 재산분할청구라는 제도를 통해서 A 명의의 재산이라도 B가 기여한 범위 내에서는 이를 되찾아 올 수 있다.
법률적으로 보면, B가 번 돈으로 구입한 집을 A의 이름으로 명의만을 신탁한 것으로 볼 수도 있으므로, 명의신탁 해지를 원인으로 하여 B는 A에게 소유권이전등기를 청구할 수 있다.
그러나 현실적으로 집의 명의자인 A가 집을 처분할 수도 있으므로, 이를 방지하기 위하여 그 집에 가압류 또는 가처분을 해둘 필요가 있다. 이혼 시 재산분할청구권에 기한 경우에는 가압류를, 명의신탁 해지를 원인으로 한 소유권이전등기청구권을 행사하고자 하는 경우 가처분을 신청하면 된다. 가압류나 가처분은 집의 소재지를 관할하는 법원에 신청하면 된다.
가압류는 금전채권의 강제집행을 보전하기 위하여 채무자의 재산을 압류하는 것을 말하며, 가처분은 채무자가 제3채무자에 대하여 가지는 채권의 귀속이나 그 수령권에 관한 다툼이 있는 경우에 한다.

Chapter 13

상속

法 부동산과 생활법률

Chapter 13. 상속

1. 유언

1) 유언의 의의

유언(遺言)이라 함은 유언자의 사망과 동시에 일정한 법률효과를 발생시키는 것을 목적으로 일정한 방식에 따라 하는 유언자(피상속인)의 상대방 없는 단독행위를 말한다. 미성년자는 만 17세 이상이면 단독으로 유언을 할 수 있고, 피성년후견인은 의사능력을 회복한 때에 한하여 의사가 심신회복의 상태를 유언서에 부기하고 서명·날인한 때에 유언을 할 수 있다(민법 제 1061조·제1063조). 유언능력은 유언할 때 존재하면 되고, 유언의 대리는 허용되지 않는다.

2) 유언의 방식

유언은 유언자가 사망한 후에 효력이 발생하기 때문에 유언자의 의사를 명확히 해야 한다는 점에서 엄격한 방식을 취하도록 하고 있다. 따라서 법정 형식을 갖추지 않은 유언은 유언으로서의 효력이 없다. 우리 민법상 유언의 법정 방식은 ① 자필증서, ② 녹음, ③ 공정증서, ④ 비밀증서, ⑤ 구수증서의 5가지가 있다(민법 제1065조~제1072조).

(1) 자필증서에 의한 유언

자필증서는 유언자 본인이 직접 유언의 내용 전부와 그 유언서를 쓴 연월일

그리고 주소, 성명을 쓰고 날인해야(도장을 찍어야) 한다.

따라서 대필은 인정되지 않는다. 그리고 연월일은 매우 중요하기 때문에 반드시 기재해야 하지만 꼭 연월일의 형태로 표시하지 않더라도 예를 들어 '만 60의 생일에'라든가 '몇 년 할아버지 제삿날에'라고 쓴 것과 같이 유언을 작성한 날이 확인되면 유효하다. 그리고 성명도 그 유언서가 누구의 것인가를 알 수 있는 정도면 되므로 호나 자 또는 예명 등을 사용해도 되지만, 반드시 자필로 써야만 한다. 그리고 날인은 반드시 인장일 필요는 없고 지장, 즉 손도장을 찍어도 된다.

(2) 녹음에 의한 유언

녹음에 의한 유언의 요건은, 유언자가 녹음기를 사용하여 유언의 취지, 내용과 자기의 성명, 그리고 유언을 하는 연월일을 구술하고, 이에 참여한 증인이 유언의 정확함과 그 성명을 구술하는 것 이다.

(3) 공정증서에 의한 유언

공정증서에 의한 유언은 자기가 유언증서를 작성하지 않아도 할 수 있는 유언의 방식이다. 유언자가 성년 증인 두 사람이 입회한 가운데 공증인 앞에서 유언의 내용을 말하면 공증인이 그 내용을 받아 적은 후 받아 적은 것이 유언자가 말한 내용과 일치한가를 확인한 뒤 각자 서명 또는 기명날인하는 방법에 의한다. 공정증서에 의한 유언은 그 내용의 유효 여부가 공증인에 의하여 확인되며, 유언증서를 공증인이 보관한다는 점에서 가장 확실한 유언방법이다.

(4) 비밀증서에 의한 유언

비밀증서에 의한 유언은 그 내용을 자기의 생전에는 비밀로 해두고 싶은 경우에 좋은 방식이다. 이것은 유언자가 직접 또는 대리인을 통해 유언의 내용을 쓰고 그 쓴 사람의 성명을 기입한 증서를 봉인한 후, 2인 이상의 증인에게 제출하여 자기의 유언서임을 표시해야 한다.

그리고 그 봉서의 표면에 그 유언서의 제출 연월일을 기재하고 유언자와 증인이 각각 서명 또는 기명날인해야 한다. 이렇게 하여 작성한 유언봉서를 그 표면에 기재된 날로부터 5일 이내에 공증인 또는 법원에게 제출하여 그 봉인 위에 확정 일자를 받아야 한다.

(5) 구수증서에 의한 유언

질병이나 급박한 사정에 의해 다른 방법에 의한 유언을 할 수 없을 때는 구수증서에 의한 유언을 할 수 있다. 이 방식은 2인 이상의 증인이 입회한 가운데 그 중 한 사람에게 유언취지를 이야기해 주면 그 사람이 이를 받아쓴 뒤 낭독하여 유언자와 나머지 증인이 그 정확함을 승인한 후에 각자 서명 또는 기명날인하는 것이다. 이렇게 작성한 유언서를 그 유언 당시 참여한 증인이나 이해관계가 있는 사람이 그 급박한 사유가 끝난 날로부터 7일 이내에 가정법원에 그 검인신청을 해야 한다. 이 검인은 유언이 진의에 의한 것인가를 심사하기 위한 것이며 검인이 있다 하여 반드시 그 유언이 유효하다는 뜻은 아니다.

사례

甲은 10년 전부터 乙의 후처로 혼인 신고를 하지 않고 동거인으로 살고 있는데, 연로한 乙은 최근 甲의 생활안정을 고려하여 그 소유 부동산 1필지를 그의 사후에 증여하겠다는 취지의 각서를 자필로 작성하여 甲에게 주었다. 이와 같은 각서로도 유언의 효력이 인정되는가?

자필증서에 의한 유언은 유언 중 가장 간단한 방식인데, 그 요건은 유언자가 유언의 내용이 되는 전문과 연·월·일, 주소·성명을 자신이 쓰고 날인한 유언서를 말한다. 이 유언은 자필하는 것이 절대적 요건이므로 타인에게 구수 필기시킨 것, 타이프라이터를 사용한 것은 자필증서로서 인정되지 않는다.

유언서 작성 시 연·월·일도 반드시 자필로 기재하여야 하며, 유언서 말미나 봉투에 기재하여도 무방하나, 연·월·일이 없는 유언은 무효이다. 또 성명의 기재가 없는 유언서도 무효이다. 여기서 성명은 그 유언서가 누구의 것인가를 알 수 있는 정도면 족하므로 호나 자, 예명 등과 같은 것도 상관없다. 또 유언서의 전문과 연·월·일, 성명을 작성하고 날인하는 것을 요건으로 하는데, 도장은 인감일 필요는 없다.
이러한 자필증서를 보관한 자 또는 이를 발견한 자는 유언자의 사망 후 지체 없이 그 증서를 법원에 제출하여 검인을 받아야 한다(민법 제1091조 1항).
위에서 설명한 자필증서에 의한 요건을 충족하지 못하는 한, 乙의 각서는 효력이 없다. 다만 「사인증여」(死因贈與)로써의 효력은 인정될 수 있을 것이다. 가령 내가 죽으면 너에게 이 집을 주겠다고 하는 경우에서와 같이 증여자의 사망으로 인하여 효력이 발생하는 증여가 사인증여이다. 사인증여는 수증자가 증여자 생전에 승낙을 하여야 성립하는 계약으로, 증여의 일종이라는 점에서 단독행위인 유증과 다르다. 그러나 증여자의 사망 후에 효력이 발생한다는 점에서 유증과 같기 때문에, 사인증여에 유증의 규정이 준용된다(민법 제562조). 주의할 것은, 유증의 효력에 관한 규정의 일부만이 준용된다는 점이다.

사례

슬하에 2남 2녀를 둔 甲은 임종에 앞서 모든 자녀 앞에서 장남에게 소유재산의 80%에 해당하는 건물을 주라고 하였다. 그런데 아버지가 돌아가시자, 자녀들 사이에 그 유언에 따라 상속을 해야 하는가를 놓고 다툼이 생겼다. 유언 내용에 불만이 있는 차남과 여동생들은 이 유언에 따를 수 없다고 한다.

유언은 엄격한 법정 방식에 의하지 않으면 이는 법률상 효력이 부여되지 않는다. 즉 우리 민법은 법정 방식의 유언에 의한 상속재산의 처분의 자유를 인정하고 있기 때문에 법률은 유언에 대하여 법률이 정한 방식을 따를 것을 요구하고 있다. 법적으로 유효한 유언을 남기면 이 유언의 효력의 발생 시기는 유언 당시가 아니라 사망 이후가 된다.

위의 甲이 임종의 자리에서 남긴 유언은 법률이 정한 방식에 의하지 아니한 것이므로 효력이 없다. 따라서 A이외의 자녀들이 아버지의 유언이 법적으로 유효한 방식으로 이루어진 것이 아님을 이유로 유언에 따를 필요가 없다고 주장할 수 있다(상속인들이 이를 지키는지의 여부는 전적으로 자유이다). 이 주장이 인정되면, A를 포함한 4자녀들은 모두 상속 재산의 1/4씩 상속받게 된다.

사례

평생을 모은 재산으로 재단을 설립하여 어려운 사람들을 도와주고 싶은 A할머니는 문맹이어서 유언장을 쓸수 없었다. 생각다 못해 큰아들을 불러 설득한 다음, "모든 재산의 반을 「이문장학재단」에 기증한다."라는 내용의 유언장을 대필시켰다. 이 유언장의 법적 효력은 어떠한가?

민법은 자필증서, 녹음, 공정증서, 비밀증서, 구수증서에 의한 유언 등 5가지 유언방식을 인정한다. 그런데 자필증서에 의한 유언을 제외하고는 모두 증인의 참여가 필요하게 되어 있고, 유언에 참여할 수 있는 증인의 자격은 법률로 정해져 있다. 즉 미성년자와 피성년후견인, 피한정후견인은 아예 증인 자격이 없다. 또 유언에 의하여 이익을 받게 될 자나, 그 배우자와 직계혈족도 증인이 되는 것이 허용되지 않는다(민법 제1072조 참조). 만일 이런 사람을 증인으로 참여하는 것을 허용하면 이들이 자기 이익을 꾀할 우려가 있다고 보기 때문이다.

사례의 A 할머니가 선택한 유언 방식은 타인이 대필한 「비밀증서」 또는 「구수증서」에 의한 유언으로 볼 수 있다. 그러나 큰아들이라는 직계혈족이 대필 또는 증인으로 참여한 것이므로 이 유언은 무효라 하겠다.

3) 유언의 철회

유언은 사람이 죽기 전까지 최후에 가진 생각을 표시하는 것이다. 따라서 유언을 한 사람이 아직 살아 있는 동안에는 특별한 이유가 없어도 자유롭게 유언 내용의 전부 또는 일부를 아예 없었던 것으로 하거나 변경할 수 있다.

유언은 상대방 없는 단독행위이고, 유언자의 의사가 존중되기 때문에 그 철회는 자유이다. 따라서 유언자는 유언철회권을 포기할 수 없다. 유언의 철회는 유언증서를 파기하거나 유언증서의 내용과 다르게 재산을 처분하는 방법에 의하여 할 수 있다. 유언자가 유언을 철회한 경우에는 처음부터 유언이 없었던 것과 마찬가지로 취급된다.

4) 유언의 효력 발생

유언은 유언자가 사망한 때로부터 효력이 생긴다(민법 제1073조). 그렇지만 유증을 받을 자는 유언자가 사망한 후에 언제든지 유증을 승인하거나 포기할 수 있고, 유증을 포기한 경우에는 그 재산은 상속인에게 귀속한다.

5) 유증

유증(遺贈)이란 유언에 의하여 재산을 무상으로 증여하는 것을 말한다. 유증에는 개별 재산을 수증자에게 주는 방법과 전체 재산의 일부를 주는 방법이 있다. 전자를 특별유증이라고 하고, 후자를 포괄유증이라고 한다. 포괄유증을 받는 자는 상속인과 동일한 권리의무를 갖는다. 사실혼의 처에게 상속재산의 4분의 1을 준다든가, 처가 전혼에서 낳은 자에게 자기의 직계비속과 동일한 비율의 재산을 준다든가 하는 것이 그 예이다.

사례

고아로 자란 A는 가족들에서 "재산의 반을 X 복지원에 주어라"라고 유언을 남겼다. 그런데 A가 사망한 후 그 유족들이 동의하지 않고 있다. 상속은 어떻게 되는가?

A가 유언으로 재산을 증여한 경우에 그 효력은 어떠한지를 묻는 것이다. 우리 민법은 원칙적으로 유언에 의한 재산 처분의 자유를 인정하고 있다. 때문에 피상속인은 유언으로 재산을 다른 사람이나 단체에게 증여할 수 있다. 이를 유증(遺贈)이라 한다. 유증이 이루어지면 그 효력은 상속처럼 사망 시에 발생하게 된다. 유증에는 상속재산의 전부나 일부를 준다는 식으로 비율이 정해진 포괄(包括)유증이 있고, 상속재산 중 몇 번지 땅을 준다는 식의 특정유증이 있다.

유언으로 유증을 하면 유언 중에 이를 받도록 지정된 자를 「수증자(受贈者)」라고 하며, 자연인은 물론이고 단체, 기구, 법인도 수증자가 될 수 있다. 또 유증한 대로 이를 실행할 의무가 있는 자를 「유증의무자」라고 하며 상속인, 유언집행자가 이에 해당한다.

포괄유증을 받은 수증자는 상속인의 지위를 갖는다. 즉 상속인과 동일한 권리와 의무가 있다. 말하자면 포괄유증은 피상속인이 유언으로 또하나의 상속인을 만들어 내는 것이라 할 수 있다.

적법한 유증이 있게 되면 유증의무자는 유증에 따라 피상속인 시후에 포괄수증자에게 유언으로 정해진 상속재산의 비율대로 분배해 주어야한다. A의 유언으로 X 복지원에 재산의 반을 증여한다고 한 포괄유증이 이루어졌고, 유족들의 동의와 관계없이 상속재산 중 반은 X 복지원에 귀속한다.

6) 유류분

유언을 하는 자는 원칙적으로 자기 재산을 자유로이 처분할 수 있다. 그러나 모든 재산을 사회에 기부한다든지, 상속인 중 소수에게 몰아준다든지 하여 다른 상속인이 생활하기조차 힘들어지는 등 상속인들의 지나친 희생을 강요하는 경우가 있다. 이러한 경우 상속인들을 보호하기 위해 법률이 상속 재산 중의 일정한 비율을 그들에게 보장해주는데, 이를 유류분이라고 한다. 즉 유류분(遺留分)이라 함은 상속인에게 유보된 상속재산의 일부로서 피상속인의 생전처분 또는 유언으로 빼앗을 수 없는 부분을 말한다.

유류분을 받을 수 있는 권리를 유류분권이라고 하는데, 유류분권의 포기는 유류분 권리자의 자유이지만, 상속개시 전에 미리 포기하지 못한다. 그러나 유류분권을 포기하면 포기의 효과는 소급하여 그 유류분 권리자가 없었던 것으로 하여 유류분권자의 유류분을 산정한다.

유류분은 공동 생활을 하던 유가족의 생활안정을 보호하기 위하여 인정된 제도이므로 법정 상속순위의 범위보다 좁다. 그리하여 우리민법상 유류분권자는 피상속인의 직계비속·배우자·직계존속·형제자매 등으로 제한하고 있으며, 태아나 대습상속인도 포함되나, 상속인의 결격·포기에 의하여 상속권을 잃은 자는 유류분권도 당연히 상실한다. 한편 유류분도 차등으로 규정하는데, ① 피상속인(사망한 자)의 배우자 및 직계비속은 그 법정상속분의 2분의 1, ② 피상속인의 직계존속 및 형제자매는 그 법정상속분의 3분의 1로 한다(민법 제1112조).

유류분 산정의 기초가 되는 재산은 상속개시 시에 가진 재산에 다른 사람에게 무상으로 준 증여재산의 가액을 가산하고 사망한 사람(피상속인)의 채무를 공제한 것이다(민법 제1113조). 이 경우 가산되는 증여는 원칙적으로 상속개시 전의 1년 내에 한 증여이지만, 유류분 권리자에게 손해를 줄 것을 알고 한 증여의 경우에는 1년 전에 행해진 증여도 포함된다. 또 상속인의 특별수익분은 1년 전의 것이라도 모두 산입한다(민법 제1114조).

유류분 제도에 의해 보호받는 자들이 사망자가 남긴 재산만으로는 자신들의 비율대로 보장받을 수 없을 때가 있다. 이때는 사망한 자의 유언으로 재산을 무상으로 준 자가 있을 경우에는 그자에게 자신들의 액수에 부족한 만큼만 돌려줄 것을 요구할 수 있다. 그런 후에도 부족할 경우에는 사망한 자가 살아있을 때 무상으로 재산을 준 자에게 다시 반환을 요구할 수 있다(민법 제1115조 및 제1116조). 그러나 이 반환청구권은 상속의 개시와 반환할 증여와 유증을 안 날로부터 1년 내에 행사하지 않으면 시효로 소멸한다(민법 제1117조). 설령 이를 몰랐다고 하더라도, 피상속인이 사망(상속이 개시)한 날로부터 10년이 지나면 소멸한다.

사례

아버지가 전 재산 7억 원을 사회에 기부했다. 그의 아내와 아들과 딸이 이에 불만을 가지고 유류분을 주장한다. 각각 어느 정도의 액수를 보장받을 수 있는가?

전재산은 7억이고, 배우자와 자녀의 법정상속분비율은 1.5:1이므로, 아내와 자녀들의 법정 상속분은 1.5/3.5 : 1/3.5 : 1/3.5

그러므로 이들의 유류분은,

처 : 7억(전 재산) × 1.5/3.5(법정 상속분) × 1/2(유류분) = 1억 5천만 원

아들, 딸 : 7억 × 1/3.5 × 1/2 = 1억 원

사례

甲에게는 자녀 A, B, C가있는데, 甲은 자기 재산 3억 원 중 A에게 1억 5천만 원의 재산을 증여하였다. 그로부터 2년 후에는 사실혼의 처 D에게 9천만 원의 재산을 증여하였다. 甲은 B와 C에게 그 후 재산을 증식시켜 나누어 줄 생각이었는데, 뜻대로 되지 않았고, 그 후 2년이 지나서 6천만 원의 재산을 남기고 사망하였다. B와 C는 A또는 D에게 유류분 반환청구를 할 수 있는가?

甲의 A에 대한 증여는 특별수익분에 해당한다. 피상속인이 상속개시전의 1년간에 행한 증여에 한하여 유류분산정의 기초가 되는 재산에 포함시키는데, 상속인의 특별수익분에 대해서는 1년 전에 증여한 것이라도 모두 산입하게 된다(민법 제1008조). 따라서 A에 대한 증여는 당연히 유류분 계산을 위한 상속재산에 산입된다.

甲의 사실혼의 처 D에 대한 증여는 증여한지 1년이 지났으므로 일단 산입되지 않는다고 하겠다. 그러나 당사자 쌍방이 유류분 권리자에게 손해를 가할 것을 알고 증여를 한 때에는 1년 전에 한 것도 산입을 하게 되므로, 사례에서 '손해를 가할 것을 알고' 한 것이냐가 문제이다. 상대적으로 젊은 나이였다면 그가 사망할 때까지 재산을 증식할 가능성이 있으므로, 이러할 경우에는 주는 쪽이나 받는 쪽이나 모두 유류분권리자에게 손해를 가한다고 생각하지 않는 것이 보통일 것이다.

이러한 사정 하에서 상속 개시 당시의 재산 6,000만 원에 A에 대한 생전증여 가액 1억 5,000만 원을 합하여 계산하여, 유류분 산정의 기초재산은 2억 1,000만 원이 된다.

A, B, C 각자의 상속분은 2억 1,000만 원 × 1/3 = 7,000만 원

B·C는 상속 개시 시의 재산 6,000만 원에서 각자 3,000만 원씩을 받게 되고, A는 더 이상 받을 것이 없다. A는 자신의 상속분 7,000만 원을 초과하는 증여를 받았기 때문이다.

그런데 B, C의 유류분 액은 각각 3,500만 원(법정상속분 7,000 × 1/2)이 되므로, 상속재산에서 3,000만 원씩을 받아도 유류분은 500만 원이 부족한 상태가 된다. 따라서 B·C는 A에 대하여 각각 500만 원씩의 유류분반환청구권을 가진다.

2. 상속

1) 상속 및 상속권의 의의

사람이 사망하면 권리능력을 상실함으로써 더 이상 권리나 의무를 가질 수 없기 때문에, 피상속인의 사망으로 인하여 피상속인에게 속하였던 재산상의 지위(권리와 의무)를 상속인이 승계하는 것을 상속(相續)이라 한다. 그러나 피상속인의 일신에 전속한 것은 상속대상에서 제외된다(예: 부양청구권). 다만 피상속인이 정신적 손해로 인한 위자료청구권을 생전에 행사한 경우에는 상속될 수 있다.

한편 상속에 관하여 상속인이 가지는 권리를 상속권(相續權)이라고 하는데, 상속개시 전에는 상속인이 장차 상속을 받을 수 있는 기대에 관한 권리를 의미하며, 상속개시 후에는 상속된 재산을 나누어 가질 수 있는 권리 또는 지위를 의미한다.

2) 상속의 개시

(1) 자연사망

상속은 피상속인의 사망으로 인하여 개시된다(민법 제1997조). 실종선고의 경우에도 사망한 것으로 의제되므로 실종선고를 받은 자는 실종기간이 만료한 때에 사망한 것으로 하여 상속이 개시된다. 상속개시 장소는 피상속인의 주소지이며, 상속에 관한 비용은 상속재산 중에서 지출한다(민법 제998조·제998조의 2).

(2) 실종선고

어떤 사람의 생사가 불명한 상태가 오래 되었으나 그 시체를 확인하지 못한 경우에는 사망했다고 단정할 수 없다. 그렇지만 이와 같은 사정으로 인하여 생사를 알 수 없는 사람(이러한 사람을 부재자(不在者)라고 부른다.)과 관련된 법률관계를 오랫동안 방치하면 그 사람과의 법률관계가 확정되지 아니함으로 인하여 이해관계인에게 불이익을 줄 수 있다. 그리하여 민법은 부재자와 이해관계인의 이익을 조화시키기 위하여 실종선고(失踪宣告)라는 제도를 두고 있다(민법 제27조 이하). 즉 부재자의 생사불명의 상태가 오랜 기간 계속된 경우에 사망에 준하는 효과를 부여함으로써 부재자와 관련된 법률관계를 확정하고자 하는 것이다(물론 실종선고를 통하여 사망한 것으로 간주된 사람이 생존하고 있거나 다른 시기에 사망한 사실이 확인된 경우에는 실종선고를 취소하여 그 효력을 상실시킨다).

실종선고는 부재자의 생사가 일정기간 분명하지 아니한 때에 이해관계자나 검사의 청구에 의하여 법원이 하게 된다. 실종선고를 청구하기 위한 부재자의 생사불명기간은, 일반실종의 경우에는 5년, 전쟁·항공기의 추락·선박의 침몰 등과 같은 사유로 인한 특별실종의 경우에는 1년으로 정하여져 있다. 그리고 실종선고를 청구할 수 있는 이해관계인은 부재자의 법률적 사망으로 인하여 직접적으로 신분상 또는 경제상으로 권리를 취득하거나 의무를 면하는 자를 의미한다(예를 들어 부재자의 1순위 상속인이 있는 경우 후순위 상속인과 같이 직접 이해관계를 가지지 않는 자는 실종선고를 청구할 수 있는 이해관계인에 해당하지 않는다.). 법원은 실종선고의 청구를 받으면 6개월 이상의 기간을 정하여 그 기간 내에 부재자 본인이나 부재자의 생사를 아는 자에게 신고를 하도록 하며, 이 기간 동안 신고가 없는 경우에 실종을 선고하게 된다. 이러한 절차를 거쳐 실종선고가 있게 되면 부재자는 실종기간이 만료한 때에 사망한 것으로 간주되어 가족관계등록부에 기재되며, 그 효과로서 부재자의 재산에 대한 상속이 이루어지고 잔존배우자는 재혼을 할 수 있게 된다.

한편 실종선고를 받은 자가 생존해 있는 경우나 다른 시기에 사망한 것이 밝혀진 경우에는 법원에 대하여 실종선고의 취소를 청구할 수 있고, 실종선고가 취소된 경우에는 실종선고 후에 행해졌던 법률관계는 실종선고가 없었던 상태로 회복되게 된다. 다만 실종선고 후 그 취소 전에 선의로 한 행위는 회복되지 않으며, 실종선고를 취소한 경우에도 유효하다. 그렇지만 실종자의 이익도 고려하여야 하므로 실종선고의 취소가 있을 때에 실종선고를 직접원인으로 하여 재산을 취득한 자가 선의인 경우에는 그 받은 이익이 현존하는 한도에서 반환할 의무가 있고, 악의인 경우에는 그 받은 이익에 이자를 붙여서 반환하고 손해가 있으면 이를 배상해야 한다(민법 제29조). 가령 남편이 실종선고를 받은 경우에 남편이 생존하고 있다는 사실을 알지 못하는 부인이 다른 사람과 재혼을 한 경우에는 재혼이 유효하고 전혼은 부활하지 않지만, 남편이 생존하고 있다는 사실을 알면서도 재혼을 한 경우에는 중혼이 되어 전혼은 이혼사유가 되고, 후혼은 취소할 수 있게 된다. 그리고 상속인이 선의인 경우에는 상속받은 재산 중 현재 남아있는 재산만 반환하면 되지만, 악의인 경우에는 상속받은 재산 전부와 그에 대한 이자를 붙여서 반환하여야 한다.

(3) 인정사망

사망 시기를 확정하기 위한 제도로 실종선고 외에 인정사망(認定死亡)이 있다(가족관계등록법 제87조). 인정사망은 가족관계등록법에서 규정하고 있는 제도로서, 수난·화재 또는 기타의 재난으로 인하여, 사망에 대한 직접적인 증거는 없지만, 사망한 것으로 인정할 개연성이 큰 경우에 이를 조사한 공무원이 사망지의 시·읍·면의 장에게 사망의 통보를 함으로써 가족관계등록부에 사망한 것으로 기재하는 제도이다. 인정사망제도를 둔 이유는 사망하였다는 직접적인 증거는 없지만 사망하였을 확률이 대단히 높은데도 불구하고 실종선고의 제도에 의하여 사망한 것으로 처리한다는 것은 적당하지 않다고 생각되기 때문이다. 인정사망의 제도는 삼풍백화점 붕괴 사고, 괌에서의 대한항공기 추락사고, 대구지하철 화재사고 등과 같이 실종자의 사체를 확인할 수 없는 경우에 적용된 바 있다.

2인 이상이 동일한 위난으로 사망한 경우에 누가 먼저 사망하였는가는 상속과 관련하여 중대한 의의가 있다. 그렇지만 실제로 누가 먼저 사망하였는지 확인할 수 없는 경우에는 먼저 상속재산을 차지한 사람에게 유리한 결과가 발생하게 된다. 예를 들어 甲이 子와 함께 사망한 경우에 처인 乙이 재산을 차지하고 나면 甲의 母인 丙은 甲이 먼저 사망하였다는 것을 증명한 경우에만 상속을 받을 수 있기 때문이다. 이러한 문제를 해결하기 위하여 민법은 동일한 위난으로 사망한 경우에는 동시에 사망한 것으로 추정하고 있다(민법 제30조). 따라서 동시에 사망한 사람들 사이에서는 상속이라는 법률관계가 발생하지 않으며 생존하고 있는 사람들 사이에서만 상속이라는 문제가 발생하게 된다(괌에서의 항공기추락사고로 인하여 사위를 제외한 일가족이 모두 사망한 대법원 2001.3.9. 선고 99다13157 판결에서는 동일한 위난으로 사망한 아버지와 딸 사이의 상속이 문제되었다.).

3) 상속인

(1) 상속 순위

민법이 규정하고 있는 상속인은 피상속인(사망한 자)의 4촌 이내의 혈족과 배우자이다. 이들 가운데 직계비속이 1순위가 되고, 직계존속은 2순위, 형제자매는 3순위, 그 밖에 4촌 이내의 방계혈족은 4순위의 상속인이 된다(민법 제1000조). 배우자는 직계비속이나 직계존속이 있는 경우에는 그들과 같은 순위에서 공동으로 상속하고 직계비속이나 직계존속이 없는 경우에는 단독으로 상속한다. 태아는 상속에 있어서 이미 출생한 것으로 보며, 직계비속인 子에는 혼인중의 자뿐만 아니라 인지된 혼인 외의 출생자나 양자도 포함된다.

상속순위

① 제1순위 : 피상속인의 직계 비속(자, 손자, 증손자 등)

② 제2순위 : 피상속인의 직계 존속(부모, 조부모, 증조부모 등)

③ 제3순위 : 피상속인의 형제자매

④ 제4순위 : 피상속인의 4촌 이내의 방계 혈족(삼촌, 고모 등)

배우자의 순위 : 직계 비속이나 직계 존속이 있는 경우에는 동순위로 공동상속인이 되고, 직계 비속이나 직계 존속이 없는 경우에는 배우자가 단독상속인이 된다.

⇒ 순위가 같은 상속인이 여럿인 경우에는 가장 가까운 촌수에 있는 자를 우선순위로 하고, 촌수가 같은 상속인이 여럿인 경우에는 공동으로 상속한다. 예를 들어, 사망한 자가 부모도 없고 미혼인 자로서 그에게 동생이 둘 있다면, 제1순위와 제2순위 상속인이 없는 경우로 제3순위 상속인인 형제들이 상속을 하게 되는데 둘이므로 그의 재산을 1/2씩 상속하게 된다.

사례

1 홀어머니를 모시고 사는 외아들 A는 B와 결혼을 하였는데, 6개월 만에 교통사고로 사망하고 말았다. 그의 처 B와의 사이에 자식이 없는 경우, 상속은 어떻게 되는가?

2 만일 A, B사이에 1살배기 아들 C가 있다면, 상속은 어떻게 되는가?

며느리는 시부모(배우자의 직계존속)가 사망하더라도 원칙적으로 상속권은 없다. 그러나 자기의 친정부모가 사망하면 그 직계비속의 자격으로 상속권이 있다.

그런데 피상속인이 자기의 배우자(남편)일 경우, 직계비속(남편과 자기 사이의 아이)이 있으면, 그들과 같은 순위에서 피상속인의 재산을 공동으로 상속한다. 그런데 직계비속이 없으나 피상속인에게 직계존속, 즉 시부모가 있으면 그들과 같은 순위로 공동상속한다. 직계비속도 직계존속도 없다면 단독으로 상속한다. 법정상속분은 직계비속이나 직계존속과 공동으로 상속하는 경우 직계비속, 직계존속의 상속분의 5할이 가산된다.

사례 1에서 B의 남편 A의 상속인은 배우자인 B와 어머니가 된다. 다만 B의 상속분은 시어머니의 상속분보다 5할이 가산된다(예를 들어 상속재산이 금전으로 2억 5,000만 원이라면 시어머니가 1억 원, B가 여기에 5할이 가산된 1억 5,000만 원을 상속받게 된다.).

사례 2에서는 A의 상속인은 배우자인 B와 그의 직계비속인 C가 된다.

사례

甲의 아내 乙은 甲의 사망 후 줄곧 시댁 식구와 같이 살아왔다. 乙은 상속받은 남편의 재산을 처분하여 식당을 차려 꽤 많은 재산을 모았었는데, 얼마 뒤 교통사고로 사망하고 만다. 乙에게는 자식이 없었는데, 그 유산을 두고 사돈 간에 다툼이 생겼다. 乙의 유산은 시부모에게 상속되는가?

며느리가 자식이 없이 사망한 경우 그의 직계존속, 즉 부모·조부모 등이 상속인이 된다. 여기서 죽은 며느리의 직계존속은 누구인가가 문제되는데, 시부모는 남편의 직계존속일 뿐 며느리에게는 인척관계에 불과하다. 즉 며느리의 직계존속은 그의 친정부모이다. 따라서 며느리가 남편사망 시 남편의 재산을 상속받아서 그 자금을 가지고 식당을 운영하여 재산을 증식하였다고 하여도, 그 유산에 대해서는 친정 부모가 상속받게 된다(민법 제1000조 2호 참조).

(2) 대습상속

상속인이 될 직계비속 또는 형제자매가 상속개시 전에 사망하거나 결격자가 된 경우에 그 직계비속이 있는 때에는 그 직계비속이 사망하거나 결격된 자의 순위에 갈음하여 상속인이 된다(민법 제1001조). 이 경우에 상속개시 전에 사망 또는 결격된 자의 배우자도 그 직계비속과 함께 같은 순위로 공동상속인이 되고, 직계 비속이 없을 때에는 단독상속인이 된다. 이와 같이 살아 있었다면 상속권이 있는 망자의 상속분을 그 망자의 상속인이 망자에 갈음하여 상속할 수 있는 지위 또는 자격을 대습상속(代襲相續)이라 한다. 예를 들어, 할아버지보다 아버지가 먼저 사망한 경우 사망한 아버지를 대신하여 손자와 아버지의 배우자인 어머니가 공동으로 상속을 받을 수 있다.

대습상속의 효과로서 대습상속인은 피대습자의 순위에 갈음하여 상속하게 되며, 대습상속에 의하여 상속받은 재산을 대습상속인이 각자의 상속분에 따라 나누어 가지게 된다.

사례

甲은 아들만 셋을 두었는데, 큰 아들 A는 이라크 전에 참전하였다가 그만 전사하였다. 이 소식에 甲의 아내도 시름시름 앓다가 세상을 떠나고 말았다. A는 참전 당시 임신 중인 아내가 있었는데, 지금은 태어나 막 100일이 지났다. 최근 甲이 사망하자 두 아들(B, C)이 서로 재산을 차지하려고 한다. A의 유복자에게는 상속권이 없는가?

재산상속은 피상속인이 사망 당시 생존해 있는 상속인들에게만 인정된다. 그러나 피상속인의 사망 당시, 이미 그 전에 상속인이나 상속인 중의 한사람이 사망하였으나, 그 사망자에게 직계비속이나 배우자가 있는 경우에는 이들이 이미 사망한 자를 대신하여 상속권을 갖게 된다. 이를 대습상속이라고 한다.

본래 상속받을 자의 직계비속은 물론이고, 직계비속의 법률상의 배우자도 대습상속인이 된다. 피상속인에게 대습상속인만 있으면 대습상속인이 단독으로 상속하고, 다른 상속인이 있으면 이들과 공동 상속하는데, 대습상속인의 상속분은 본래 상속받을 자의 상속분이 자기 상속분이 된다.

위의 A의 유복자는 대습상속인이고, 따라서 자기 아버지 A의 상속분을 상속받는다(다른 상속인인 나머지 B, C와 함께 공동상속). 이 유복자의 어머니가 살아 있으면 어머니와 함께 A의 상속분을 공동 상속한다.

(3) 상속인의 자격

가. 태아의 상속능력

태아라 함은 임신 후부터 분만 시까지 모체 내의 살아있는 생명체를 말한다. 사람은 생존하는 동안에만 권리와 의무의 주체가 된다고 하는 원칙에 따르면, 아직 출생하지 않은 태아는 권리능력이 없는 것으로 된다. 따라서 예컨대 父가

사망한 후에 태어난 子는 부의 사망 시에 태아였으므로 권리능력을 가지지 못하게 되고 따라서 재산을 상속받을 수 없다는 불합리한 결과가 야기된다.

그러므로 민법은 태아를 보호하기 위하여 그 사실이 발생한 당시에 태아였음에도 불구하고 이미 출생한 것으로 보아 상속에 대한 권리를 인정하고 있다. 민법은 피상속인이 사망함으로써 재산상속이 이루어지는 경우에 태아에게도 권리능력을 인정한다(민법 제1000조 제3항. 그리고 상속과 같은 범주에 속하는 대습상속과 유증의 경우에도 권리능력이 인정된다.). 이러한 경우에 피상속인이 사망한 때에 태아가 출생한 것으로 보는 것이다. 다만 태아가 위와 같은 권리를 취득하기 위해서는 반드시 살아서 출생하여야 한다.

나. 상속결격

상속인에 대하여 법정사유가 발생하면 특별히 재판상의 선고를 기다리지 않고 법률상 당연히 그 상속인이 피상속인을 상속하는 자격을 잃는 것을 상속결격이라 한다. 민법이 규정하는 상속결격사유에는 ① 피상속인에 대한 패륜행위와 ② 피상속인의 유언에 관한 부정행위를 들 수 있는데, 전자에 해당하는 것으로 i) 고의로 직계존속, 피상속인, 그 배우자 또는 상속의 선순위자나 동순위에 있는 자를 살해하거나 살해하려 한 자, ii) 고의로 직계존속·피상속인과 그 배우자에게 상해를 가하여 사망에 이르게 한 자, 그리고 ②에 해당하는 것으로는 i) 사기 또는 강박으로 피상속인의 상속에 관한 유언 또는 그 철회를 방해한 자, ii) 사기 또는 강박으로 피상속인의 상속에 관한 유언을 하게 한 자, iii) 피상속인의 상속에 관한 유언서를 위조·변조·파기 또는 은닉한 자 등이 있다(민법 제1004조).

상속결격사유가 발생하면 상속인은 당연히 상속할 자격을 잃는다. 상속개시 후에 결격사유가 생긴 경우에는 일단 유효하게 개시한 상속도 그 개시 시에 소급하여 무효가 된다. 동시에 수증결격사유가 되어 유증도 받을 수 없다. 상속결격의 효과는 특정의 피상속인에 대한 관계에만 미치고, 다른 피상속인에 대한 상속결격에는 영향을 미치지 않는다. 예를 들어 배우자를 살해한 자는 배우자의 사망으로 인한 상속관계에서는 결격자가 되지만, 자기의 부모가 사망한 경우에는 상속인이 될 수 있다. 결격의 효과는 결격자의 일신에만 그치므로, 결격자의 직계비속이나 배우자가 대습상속 하는 데는 지장이 없다. 결격의 효과는 법률상 당연히 생기는 것이며, 따라서 피상속인이 상속결격자에 대하여 결격의 용서나 그 면제를 하는 것은 허용되지 않는다.

사례

A에게는 처 B와 전처의 자(子) C가 있으며, C에게는 子 D가 있다. B는 현재 A의 자를 포태하고 있다. 그런데 A는 지병으로 사망하였는데, 사망하기 전에 유언증서를 작성하였다. 이 유언서를 본 C는 그 내용이 자기에게 불리한 것을 알고 유언서를 파기하였다. 그리고 처 B는 A의 사망 후 아이를 낳아서 양육할 자신이 없어서 낙태수술을 받았다. 이러한 경우, B. C. D의 상속권은 어떻게 되는가?

태아는 상속에 관해서는 이미 출생한 것으로 본다(민법 제1003조 3항). 상속의 선순위자나 동순위자를 살해한 자는 상속결격자가 된다. 선순위자가 태아인 경우에 형법 상의 낙태죄도 이 요건을 충족시킬 수 있다. 이와 같은 자를 살해함으로써 자기가 상속에 있어서 유리하게 되리라는 의사는 필요하지 않다. 따라서 B는 상속결격자로서 상속권이 없다.

C는 피상속인의 상속에 관한 유언서를 파기하였으므로 상속결격자로서 상속권이 없다. 그런데 그 결격의 효과는 결격자의 일신에만 그치므로, 결격자의 직계비속이나 배우자가 대습상속 하는 데는 지장이 없다. 따라서 C의 자 D는 대습상속 할 수 있다. 결국 D가 상속인이 된다.

(4) 상속인의 부존재

상속인의 존부가 분명하지 않은 경우(상속인의 부존재가 확정된 경우도 포함)에는 우선 상속인을 찾기 위한 공고를 하고, 그래도 상속인이 나타나지 않을 경우에는 특별연고자에게 상속재산의 전부 또는 일부를 나누어준다. 이 경우 특별연고자란 상속인이 아니면서 피상속인을 부양한 자와 같은 경우를 말한다. 특별연고자가 없는 경우에는 최종적으로 국가에 귀속된다.

사례

A는 부인과 사별하고 자녀나 형제도 없이 혼자 살다가 역시 혼자 살던 B를 만나 3년간 그의 간병을 받다가 사망하였다. A에게는 그가 살던 집 한 채가 있었는데, B가 이를 상속받을 수 있는가?
만일 B의 병수발을 3년간 받다가, B도 힘겨워 A도 1년 전에는 양로원에 들어가서 살다가 사망하였다면, A의 재산은 누구에게 상속되는가?
어떤 사람이 많은 재산을 남기고 사망하였는데, 가족이 없는 경우에 그 재산은 어떻게 될까? 상속인이 없는 경우에는 일정한 절차를 거쳐 국가의 소유가 된다(민법 제1053조, 제1058조).

제1053조(상속인 없는 재산의 관리인) ① 상속인의 존부가 분명하지 아니한 때에는 법원은 제777조의 규정에 의한 피상속인의 친족 기타 이해관계인 또는 검사의 청구에 의하여 상속재산관리인을 선임하고 지체없이 이를 공고하여야 한다.

「상속인의 존부가 분명하지 아니한 때」라 함은 신원불명의 자가 사망한 경우와 같이 명실 공히 상속인의 존부가 분명하지 않은 경우뿐만 아니라, 가족관계등록부상 상속인이 없는 것이 명백한 경우도 포함된다. 사람의 신분관계는 가족관계등록부에 의해서만 결정되는 것이 아니므로, 상속인을 수색하여 절차상 상속인부존재를 확정시켜서 상속재산의 청산을 할 필요가 있다.
상속인의 존부가 분명하지 않으면, 법원이 피상속인의 친족, 이해관계인(예: 채권자),

검사의 청구에 의하여 상속재산관리인을 선임하여 이를 공고하고 동시에 관리인으로 하여금 상속재산의 동결, 관리하는 한편, 공고일로부터 3개월 내에 2개월 이상의 기간을 정하여 상속채권자는 채권을 신고할 것을 공고한다. 신고가 있으면 일정한 조사와 절차를 거쳐 변제를 하고, 아직 상속재산이 남아 있고 위 공고기간이 끝났는데도 계속 상속인의 존부를 알 수 없으면 1년 이상의 기간을 정하여 상속인이 기간 내에 그 권리를 주장 할 것을 공고한다(민법 제1056조·제1057조), 상속인수색의 공고에 정해진 기간 내에 상속권을 주장하는 자가 없고 상속인 수색의 공고기간이 경과한 후 2월이 지나도 특별연고자가 상속재산분여의 청구를 하지 않는 경우 잔여재산은 국가에 귀속한다(민법 제1058조),

상속인의 자격과 순위, 그리고 상속분 등은 법률로 정해져 있으므로 여기에 해당하지 않는 사람은 피상속인과 아무리 특별한 연고가 있었다고 하더라도 상속인은 될 수 없다. 그러나 민법은 상속인의 자격은 없으나 피상속인과 연고가 있었던 사람(특별연고자)에게 상속재산을 나누어주는 제도를 인정한다(민법 제1057조의2),

「특별연고자」에 대하여 민법은 「피상속인과 생계를 같이 하고 있던 자」, 「피상속인의 요양간호를 한 자」, 「기타 피상속인과 특별한 연고가 있던 자」라고 규정하고 있다.

기타의 연고자로는 사실혼의 배우자·사실상의 양자·피상속인과 동거하고 있던 친척·피상속인이 장기간 도움을 받았던 요양소나 양로원을 들 수 있다. 이러한 특별연고자는 상속인수색공고기간이 끝난 뒤에도 상속인이 나타나지 않는 경우에 2개월 이내에 법원에 상속재산을 나누어 달라고 청구할 수 있다. 특별연고자의 분여청구가 이유가 있으면 상속재산의 일부는 물론, 경우에 따라서는(예컨대 사실혼의 배우자) 전부가 돌아갈 수도 있게 된다.

사례의 경우, B는 「피상속인의 요양간호를 한 자」에 해당하며, 과거에 연고가 있던 자도 특별연고자로 볼 수 있으므로, 재산분여청구권이 있다. 그리고 양로원과 같은 법인이나 권리능력 없는 사단도 특별연고자가 될 수 있으므로 분여청구권이 있다.

(5) 상속회복청구권

가. 의의

상속회복청구권이란 진정한 상속인이 가진 상속권의 실현을 방해하고 있는 자에 대하여 상속권을 주장함으로써 그 방해를 배제하고 상속권의 내용을 실현하는 것을 목적으로 하는 청구권을 말한다. 상속회복청구권은 진정상속인에게 일괄적으로 상속재산을 회복할 수 있는 기회를 부여하고 상속재산에 대한 권리관계에 대한 입증책임을 경감시켜 줌으로써 상속의 권리관계를 빠른 시일 내에 확정하기 위한 제도이다(민법 제999조).

나. 청구권자와 상대방

상속회복청구권자는 상속권자와 그 법정대리인이다. 한편 상속이 개시된 후에 인지되었거나 또는 인지청구의 소에 의하여 공동상속인이 된 혼인 외의 출생자도 다른 공동상속인에 대하여 상속회복청구권을 행사할 수 있다. 다만 상속재산이 이미 분할되었거나 그 밖에 상속재산이 처분된 후라면 자기의 상속분에 상당한 가액의 지급을 청구할 수 있다.

상속회복청구의 상대방은,

① 참칭상속인(僭稱相續人)[1)]

상속권자도 아니면서 상속인이라고 참칭하여 상속재산의 전부나 일부를 소유 또는 점유하는 자

② 자기의 상속권을 주장하지 않고 상속재산을 점유하고 있는 자·특정의 권원을 주장하여 상속재산을 점유하는 자?

특정의 권리를 주장하여 상속재산을 점유하는 자, 자기가 점유하는 재산이 상속의 대상이 아니라고 주장하는 자도 일단은 정당한 상속권자의 지위를 침해·위협하는 것이므로 상대방이 될 수 있다는 견해도 있으나 판례는 부정한다. 부정설에 의하면, 예컨대 무효인 매매로 상속재산을 취득한 사람의 경우는 통상적인 재산권 침해이므로 일반적인 소송으로 해결하게 된다.

---

1) 참칭(僭稱)이란 거짓으로 신분을 칭하는 것을 말한다.

③ 다른 상속인의 상속분을 침해하는 공동상속인

상속인 중의 일부가 다른 공동상속인의 상속분을 침해하여 상속재산을 차지하고 있는 경우

④ 위 3자로부터 상속재산을 전득한 제3자

상속재산이 참칭상속인 등에 의하여 제3자에게 처분된 경우에도 상속회복청구권의 행사가 가능하다. 만일 이 경우에 청구권 행사를 허용하지 않는다면 참칭상속인은 누구나 상속재산을 재빨리 처분하고 말 것이기 때문이다.

다. 행사방법과 효과

상속회복청구권은 반드시 소송에 의할 필요는 없다. 즉 참칭상속인에 대하여 상속재산의 인도나, 참칭상속인이 한 상속등기나 그로부터 취득한 제3자의 이전등기에 대해 말소를 요구하는 것이다. 그러나 상대방은 대체로 이러한 소송외의 청구에 대해서 응하지 않을 것이므로 결국은 상속회복청구 소송을 제기할 수밖에 없다. 소송에 의할 때에는, 상속회복청구는 민사소송법에 의한 소(訴)로써 한다.

이 소송에서 원고 승소의 판결이 확정되면, 참칭상속인은 진정상속인에게 그가 점유하는 상속재산을 반환하여야 한다. 이 경우에 ① 참칭상속인이 악의인 경우에는 과실과 사용이익도 반환해야 하고, ② 선의인 경우에는 현존하는 한도에서 반환하며, ③ 참칭상속인으로부터 상속재산을 양수한 제3자는 동산에 관하여는 선의취득이 인정되지만 부동산은 등기의 공신력이 없으므로 반환해야 한다. 상속회복청구권은 그 침해를 안 날로부터 3년, 상속권의 침해행위가 있은 날로부터 10년 내에 행사하여야 한다.

사례

아버지가 돌아가시자 형 A는 이복 동생인 B를 내좇아버렸다. 그리고 형 A는 아버지 재산을 전부 자기 앞으로 해 두었다. 아버지가 돌아가신지 5년이 지난 지금 이제 와서 동생 B는 형에게 상속을 주장할 수 있는가?

상속권자가 상속권을 침해당한 경우에는 그 회복을 청구할 수 있다. 이를 「상속회복청구권」이라 한다.

상속인이 아닌 사람이나 공동상속인 중 일부의 사람이 재산을 독차지하거나, 또는 후순위 상속인이 선순위 상속인을 제쳐두고 상속하는, 즉 다른 사람의 상속권을 침해하는 참칭상속인을 상대로 진실한 상속인이 상속회복청구를 할 수 있다.

위의 사례에서, 상속이 개시된 날로부터 10년이 지나지 않았으므로, A는 상속인인 자기의 상속분을 침해한 공동상속인 B에 대하여 자기의 상속분에 대해 상속회복을 청구할 수 있다.

4) 상속의 효과

(1) 상속의 일반 원칙

상속인은 상속이 개시된 때로부터 피상속인의 재산에 관한 포괄적 권리의무를 승계한다. 따라서 적극재산뿐만 아니라 소극재산, 즉 채무도 상속한다. 다만 피상속인의 일신에 전속한 것은 상속하지 않는다. 한편 상속인이 여러 명인 경우에는 그 상속인들이 공동으로 상속재산과 채무를 승계한다.

(2) 상속분

상속분(相續分)이라 함은 상속인이 상속재산에 대하여 가지는 지분을 의미한다. 피상속인이 유언을 통하여 상속재산을 유증한 경우에는 그에 따라 상속이 이루어지지만, 유언이 없는 경우에는 법정상속분에 의하여 결정된다(피상속인이 상속인과 상속분을 지정할 수는 없다).

① 같은 상속 순위를 가진 사람들은 똑같이 상속받는다.
② 피상속인의 배우자의 상속분은 직계비속이나 직계존속과 공동으로 상속하는 때에는 직계비속 또는 직계존속의 상속분의 5할을 가산한 것이 법정상속분이다.
③ 혼인 관계에서 태어난 자녀와 그 이외의 관계에서 태어난 자녀, 장남과 차남, 딸과 아들, 기혼과 미혼 사이에 상속액의 차이는 없다. 대습상속분은 피대습자의 상속분에 의하며, 대습상속인이 수인(數人)인 때 또는 피대습자의 배우자가 있는 경우에도 그 상속분은 피대습자의 상속분의 한도에서 법정상속분에 의한다.

한편 피상속인으로부터 특별히 재산을 증여 또는 유증을 받은 자를 특별수익자라고 하는데, 그러한 특별수익자가 상속인인 경우에는 그 수증재산이 자기의 상속분에 달하지 못한 때에는 그 부족한 부분의 한도에서 상속분이 있다. 특별수익의 평가시기와 방법은 상속개시시를 기준으로 한다(판례).

사례

부(父) 甲에게는 세 명의 자녀 A·B·C가 있는데, 甲은 생전에 A가 혼인을 할 때 결혼자금으로 6,000만 원을 증여하였다. 甲은 B와 C가 혼인할 때에도 상속분을 미리 준다고 생각하고 결혼준비자금을 보태 줄 생각이었는데, B와 C가 혼인하기 전에 사망하였다. 甲이 남긴 상속재산은 1억 8,000만 원이다. A는 이 중 1/3에 해당하는 6,000만 원의 상속분을 주장한다. 타당한가?

A, B, C가 A에 대한 생전증여를 고려하지 않고, 상속재산을 법정상속분에 따라 나눈다면 각각 6,000만 원씩을 상속하게 될 것이다. 그러나 A는 이미 자기의 상속분(6,000만 원)을 미리 받았으므로, 이 생전증여의 가액을 고려하여 공평의 이념에 맞게 상속분을 조정할 필요가 있다. A는 이미 생전증여로 6,000만 원을 받았으므로(이것은 상속분의 선급이라는 성질을 갖는다), 여기에 더하여 상속재산 2,000만 원을 더 받으면 B, C와 같이 8,000만 원을 상속하는 결과가 된다. 즉 상속재산 1억 8,000만 원에 A가 받은 증여의 가액 6,000만 원을 합하여 2억 4,000만 원을 상속재산으로 보고, A, B, C의 상속분을 계산한다. A, B, C는 공동상속인으로서 균분상속을 하게 되므로, 각각의 상속분은 8,000만 원이 된다. 여기서 A는 피상속인으로부터 재산의 증여를 받은 자에 해당하고 그 수증분(6,000만 원)이 자기의 상속분(8,000만 원)에 달하지 못하므로, 그 부족한 부분(2,000만 원)의 한도에서 상속분을 가지는 것이다.

사례

甲(남)은 딸 丙을 데리고, 乙(여)은 아들 丁을 데리고 재혼하여 살아왔다. 얼마 전 甲이 사망하였는데, 그 재산은 누가 상속받는가?
甲의 비디오테이프가 발견되었는데, 그 테이프에는 아들 丁에게 재산을 모두 상속한다는 내용의 유언이 담겨져 있다면, 丁이 甲의 모든 재산을 가질 수 있는가?

피상속인의 직계비속은 1순위로서 상속을 받는다(민법 제1000조 1항 1호). 그러나 현행 민법에서는 의붓아버지와 丁과의 관계(계부자관계)나, 계모와 丙의 관계(계모자관계)는 혈족관계를 부정함으로써 상속권을 인정하지 않고 있다. 따라서 丁은 甲의 재산을 상속받을 수 없는 반면, 丙은 상속결격사유에 해당되지 않는 한, 甲의 직계비속으로서 재산을 상속받을 수 있게 된다.
丁에 대한 의붓아버지 甲의 유언은 법정상속인인 丙과 乙의 유류분을 침해하지 않는 범위 내에서 유증으로서 인정될 수 있는가가 문제된다. 사례의 경우는 녹음에 의한 유언으로 볼수 있는데, 우리 민법은 이에 대해서「녹음에 의한 유언은 유언자가 유언의 취지, 그 성명과 연월일을 구술하고 이에 참여한 증인이 유언의 정확함과 그 성명을 구술하여야한다」고하고(민법 제1067조), 이러한 방식에 의하지 않은 유언은 효력이 없다고 규정하고 있다(민법 제1060조). 따라서 단지 丁에게 모든 재산을 남긴다는 내용으로 녹음을 하였다면 이는 유효한 유언으로서 인정되지 않으므로, 丁은 유언을 받지 못한다.

(3) 기여분

기여분(寄與分)이라 함은 공동상속인 중에서 상당한 기간 동거·간호 등의 방법으로 피상속인을 특별히 부양하거나 피상속인의 재산의 유지·보존 또는 증가에 특별히 기여한 자가 있을 경우에 이를 상속분의 산정에 고려하는 제도를 말한다. 기여분은 공동상속인 사이의 실질적 공명을 기하기 위하여 인정되는 제도이다(민법 제1008조의 2).

기여분권리자는 공동상속인에 한한다. 따라서 사실혼의 배우자, 포괄적 수증자 등은 상속인이 아니므로 기여분권리자가 될 수 없다. 기여분권리자는 여러 명이라도 상관없다. 예를 들어 형제가 부(父)의 사업에 기여·공헌하여, 그 때문에 부의 재산이 증가하였을 경우에 형제 두 사람이 모두 기여분권리자가 될 수 있다. 대습상속인도 기여분권리자가 될 수 있고, 피대습자의 기여를 주장할 수도 있다.

기여분은 공동상속인의 협의에 의하여 정하고, 협의가 되지 않거나 할 수 없는 경우에 기여자의 청구에 의하여 가정법원이 정한다. 만약 기여분이 있는 경우에는 상속분을 산정함에 있어서 상속재산의 가액에서 기여분을 공제한 것을 상속재산으로 보고, 그 상속재산에서 상속분을 계산한 후 기여분과 상속분을 합산한 금액을 기여상속인의 상속분으로 한다. 기여분제도는 공동상속인간의 실질적 공평을 실현하기 위한 제도이다. 따라서 기여분의 가액이 상속재산의 7, 8할의 고액이 되더라도 그렇게 인정하는 것이 공동상속인간의 실질적 공평을 실현하는 것이다.

사례

A는 1972년 B와 혼인하여 그 사이에 X(딸)와 Y1, Y2, Y3(아들)을 두었다. 1993년 처 B가 사망하자 C와 혼인하여 따로 살고 있던 X가 아버지 A의 집에 들어가 그때부터 A에게 생활비를 받아 집안 살림을 전담하면서 헌신적으로 A를 봉양하고 동생인 Y1, Y2, Y3를 뒷바라지 하였다. 또 A가 2000년 병이 나자, X는 자기 남편과 함께 A가 사망할 때까지 병수발을 도맡아 하였다.

A가 2006년 7월 30일 사망하자 Y1, Y2, Y3은 X에 대하여 A가 남긴 재산 대하여 법정상속분에 따라 4등분 할 것을 요구하였다. 그러자 X는 이에 응하지 않음으로써 상속재산분할에 대한 협의가 이루어지지 않았고, X는 Y1. Y2. Y3을 상대로 가정법원에 상속재산을 분할해 줄 것을 청구하였다. 이는 인용될 수 있는가?

민법 제1008조의2 (기여분)

제1008조의2(기여분) ① 공동상속인 중에 상당한 기간 동거·간호 그 밖의 방법으로 피상속인을 특별히 부양하거나 피상속인의 재산의 유지 또는 증가에 특별히 기여한 자가 있을 때에는 상속개시 당시의 피상속인의 재산가액에서 공동상속인의 협의로 정한 그 자의 기여분을 공제한 것을 상속재산으로 보고 제1009조 및 제1010조에 의하여 산정한 상속분에 기여분을 가산한 액으로써 그 자의 상속분으로 한다.

② 제1항의 협의가 되지 아니하거나 협의할 수 없는 때에는 가정법원은 제1항에 규정된 기여자의 청구에 의하여 기여의 시기·방법 및 정도와 상속재산의 액 기타의 사정을 참작하여 기여분을 정한다.

③ 기여분은 상속이 개시된 때의 피상속인의 재산가액에서 유증의 가액을 공제한 액을 넘지 못한다.

④ 제2항의 규정에 의한 청구는 제1013조제2항의 규정에 의한 청구가 있을 경우 또는 제1014조에 규정하는 경우에 할 수 있다.

민법이 친족사이의 부양에 관하여 그 당사자의 신분관계에 따라 달리 규정하고, 피상속인을 특별히 부양한 자를 기여분을 인정받을 수 있는 자에 포함시키는 제1008조의2 규정을 신설함과 아울러 재산상속인이 동시에 호주상속을 할 경우에 그 고유의 상속분의 5할을 가산하도록 한 규정(1990.1.13. 법률 제4199호로 개정되기 전의 제1009조 제1항 단서)을 삭제한 취지에 비추어 볼 때, 성년(成年)인 자(子)가부양의무의 존부나 그 순위에 구애됨이 없이 스스로 장기간 그 부모와 동거하면서 생계유지의 수준을 넘는 부양자 자신과 같은 생활수준을 유지하는 부양을 한 경우에는 부양의 시기, 방법 및 정도의 면에서 각기 특별한부양이 된다고 보아 각 공동상속인 간의 공평을 도모한다는 측면에서 그 부모의 상속재산에 대하여 기여분을 인정함이 상당하다(대법원 1998.12.8. 선고 97므513 판결).

(4) 상속재산의 분할

가. 의의 및 요건

상속재산은 상속인이 2인 이상인 경우 이들 공동상속인간에 「공유」가 된다. 이 공유재산을 각자의 상속분대로 분배함으로써 상속재산은 청산되고 비로소 상속절차는 완결되는 것이다. 이처럼 공동으로 상속한 재산을 상속인들이 자기 상속분대로 분배하는 것을 「상속재산의 분할」이라고 한다. 상속재산의 분할을 청구할 수 있는 자는 상속을 승인한 공동상속인 및 포괄적 수증자만이 할 수 있다. 요건은, ① 상속재산에 대한 공유관계가 존재하고, ② 공동상속인이 확정되어야 하며, ③ 분할의 금지가 없어야 할 수 있다.

나. 분할의 방법

① 유언에 의한 분할

상속재산은 이를 물려줄 사람(피상속인)이 유언으로 분할방법을 정할 수 있다.

② 협의에 의한 분할

피상속인이 유언으로 분할방법을 지정하지 않았으면, 그리고 유언으로 분할을 금지시키지 않았으면 공동상속인들은 언제라도 분할을 협의할 수 있다. 분할을 협의할 때 반드시 상속인들의 상속분대로 분할하여야 하는 것은 아니다. 즉 상속인들은 자기의 상속분을 포기할 수도 있으므로, 상속재산의 소유권을 한 사람에게 몰아주는 협의도 가능하다. 또 예를 들어 상속인이 2인이고 상속재산이 집 한 채인 경우 A가 그 집의 소유권 전부를 갖고, B는 A로부터 그 집의 시가에서 2분의 1을 받는다는 식의 분할도 가능하다.

상속인들 간의 분할의 협의는 구두로 해도 성립하지만, 대체로 분할협의가 이루어지면 「상속재산 분할협의서」가 작성되는 것이 보통이다. 상속재산이 부동산인 경우 분할협의대로 상속등기를 하기 위해서는 분할협의서가 필요하다.

③ 조정 또는 심판에 의한 분할

상속인 사이에 협의가 이루어지지 않을 때에는, 상속인들은 누구나 법원에 분할의 조정을 신청하거나 분할의 재판을 청구할 수 있다.

다. 분할의 효과

상속재산의 분할은 상속이 개시된 때(즉 사망 시)에 소급하여 그 효력이 생긴다. 다만 소급하더라도 제3자의 권리를 해할 수 없다. 여기서 제3자는 상속개시 후 분할 전까지 상속재산에 대하여 거래하거나 권리가 있었던 자이다.

사례

甲의 아버지가 얼마 전에 사망하였는데 상속재산으로는 집, 토지 및 임야 등의 부동산, 주식과 은행예금이 있다. 상속인으로는 어머니와 남동생 2명, 여동생 1명 등 5명이 있다. 이 경우 상속재산은 어떻게 분할하는가?

재산상속은 피상속인의 사망으로 개시되며, 재산상속인이 여러 명 있는 경우에는 상속재산은 그 공동상속인의 공유로 한다(민법 제997조, 제1006조). 상속재산의 분할은 상속개시로 인하여 생긴 공동상속인 간에 있어서의 상속재산의 공유관계를 종료시키고 각 상속인에게 그의 상속분을 확정 배분시키는 일종의 청산행위이다. 상속재산을 분할하는 방법에는 세 가지가 있다.

첫째, 유언에 의한 분할이다. 피상속인은 유언으로 상속재산의 분할방법을 정하거나 이를 정할 것을 제3자에게 위탁할 수 있고, 상속개시의 날로부터 5년을 초과하지 아니하는 기간 내의 그 분할을 금지할 수 있다(민법 제1012조).

둘째, 협의에 의한 분할이다. 공동상속인은 유언에 의한 분할방법의 지정이나 분할금지가 없으면, 언제든지 그 협의에 의하여 상속재산을 분할할 수 있다(민법 제1013조 1항). 협의는 공동상속인 전원의 동의가 있어야하며, 그 분할되는 몫은 반드시 각자의 법정상속분에 따르지 않아도 된다. 그러나 상속인 중에 미성년자와 그 친권자가 있는 경우에는 친권자가 그 미성년자의 주소지를 관할하는 가정법원에 특별대리인 선임신청을 하여 그 선임된 특별대리인과 분할의 협의를 하여야 한다(민법 제921조).

셋째, 법원에 의한 분할이다. 공동상속인 사이에서 상속재산분할의 협의가 성립되지 아니한 때에는 각 공동상속인은 가정법원에 분할을 청구할 수 있다(민법 제1013조 2항). 여기에서 「협의가 성립되지 아니한 때」는 분할방법에 관해서 뿐만 아니라 분할여부에 관하여 의견이 일치하지 않는 경우도 포함된다. 이 경우에는 각 공동상속인은 먼저 가정법원에 조정을 신청하여야하며, 조정이 성립되지 않으면 심판을 청구할 수 있다. 이 때 심판에 의한 분할방법은 현물분할을 원칙으로 하되, 가정법원은 현물로 분할할 수 없거나 분할로 인하여 현저히 그 가액이 감소될 염려가 있는 때에는 물건의 경매를 명하기도 한다.

위 사례에서, 甲의 경우 상속재산의 분할에 관하여 아버지가 특별히 유언을 남기지 않고 사망하였다면, 우선 가족(공동상속인)간의 원만한 협의에 의하여 해결하도록 하고, 협의가 성립되지 아니하는 때에는 나머지 공동상속인을 상대로 그들의 보통재판적 소재지(상대방의 주거지)나 부동산 소재지에 있는 법원에 조정 신청을 할 수 있으며, 조정에 관하여 조정을 하지 아니하기로 하는 결정이 있거나 조정이 성립되지 아니한 경우에는 소송을 제기하는 방법으로 상속재산을 분할할 수 있다.

사례

甲의 아버지는 유산으로 토지를 남기고 사망하였다. 甲의 어머니와 남동생은 甲이 부모님을 모시고 있었다는 이유로 자기들의 상속지분을 甲에게 양보하겠다고 하지만 누이 2명은자기들의 법정상속지분을 요구하고 있어서 분할협의가 되지 않고 있다, 이 경우 어머니와 남동생, 甲의 법정상속지분만이라도 상속받는 것으로 등기할 수 있는가?

각 공동상속인은 언제든지 협의로 상속재산을 분할할 수 있다. 상속재산의 협의분할은 공동상속인 전원이 참가하여야하므로, 상속인의 일부를 제외하고 협의분할을 하거나 무자격자인 상속인이 참가한 협의분할은 원칙상 무효이다. 또한 법원의 등기실무에서도 재산상속으로 인한 소유권이전등기 신청 시 상속을 증명하는 서면의 일부로서 공동상속인 연명(聯名)으로 작성한 상속재산분할협의서를 첨부서류로 요구하고 있다. 따라서 사례의 경우 어머니와 동생의 지분을 장남 甲이 상속받으려면 나머지 상속인 전원이 함께 모여 이에 동의하는 협의분할서를 작성하지 못하는 한, 甲의 생각대로 등기를 할 수 없다. 끝까지 공동상속인 간의 협의가 이루어지지 않을 때 공동상속인 중 1인이 법정상속지분으로 공동상속등기를 신청할 수 있으며, 이 경우 신청서에는 상속인 전원의 법정상속분이 표시되어야 한다. 이와 같이 법정상속분의 상속등기를 마친 후 어머니와 동생의 소정 법정지분을 甲에게 이전하는 절차를 밟을 수밖에 없을 것이다. 다만 이 경우 이에 따른 양도소득세 혹은 증여세 등이 부과될 수도 있다.

5) 상속의 승인과 포기

상속의 개시에 의하여 피상속인의 재산상의 모든 권리의무는, 상속인의 의사와 관계없이 또 상속인이 알건 모르건, 법률상 당연히 포괄적으로 상속인에게 승계된다. 그러나 개인주의사회에서 개인의 의사를 무시하고 권리의무를 강제할 수는 없다. 그래서 상속법은 상속인의 보호를 위하여 상속의 승인과 포기규정을 두고 있다. 상속의 승인과 포기는 상속개시 이후에 해야 하며, 상속개시 이전에 하는 것은 효력이 없다. 상속의 승인에는 단순승인과 한정승인이 있다.

(1) 단순승인

단순승인(單純承認)이라 함은 피상속인의 권리의무를 제한 없이 승계하는 상속방법을 말한다. 단순승인은 상속인이 적극적으로 단순승인의 의사표시를 하는 경우에도 성립하지만, ① 상속인이 상속재산에 대한 처분행위를 한 때, ② 상속인이 승인 또는 포기를 하여야 할 기간 내에 한정승인 또는 포기를 하지 아니한 때, ③ 상속인이 한정승인 또는 포기를 한 후에 상속재산을 고의로 은닉, 부정소비, 재산목록에 기입하지 아니한 때에도 법률의 규정에 의하여 단순승인을 한 것으로 처리된다. 단순승인을 한 경우, 상속인은 피상속인의 재산과 채무 모두를 제한 없이 승계하게 되는데, 채무가 상속재산보다 많은 경우에는 자신의 재산(상속인의 재산)으로 그 채무를 변제하여야 한다.

(2) 한정승인

한정승인(限定承認)이라 함은 상속인이 상속으로 인하여 취득할 재산의 한도 내에서 피상속인의 채무와 유증을 변제할 것을 조건으로 하여 상속을 승인하는 것을 말한다. 한정승인을 하기 위해서는 상속개시 있음을 안 날로부터 3월내에 또는 상속인이 상속채무가 상속재산을 초과하는 사실을 중대한 과실 없이 상속개시 있음을 안 날로부터 3월내에 알지 못하고 단순승인을 한 경우에 그 사실을 안 날로부터 3월내에 상속재산목록을 첨부하여 법원에 한정승인신고를 하여야 한다. 한정승인의 의사표시는 상속개시지의 가정법원에 서면으로 한다. 다만 단순승인 후 한정승인을 하는 경우에는 상속재산 중 이미 처분한 재산의 목록과 가액도 함께 제출하여야 한다.

상속인이 한정승인을 하면 상속에 의하여 얻은 재산의 한도에서만 책임을 진다. 이는 상속인이 채권자에 대하여 자기의 고유재산으로 변제할 책임이 없다는 의미일 뿐이며, 채무로서는 전액을 승계하고 있는 것이다. 따라서 채권자는 한정승인자에 대하여 채권의 전액을 청구할 수 있으며, 법원으로서도 상속채무 전액에 대하여 이행판결을 선고하게 되지만, 상속재산의 한도에서만 집행할 수 있다는 취지이다.

따라서 한정승인을 한 상속인의 고유재산에 대해서는 강제집행을 할 수 없으며, 만약 강제집행을 한 경우에는 그 배제를 청구할 수 있다. 그러나 한정승인을 한 상속인이 초과부분을 임의로 변제한 때에는 유효한 변제가 된다.

사례

A가 사망하자 당연히 그 자녀들이 상속할 것이라고 생각하고 있다가 자녀들이 상속을 포기하게 되어 뜻하지 않게 다른 형제자매(B1, B2)가 상속인이 되는 경우가 있다. 이러한 경우 뜻하지 않게 상속인이 된 망인의 형제자매들이 망인이 사망하고 3개월이 지난 후에도 상속포기나 한정승인을 할 수 있을까?

상속의 한정승인은 언제까지 할 수 있는가?

한정승인을 받고자 하는 사람은 상속 개시 있음을 안 날로부터 3개월 이내에 한정승인 신고를 하여야 한다(민법 제1019조 제1항).

피상속인이 사망하면 상속인에게 재산상 법률관계가 포괄적으로 승계되는데(민법 제1005조), 단순 상속 시에는 재산뿐만 아니라 빚(채무)도 승계가 된다. 따라서 재산과 빚의 크기를 따져보아, 만약 빚이 많다는 것이 명확하면 상속 포기를 신청하면 된다. 그러나 재산이 많은지 빚이 많은지 잘 모를 때에는 한정승인이라는 제도가 유용한 기능을 한다.

한정승인은 상속받은 재산의 한도 안에서 물려받은 빚을 갚겠다는 조건하에 상속을 받는 제도이다. 선순위 상속인이 상속포기를 하면 다음 후순위 상속인에게 빚이 상속되지만, 한정승인을 하면 후순위 상속인에게는 아무런 빚이 상속되지 않는다.

그런데 위 사례와 같이, 형제자매가 사망한 경우 당연히 그 자녀들이 상속할 것이라고 생각하고 있다가 자녀들이 상속을 포기하게 되어 뜻하지 않게 다른 형제자매가 상속인이 되는 경우가 있다. 이러한 경우 뜻하지 않게 상속인이 된 망인의 형제자매들이 망인이 사망하고 3개월이 지난 후에도 상속포기나 한정승인을 할 수 있을까? 이는 민법

제1019조 제1항 「상속개시 있음을 안 날」의 구체적인 의미와 관련되는 문제이다.

이에 대하여 대법원 판례는 "상속개시 있음을 안 날이라 함은 상속개시의 원인이 되는 사실의 발생을 알고 이로써 자기가 상속인이 되었음을 안 날을 말한다"라고 판사하면서, 피상속인의 사망으로 인하여 상속이 개시되고 상속의 순위나 자격을 인식함에 별다른 어려움이 없는 통상적인 상속의 경우에는 상속인이 상속개시의 원인사실(피상속인의 사망)을 안 경우, 즉 피상속인이 사망한 것을 안 날로부터 한정승인 기간인 3개월이 진행한다고 보지만, 선순위 상속인이 존재하고 선순위 상속인이 상속을 포기하는 등 상속의 순위나 자격을 파악하는 데 어려움이 있는 특별한 사정이 존재하는 때에는 상속개시의 원인사실뿐 아니라 자신이 구체적으로 상속인이 되었다는 사실까지 알아야 3개월의 기간이 진행한다고 보고 있다(대법원 2005.7.22. 선고 2003다43681 판결 참조).

따라서 피상속인이 사망한 이후 선순위 상속인이 상속을 포기하여 상속인이 되었다면 피상속인이 사망한 시점이 아니라 선순위 상속인이 상속을 포기한 사실을 알고 자신이 상속인이 되었다는 것을 안 시점으로부터 3개월 내에 한정승인을 하여야 할 것이다.

(3) 상속의 포기

상속의 포기(拋棄)라 함은 상속개시로 인하여 생긴 상속의 효력, 즉 피상속인에 속한 모든 권리의무의 승계를 부인하고 처음부터 상속인이 아니었던 효력을 생기게 하려는 단독의 의사표시를 말한다. 포기하려는 자는 3개월의 고려기간 내에 가정법원에 포기의 신고를 하여야 한다. 상속인은 고려기간 중에 상속재산의 조사를 할 수 있으나, 고려기간을 경과하거나 또는 그 기간 중에 상속재산을 처분하면 단순승인으로 보게 되므로, 이러한 경우에는 포기할 수 없다.

상속을 포기하면 상속 개시된 때에 소급하여 그 효력이 있다. 즉 포기자는 처음부터 상속인이 아니었던 것으로 된다. 상속인이 수인인 경우에 어느 상속인이 상속을 포기한 때에는 그 상속분은 다른 상속인의 상속분의 비율로 그 상속인에게 귀속된다. 한편 특정인을 위한 포기는 현행 민법상 인정되지 않지만, 협의에 의한 재산분할의 방법으로 상속분을 양도하는 방법으로 동일한 효과를 얻을 수 있다.

사례

A는 사업을 하다 빚을 많이 지고 사망하였고 상속인으로는 그의 처 B와 아들 C가 있다.

1 빚쟁이들이 C에게 몰려와 빚을 갚으라고 독촉이 성화같다. 그의 재산은 그 동안 근검절약하여 마련한 아파트 한 채이고, 아버지 빚은 아버지의 집과 자기 집을 팔아도 빚을 청산하기에는 턱없이 부족한 상태이다. 아버지가 돌아가시면 재산뿐만 아니라 빚까지도 상속된다고 하는데, 이 빚을 고스란히 떠안을 수밖에 없는가?

2 빚쟁이들의 성화로 살고 있던 집을 필아 일부 빚을 갚았는데 아직도 4분의 3이나 되는 빚이 남아 있다. 아들 C는 친구로부터 재산상속을 포기함으로써 빚의 상속을 면할 수 있다는 말을 들었다. 이제라도 기능한가?

1 상속인은 임의로 상속을 포기할 수 있다. 단독상속인은 자기의 상속권 전부를 포기할 수 있고, 공동상속인은 누구나 자기의 상속분을 포기할 수 있다. 상속의 포기는 피상속인의 권리와 의무가 자기에게 승계, 이전되는 것을 부인하는 의사표시이다. 다만 상속의 포기는 ① 반드시 상속인이 상속개시 원인(즉 사망)이 있음을 안 날로부터 3개월 이내에, ② 법원에 대해 상속포기 신고를 하여야 법률상 유효한 포기가 된다, 또 상속의 포기는 상속재산전부에 대하여 하여야하고, 특정한 재산은 상속하고 특정한 재산이나 빚만큼은 포기한다는 식으로는 허용되지 않는다. 포기에 조건이나 기한을 붙여서도 안 된다. 포기를 했다가 이를 취소하는 것도 원칙적으로 허용되지 않는다. 이러한 요건 하에 상속을 포기하면 상속개시 당시로 소급하여 상속의 효력은 없어지고, 자기 상속분을 포기하면 포기된 상속분은 다른 상속인들이 자기 상속분의 비율대로 인수하게 된다. 위 사례에서, B, C는 상속을 포기할 수 있고, 다만 그 시기와 절차를 엄수하여야 하며, 상속을 포기하면 상속된 재산에 대해 일체의 권리가 없게 되는 것이다.

2 상속은 피상속인의 권리(재산) 및 채무를 포괄적으로 승계하는 것이지만, 예외적으로 상속인이 이를 포기할 수도 있고, 또 상속으로 얻은 이익(재산)의 한도 내에서만 한정적으로 상속할 수도 있다. 이러한 상속의 포기나 한정승인이 없는 경우에는 상속인이 상속을 승인하는 것이 된다. 이를「단순승인」이라고 한다.

상속인이 승인을 하면(즉 일정한 기간 내에 상속의 포기나한정승인의 절차를 밟지 않으면) 상속재산으로 피상속인의 채무를 갚지 못하는 경우에도 상속인은 자신의 고유재산으로도 채무를 갚아야 한다. 상속의 승인, 즉 단순승인은 별도의 절차가 필요하지 않고 상속포기나 한정승인을 할 수 있는 기간이 경과하면 자동적으로 승인하는 것이 된다.

그런데 상속인이 이 기간 동안 상속재산을 자기 고유재산과 혼합하여 상속재산을 처분한 뒤에 상속을 포기하거나 한정승인을 하게 되면 채권자를 해칠 우려가 있으므로, 민법은 일정한 행위를 하면 이를「단순승인한 것으로 간주」하여 일종의 제재를 가하고 있다. 이를「법정단순승인」이라고 한다.

그 사유는 상속인이 상속재산을 처분하는 행위를 한 때, 상속개시의 원인을 안 날로부터 3개월 이내에 상속을 포기하거나 한정승인을 하지 않은 때, 그리고 상속의 포기 및 한정승인을 한 후에 상속재산을 은닉하거나 부정소비하거나 고의로 재산목록에 기입하지 않은 때이다. 이러한 행위가 있으면 상속인이 상속을 승인한 것으로 간주하며 채권자는 상속인의 고유재산에 대해서도 강제집행을 할 수 있게 된다.

사례에서 B, C의 상속재산을 처분하는 행위를 함으로써 상속을 승인한 것으로 간주된다. 따라서 상속인들은 자기의 고유재산이나 노력으로 상속채무를 갚을 의무가 있게 된다.

6) 상속세와 증여세

상속세와 증여세는 재산의 무상이전에 대해 부과하는 세금이라는 공통점을 가지고 있다. 그러나 과세방식과 세금공제방식은 상당한 차이를 지닌다. 상속세는 유산총액을 기준으로 하여 먼저 과세한 후 세후 자산을 각자가 상속하는 방식인데 비하여, 증여세에 있어서는 증여받은 사람의 개인별 이전소득에 따라 다른 기준으로 과세된다.

(1) 상속세

① 의의 및 상속재산

상속세(相續稅)란 피상속인의 사망을 계기로 무상으로 이전되는 재산에 대해 그 재산의 취득자에게 과세되는 조세이다(상속세 및 증여세법 제1조 제1항 및 제3조). 즉 상속을 통하여 재산을 물려받은 상속인이 내는 세금이다.

상속세의 대상이 되는 재산은 피상속인에게 귀속되는 재산으로서 금전으로 환가할 수 있는 경제적 가치가 있는 모든 물건과 재산적 가치가 있는 법률상 또는 사실상의 모든 권리를 포함한다. 상속세의 대상이 되는 재산은 적극재산과 소극재산으로 구분하는데, 적극재산은 보통 (i) 동산·부동산 등의 유체물건, (ii) 물권(소유권, 점유권, 지상권, 지역권, 전세권, 유치권, 질권, 저당권 등), (iii) 채권(생명침해에 대한 손해배상청구권, 위자료청구권, 이혼에 의한 재산분할청구권 등) 및 (iv) 무체재산권(특허권, 상표권, 저작권 등) 등을 포함하며, 소극재산은 일반채무나 조세 등을 포함한다. 반대로 일신전속권 및 법률이나 계약 등에 의해 귀속이 결정되는 권리(생명보험청구권 등)는 상속되지 않는다.

② 상속세의 과세 대상

상속[2]으로 인해 상속개시일(실종선고로 인하여 상속이 개시되는 경우에는 실종 선고일) 현재 (i) 국내에 주소를 두거나 1년 이상 거소를 둔 자(이를 '거주자'라 한다.)가 사망

---

2) 유증(遺贈)이나 증여자의 사망으로 인해 효력이 발생하는 증여(증여채무의 이행 중에 증여자가 사망한 경우의 해당 증여도 포함) 및 특별연고자에 대한 상속재산의 분여(分與)를 포함한다.

한 경우에는 거주자의 모든 상속재산[3] 또는 (ii) 비거주자가 사망한 경우에는 국내에 있는 비거주자의 모든 상속재산에 대해 상속인에게 상속세가 부과된다(상속세 및 증여세법 제1조 제1항).

③ 상속세의 신고 및 제출 서류

상속세납부의무가 있는 상속인 또는 수유자(유증을 받은 자 또는 사인증여에 의하여 재산을 취득한 자)는 상속개시일이 속하는 달의 말일부터 6개월 이내에, 외국에 주소를 둔 피상속인 또는 상속인의 경우에는 상속개시일이 속하는 달의 말일부터 9개월 이내에 납세지 관할 세무서장에게 신고해야 한다(상속세 및 증여세법 제67조 제1항 및 제4항).

신고자는 (i) 상속세과세표준신고 및 자진납부계산서, (ii) 피상속인의 제적등본 및 상속인의 가족관계기록사항에 관한 증명서, (iii) 상속재산명세 및 그 평가명세서, (iv) 채무사실을 입증할 수 있는 서류,[4] (v) 배우자의 상속재산이 분할된 경우에는 상속재산분할명세 및 그 평가명세서 등 상속세의 과세가액 및 과세표준 계산에 필요한 상속재산의 종류·수량·평가가액·재산분할 및 각종 공제 등을 입증할 수 있는 서류를 지참하여야 한다.

(2) 증여세

증여란 그 행위 또는 거래의 명칭·형식·목적 등과 관계없이 직접 또는 간접적인 방법으로 타인에게 무상으로 유형·무형의 재산 또는 이익을 이전하거나 타인의 재산가치를 증가시키는 것(유증과 사인증여는 제외, 상속세 및 증여세법 제6조 제2호)으로 이러한 행위의 상대방에게 부과되는 조세이다. 즉, 증여세(贈與稅)는 무상으로 재산을 양도받은 사람이 아무런 대가 없이 얻은 불로소득에 대하여 부담하는 세금이다.

증여세는 증여받은 모든 재산 가액을 그 대상으로 하지만, 예외적으로 인적

---

3) 여기에는 피상속인이 유증한 재산 및 피상속인의 사망으로 인해 효력이 발생하는 증여재산을 포함한다.
4) 이러한 서류로 (i) 국가·지방자치단체 및 금융회사 등에 대한 채무는 해당 기관에 대한 채무임을 확인할 수 있는 서류 또는 (ii) 채무부담계약서, 채권자확인서, 담보설정 및 이자지급에 관한 증빙 등에 의하여 그 사실을 확인할 수 있는 서류 등을 들 수 있다.

관계가 있는 사람 사이의 재산의 이전 등 일정한 경우에는 실제로 증여를 받지 아니하였더라도 증여를 받은 것으로 하여 증여세를 부과한다.

(2) 상속세와 증여세의 공제 한도

세금을 면제해 주는 공제 한도는, 증여세의 경우에도 증여재산공제가 적용되어 10년간 배우자는 6억, 직계존속은 5천만 원(미성년자는 2천만 원), 직계비속은 3천만 원, 배우자 및 직계존비속이 아닌 친족[5]은 5백만 원을 증여한 경우에는 세금이 부과되지 않는다.

그러나 상속의 경우에 있어서는 배우자의 상속 지분, 연로자의 유무, 장애자의 유무, 가업상속 등의 변수에 따라 공제한도도 달라진다.

구분		내용
기초공제		2억원
인적공제	배우자공제	① 법정상속지분 내에서 실제 상속받은 금액(최고 한도 30억 원) ② 상속금액이 없거나 5억원 미만인 경우 : 5억 원
	자녀공제	1인당 5,000만 원
	미성년자공제	1,000만 원 × 19세가 될 때까지의 연수
	연로자공제	5,000만 원 × 65세 이상인 자
	장애인공제	1,000만 원 × 기대 여명
일괄공제[6]		5억원
금융자산공제		1. 순금융재산의 가액이 2천만 원을 초과하는 경우 순금융재산의 가액의 20% 또는 2천만 원 중 큰 금액을 2억 원의 한도 내에서 공제 2. 순금융재산의 가액이 2천만 원 이하인 경우 순금융재산의 가액

5) 6촌 이내의 혈족, 4촌 이내의 인척으로 외조부모, 외손자, 시부모 등을 들 수 있다.
6) 기초공제와 기타 인적공제의 합계가 5억 원에 미달하는 경우로 보통 상속세 신고를 하지 않은 경우에 해당한다.

사례

소득원이 전혀 없는 가정주부인 부인의 명의로 2억 8천만 원짜리 부동산을 구입하려고 하는데 증여세는 어떻게 되는가?(2017년 1월 기준)

소득이 없는 가족의 명의로 부동산을 구입하면 증여세를 내야 한다. 이 경우 증여세가 면제되는 기준금액과 자금출처 조사범위는 부인 명의로 부동산을 구입하면 6억 원까지는 증여세를 물지 않아도 된다. 여기서의 한도는 과거 10년간의 합산실적이라는 점을 유의하여야 한다. 예컨대 부인이 5년 전에도 4억 원대의 부동산을 매입한 실적이 있는 상태에서 3억 원짜리 부동산을 산다면 1억 원에 대한 자금출처를 별도로 입증하여야 한다. 자녀 명의로 부동산을 구입할 때에는 미성년자의 경우 2천만 원, 19세 이상은 5천만 원까지 증여세를 물지 않는다.

SUMMARY

1. 우리 민법상 유언의 법정 방식으로 ① 자필증서, ② 녹음, ③ 공정증서, ④ 비밀증서, ⑤ 구수증서에 의한 방법이 있다.

2. 유언을 하는 자는 원칙적으로 자기 재산을 자유로이 처분할 수 있다. 그러나 상속인들을 보호하기 위해 법률이 상속 재산 중의 일정한 비율을 그들에게 보장해 준다(유류분).

3. 민법이 규정하고 있는 상속인 중 직계비속이 1순위가 되고, 직계존속은 2순위, 형제자매는 3순위, 그 밖에 4촌 이내의 방계혈족은 4순위의 상속인이 된다. 배우자는 직계비속이나 직계존속이 있는 경우에는 그들과 같은 순위에서 공동으로 상속하고 직계비속이나 직계존속이 없는 경우에는 단독으로 상속한다.

4. 상속인이 될 직계비속 또는 형제자매가 상속개시 전에 사망하거나 결격자가 된 경우에 그 직계비속이 있는 때에는 그 직계비속이 사망하거나 결격된 자의 순위에 갈음하여 상속인이 된다.

5. 공동상속인 중에서 상당한 기간 동거간호 등의 방법으로 피상속인을 특별히 부양하거나 피상속인의 재산의 유지·보존 또는 증가에 특별히 기여한 자가 있을 경우에 이를 상속분의 산정에 고려한다.

6. 상속의 개시에 의하여 피상속인의 재산상의 모든 권리의무는 법률상 당연히 포괄적으로 상속인에게 승계된다. 그러나 상속인은 상속으로 인하여 취득할 재산의 한도 내에서 피상속인의 채무와 유증을 변제할 것을 조건으로 하여 상속을 승인하거나, 상속을 포기할 수 있다.

YOUR OPINION

1. 甲은 6억 원의 재산과 6억 원의 빚을 남기고 사망하였다. 상속인으로는 두 딸이 있는데, 아버지 생전에 큰 딸은 아버지로부터 사업자금으로 2억 원을 받아썼고, 작은 딸은 혼수비용으로 1억 4,000만 원을 받았다. 그런데 甲은 사망하기 7개월 전 사업을 하면서 알게 된 乙에게 5억 원을 증여하였다. 두 딸은 자신들이 받아야 할 상속재산이 乙에게 증여되었다는 사실을 알고 분노하여 재산을 찾고자 한다. 두 딸은 재산을 찾아올 수 있는가?

   있다면 얼마나 반환받을 수 있는가?

   [적극상속재산 + 1년간의 증여액 + 악의의 증여 + 상속인의 특별수익액 - 상속채무] × 상속인의 유류분율 - 상속인의 특별수익액
   [6억 원(적극상속재산) + 2억 원(큰 딸의 특별수익액) + 1억 4,000만 원(작은 딸의 특별수익액) + 5억 원(을에 대한 증여액)] - 6억 원(채무) = 8억 4,000만 원이다. 유류분을 계산하기 위해서는 법정상속분을 먼저 계산하여야 한다.

2. A는 甲의 외동딸 B와 결혼하였다. 결혼 후 甲을 모시고 같이 살던 중 B가 임신도 하고 여러 가지 정리도 할 겸 甲은 전 재산을 딸 B앞으로 해 주었다(시가 30억 원 상당). 그런데 B가 출산 도중 그만 사망하고 말았다.

   1 아이가 무사히 태어났다면, B 앞으로 되어 있는 재산의 상속관계는 어떻게 되는가?
   2 아이가 사산하였다면, 자식 없이 죽은 B의 재산은 누가 상속받는가?

찾아보기
참고문헌

法 부동산과 생활법률

찾아보기

ㄴ

ㄷ

ㅁ

ㅂ

ㅅ

ㅇ

ㅊ

ㅌ

ㅍ

ㅎ

참고문헌

이 책을 쓰면서 여러 책에서 그 내용을 참조하였고, 경우에 따라서는 사례를 빌어 인용하였다. 일일이 그 해당부분에서 참고하였음을 밝히는 것이 이 책의 일반적 내용에 비추어 적당하지 않다고 생각했기 때문에, 여기서 이 책들을 언급하고 그 고마움을 전한다.

- 법무부, 한국인의 생활법률, 대한교과서주식회사, 2005.
- 변해철 외, 신법학입문, 삼우사, 2006.
- 양수산/최완진 법학통론, 세창출판사, 2006.
- 김원중, 부동산 생활법률, 가림 M&B, 1999.
- 류창호, 담보·보증 생활법률의 기본지식, 가림 M&B, 2002.
- 이인성, 부동산 법률상담, 법서출판사, 2002.
- 이남훈, 부동산매매의 법률상담, 법전출판사, 1998.
- 한기찬, 재미있는 법률여행, 김영사, 1992.

부동산과 생활법률

초 판 1쇄 발행 2007년 1월 10일
초 판 2쇄 발행 2007년 7월 30일
개정판 1쇄 발행 2009년 3월 10일
개정증보판 1쇄 발행 2017년 12월 26일

지은이 박영복

발행인 김인철
총괄 · 기획 가정준 Director, University Knowledge Press
편집장 신선호 Executive Knowledge Contents Creator
도서편집 박현정 Contents Creator
전자책편집 이리나 e-Contents Creator
재무관리 김은혜 Managing Creator
마케팅 파트장 백승이 Chief Marketing Creator
마케팅 박종원 Marketing Creator
발행처 한국외국어대학교 지식출판원
02450 서울특별시 동대문구 이문로 107
전화 02)2173-2493~7
팩스 02)2173-3363
홈페이지 http://press.hufs.ac.kr
전자우편 press@hufs.ac.kr
출판등록 제6-6호(1969. 4. 30)
디자인 · 편집 디자인퍼브 02)2254-4308
인쇄 · 제본 네오프린텍 02)718-3111

ISBN 979-11-5901-248-8 13360 정가 24,000원

*잘못된 책은 교환하여 드립니다.

HUINE은 한국외국어대학교 지식출판원의 어학도서, 사회과학도서, 지역학 도서 Sub Brand이다. 한국외대의 영문명인 HUFS, 현명한 국제전문가 양성(International +Intelligent)의 의미를 담고 있으며, 휴인(携引)의 뜻인 '이끌다, 끌고 나가다'라는 의미처럼 출판계를 이끄는 리더로서, 혁신의 이미지를 담고 있다.